Objectif WEB

HTML5 et CSS3

Faites évoluer le design de vos sites web

2ième édition

ISBN : 978-2-7460-8516-9
Imprimé en France

Editions ENI

Rue Benjamin Franklin
44800 St HERBLAIN

Tél. 02.51.80.15.15
Fax 02.51.80.15.16

e-mail : editions@ediENI.com
http://www.editions-eni.com

Auteur : Christophe Aubry
Collection **Objectif Web** dirigée par Corinne HERVO

Introduction

A. La création de sites Web. 20
B. Les langages. 20
C. Le livre. 20
1. Pour les designers Web 20
2. Le contenu 20

Chapitre 1 : L'évolution de l'HTML et des CSS

A. Rapide historique de l'Internet 24
B. L'évolution de l'HTML 26
1. Les travaux du W3C. 26
2. Le HyperText Markup Language 26
3. L'évolution avec le XHTML 27
4. Les dissidents du WHATWG 28
5. L'avènement du HTML 5 30
6. Les documents HTML5 du W3C 30
7. L'évolution des recommandations 34
8. Peut-on utiliser l'HTML5 ? 34
9. Interprétation de l'HTML5 par les anciens navigateurs 36
10. Ce livre et l'évolution de l'HTML5. 40
C. L'évolution des CSS 40
1. L'apparition des CSS 40
2. L'utilité des CSS. 40
3. Les versions des CSS 41
4. L'avènement des CSS3. 41
5. L'arrivée des CSS4 41

Chapitre 2 : La nouvelle syntaxe HTML5

A. La doctype. 44
1. La syntaxe en HTML 4 et XHTML 1.0 44
2. La syntaxe en HTML5 44
B. Le document HTML 45
1. La syntaxe en XHTML 1.0. 45
2. La syntaxe en HTML5 45
C. L'encodage des caractères 45
1. La syntaxe en HTML 4 et XHTML 1.0 45
2. La syntaxe en HTML5 45
D. Les scripts 46
E. Les styles CSS. 46

F. La syntaxe des éléments ... 46
1. L'objectif ... 46
2. Les guillemets ... 46
3. Les éléments avec la seule balise d'ouverture ... 47
4. Les éléments à balise de fermeture optionnelle ... 47
5. La casse ... 47
6. Les attributs booléens ... 47
7. Les éléments HTML, HEAD et BODY ... 48
8. La syntaxe à adopter ... 49
G. Les éléments obsolètes ... 49
1. Qu'est-ce un élément obsolète ? ... 49
2. Pour une meilleure accessibilité ... 49
3. Les éléments inutilisés et confus ... 50
H. Les éléments redéfinis ... 50
I. Les attributs obsolètes ... 50
J. De nouveaux éléments ... 50
1. L'élément <hgroup> ... 50
2. L'élément <time> ... 51
3. L'élément <mark> ... 51
4. L'élément <meter> ... 52
5. Les éléments <details> et <summary> ... 52
6. L'élément <wbr> ... 53
7. L'élément <bdi> ... 54
8. L'élément <progress> ... 54
9. Les éléments liés aux langues asiatiques ... 55
10. Les éléments <figure> et <figcaption> ... 55
K. Les modèles de contenu des éléments ... 56
L. L'affichage des éléments ... 57
1. En HTML 4 ... 57
2. En HTML5 ... 57

Chapitre 3 : Les éléments de structure HTML5

A. Les éléments de structure en HTML 4 ... 60
1. Les boîtes <div> ... 60
2. La « divite » ... 61
3. Un contenu non sémantique ... 61
B. Les éléments de structure en HTML5 ... 62
1. Les nouveaux éléments de structure ... 62
2. L'élément <header> ... 62
3. L'élément <footer> ... 62
4. L'élément <nav> ... 62

5. L'élément <section> 63
6. L'élément <article> 63
7. L'élément <aside> 63
8. L'élément <main> 63
9. Les boîtes <div> 64
C. L'attribut sémantique role 65
D. Exemples de structure HTML5 66
1. Une structure simple 66
2. Une structure plus élaborée 67
3. La structure d'un article 68
E. Les techniques de mise en page 68

Chapitre 4 : Des modèles de sites HTML5

A. Des modèles de pages en HTML5 70
B. Le modèle ArchiteXture 70
1. La source 70
2. L'affichage du site 70
3. La structure générale 71
4. Le code de la structure 72
5. La barre de navigation 72
6. La bandeau d'information 73
7. La partie centrale 73
8. Le pied de page 75
C. Le modèle DaFrontPage 76
1. La source 76
2. L'affichage du site 76
3. La structure générale 77
4. Le titre du site 79
5. La barre de navigation 79
6. L'en-tête du site 80
7. La partie centrale 80
8. Le pied de page 82
D. Le modèle Learning Center 84
1. La source 84
2. L'affichage du site 84
3. La structure générale 85
4. L'en-tête 87
5. La barre de navigation 88
6. La suite de l'en-tête 89
7. Les articles mis en évidence 89
8. La suite de la partie centrale 91

9. Le pied de page 91
E. WordPress et les thèmes HTML5 91
1. Le thème twentythirteen 92
2. L'en-tête 93
3. La liste des articles 95
4. Le pied de page 97
5. Les articles seuls 98
F. Joomla! et les templates HTML5 100
1. Le template Protostar 100
2. L'en-tête 101
3. La navigation 102
4. Le contenu central 103
5. Le pied de page 105

Chapitre 5 : Évoluer vers les CSS3

A. L'état des lieux 108
1. Les modules en travaux 108
2. Afficher les spécifications 109
B. Les préfixes des navigateurs 110
1. Les spécifications et recommandations 110
2. Les navigateurs et les CSS3 111
3. Les préfixeurs en ligne 112
4. Net Tuts Prefixr 112
5. -prefix-my CSS 113
6. CSSPrefixer 114
7. Le cas Internet Explorer 115
8. Un préfixeur JavaScript 116
C. L'interprétation des CSS3 par les navigateurs 119
1. Quelles propriétés utiliser ? 119
2. findmebyIP - HTML5 & CSS3 Support 119
3. When can I use 119
4. Tester les sélecteurs 121
5. CSS3 Please 123
6. Browser Support Checklist CSS3 124
7. css3test 124

Chapitre 6 : Les nouveaux sélecteurs CSS3

A. Les sélecteurs CSS 2 128
 1. L'objectif 128
 2. Les sélecteurs 128
 3. Les pseudo-classes 128
 4. Les pseudo-éléments 129
 5. Les groupes de sélecteurs 129
B. Les nouveaux sélecteurs CSS3 129
C. Le sélecteur adjacent général 130
D. Le sélecteur d'attribut 131
 1. L'objectif 131
 2. Des liens vers une adresse mail 131
 3. Des liens de téléchargement 132
E. La pseudo-classe d'ancre 133
 1. L'objectif 133
 2. La mise en place 133
 3. L'utilisation 134
F. Les pseudo-classes de structure 135
 1. L'objectif 135
 2. La racine de la page 135
 3. Le dernier élément enfant 135
 4. Les éléments enfants 137
 5. Les derniers éléments enfants 142
 6. Les premiers et derniers éléments d'un type donné 142
 7. Les premiers éléments d'un type donné 144
 8. Les éléments seuls 144
 9. Les éléments seuls d'un type donné 145
 10. Les éléments vides 146
 11. Tous les éléments sauf celui spécifié 146

Chapitre 7 : La mise en forme CSS3 des boîtes

A. Les nouvelles propriétés CSS3 150
B. La largeur des boîtes 150
 1. Avec les CSS 2.1 150
 2. Avec les CSS3 151
C. Le débordement du contenu 152
D. Les couleurs d'arrière-plan 154
 1. Le module des couleurs 154
 2. Le mode TSL 154
 3. Le mode TSL transparent 155

4. Le mode RVB transparent 156
5. Un éditeur RGBA en ligne 156
6. La transparence 157

E. L'état des lieux des arrière-plans et des bordures 157

F. Les coins arrondis 158
1. Les préfixes 158
2. Des coins identiques 158
3. Des coins arrondis différents 159
4. Des ellipses dans les coins 160
5. Les générateurs en ligne 161

G. Les bordures fantaisistes 163
1. La syntaxe du W3C 163
2. Un générateur en ligne 165

H. Les ombres portées 166
1. L'état des lieux 166
2. Créer une ombre portée 167
3. Différents exemples d'ombres portées 168
4. Appliquer plusieurs ombres portées 169
5. Les générateurs en ligne 170

I. Les dégradés 172
1. L'état des lieux 172
2. Les dégradés pour Mozilla Firefox 173
3. Les dégradés pour WebKit 175
4. Les dégradés par le W3C 176
5. Les générateurs en ligne 176

J. Les arrière-plans multiples 179
1. L'objectif 179
2. Un exemple simple 179

K. Les autres propriétés d'arrière-plan 181
1. Les navigateurs 181
2. L'origine d'une image 182
3. Rogner une image 184
4. La taille de l'arrière-plan 185

L. Des générateurs CSS3 en ligne 187
1. L'objectif 187
2. WestCIV 187
3. CSS 3.0 Maker 188
4. CSS3 Generator 189
5. CSS3 Playground 190
6. CSS3 Generator 191
7. Layer Style 192

M. Exemple d'un tableau aux coins arrondis 193
1. L'objectif 193
2. La structure du tableau 194
3. La mise en forme du tableau 195
4. Les cellules du tableau 196
5. Les cellules d'en-tête 196
6. L'arrondi des cellules 197
7. Le survol des lignes 198
N. Exemple d'ombre sur la page 199

Chapitre 8 : L'HTML5 et les CSS3 pour le texte

A. Les éléments de texte obsolètes 202
1. La spécification HTML5 202
2. Les éléments inutilisés et confus 202
3. La mise en forme du texte 202
B. Les éléments de texte redéfinis 202
1. La spécification HTML5 202
2. L'élément <b> 202
3. L'élément <strong> 203
4. L'élément <i> 203
5. L'élément <em> 203
6. L'élément <small> 203
7. L'élément <cite> 203
8. L'élément <dl> 204
9. L'élément <ol> 204
10. L'élément <hr> 204
11. L'élément <a> 204
C. Des nouvelles mises en forme de texte 205
1. Les colonnes 205
2. La coupure des mots 209
D. Les polices de caractères 211
1. L'utilisation des polices 211
2. Embarquer les polices 211
3. La compatibilité des navigateurs 211
4. La règle @font-face 213
5. Le nom des polices 214
6. Les polices locales 214
7. Indiquer plusieurs sources 214
8. Les styles typographiques 215
9. Un générateur de polices avec @font-face 215
10. Les polices Web en ligne 216

11. Convertir des polices 219
12. Choisir des polices de caractères 219
E. La taille des polices 221
1. Les différentes tailles 221
2. Le problème de la cascade 221
3. La nouvelle unité rem 222
F. L'ombre portée sur le texte 223
1. Les valeurs de la propriété 223
2. Des outils en ligne 224
3. Quelques exemples de design 226
G. La typographie avancée 228
1. L'état des lieux 228
2. La graisse des caractères 229
3. La largeur des caractères 229
4. Ajuster la taille des caractères 230
5. D'autres propriétés 231

Chapitre 9 : L'HTML5 et les CSS3 pour les formulaires

A. L'objectif 234
B. Les méthodes d'envoi 234
C. L'élément <form> 234
D. Les nouveaux champs 234
1. L'affichage des nouveaux champs 234
2. Le champ pour les e-mails 235
3. Le champ pour les numéros de téléphone 236
4. Le champ pour les URL 237
5. Les champs pour les dates et les heures 238
6. Le champ pour les valeurs numériques 239
7. Les réglettes avec curseur 240
8. Les champs de recherche 240
9. Le champ de saisie suggérée 241
10. Le choix d'une couleur 241
11. Les clés publiques 242
E. La validation des formulaires 242
1. La validation côté client 242
2. Désactiver la validation 243
3. Rendre un champ obligatoire 243
4. Les saisies autorisées 244
F. Les expressions régulières 245
1. Des lettres autorisées 245
2. Un intervalle de lettres autorisées 246

3. Des lettres autres que 246
4. La casse des lettres 247
5. La condition ou 247
6. Des mots autorisés 247
7. Autoriser des chiffres 247
8. Un nombre limité de caractères 248
9. Les saisies multiples 249
10. Les paramètres spéciaux 249
G. Aider l'utilisateur dans le formulaire 250
1. L'aide à la saisie 250
2. Activer un champ 250
3. Le remplissage automatique 251
4. Redimensionner un champ 251
H. Des pseudo-classes pour les formulaires 253
1. Les objectifs des pseudo-classes 253
2. Le formulaire et les styles 253
3. L'utilisation 254
4. Une autre pseudo-classe 256
5. Les champs requis et optionnels 256
6. La mise en forme du :focus 257
I. La validation des saisies 257
1. Objectif 257
2. Le formulaire 258
3. La mise en forme du formulaire 258
4. Les champs non valides 259
5. Les messages d'erreur 260
6. Les champs valides 262
7. Les valeurs hors limites 263
J. Un premier exemple simple de formulaire 264
1. L'objectif 264
2. La structure du formulaire 265
3. Les styles généraux 266
4. Le fond de la page 266
5. Le formulaire 266
6. Les étiquettes 267
7. Les champs de saisie 268
8. Le champ multiligne 269
9. Le focus sur les champs 270
10. Le bouton d'envoi 270

K. Un deuxième exemple très sobre de formulaire 271
1. L'objectif 271
2. La structure initiale du formulaire 272
3. L'ombre portée du formulaire 272
4. L'effet de pointillés 273
5. Le titre du formulaire 274
6. Les filets décoratifs 274
7. Les champs de saisie 275
8. Le bouton de connexion 277
9. L'utilisation du bouton 278
10. Les autres liens 278
11. Le rendu final 279
L. Un exemple interactif de formulaire 279
1. L'objectif 279
2. La structure initiale du formulaire 281
3. Les options supplémentaires 281
4. Le bouton d'envoi 282
5. Le message de confirmation 282
6. Les styles généraux 282
7. La mise en forme du formulaire 283
8. Les étiquettes 284
9. Les champs de saisie 284
10. La liste déroulante 285
11. Le bouton d'envoi 286
12. La gestion des options 287
13. L'affichage initial 287
14. Afficher les options 288
15. Masquer les options 289
16. Le message de confirmation 289
M. Un dernier exemple élaboré de formulaire 290
1. L'objectif 290
2. La structure du formulaire 292
3. Les objets HTML5 292
4. Le code complet du formulaire 294
5. L'affichage brut 296
6. La mise en forme générale 297
7. La mise en forme du formulaire 297
8. La mise en forme des différentes parties 298
9. La mise en forme des items de liste 300
10. La mise en forme des étiquettes 300
11. Les champs de type <input> 301

12. Le bouton d'envoi du formulaire 302
N. Créer des boutons avec des symboles 303
1. L'objectif 303
2. Le formulaire 303
3. Créer la classe des boutons 304
4. Le pseudo-élément ::before 304
5. Le contenu du pseudo-élément ::before 305
6. Appliquer les classes 305
7. L'affichage du formulaire 306
8. D'autres exemples similaires 306
O. Les générateurs de boutons en ligne 306
1. L'objectif 306
2. CSS3 Button 307
3. CSS3 Button Generator 308
4. CSS Drive Button Generator 309
5. CSS3 Button Creator 310

Chapitre 10 : Les transformations CSS3

A. L'état des lieux et l'objectif 312
B. La transformation 313
1. La propriété 313
2. Le point de référence 313
C. Le déplacement 314
1. Sur les deux axes 314
2. Sur un seul axe 315
D. La mise à l'échelle 315
1. La mise à l'échelle proportionnelle 315
2. La mise à l'échelle non proportionnelle 316
3. La mise à l'échelle dans une seule direction 316
E. La rotation 316
F. La déformation 317
1. La déformation sur les deux axes 317
2. La déformation sur un seul axe 318
G. Appliquer toutes les transformations 319
H. Les générateurs en ligne 319
1. CSS 3.0 Maker 319
2. CSS3 Generator 320
3. WestCIV 320
I. Exemple d'un menu 321
1. L'objectif 321
2. La structure du menu 321

3. La mise en forme 321
4. L'affichage 322
J. Exemple d'une galerie de Polaroid....322
1. L'objectif....322
2. La structure de la galerie....322
3. La mise en forme de la galerie....323
4. La mise en forme des photos....324
5. La transformation....324
6. L'affichage 325
K. Exemple de relief sur une image....326
1. L'objectif....326
2. La photo 327
3. Les ombres sous la photo 327

Chapitre 11 : Les transitions CSS3

A. L'état des lieux et l'objectif 332
B. Mettre en place les transitions....332
1. Les transitions....332
2. Les propriétés CSS 332
C. Effectuer une transition de déplacement....334
1. L'objectif....334
2. Le code nécessaire....334
3. Les propriétés de la transition....335
4. Le rendu 335
D. Les autres propriétés des transitions....336
1. La cinétique 336
2. Le démarrage de la transition 337
3. La syntaxe courte....338
4. Les transitions multiples 338
E. Les générateurs en ligne 340
1. CSS3 Generator....340
2. CSS 3.0 Maker 341
3. Créer vos courbes de Bézier....342
F. Exemple d'un menu interactif 342
1. L'objectif....342
2. La mise en forme du menu....343
3. Les transitions....343
4. L'affichage 344
G. Exemple d'un diaporama interactif 345
1. L'objectif....345
2. La structure du diaporama....345

3. Les transformations 346
4. Les transitions 347
5. L'affichage 348
H. Exemple de menu à tiroirs 349
1. L'objectif 349
2. La structure du menu 350
3. La mise en forme du menu 351
4. La mise en forme des tiroirs 352
5. L'affichage initial 353
6. Les transitions 353
7. L'affichage 354
8. Des menus « flashy » 355
I. Exemple d'accordéon 355
1. L'objectif 355
2. La structure de l'accordéon 355
3. La mise en forme de l'accordéon 356
4. La mise en forme des zones d'affichage de l'accordéon 357
5. L'affichage 357

Chapitre 12 : Les animations CSS3

A. L'état des lieux et l'objectif 360
B. La construction d'une animation 361
C. Un simple déplacement 362
1. L'objectif 362
2. La structure 362
3. L'animation 362
4. L'affichage 364
D. Une rotation et une transparence 364
1. L'objectif 364
2. La structure 364
3. L'animation 365
4. L'affichage 366
E. Un formulaire qui clignote 366
1. L'objectif 366
2. La structure du formulaire 366
3. La mise en forme 367
4. L'animation 367
5. L'affichage 368
F. Une fenêtre modale 368
1. L'objectif 368
2. Le bouton 368

3. La fenêtre modale 369
4. Le bouton de fermeture 371
5. Masquer le corps de la page.....372
6. L'animation à l'ouverture 373
7. Déclencher l'animation d'ouverture.....374
8. Appliquer le masque.....374
9. L'animation de fermeture.....375
10. Déclencher l'animation de fermeture.....375
11. Le code complet.....375
12. L'affichage de la page.....380

Chapitre 13 : Le multimédia : audio et vidéo

A. L'état des lieux.....382
B. Insérer de l'audio.....382
1. L'élément audio 382
2. Les contrôles audio 382
3. L'apparence du lecteur audio 383
4. Les attributs pour l'audio 383
5. Les formats audio.....384
6. Créez vos contrôles.....385
7. Les anciens navigateurs.....386
C. Insérer de la vidéo 386
1. L'élément video 386
2. Les attributs pour la vidéo 386
3. L'apparence du lecteur vidéo 387
4. Les formats vidéo.....388
5. Convertir les vidéos.....389

Chapitre 14 : Le canevas de dessin

A. La création bitmap en JavaScript 392
B. Les techniques proposées.....392
C. Dessiner un rectangle.....392
1. Le canevas 392
2. Le rectangle.....393
3. Le code complet et l'affichage 394
4. Ajouter une couleur de remplissage.....395
5. Ajouter une ombre portée 395
D. Dessiner un cercle.....396
E. Dessiner des tracés.....397
F. Dessiner des contours.....397

G. Ajouter du texte 398
H. Ajouter un dégradé 399
I. Les transformations 400
J. La manipulation des objets 400

Chapitre 15 : Le design Web adaptatif

A. L'état des lieux et l'objectif 402
B. Les requêtes de média 402
1. L'objectif 402
2. Avec l'HTML 4 et les CSS 2.1 402
3. Les critères des requêtes de média CSS3 403
4. La syntaxe des requêtes de média 404
5. Les valeurs minimales et maximales 404
6. Les opérateurs logiques 405
7. Des requêtes pour différents supports 406
C. La taille des écrans 407
1. La problématique actuelle 407
2. La taille du viewport 408
3. Les zooms à l'écran 411
4. Tester l'affichage sur des écrans 412
D. Les grilles fluides 417
1. Les techniques 417
2. Un exemple simple 417
3. Un exemple d'un site simple 419
4. Réaliser un design adaptatif simple 424
5. Des grilles adaptatives 429
E. Des images adaptatives 429
1. Le débordement des images 429
2. Imposer une largeur maximale 430
F. Créer du design adaptatif 433
1. Les deux stratégies 433
2. Concevoir un site adaptatif 434
3. D'autres exemples de design adaptatif 435
G. Le site Food Sense 435
1. Les affichages 435
2. La structure principale 438
3. Le viewport 441
4. L'affichage pour les grands écrans 441
5. L'affichage pour les tablettes 443
6. L'affichage pour les smartphones 446

Chapitre 16 : Un design HTML5/CSS3 : The Cat Template

A. La source 452
B. La structure HTML5 453
1. Les deux parties 453
2. Le conteneur principal 453
3. L'en-tête 454
4. Le diaporama 455
5. Le message 456
6. Les quatre articles 457
7. L'article seul 458
8. Le pied de page 458
C. La mise en forme CSS3 459
1. L'objectif 459
2. Le diaporama 459
3. Les photos des articles 460
4. Le survol des photos des articles 461
5. Les boutons Read more 461

Chapitre 17 : Un design HTML5/CSS3 : FlipThru

A. La source 464
B. La structure HTML5 465
1. La boîte principale 465
2. La barre de navigation 465
3. L'en-tête 466
4. La zone centrale 466
5. Le pied de page 467
C. La mise en forme CSS3 468
1. Le conteneur principal 468
2. Les images des articles 468
D. L'accordéon 469
1. Le fonctionnement 469
2. La structure 469
3. Le fond de l'accordéon 470
4. La liste <ul> 471
5. Les titres <h3> 471
6. Les articles 472
7. Les images des articles 473
8. Les survols 473
9. L'apparition des articles 475

Chapitre 18 : Un design HTML5/CSS3 : dConstruct 2011

A. La source 478
B. La structure HTML5 479
1. La structure principale 479
2. L'en-tête 479
3. Les orateurs 480
4. Les sponsors. 481
5. Le pied de page 481
C. La mise en forme CSS3 482
1. Les polices incorporées 482
2. Les ombres portées sur les textes 484
3. Les ombres portées sur les conteneurs 485
D. Les effets de survol sur les orateurs 485
1. Le fonctionnement 485
2. La structure 487
3. Les styles initiaux 487
4. Le survol du lien 488
E. Le design adaptatif. 489
1. L'affichage modifié 490
2. La barre de navigation principale. 491
3. Le titre et le slogan 492
4. Les images des orateurs 493

Index 495

Introduction

A. La création de sites Web. 20
B. Les langages 20
C. Le livre. 20

A. La création de sites Web

La création de sites est-il un « art » aujourd'hui ? Si vous essayez de lister les compétences nécessaires pour concevoir un site Web, vous risquez d'avoir une liste impressionnante : graphiste, designer, ergonome, rédacteur, chef de projet, développeur, marketeur, community manager, référenceur, gestionnaire de serveurs, intégrateur, gestionnaire de stratégie de contenu, directeur artistique... En voilà quelques-uns. Autant dire que la création et la gestion d'un site Web est une œuvre commune d'une équipe aux multiples compétences, chacun étant maître dans son art.

B. Les langages

À la base de tout projet de site Web, il y a la page Web. Cette fameuse page qui est affichée dans votre navigateur Web. Cette page Web est créée avec deux langages fondateurs : le **HTML** (*HyperText Markup Language*) et les **CSS** (*Cascading Style Sheets*).

Ces deux langages ont vu une évolution majeure dans leur dernière version. Nous pourrions dire une révolution. Les perspectives offertes sont fantastiques ! En attendant leur finalisation, la balle est dans le camp des navigateurs qui doivent reconnaître pleinement ces nouveaux langages.

Nous allons pouvoir réaliser des sites Web attractifs, dynamiques et interactifs qu'avec les langages standard édictés par le W3C (*World Wide Web Consortium*).

C. Le livre

1. Pour les designers Web

Ce livre est fait pour les **designers Web** et pas pour les développeurs Web. En effet, HTML5 propose des nouveautés pour la conception et la réalisation des structures des sites Web, mais aussi des nouveaux éléments pour concevoir des applications Web (la géolocalisation, le drag and drop, le stockage des données, une API pour les fichiers, le Web déconnecté et l'API Web Sockets). Ces nouveautés concernant les applications Web (Web Apps) sont faites pour les développeurs « purs » et pas pour les designers Web. Nous ne verrons donc pas ce pan d'HTML5.

2. Le contenu

Nous allons faire le point sur ces langages, HTML5 et CSS3, pour utiliser les éléments essentiels pour le design Web.

Pour HTML5, nous allons étudier la **nouvelle syntaxe**, les nouveaux **éléments de structure** (`<nav>`, `<header>`...), les nouveaux éléments pour **les formulaires** et un aperçu de l'élément de **contenu graphique** `<canvas>`.

Pour CSS3, nous allons étudier les **nouveaux sélecteurs**, la **mise en forme** du **texte** et des **conteneurs** (ombre portée, coins arrondis, dégradés, bordures en motif...).

Nous allons apprendre à utiliser les nouveaux effets de **transformation**, de **transition** et d'**animation**.

Bien sûr, grande nouveauté : l'insertion native du **multimédia** : **audio** et **vidéo**.

Autre sujet très en vogue : le **design adaptatif** (*Responsive Web Design*) pour adapter vos sites Web aux différents supports de diffusion (écran d'ordinateur, tablettes et smartphones).

Enfin, nous terminerons par l'étude de **templates de site** Web, tout en HTML5/CSS3, pour voir des applications concrètes de design Web.

Chapitre 1 : L'évolution de l'HTML et des CSS

A. Rapide historique de l'Internet 24
B. L'évolution de l'HTML 26
C. L'évolution des CSS 40

A. Rapide historique de l'Internet

L'Internet tel que nous le connaissons actuellement est une avancée technologique assez récente. C'est en effet en mars **1989**, au CERN (*Centre européen de recherche nucléaire*), que Tim Berners-Lee rédige l'article « fondateur » de l'Internet. Dans cet article nommé « Information Management: a proposal », Tim Berners-Lee évoque dans son introduction la gestion de l'information à travers un système hypertexte distribué : *« It discusses the problems of loss of information about complex evolving systems and derives a solution based on a distributed hypertext system »*.

Voici l'URL de ce document : http://www.w3.org/History/1989/proposal.html

En octobre **1990**, Tim Berners-Lee travaille sur l'hypertexte avec un éditeur et un navigateur sur une station NeXT. Il donne le nom de World Wide Web à ce programme.

Voilà les premières copies d'écran :

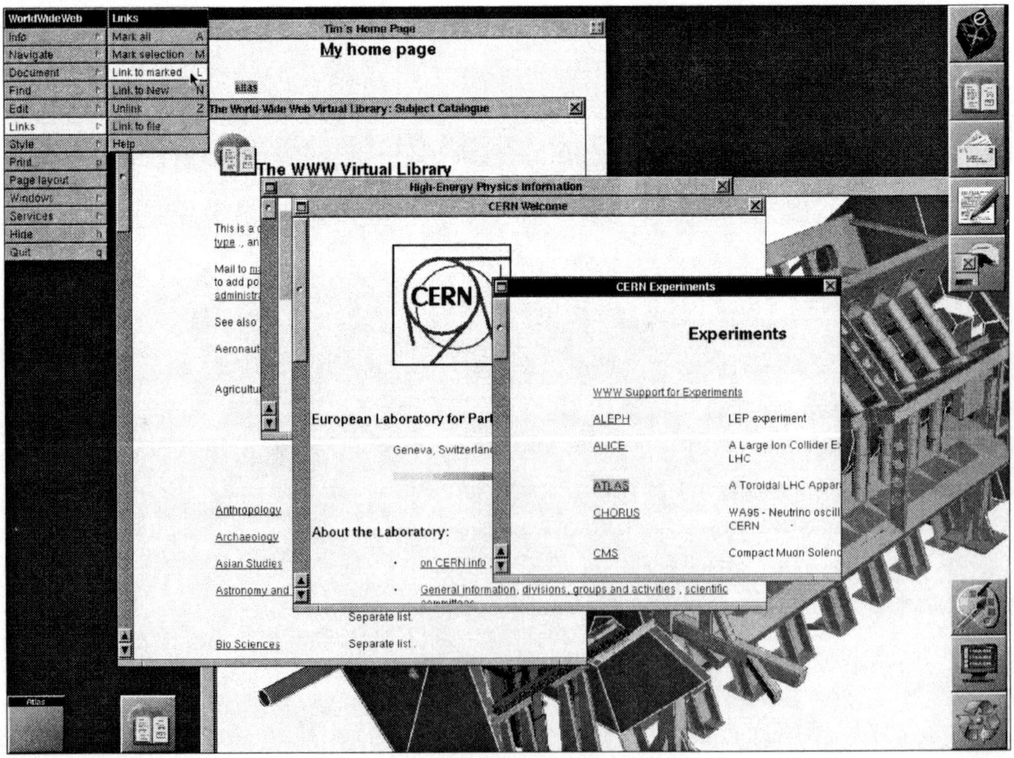

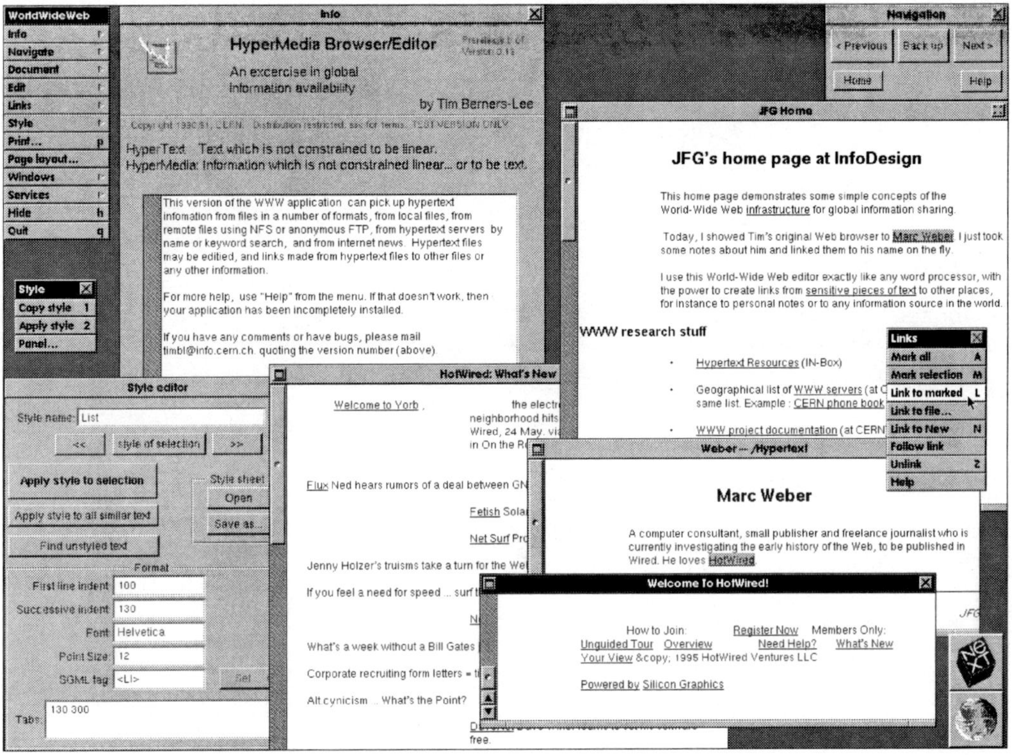

En ce même mois d'octobre **1990**, le Belge Robert Cailliau rejoint l'équipe de Tim Berners-Lee et corédige la deuxième proposition nommée : « WorldWideWeb: Proposal for a HyperText Project ». Il travaille activement à la conception d'un navigateur pour Macintosh.

La fin de l'année **1990** voit la première démonstration du premier serveur, du premier éditeur hypertexte, du premier navigateur.

En décembre **1992**, le premier serveur hors CERN est installé à l'université de Stanford aux États-Unis.

L'année **1993** voit apparaître de nombreux navigateurs et le CERN rend libres les protocoles Web.

L'année suivante, en **1994**, Mark Andreessen fonde Mosaic Communications Corp., futur Netscape.

Le **1er octobre 1994** le Word Wide Web Consortium (W3C) est créé au MIT (*Massachusetts Institute of Technology*). En cette année 1994, il y avait 623 serveurs Web à travers le monde. En avril 1995, l'INRIA (Institut national de recherche en informatique et automatique) accueille le W3C en Europe et, en septembre 1996, c'est au tour de l'Université de Keio au Japon.

Voici l'URL retraçant l'histoire : http://www.w3.org/History.html

En 2004, pour le dixième anniversaire du W3C, une icônographie retrace l'évolution, l'histoire du World Wide Web. Voici l'URL pour la consulter :
http://www.w3.org/2005/01/timelines/timeline-2500x998.png

B. L'évolution de l'HTML

1. Les travaux du W3C

Le langage HTML est le résultat des travaux du W3C. Ces travaux passent par plusieurs étapes qui évoluent au cours du temps. Actuellement, les travaux sont publiés en trois étapes :

- Les « brouillons », les **Working Drafts**, sont publiés pour proposer à tous l'avancée des travaux.
- Les **spécifications** sont publiées quand le langage est en cours de finalisation et sont prêtes à être utilisés.
- Les **recommandations** sont publiées quand le langage est officialisé et finalisé.

Il peut se passer beaucoup de temps entre une spécification et une recommandation, plusieurs années parfois.

2. Le HyperText Markup Language

C'est en 1991 que Tim Berners-Lee rédige les premiers « brouillons » (draft) de l'HTML.

En **juin 1993**, un premier document technique spécifie le langage HTML : « *Hypertext Markup Language (HTML) A Representation of Textual Information and MetaInformation for Retrieval and Interchange* » (http://www.w3.org/MarkUp/draft-ietf-iiir-html-01.txt).

Le **8 novembre 1993**, l'HTML+ fait sa sortie (http://www.w3.org/MarkUp/HTMLPlus/htmlplus_1.html)

La version 2 de l'HTML sort le **22 septembre 1995** (http://www.w3.org/MarkUp/html-spec/html-spec_toc.html) sous l'égide de IETF (*Internet Engineering Task Force*).

En **mars 1995**, l'HTML 3 est publiée (http://www.w3.org/MarkUp/html3/) comme une « extension » de l'HTML 2. Elle est rapidement supplantée par la recommandation de l'HTML 3.2 le **14 janvier 1997** (http://www.w3.org/TR/REC-html32.html).

La recommandation de l'HTML 4.01 est publiée le **24 décembre 1999**. Pour le W3C cette version est la dernière concernant l'HTML. Le W3C ne voit plus l'avenir des pages Web avec le HTML, mais avec le XML. Le HTML est « mort » pour le W3C.

3. L'évolution avec le XHTML

Le langage HTML possède intrinsèquement des limitations :

- les éléments utilisables sont limités à ceux indiqués dans la recommandation,
- le langage est très permissif : vous pouvez indiquer le nom des éléments en majuscules ou minuscules, certaines balises de fermeture sont optionnelles...
- les éléments ne sont pas vraiment sémantiques : l'élément `<p>` peut contenir n'importe quel type de texte.

Le W3C a publié le **10 février 1998** (http://www.w3.org/TR/1998/REC-xml-19980210) la recommandation d'un nouveau langage : le **XML** (*eXtensible Markup Language*). La cinquième édition date du 26 novembre 2008 (http://www.w3.org/TR/2008/REC-xml-20081126/). Ce langage permet de passer outre toutes les limitations du HTML. Vous pouvez créer tous les éléments que vous souhaitez, de manière très sémantique (par exemple un élément `<cp>` contiendra un code postal, un élément `<prix>` contiendra un prix) et la syntaxe est très rigoureuse. C'est un langage idéal pour, entre autre, effectuer des échanges de données structurées via le Web. Mais le XML intervient aussi dans de très nombreux autres langages standard du W3C (MathML, SVG...) et dans d'autres technologies Web.

Du fait de sa syntaxe très permissive, l'HTML est incompatible avec le XML. Pour pallier cette incompatibilité, le W3C a reformulé la syntaxe de l'HTML pour qu'il soit compatible avec le XML : c'est le **XHTML** (*eXtensible HyperText Markup Language*). La première recommandation sort le **26 janvier 2000** (http://www.w3.org/TR/2000/REC-xhtml1-20000126/).

Le XHTML est rigoureux pour sa syntaxe, voilà deux exemples.

Tout élément ouvert doit avoir une balise de fermeture :

- syntaxe correcte en HTML : `<p>Mon texte`
- syntaxe correcte en XHTML : `<p>Mon texte</p>`

Le XHTML prévoit la fermeture des éléments ne possédant qu'une balise d'ouverture :

- syntaxe correcte en HTML : `<br>`
- syntaxe correcte en XHTML : `<br/>`

De plus, les éléments XHTML doivent s'écrire en minuscules et les valeurs des attributs sont entre guillemets (double cote ").

- syntaxe correcte en HTML : `<P ID=intro>`
- syntaxe correcte en XHTML : `<p id="intro">`

Le W3C publie la recommandation du XHTML 1.1 le 31 mai 2001 (http://www.w3.org/TR/2001/REC-xhtml11-20010531/). La dernière édition date de novembre 2010 (http://www.w3.org/TR/xhtml11/). Cette version était du « vrai XML », sans l'utilisation d'élément mal formé et non standard. Ce qui veut dire que les documents pour le Web ne peuvent plus utiliser le type MIME `text/html`.

Le XHTML 2 sort uniquement en « Working Draft » en août 2002 (http://www.w3.org/TR/2002/WD-xhtml2-20020805/). Cela devait être une version du langage « pur » sans aucun compromis avec le passé ! À tel point qu'il était incompatible avec le contenu Web existant ! C'est une démarche très troublante ! Le W3C proposait un langage déconnecté de la réalité, fait pour les informaticiens et non pas pour les designers Web ! En choisissant l'incompatibilité avec l'existant, le W3C a fait une erreur stratégique majeure. Le XHTML 2 ne sortira jamais en recommandation. Le 17 décembre 2010, le W3C ferme officiellement ce groupe de travail.

4. Les dissidents du WHATWG

Devant ce constat d'échec sur l'évolution du HTML par le W3C, un groupe de « dissidents » mené par Ian Hickson (alors chez Opera Software) forma en 2004 leur propre groupe de travail sur l'HTML, le Web Hypertext Application Technology Working Group, le WHATWG (http://www.whatwg.org/). Les premiers membres du **WHATWG** viennent de Mozilla, Opera, Apple, puis Google. Les premiers résultats de leurs travaux s'appliquèrent aux formulaires. Ian Hickson est l'éditeur et reste le décisionnaire final. Le WHATWG travaille d'abord sur les formulaires (Web Forms 2.0) et les applications Web (Web Apps 1.0). Ces deux axes de travail sont réunis dans l'HTML5.

Le WHATWG continue ses travaux (http://www.whatwg.org/specs/web-apps/current-work/multipage/), indépendamment du W3C. L'HTML5 est renommé **HTML Living Standard** pour qu'il n'y ait pas de confusion avec l'HTML5 du W3C.

En juillet 2012, devant les difficultés du travail en commun et des objectifs différents avec le W3C, le WHATWG décide de se séparer du W3C et de suivre son propre chemin totalement indépendamment du W3C (voir le document http://lists.w3.org/Archives/Public/public-whatwg-archive/2012Jul/0119.html). La conséquence est que le WHATWG va maintenant proposer une version « vivante » de l'HTML et que le W3C va effectuer la normalisation de ce langage. Pour les développeurs et les intégrateurs Web, cela va compliquer un peu la tâche, car ils devront connaître les éléments HTML5 proposés par le WHATWG et vérifier s'ils sont validés par le W3C et reconnus par les navigateurs.

HTML

Living Standard — Last Updated 20 August 2013

Table of contents

1 Introduction
2 Common infrastructure
3 Semantics, structure, and APIs of HTML documents
4 The elements of HTML
5 Microdata
6 Loading Web pages
7 Web application APIs
8 User interaction
9 Web workers
10 Communication
11 Web storage
12 The HTML syntax
13 The XHTML syntax
14 Rendering
15 Obsolete features
16 IANA considerations
Index
References
Acknowledgements

5. L'avènement du HTML 5

Devant l'échec du XHTML 2, le W3C met en place son propre groupe de travail sur l'avenir de l'HTML, fin 2006, en partant des travaux du WHATWG, plutôt que de partir d'une page blanche. Une première spécification en Working Draft nommée *« HTML 5 - A vocabulary and associated APIs for HTML and XHTML »* sort le **22 janvier 2008** (http://www.w3.org/TR/2008/WD-html5-20080122/). Pour la petite histoire, notez qu'il y avait un espace entre HTML et 5, contrairement à la dénomination du WHATWG.

Aujourd'hui (septembre 2013), la dernière version de l'HTML5 est en **Candidate Recommendation** et est datée du 6 août 2013 (http://www.w3.org/TR/html5/).

La sortie du logo de l'HTML5 (http://www.w3.org/html/logo/) fit aussi grand bruit sur le Web. Certains l'aiment, d'autres le détestent et de nombreuses parodies graphiques circulent sur la toile. Un gros buzz !

6. Les documents HTML5 du W3C

Le W3C produit de nombreux documents relatifs à l'HTML5 (et aux CCS3).

Tout d'abord, quels sont les objectifs de l'HTML5 ?

- Être compatible avec l'existant. Un des objectifs est de ne pas refaire l'erreur du XHTML 2 !
- La spécification décrit précisément ce que doivent faire les navigateurs, ce qu'ils doivent afficher. Avec l'HTML 4.01, il y avait beaucoup de « flou », beaucoup d'imprécision et chaque navigateur faisait un peu ce qu'il voulait. Il faut documenter l'existant, ce que les navigateurs savent faire depuis longtemps.
- La spécification gère enfin le traitement des erreurs. Si un document n'est pas valide, que doit afficher le navigateur ? Par exemple, si nous avons `<strong> <em> texte </strong> </em>`, que doit afficher le navigateur ?
- Bien gérer l'interopérabilité, la compatibilité des navigateurs (spécifier une gestion du DOM identique)

Ces objectifs sont précisés dans un document de travail : **HTML Design Principles** (http://www.w3.org/TR/html-design-principles/).

Le document de base est le brouillon de travail, le Working Draft, daté du 6 août 2013 (à la rédaction de ce livre) : http://www.w3.org/TR/html5/. Il est intitulé : « **HTML5 - A vocabulary and associated APIs for HTML and XHTML** ».

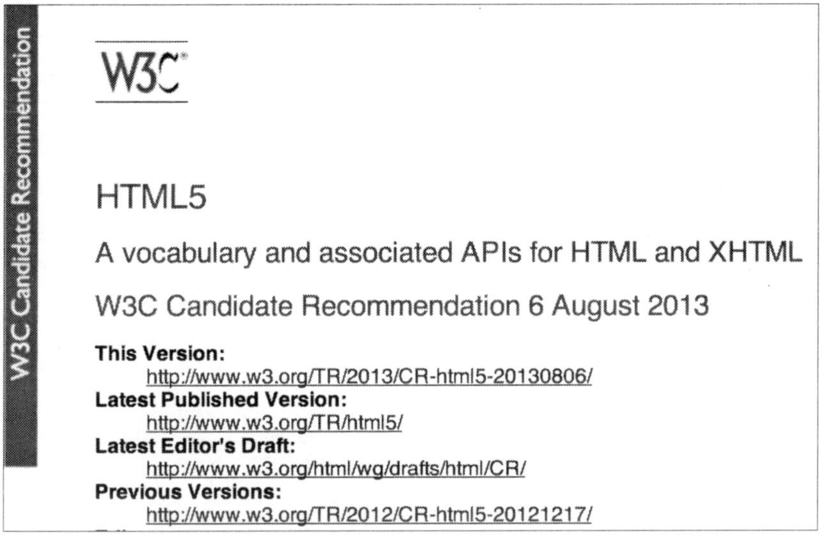

Un « énorme » encadré précise que le document évolue et qu'il n'est pas le reflet des dernières évolutions et corrections.

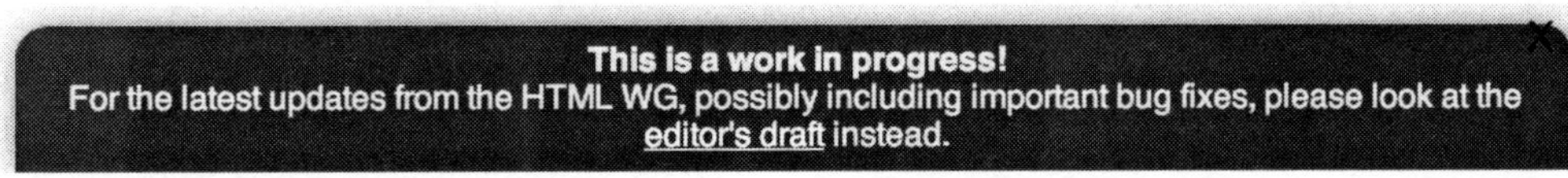

Pour connaître les dernières évolutions du groupe de travail (HTML WG), consultez la version « **editor's draft** » : http://www.w3.org/html/wg/drafts/html/CR/. La dernière édition date du 19 octobre 2011 (à la rédaction de ce livre).

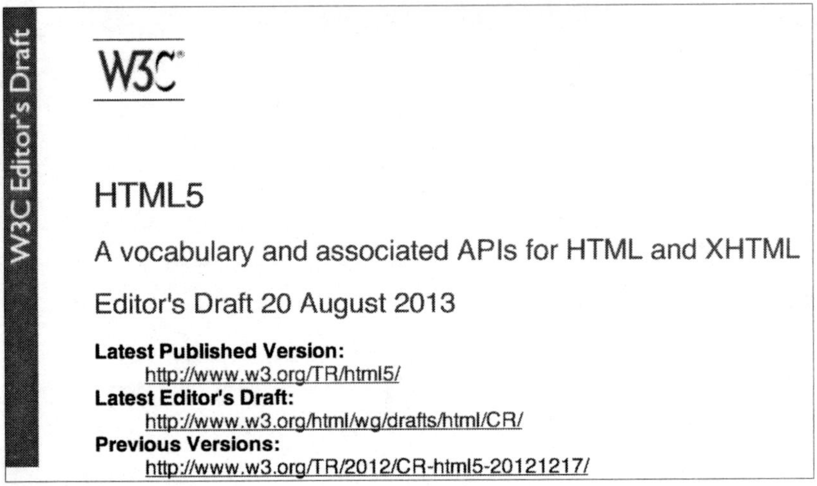
W3C Editor's Draft

W3C

HTML5

A vocabulary and associated APIs for HTML and XHTML

Editor's Draft 20 August 2013

Latest Published Version:
http://www.w3.org/TR/html5/
Latest Editor's Draft:
http://www.w3.org/html/wg/drafts/html/CR/
Previous Versions:
http://www.w3.org/TR/2012/CR-html5-20121217/

Un autre document très intéressant et très important pour les designers Web, est la référence HTML (http://dev.w3.org/html5/markup/). Ce document nous propose uniquement la liste des éléments HTML utilisables pour les designers Web. Ce document n'inclut pas toute la partie réservée aux navigateurs Web (affichage des erreurs, interopérabilité, gestion du DOM...).

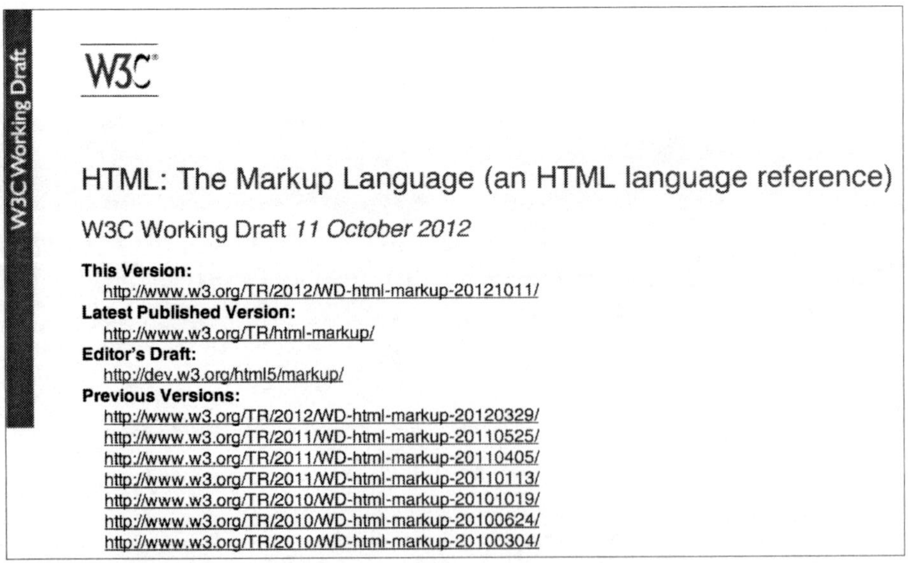
W3C Working Draft

W3C

HTML: The Markup Language (an HTML language reference)

W3C Working Draft *11 October 2012*

This Version:
http://www.w3.org/TR/2012/WD-html-markup-20121011/
Latest Published Version:
http://www.w3.org/TR/html-markup/
Editor's Draft:
http://dev.w3.org/html5/markup/
Previous Versions:
http://www.w3.org/TR/2012/WD-html-markup-20120329/
http://www.w3.org/TR/2011/WD-html-markup-20110525/
http://www.w3.org/TR/2011/WD-html-markup-20110405/
http://www.w3.org/TR/2011/WD-html-markup-20110113/
http://www.w3.org/TR/2010/WD-html-markup-20101019/
http://www.w3.org/TR/2010/WD-html-markup-20100624/
http://www.w3.org/TR/2010/WD-html-markup-20100304/

Chaque élément HTML est indiqué avec des cartouches **Changed** ou **New**.

6. HTML elements

- a – hyperlink CHANGED
- abbr – abbreviation
- address – contact information
- area – image-map hyperlink
- article – article NEW
- aside – tangential content NEW
- audio – audio stream NEW
- b – offset text conventionally styled in bold CHANGED
- base – base URL
- bdi – BiDi isolate NEW
- bdo – BiDi override
- blockquote – block quotation
- body – document body
- br – line break
- button – button
- button *type=submit* – submit button
- button *type=reset* – reset button
- button *type=button* – button with no additional semantics
- canvas – canvas for dynamic graphics NEW
- caption – table title
- cite – cited title of a work CHANGED
- code – code fragment

Si vous cliquez sur un des éléments, vous affichez les éléments de syntaxe essentiels pour nous, les designers Web.

Voilà un extrait pour l'élément a :

a – hyperlink CHANGED

The a element represents a hyperlink.

Permitted contents

Transparent (either phrasing content or flow content).

Permitted attributes

global attributes & href & target & rel & hreflang & media & type

- global attributes
  Any attributes permitted globally.
- href = URL potentially surrounded by spaces
  A URL that provides the destination of the hyperlink. If the href attribute is not specified, the element represents a **placeholder hyperlink**.
- target = browsing-context name or keyword CHANGED
  A name or keyword giving a browsing context for UAs to use when following the hyperlink.

***Note:** The target attribute on the a element was deprecated in a previous version of HTML, but is no longer deprecated, as it useful in Web applications, particularly in combination with the iframe element.*

Un autre document intéressant est le « **HTML 5 Reference - A Web Developer's Guide to HTML 5** » : http://dev.w3.org/html5/html-author/. C'est un document qui date de 2009, mais qui contient de très nombreux exemples d'utilisation de l'HTML5 pour les concepteurs de site Web, pour les auteurs.

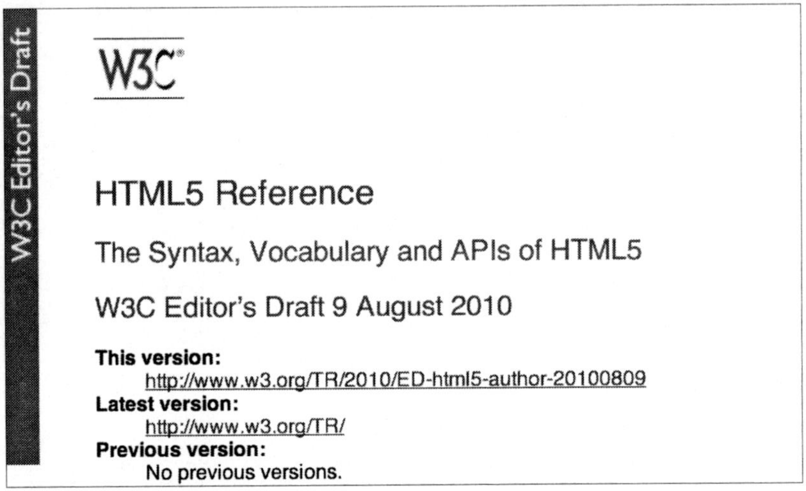
W3C Editor's Draft

W3C

HTML5 Reference

The Syntax, Vocabulary and APIs of HTML5

W3C Editor's Draft 9 August 2010

This version:
http://www.w3.org/TR/2010/ED-html5-author-20100809
Latest version:
http://www.w3.org/TR/
Previous version:
No previous versions.

7. L'évolution des recommandations

L'HTML5 est passé en **Candidate Recommendation** le 6 août 2013 (http://www.w3.org/TR/html5/). Les personnes averties, comme Ian Hickson, prédisent un passage en **Recommendation** en **2022** !

Cela vous semble très long ? N'oubliez pas que les CSS 2.1 sont passées en **Recommendation** le 7 juin 2011, sans que cela vous empêche de les utiliser depuis dix ans.

8. Peut-on utiliser l'HTML5 ?

Alors que l'HTML5 n'est toujours pas en **Recommendation** par le W3C en ce mois de septembre 2013, peut-on l'utiliser sans crainte ?

Nous allons le voir dans le chapitre La nouvelle syntaxe HTML5, l'utilisation de la syntaxe HTML5 est sans risque d'incompatibilité aujourd'hui (sauf à utiliser un navigateur antique comme Internet Explorer v6 qui date de 2001).

Dans le chapitre Les éléments de structure HTML5, nous allons étudier l'utilisation de nouveaux éléments de structure pour concevoir de manière sémantique vos pages Web. Le risque d'incompatibilité est ici plus important... pour les utilisateurs d'Internet Explorer 8. En effet, ce dernier ne reconnaît pas et n'affiche pas ces nouveaux éléments.

Pour les navigateurs plus anciens, nous pouvons les « forcer » à reconnaître les nouveaux éléments HTML5 par JavaScript. Avec une instruction JavaScript, nous allons demander à créer ces éléments dans le DOM (le *Document Object Model* permet d'accéder aux éléments de structure des pages Web).

Dans le `<head>` de la page Web, saisissez ce code :

```
<script type="text/javascript">
   document.createElement("main");
   document.createElement("header");
   document.createElement("footer");
   document.createElement("section");
   document.createElement("aside");
   document.createElement("nav");
   document.createElement("article");
   document.createElement("figure");
</script>
```

Ce script va permettre de créer dynamiquement les éléments HTML5 inconnus des anciens navigateurs. Ainsi, ils pourront afficher correctement les nouveaux éléments HTML5, sans les ignorer comme ce doit être la règle (voir le titre suivant : Interprétation de l'HTML5 par les anciens navigateurs).

Vous pouvez aussi utiliser un script « global » pour créer dynamiquement tous les nouveaux éléments HTML5. Ce script vous est proposé par Google : http://code.google.com/p/html5shim/

Dans le `<head>` de la page Web, saisissez ce code :

```
<!--[if lt IE 9]>
<script src="http://html5shim.googlecode.com/svn/trunk/html5.js">
</script>
<![endif]-->
```

Le rendu serait identique à ce que nous avons vu avec le premier script « manuel ».

Pour les navigateurs récents (créés après 2010 : Firefox 3.6, Chrome 4, Opera 10.5 et Safari 5), il suffit de bien gérer les propriétés `display: block`, pour les afficher correctement. Sinon, ils s'afficheront comme les éléments de type `inline`.

Dans le chapitre L'HTML5 et les CSS3 pour les formulaires, nous allons voir les nouveaux éléments et les nouveaux types pour les formulaires. Les nouveaux types de formulaires (`email`, `url`, `date`...), s'ils ne sont pas connus des navigateurs, seront interprétés comme des objets de type `text`. Donc, rien de bien gênant.

Donc en guise de « conclusion », la balle est dans votre camp ! Cela va être à vous de juger s'il est pertinent de passer ou non à l'HTML5. Nous pourrions dire qu'utiliser les nouveaux éléments HTML5 ne présente pas trop de risques si vous bornez bien leur utilisation avec des alternatives pour les navigateurs plus anciens et moins conformes.

9. Interprétation de l'HTML5 par les anciens navigateurs

Mais n'oubliez pas que l'HTML5 et les CSS3 ont aussi comme principe de base : la « tolérance de panne ». Cela implique que les navigateurs doivent ignorer tout ce qu'ils ne savent pas interpréter.

Prenons un exemple précis afin de bien comprendre le processus. Voici une structure, très simple en HTML5 (nous étudierons ces nouveaux éléments dans le chapitre Les éléments de structure HTML5).

Ces nouveaux éléments HTML5 ne sont pas reconnus par Internet Explorer 6 par exemple. Ils seront donc ignorés.

Dans chacun de ces éléments, nous allons ajouter du contenu dans des éléments standard HTML 4.1.

Voilà la structure finale du document de test :

```
<!DOCTYPE html>
<html lang="fr">
<head>
   <title>Mon document en HTML5</title>
   <meta charset="UTF-8" />
</head>
<body>
<header>
   <h1>Ma page Web en HTML5</h1>
</header>
<nav>
   <ul>
      <li><a href="#">Lien 1</a></li>
      <li><a href="#">Lien 2</a></li>
   </ul>
</nav>
<article>
   <h2>Lundi</h2>
   <p>Donec ullamcorper...</p>
</article>
<article>
   <h2>Mardi</h2>
   <p>Morbi leo risus...</p>
</article>
<footer>
   <p>Mon site personnel en HTML5</p>
</footer>
</body>
</html>
```

Ajoutons des règles CSS 2.1 pour une mise en forme très simple :

```
<style>
   header, nav, article, footer {
      width: 800px;
      margin: 0 auto;
   }
   header {
      border: 1px solid #333;
      background-color: silver;
   }
```

```
    h1 {
       text-align: center;
    }
    nav, article {
       border-bottom: 1px solid #333;
    }
    nav ul {
       margin: 0;
       padding: 0;
    }
    nav ul li {
       display: inline-block;
       margin-right: 20px;
    }
    a {
       text-decoration: none;
       font-weight: bold;
       color: green;
    }
    h2 {
       color: #CC33FF;
    }
    p {
       margin-left: 20px;
    }
    footer {
       background-color: silver;
    }
</style>
```

Cette mise en forme CSS s'applique à des éléments HTML5 (`header`, `nav`...) et HTML 4.1 (`h1`, `h2`, `a`...).

Comment Internet Explorer 6 va-t-il interpréter cette page ?

Tous les éléments inconnus (`<header>`, `<nav>`, `<article>`...) seront ignorés puisqu'Internet Explorer ne les connaît pas. Donc s'il ne les connaît pas, leur mise en forme ne pourra pas être appliquée, donc les règles CSS appliquées à ces éléments ne seront pas affichées.

Quant aux éléments connus (`<h1>`, `<h2>`, `<p>`...), ils seront bien affichés ainsi que leur mise en forme CSS.

Voilà l'affichage obtenu dans un navigateur récent :

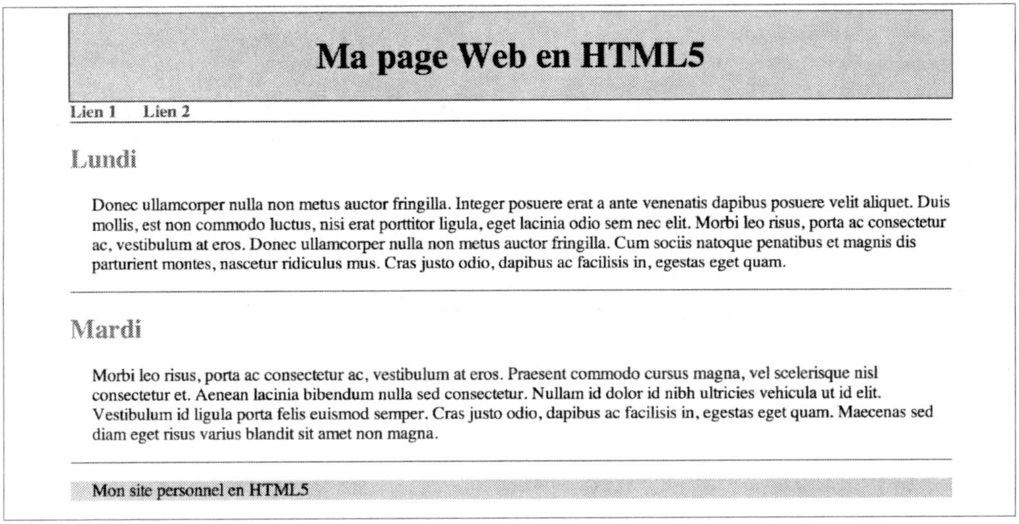

Tout est bien affiché.

Voilà l'affichage dans Internet Explorer 6 :

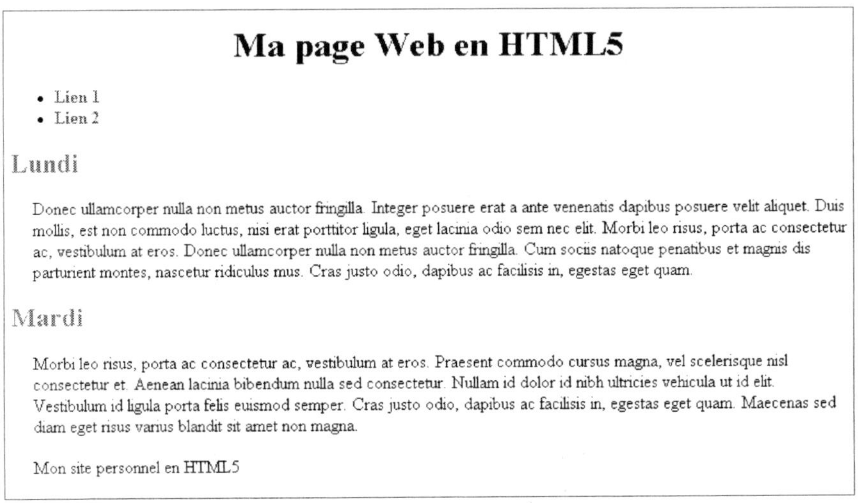

Internet Explorer 6 ne connaît pas l'élément `<header>`, donc il l'ignore, de même que sa règle CSS.

Internet Explorer 6 connaît l'élément `<h1>` et sa mise en forme CSS, il l'affiche donc correctement.

La mise en forme CSS de la liste des liens (`<ul>` et `<li>`) étant déclarée dans l'élément `nav`, inconnu d'Internet Explorer 6, elle n'est pas affichée.

La couleur des liens étant déclarée dans l'élément `a` connu d'Internet Explorer 6, elle est bien affichée.

Dernière précision : si Internet Explorer ignore les éléments inconnus, cela ne veut cependant pas dire qu'il les « supprime » du code source ! Les éléments HTML5 inconnus sont présents dans le code source, mais ils ne sont pas interprétés.

10. Ce livre et l'évolution de l'HTML5

En définitive, comprenez bien que le travail est toujours en cours, en perpétuelle évolution et que des changements arrivent régulièrement. Ce qui veut dire que ce livre pourra contenir des spécifications qui pourront évoluer : des éléments nouveaux pourront être proposés, des éléments pourront être redéfinis, des éléments pourront être modifiés, des éléments pourront être déclarés obsolètes, voire supprimés.

Notez que les brouillons de la version 5.1 sont accessibles et qu'ils datent du 28 mai 2013 : http://www.w3.org/TR/html51/

C. L'évolution des CSS

1. L'apparition des CSS

Avec l'HTML 3.2, la mise en forme était créée en HTML avec les éléments dédiés : `<b>`, `<font>`... et les attributs afférents `face="arial,helvetica,sans-serif"`, `size="3"`, `align="center"`... C'était long à mettre en œuvre, fastidieux à mettre à jour et pas productif !

L'arrivée de l'HTML 4 a permis de faire « le ménage » dans les éléments à utiliser, mais surtout il est arrivé avec les Cascading Style Sheet, les **CSS**, les feuilles de style en cascade. La première recommandation date du **17 décembre 1996** : http://www.w3.org/TR/REC-CSS1-961217.html.

2. L'utilité des CSS

Les CSS permettent :

- de séparer la structure des pages et leur contenu (HTML) de la mise en forme et de la mise en page,
- d'avoir beaucoup plus de possibilité de mise en forme et de mise en page,
- de ne définir qu'une seule fois un style et de l'appliquer autant de fois que vous le souhaitez,
- d'éviter les erreurs à force de répétition,
- de centraliser tous les styles,
- de faire des mises à jour très rapidement.

Bref, cela n'a que des avantages !

3. Les versions des CSS

La version « **level 1** » date donc de décembre 1996. La version « **level 2** », date du 12 mai 1998. Elle était très ambitieuse, voire trop ambitieuse ! Les très nombreuses nouveautés (police, synthèse vocale...) n'ont pas été adoptées par les navigateurs. Devant ce « demi-échec » le W3C est retourné à son ouvrage pour sortir sur la période 2004-2006 la version « **level 2 revision 1** », notée habituellement **CSS 2.1**. La version 2.1 des CSS est passée en **Recommendation** le 7 juin 2011.

4. L'avènement des CSS3

Les premiers brouillons des CSS3 sont sortis dès 1999. Cette fois, devant l'importance des travaux, le W3C n'a pas édicté une « monstrueuse » recommandation, mais une vingtaine de « modules » indépendants les uns des autres. Ce qui est très pratique pour les navigateurs qui peuvent ainsi, implémenter au fur et à mesure les nouveautés.

Voilà l'URL pour suivre l'avancée des travaux concernant les CSS3 : http://www.w3.org/Style/CSS/current-work. Nous y reviendrons plus en détail dans le chapitre Évoluer vers les CSS3.

Les principales nouveautés des CSS3 sont les possibilités :

- d'appliquer des images aux bordures et d'ajouter plusieurs bordures,
- de créer des arrières-plan en dégradé, avec des images multiples,
- d'avoir de la transparence dans les couleurs et les éléments,
- de pouvoir appliquer une ombre aux éléments (boîtes, texte...),
- de créer des transformations, des transitions et des animations sur les propriétés et les éléments,
- d'insérer des polices de caractères variées,
- de créer des sites Web adaptables aux différentes tailles d'écrans.

5. L'arrivée des CSS4

Les CSS 2.1 ne sont toujours pas en recommandation officielle, les CSS3 sont en plein travaux et bien le W3C a déjà enclenché les CSS4 ! Le dernier brouillon (*Working Draft*) sur les sélecteurs CSS4 est sorti le 2 mai 2013 : http://www.w3.org/TR/selectors4/

Chapitre 2 : La nouvelle syntaxe HTML5

A. La doctype 44
B. Le document HTML 45
C. L'encodage des caractères 45
D. Les scripts 46
E. Les styles CSS 46
F. La syntaxe des éléments 46
G. Les éléments obsolètes 49
H. Les éléments redéfinis 50
I. Les attributs obsolètes 50
J. De nouveaux éléments 50
K. Les modèles de contenu des éléments 56
L. L'affichage des éléments 57

A. La doctype

1. La syntaxe en HTML 4 et XHTML 1.0

La toute première ligne d'un document HTML concerne la déclaration de type de document, la **doctype**. Cette **DTD** (*Document Type Declaration*) a pour objectif d'indiquer quelle version du langage HTML est utilisée dans le document.

Voilà la DTD pour HTML 4.01 de transition :

```
<!DOCTYPE HTML PUBLIC "-//W3C//DTD HTML 4.01 Transitional//EN"
"http://www.w3.org/TR/html4/loose.dtd">
```

Voilà la DTD pour XHTML 1.0 strict :

```
<!DOCTYPE html PUBLIC "-//W3C//DTD XHTML 1.0 Strict//EN"
"http://www.w3.org/TR/xhtml1/DTD/xhtml1-strict.dtd">
```

Cette déclaration précise le nom de la DTD et indique l'URL où les navigateurs peuvent trouver la source originale de cette déclaration. Cette syntaxe n'est pas forcément aisément compréhensible pour tout le monde, elle est longue et fastidieuse à saisir. Et soyons réalistes, nous avons tous, moi le premier, toujours fait des copié-collé de cette ligne d'un projet à l'autre !

2. La syntaxe en HTML5

Pour la déclaration de la DTD en HTML, on ne peut pas faire plus simple :

```
<!DOCTYPE html>
```

Ce qui est le plus troublant, en dehors de la concision de la syntaxe, c'est l'absence de numéro de version ! Nous pourrions parfaitement nous dire *« Comment le navigateur va savoir la version de l'HTML qui est utilisée dans mon document ? »*.

Mais n'oublions pas qu'un des objectifs de l'HTML5 est de supporter les versions antérieures, mais aussi les futures versions du langage. Du fait même de ce constat, indiquer un numéro de version est obsolète, cela ne sert tout simplement à rien !

Mais rappelez-vous l'utilité de la DTD : elle ne sert absolument pas aux navigateurs, qui, quoi qu'il arrive interpréteront et afficheront toujours vos pages Web quelle que soit l'indication (ou pas) de la version de l'HTML. La DTD est faite uniquement pour les moteurs de validation HTML/CSS.

N'oublions pas que la validation peut être considérée comment un moyen de rédiger un document Web sémantique, plutôt qu'un but à atteindre. Les navigateurs afficheront toujours un document Web, même s'il n'est pas entièrement et parfaitement valide !

Voilà trois URL pour valider la syntaxe de vos pages Web en HTML5 :

- http://validator.w3.org/
- http://jigsaw.w3.org/css-validator/
- http://HTML5.validator.nu/

B. Le document HTML

1. La syntaxe en XHTML 1.0

L'élément `<html>` indique dans une page Web le début du contenu de la page HTML. Voici la syntaxe complète en XHTML 1.0 strict :

```
<html xmlns="http://www.w3.org/1999/xhtml" xml:lang="fr" lang="fr" >
```

Là non plus, la simplicité n'est pas de mise.

2. La syntaxe en HTML5

En HTML5, la simplicité est de mise, il ne faut conserver que l'essentiel. Voici la syntaxe en HTML5 :

```
<html lang="fr" >
```

Il suffit de préciser la langue. C'est tout.

Notez que vous pouvez parfaitement omettre l'élément `<html>`, la syntaxe sera valide.

C. L'encodage des caractères

1. La syntaxe en HTML 4 et XHTML 1.0

Il est d'usage d'indiquer quel encodage des caractères est utilisé dans vos pages Web. Vous l'indiquiez doublement : dans un élément `meta` pour l'en-tête http et pour le contenu, avec l'attribut `charset` :

Pour l'HTML 4.01 de transition :

```
<meta http-equiv="Content-Type" content="text/html; charset=UTF-8">
```

Pour l'XHTML 1.0 strict :

```
<meta http-equiv="Content-Type" content="text/html; charset=UTF-8" />
```

2. La syntaxe en HTML5

Là encore, en HTML5, la simplicité est au rendez-vous :

```
<meta charset="UTF-8" />
```

Nous avons le strict minimum requis pour une bonne compréhension par les navigateurs Web.

D. Les scripts

La déclaration des scripts a aussi « perdu du poids » avec une syntaxe plus concise. Nous sommes passés de :

```
<script src="monScript.js" type="text/javascript"></script>
```

à :

```
<script src="monScript.js"></script>
```

Cette simplification est due au fait que l'on présuppose que les scripts sont écrits en JavaScript. D'ailleurs quel autre langage pourrait être utilisé ?

E. Les styles CSS

Partant toujours du même constat : simplification et unicité du langage, pour la déclaration des styles CSS, nous passons de :

```
<link href="mesStyles.css" rel="stylesheet" type="text/css" />
```

à :

```
<link href="mesStyles.css" rel="stylesheet" />
```

F. La syntaxe des éléments

1. L'objectif

Les objectifs pour la syntaxe des éléments HTML sont la simplicité (encore !) et la permissivité. L'HTML5 n'est pas une évolution de l'XHTML, l'HTML5 a coupé le lien avec le XML. De ce fait nous n'avons plus les règles strictes de la syntaxe XHTML.

2. Les guillemets

Les guillemets sont optionnels pour les valeurs des attributs. Par exemple, pour l'encodage des caractères nous pouvons avoir ces trois syntaxes :

```
<meta charset=UTF-8>
<meta charset="UTF-8">
<meta charset="UTF-8">
```

Avec guillemets simples, guillemets double ou rien, la syntaxe est valide.

Par contre, si vous avez plusieurs valeurs pour un même attribut, les guillemets doubles sont obligatoires :

```
<div class="style1 style2">
```

3. Les éléments avec la seule balise d'ouverture

Un certain nombre d'éléments HTML ne possèdent qu'une balise d'ouverture et sont sans balise de fermeture : img, br... Il faut indiquer la fermeture de l'élément dans la balise d'ouverture par /.

Exemples :

```
<br />
<img src="image.png" />
```

En HTML5, l'indication de la fermeture de la balise est optionnelle.

Exemples valides :

```
<br>
<img src="image.png">
```

4. Les éléments à balise de fermeture optionnelle

L'HTML 4 a un certain nombre d'éléments dont la balise de fermeture est optionnelle. Citons : <p>, <dl>, <td>... En XHTML, toute balise ouverte doit être fermée. L'HTML5 reprend la syntaxe permissive de l'HTML 4. Cet exemple est valide en HTML5 : <p>Mon paragraphe sans balise de fin.

5. La casse

L'HTML5 accepte sans problème les majuscules et les minuscules dans la syntaxe des éléments et des attributs. Ces exemples sont parfaitement valides en HTML5 :

```
<SCRIPT src="monScript.js"></script>
<script SRC="MONscript.JS"></SCRIPT>
<sCriPt SrC="MonScript.js"></scRIpt>
```

C'est vrai qu'écrits comme cela ces exemples font peur ! Mais nous allons voir qu'il faut quand même respecter des règles de codage d'usage.

6. Les attributs booléens

Un certain nombre d'attributs n'acceptent que des valeurs booléennes pour appliquer la valeur de l'attribut.

Voici un exemple d'une case à cocher qui est cochée dès l'affichage de la page. C'est l'utilisation de la valeur checked pour l'attribut checked.

```
<input type="checkbox" checked="checked" name="accepte">
```

Il est redondant d'indiquer les deux paramètres. En HTML5, la présence du seul attribut suffit :

```
<input type="checkbox" checked name="accepte">
```

Là encore, l'objectif est la concision de la syntaxe.

7. Les éléments HTML, HEAD et BODY

À propos de concision, l'HTML5 fait fort, très fort : les éléments `html`, `head` et `body` sont optionnels !

Voici un document HTML5 parfaitement valide et s'affiche correctement :

```
<!DOCTYPE HTML>
<meta charset="UTF-8" />
<title>Ma page HTML5 valide</html>
<h1>Le titre dans ma page</h1>
<p>Mon texte</p>
```

Voilà l'affichage :

Si vous affichez le code source, vous remarquerez que les navigateurs ajoutent eux-mêmes les éléments HTML manquants.

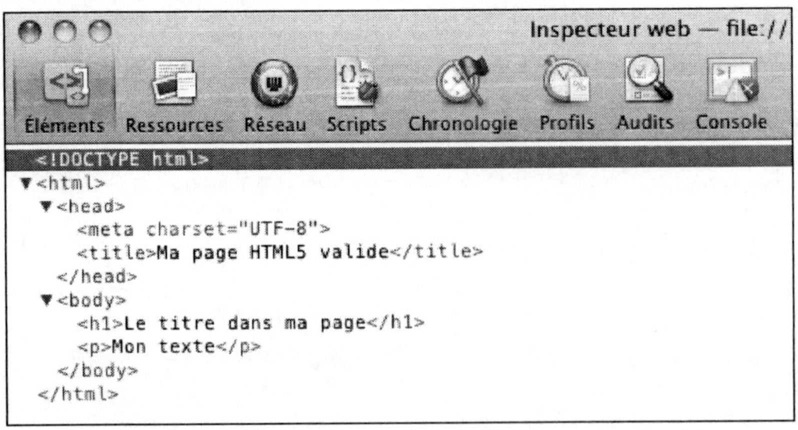

Notez que les éléments <thead>, <tfoot> et <tbody> sont aussi optionnels.

8. La syntaxe à adopter

Nous venons de voir que l'HTML5 est très permissif. Nous pouvons écrire notre code comme nous le souhaitons et j'ai presque envie de dire n'importe comment ! L'avantage est que c'est extrêmement souple et très peu contraignant. L'inconvénient majeur est que les pages rédigées comme cela ne vont ressembler à rien de connu et que chaque concepteur devra analyser pendant « un certain temps » les pages HTML d'un projet « mal rédigé » qu'il reprend, avant de comprendre ce qu'il en est. À force d'être trop permissif, nous perdons notre langage commun, connu et adopté par tous.

C'est pour ces raisons que je vous convie à **respecter la syntaxe de l'XHTML**. Cette syntaxe est connue de tous, elle est adoptée par tous les concepteurs de sites Web, elle est commune à tous et fait partie des « bonnes pratiques » des designers.

Respectons les règles d'usage et de syntaxe du XHTML :

- n'utiliser que des minuscules,
- utiliser toujours des guillemets,
- fermer par les balises autofermantes,
- fermer les éléments dont la balise de fermeture est optionnelle,
- indenter votre code pour une meilleure lisibilité.

G. Les éléments obsolètes

1. Qu'est-ce un élément obsolète ?

Dans la spécification HTML5, un certain nombre d'éléments sont déclarés « obsolètes ». Un élément obsolète est un élément qui n'est pas déclaré dans la spécification HTML5. Mais comme l'HTML5 doit être compatible avec les versions antérieures, les éléments HTML obsolètes seront malgré tout correctement interprétés par les navigateurs.

Une page Web utilisant des éléments HTML obsolètes sera bien affichée, mais sera déclarée « non conforme » par les moteurs de validation.

Voici l'URL des éléments obsolètes sur le site du W3C :
http://www.w3.org/TR/html5/obsolete.html

2. Pour une meilleure accessibilité

Antique élément de conception de pages Web, les jeux de cadres sont déclarés obsolètes, à la grande joie de l'accessibilité des sites Web et des référenceurs.

Les éléments HTML `<frame>`, `<frameset>` et `<noframes>` ne sont plus à utiliser.

3. Les éléments inutilisés et confus

Les éléments `<applet>`, `<isindex>` et `<dir>` sont déclarés obsolètes.

H. Les éléments redéfinis

Pour l'HTML5, certains éléments HTML ont vu leur rôle redéfini, plutôt que les rendre obsolètes. Ces éléments sont liés au texte, nous les verrons dans le chapitre consacré au texte.

I. Les attributs obsolètes

La liste des attributs obsolètes est longue. Les attributs obsolètes le sont au profit des CSS, plus performantes. Pour avoir la liste complète, reportez-vous à l'URL des éléments obsolètes sur le site du W3C : http://www.w3.org/TR/html5/obsolete.html.

J. De nouveaux éléments

L'HTML5 introduit quelques nouveaux éléments. Rappelons-le, la spécification HTML5 est en perpétuelle évolution, il se peut donc que d'autres nouveaux éléments apparaissent après la rédaction de ce livre. Cette liste n'est donc pas exhaustive.

1. L'élément <hgroup>

En HTML 4, si vous souhaitiez indiquer un titre et un sous-titre dans une page Web, vous pouviez utiliser cette syntaxe :

```
<h1>Mon site à moi</h1>
<p>Un site sur la conception des sites</p>
```

Dans cet exemple, rien n'indique que la présence d'un sous-titre.

Vous pourriez aussi utiliser cette syntaxe :

```
<h1>Mon site à moi</h1>
<h2>Un site sur la conception des sites</h2>
```

Dans ce cas, les autres titres de cette même page devraient utiliser des titres allant de `<h3>` à `<h6>`.

Avec l'HTML5, l'élément `<hgroup>` permet de grouper des éléments d'en-tête de type `<h1>` à `<h6>`. C'est très pratique pour avoir dans une page un titre et un sous-titre, parfaitement définis d'un point de vue sémantique.

Voilà la syntaxe à utiliser :

```
<hgroup>
    <h1>Mon site à moi</h1>
    <h2>Un site sur la conception des sites</h2>
</hgroup>
```

Les éléments `<hx>` dans le `<hgroup>` n'ont pas l'obligation de commencer par un `<h1>`, mais peuvent commencer par le niveau de titre que vous voulez. Autrement dit, il n'y a pas d'obligation de hiérarchie stricte dans l'utilisation des `<hx>`, c'est simplement une liste d'éléments `<hx>` qui s'ajoutent les uns aux autres. L'objectif du `<hgroup>` n'est pas de faire des tables des matières.

> Attention, cet élément, autrefois proposé par le W3C, est maintenant déclaré obsolète (voir la dernière liste des éléments obsolètes en date du 6 août 2013 : http://www.w3.org/TR/html5/obsolete.html).

2. L'élément <time>

Cet élément permet d'indiquer que son contenu est lié au temps : date ou/et heure. Il ne possède qu'une valeur sémantique, il n'y a pas d'affichage automatique d'une date ou d'une heure.

Voilà quelques exemples de syntaxe :

```
<p>Aujourd'hui, la date est : <time>05/09/2013</time></p>
<p>Nous sommes le <time>5 septembre</time>.</p>
```

Vous pouvez utiliser l'attribut `datetime` pour indiquer la date ou l'heure au format ISO 8601 (http://fr.wikipedia.org/wiki/ISO_8601) :

```
<p>Nous sommes le <time datetime="2013-09-05">5
septembre</time>.</p>
```

Vous pouvez aussi utiliser l'attribut `pubdate`. Cet attribut permet de préciser que la date indiquée est celle de la publication du plus proche parent de l'élément `<article>`.

3. L'élément <mark>

Cet élément permet de mettre en évidence un texte dans le contexte d'un texte plus général.

Voici un exemple :

```
<p>La nouvelle version de l'HTML est l'<mark>HTML5</mark>.</p>
```

La mise en évidence du texte marqué est usuellement sur fond jaune.

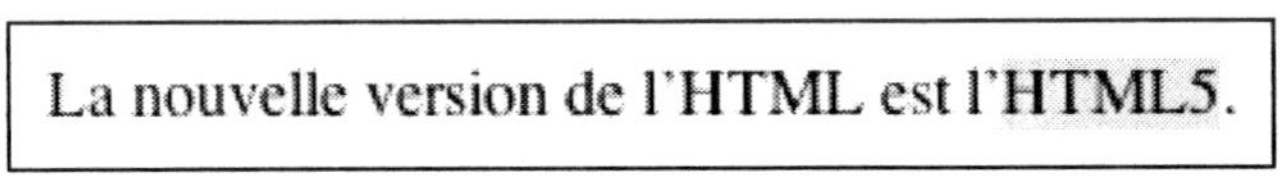

4. L'élément <meter>

Cet élément permet de définir une mesure donnée dans un contexte de valeurs spécifiées. Cet élément utilise six attributs :

- `value` : la valeur de la donnée sur l'échelle utilisée.
- `min` : le minimum possible.
- `low` : le minimum atteint.
- `max` : le maximum possible.
- `hight` : le maximum atteint.
- `optimum` : le maximum idéal.

Voici un exemple :

```
<p>Votre note est de 16 : <meter value="16" min="0" low="4"
max="20" hight="18" optimum="19"> sur 20.</p>
```

L'affichage est laissé libre pour les navigateurs. Voilà l'affichage avec Google Chrome :

5. Les éléments <details> et <summary>

L'élément `<summary>` permet de définir un résumé des détails qui sont affichés avec l'élément `<details>`.

Exemple :

```
<details>
    <summary>Cliquez pour plus d'informations</summary>
    <p>Voici en détail, les éléments concernant votre commande</p>
    <p>Blabla...</p>
</details>
```

L'affichage pour faire apparaître les détails est laissé libre pour les navigateurs. Voici l'affichage dans Google Chrome :

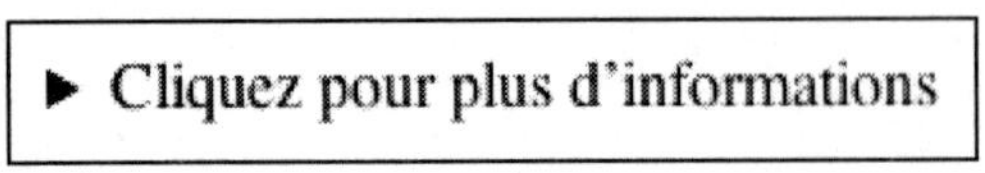

En cliquant sur le petit triangle, vous affichez le détail :

> ▼ Cliquez pour plus d'informations
>
> Voici en détail, les éléments concernant votre commande
>
> Blabla...

Vous pouvez utiliser l'attribut `open` dans l'élément `<details>`. Cela va permettre d'indiquer si les détails doivent être ouverts, c'est-à-dire visibles dès le chargement de la page.

```
<details open="open">
   <summary>Cliquez pour plus d'informations</summary>
   <p>Voici en détail les éléments concernant votre commande</p>
   <p>Blabla...</p>
</details>
```

Voilà l'affichage résultant :

> ▼ Cliquez pour plus d'informations
>
> Voici en détail les éléments concernant votre commande
>
> Blabla...

6. L'élément <wbr>

L'élément `<wbr>` (*word break*) permet de proposer des césures dans les mots ou dans des phrases. Cela va aider les moteurs de rendu de texte à effectuer les césures à l'endroit qui nous semble le plus approprié. Notez bien que cela ne crée pas de césure, que cela ne place pas un tiret, c'est juste une suggestion de césure pour les moteurs de rendu de texte. C'est donc à nous de placer cet élément là où nous souhaitons proposer une césure adéquate.

Exemple :

```
<p>Aenean eu leo quam. Pellentesque ornare sem lacinia quam venenatis
vestibulum. Donec ullamcorper nulla non metus auctor fringilla. Integer
posuere erat a ante venenatis dapibus posuere velit aliquet. Le mot
hexa<wbr>kosioi<wbr>hexekonta<wbr>hexa<wbr>phobie signifie la peur
du nombre 666</p>
```

À l'affichage avec une largeur importante, où les césures n'interviennent pas :

> Aenean eu leo quam. Pellentesque ornare sem lacinia quam venenatis vestibulum. Donec ullamcorper nulla non metus auctor fringilla.
> Integer posuere erat a ante venenatis dapibus posuere velit aliquet. Le mot hexakosioihexekontahexaphobie signifie la peur du nombre 666.

À l'affichage avec une largeur réduite, où les césures interviennent :

> Aenean eu leo quam. Pellentesque ornare sem lacinia quam venenatis vestibulum. Donec ullamcorper nulla non metus auctor fringilla. Integer posuere erat a ante venenatis dapibus posuere velit aliquet. Le mot hexakosioihexekontahexa phobie signifie la peur du nombre 666.

Deuxième exemple de césure :

> Aenean eu leo quam. Pellentesque ornare sem lacinia quam venenatis vestibulum. Donec ullamcorper nulla non metus auctor fringilla. Integer posuere erat a ante venenatis dapibus posuere velit aliquet. Le mot hexakosioi hexekontahexaphobie signifie la peur du nombre 666.

7. L'élément <bdi>

L'élément <bdi> permet d'isoler un texte ayant une direction de lecture différente, comme l'arabe qui se lit de droite à gauche.

Exemple :

```
<ul>
 <li>Rédacteur <bdi>caubry</bdi> : 12 articles.</li>
 <li>Rédacteur <bdi>fhenot</bdi> : 5 articles. </li>
 <li>Rédacteur <bdi>إيان</bdi> : 3 articles. </li>
</ul>
```

À l'affichage :

> - Rédacteur caubry : 12 articles.
> - Rédacteur fhenot : 5 articles.
> - Rédacteur 3 : إيان articles.

8. L'élément <progress>

Le nouvel élément <progress> permet de créer des barres de progression pour des tâches. L'avancée de la barre de progression peut se faire à l'aide d'attributs ou d'un JavaScript.

Voici un exemple de barre de progression avec les deux attributs : `value` pour indiquer la valeur actuelle et `max` pour indiquer la valeur maximale de la tâche.

```
<h2>Les nouveaux éléments HTML5</h2>
<p>Avancée de la tâche : <progress id="p" value="40" max="100">40%
</progress></p>
```

Comme toujours, le rendu est laissé libre pour les navigateurs. Voici l'affichage dans Google Chrome :

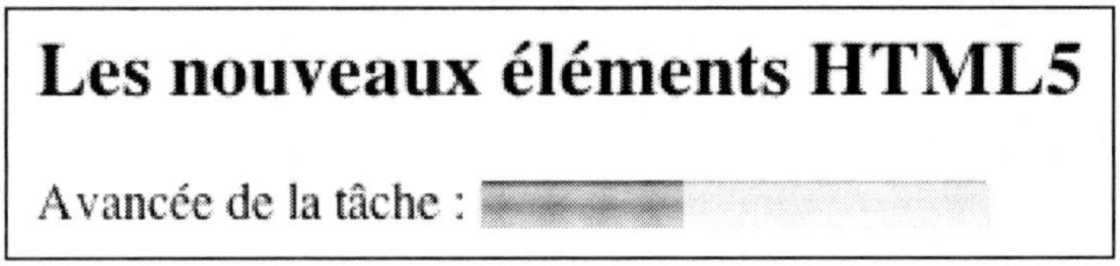

9. Les éléments liés aux langues asiatiques

L'élément `<ruby>` permet d'insérer du texte asiatique. L'élément `<rt>` permet de spécifier la prononciation des mots et l'élément `<rp>` permet d'insérer des parenthèses autour d'un texte en langue asiatique pour masquer certains caractères.

10. Les éléments <figure> et <figcaption>

L'élément `<figure>` permet de regrouper tous les éléments constitutifs pour l'insertion d'une image : l'image (élément `<img>`) en elle-même (ou une photo, une vidéo, une animation...) et sa légende avec le nouvel élément `<figcaption>`.

Voilà un exemple :

```
<p>Voici une photo d'une Sarracenia de mon jardin.<p/>
<figure>
    <img src="sarracenia.jpg" />
    <figcaption>sarracenia purpurea</figcaption>
</figure>
```

Voici l'affichage :

K. Les modèles de contenu des éléments

L'HTML 4 prévoyait deux principaux types de contenu : en ligne (`inline`) et en bloc (`block`).

L'HTML5 prévoit des modèles de contenu plus étoffés (http://www.w3.org/TR/html5/dom.html#content-models). Sachant que certains éléments peuvent appartenir à plusieurs modèles, selon le contexte de leur utilisation.

Nous avons :

- **Metadata content** : pour les éléments de liaison entre les documents, de présentation ou de comportement du contenu (`base`, `command`, `link`, `meta`, `noscript`, `script`, `style` et `title`).
- **Flow content** : pour les éléments utilisés dans le corps de la page (`a`, `article`, `blockquote`, `details`, `label`, `table`...).
- **Sectioning content** : pour les éléments de structure (`article`, `aside`, `nav` et `section`).
- **Heading content** : pour les éléments d'en-tête de section (`h1` à `h6` et `hgroup`).
- **Phrasing content** : pour les éléments de texte (`a`, `abbr`, `button`, `canvas`, `em`, `span`, `strong`...).
- **Embedded content** : pour les éléments incorporés (`audio`, `canvas`, `embed`, `iframe`, `img`, `math`, `object`, `svg` et `video`).
- **Interactive content** : pour les éléments qui impliquent une interactivité avec les utilisateurs (`a`, `audio`, `button`, `input`, `label video`...).

Voilà le schéma du W3C :

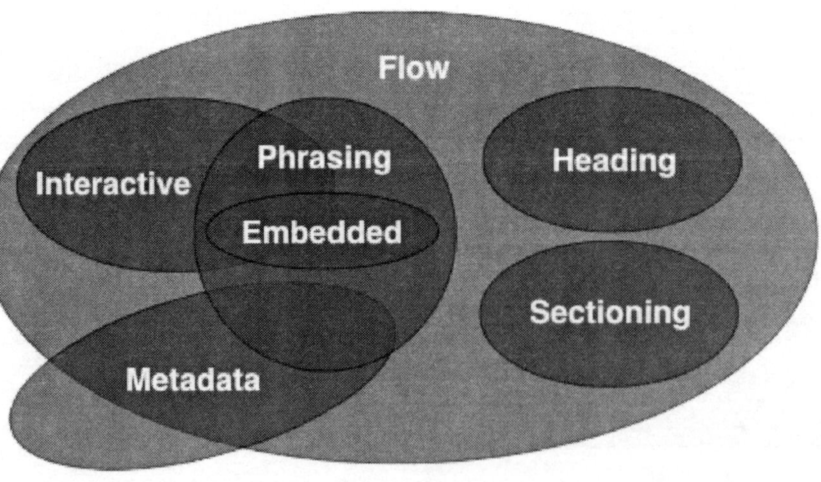

Notez bien que cette classification a pour seul but d'organiser, de classer les éléments HTML. Cela n'influence en rien, cela ne prédéfinit en rien l'affichage de ces éléments (voir la section suivante). Cette classification n'a donc pas de réelles conséquences pour le design Web de nos pages.

L. L'affichage des éléments

1. En HTML 4

L'HTML 4 « rangeait » les éléments selon un type d'affichage dans les navigateurs (http://www.w3.org/TR/html4/struct/global.html#h-7.5.3). Les éléments de type `block` s'affichent les uns sous les autres. C'est le cas des paragraphes `<p>`, des titres `<hx>`, des boîtes `<div>`...

Les éléments de type `inline` s'affichent les uns à côté des autres, dans la ligne de texte. C'est le cas des liens `<a>`, des divisions `<span>`, des styles `<strong>`, `<em>`...

Vous avez aussi les affichages : `inline-block`, `list-item`, `table`, `table-row`...

Les règles d'imbrication indiquent :

- qu'un élément `inline` ne peut contenir que d'autres éléments `inline` et des données, c'est-à-dire du texte.
- qu'un élément `block` peut contenir d'autres éléments `block` et des éléments `inline`.

Mais avec la propriété `display`, vous pouvez parfaitement changer le type d'affichage pour un autre. Un `display: block` permet à un lien `<a>` de s'afficher comme un bloc et de bénéficier ainsi de toutes les propriétés inhérentes aux blocs.

2. En HTML5

L'HTML5 rend obsolète cette « classification ». Elle n'est d'ailleurs plus spécifiée comme telle. Ce qui veut dire que c'est à vous, concepteur de site Web d'indiquer quel doit être l'affichage de vos éléments. Si vous ne le faites pas, c'est la feuille de style par défaut des navigateurs qui le fait.

Donc vous pouvez parfaitement avoir un élément `<a>` contenant un titre `<h2>` et une image `<img>`, du moment que dans les styles CSS vous précisez l'affichage de chacun des éléments avec la propriété `display`.

Cette structure est correcte en HTML5 :

```
<a id="accueil" href="#">
   <h2 id="titre">Accueil</h2>
   <img id="triangle" src="triangle.png" alt="" />
</a>
```

Les styles CSS :

```
#accueil {
   display: block;
}
#titre, #triangle {
   display: inline;
}
```

À l'affichage :

Chapitre 3 : Les éléments de structure HTML5

A. Les éléments de structure en HTML 4 60
B. Les éléments de structure en HTML5. 62
C. L'attribut sémantique role. 65
D. Exemples de structure HTML5 66
E. Les techniques de mise en page 68

A. Les éléments de structure en HTML 4

1. Les boîtes <div>

Avec l'HTML 4, le principal élément de structure des pages est la fameuse « boîte <div> ». L'élément `<div>` permet de créer des zones d'affichage rectangulaires. Chacune de ces zones, chacune de ces boîtes `<div>` peut être identifiée de manière unique avec un identifiant et être mise en forme avec des styles CSS. Cet identifiant unique est déterminé avec l'attribut `id`.

Exemple :

```
<div id="bandeauHaut">
  ...
</div>
```

Vous pouvez aussi utiliser des classes, si la mise en forme n'est pas unique mais est répétée dans la page.

Exemple :

```
<div class="article">
  ...
</div>
```

Ensuite, une fois que la structure est déterminée, la mise en page s'effectue avec des styles CSS, avec des sélecteurs d'identification qui reprennent le nom de l'identifiant ou de la classe.

Exemple :

```
#bandeauHaut {
  ...
}
.article{
  ...
}
```

Voici un exemple d'une structure de page de type blog avec des boîtes `<div>` :

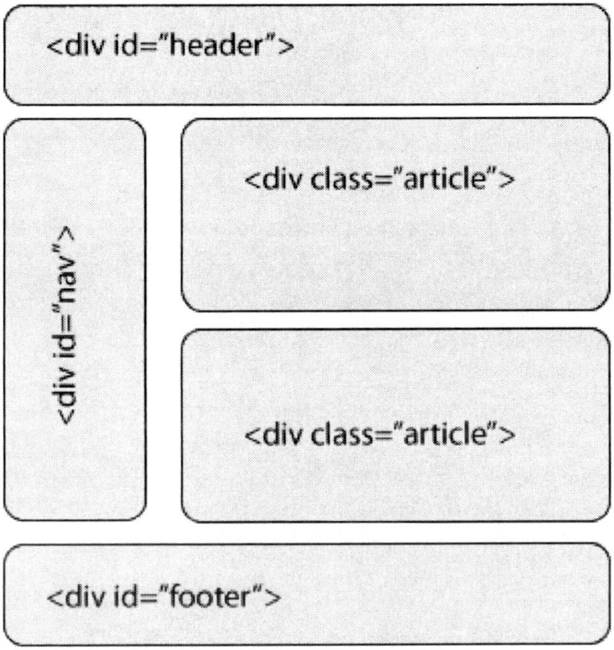

2. La « divite »

Avec l'HTML 4 et les CSS 2.1, la structure des pages, quand elle est un peu complexe, peut nécessiter un nombre très important de boîtes `<div>`. Vous pouvez avoir des pages avec des dizaines et des dizaines de boîtes `<div>`. Si vous tombez dans cet excès, vous êtes alors atteint de la maladie de la « divite », soit un abus de boîtes `<div>` !

3. Un contenu non sémantique

Avec toutes ces boîtes `<div>` se pose un autre problème : celui de la sémantique des conteneurs. En effet, chaque boîte `<div>` se différencie par son identifiant unique, donné par le concepteur, selon son « humeur » et ses « envies ».

Ce qui fait que les boîtes `<div>` ne sont pas sémantiques : le contenu attendu n'est en rien défini par un quelconque paramètre. Une boîte `<div>` identifiée avec `id="gauche"` ne prédéfinit en rien son contenu. Nous pourrions y trouver une barre de navigation comme des informations légales ou tout autre contenu.

Or, l'évolution de l'HTML va vers plus de sémantique.

B. Les éléments de structure en HTML5

1. Les nouveaux éléments de structure

L'avènement de l'HTML a apporté de nouveaux éléments de structure sémantique. Ces nouveaux éléments ont été définis et nommés suite à une longue analyse du nom des boîtes `<div>`.

2. L'élément <header>

Le nouvel élément `<header>` permet d'insérer une zone d'affichage pour les en-têtes. Cet en-tête peut être défini pour la page ou pour une autre zone d'affichage : article, barre latérale...

Il faut considérer cet élément comme utilisable à deux niveaux :

- au niveau de la page, c'est le classique en-tête de page, souvent placé en haut de l'écran, avec un logo, un slogan, une barre de navigation principale...
- au niveau des contenus, cela permet d'avoir une zone d'introduction au contenu qui va suivre.

Voilà la définition du W3C pour l'élément `<header>` : « *The header element represents a group of introductory or navigational aids. A header element is intended to usually contain the section's heading (an h1–h6 element or an hgroup element), but this is not required. The header element can also be used to wrap a section's table of contents, a search form, or any relevant logos.* »

Notez bien que l'élément `<header>` n'est pas obligatoire dans la structure des pages.

3. L'élément <footer>

Le nouvel élément `<footer>` permet d'insérer une zone d'affichage pour les pieds de page. Nous retrouvons la même sémantique que pour les en-têtes. Ces pieds de page peuvent être définis pour la page ou pour une autre zone d'affichage, ou pour un article.

Voilà la définition du W3C : « *The footer element represents a footer for its nearest ancestor sectioning content or sectioning root element. A footer typically contains information about its section such as who wrote it, links to related documents, copyright data, and the like.* »

Nous retrouvons un usage semblable à celui du `<header>`, mais cette fois pour des pieds de page. Nous ne devons donc pas prendre « au pied de la lettre » la traduction littérale « pied de page ». C'est plutôt un pied de zone d'affichage, la zone d'affichage pouvant être une page, une section, un article...

4. L'élément <nav>

L'élément `<nav>`, comme son nom le laisse supposer, est dédié à l'affichage d'une navigation avec des liens hypertextes. Mais attention, ne vous sentez pas obligé de n'avoir qu'une seule zone de navigation par page ou de créer autant d'éléments `<nav>` que vous avez de navigations dans vos pages, du moment que chacun d'entre eux est identifié. L'élément `<nav>` est plutôt dédié à la navigation principale du site, à la création de liens entre les pages du site.

La définition du W3C est claire : « *The nav element represents a section of a page that links to other pages or to parts within the page: a section with navigation links. Note: Not all groups of links on a page need to be in a nav element – the element is primarily intended for sections that consist of major navigation blocks. In particular, it is common for footers to have a short list of links to various pages of a site, such as the terms of service, the home page, and a copyright page. The footer element alone is sufficient for such cases; while a nav element can be used in such cases, it is usually unnecessary.* »

5. L'élément <section>

L'élément `<section>` permet de regrouper des éléments partageant une même thématique. Cela permet de regrouper dans un même élément un contenu, avec son en-tête et son pied de page.

Voilà la définition du W3C : « *The section element represents a generic section of a document or application. A section, in this context, is a thematic grouping of content, typically with a heading.* »

6. L'élément <article>

L'élément `<article>` permet d'insérer un contenu autonome, car il peut être réutilisé ailleurs dans le site, sans que sa compréhension soit nulle.

Voici la définition du W3C : « *The article element represents a self-contained composition in a document, page, application, or site and that is, in principle, independently distributable or reusable, e.g. in syndication. This could be a forum post, a magazine or newspaper article, a blog entry, a user-submitted comment, an interactive widget or gadget, or any other independent item of content.* »

Un article peut parfaitement avoir un en-tête (`<header>`), un pied de page (`<footer>`) et des titres (`<hx>`).

7. L'élément <aside>

L'élément `<aside>` permet d'afficher un contenu lié au contenu auquel il est associé. Cela peut correspondre à des barres latérales (sidebar), à des zones de widgets, à des compléments sur des articles.

8. L'élément <main>

Dernier arrivé dans les brouillons du W3C, l'élément `<main>` permet de cibler le contenu principal de la page.

La définition du W3C l'indique bien : « *The main element represents the main content of the body of a document or application. The main content area consists of content that is directly related to or expands upon the central topic of a document or central functionality of an application* ».

Ainsi, une page pourra être parfaitement structurée avec un élément `<main>` pour le contenu de la page, avec un en-tête `<header>`, des contenus avec des éléments `<article>` et un pied de page `<footer>`.

Le W3C indique des restrictions pour l'utilisation de l'élément `<main>` :

- un seul élément `<main>` par page,
- il ne doit pas être utilisé à l'intérieur (élément descendant) des éléments `<article>`, `<aside>`, `<footer>`, `<header>` ou `<nav>`,
- il devrait être associé avec le `role main` (`<main role="main">`) pour une meilleure accessibilité des sites Web.

9. Les boîtes <div>

Enfin pour conclure, ce n'est pas parce que vous utilisez de l'HTML5, que vous devez abolir l'utilisation des boîtes `<div>` ! Elles sont toujours utilisables et ont toujours leur utilité !

C. L'attribut sémantique role

L'XHTML (http://www.w3.org/1999/xhtml/vocab/#XHTMLRoleVocabulary) et « feu » XHTML 2 prévoyait l'utilisation de l'attribut `role` (http://www.w3.org/TR/xhtml2/mod-roleAttribute.html) pour apporter plus de sémantique dans la définition des éléments structurels d'une page Web.

L'HTML5 permet l'utilisation de l'attribut `role` pour cet apport d'information complémentaire, via le module **WAI-ARIA** (http://www.w3.org/TR/aria-in-html/, en Working Draft au 3 octobre 2013). Ce module traite de la gestion du contenu des pages pour les personnes handicapées. Certains éléments HTML5 ont un `role` implicite, par exemple l'élément `<nav>` a comme `role` implicite `navigation`.

Voici les principales valeurs de l'attribut `role` :

- `main` : définit le contenu principal d'un document.
- `secondary` : définit une partie secondaire du document.
- `navigation` : définit la barre de navigation du document.
- `banner` : située classiquement en haut de page, la bannière contient habituellement le logo et le slogan de l'entreprise.
- `contentinfo` : indique que l'élément contient des informations à propos du contenu de la page : auteurs, copyrights, mentions légales...
- `definition` : représente la définition d'un élément.
- `note` : correspond usuellement à une note entre parenthèses ou de bas de page.
- `seealso` : indique que l'élément contient des informations en relation avec le contenu principal de la page.
- `search` : contient le formulaire de recherche d'une page.

Voici un exemple simple d'utilisation :

```
<div id="recherche" role="search">
  ...
</div>
```

Un autre :

```
<header id="banniere" role="banner">
  ...
</header>
```

Pour plus d'informations concernant l'**Accessible Rich Internet Applications (WAI-ARIA)**, consultez la Candidate Recommendation du 18 janvier 2011 :
http://www.w3.org/TR/2011/CR-wai-aria-20110118/

D. Exemples de structure HTML5

1. Une structure simple

Si nous reprenons notre exemple de structure de page indiquée au début de ce chapitre, nous pouvons le modifier pour le mettre en HTML5.

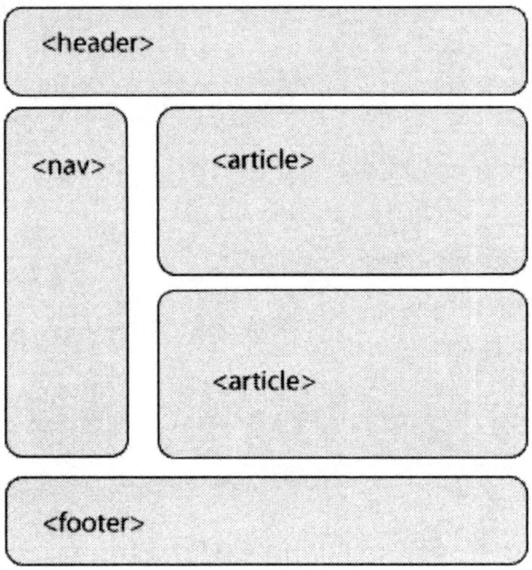

Dans l'élément `<header>`, nous retrouverons les éléments d'en-tête de la page, avec le logo, le slogan par exemple.

Dans l'élément `<nav>` placé à gauche, nous trouverons les liens pour naviguer au sein de ce site.

Tous les articles de ce blog seront placés dans des éléments `<article>`, bien sûr !

Enfin, le pied de page, `<footer>`, pourra contenir les mentions légales, les liens de contact.

2. Une structure plus élaborée

Voici une structure d'un site un peu plus élaborée.

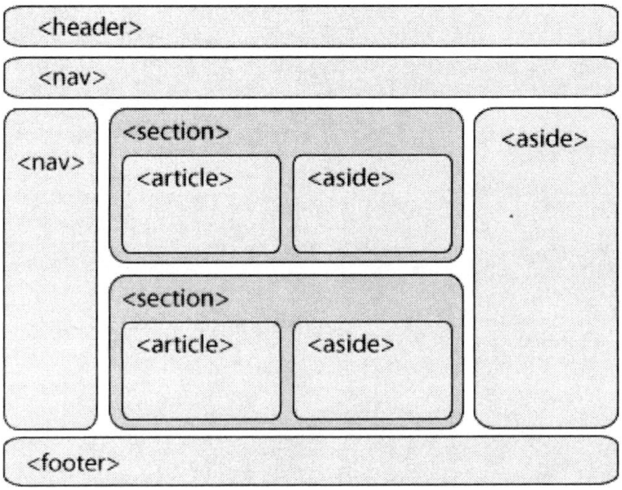

Nous retrouvons un élément `<header>`, maintenant classique.

En dessous, nous avons un premier élément `<nav>` pour la navigation générale dans le site, pour naviguer de page en page.

Sur la gauche, une deuxième boîte `<nav>` est faite pour la navigation secondaire, pour des liens liés directement au contenu de la page affichée.

Sur la droite, un élément `<aside>` affiche des informations liées au contenu de la page, comme des liens promotionnels, des contenus en relation...

Le contenu de la page est affiché dans deux éléments `<section>` permettant ainsi de bien différencier ces deux contenus différents. Chaque `<section>` contient un élément `<article>` pour le contenu rédactionnel et un élément `<aside>` pour afficher des éléments d'information supplémentaire liés à l'article (iconographie, liens...).

Enfin, la page se termine par un pied de page `<footer>` pour afficher les informations légales, les conditions de vente, un lien de contact, un plan d'accès...

Bien sûr, chaque élément de structure devra utiliser un identifiant unique ou une classe commune à plusieurs éléments.

3. La structure d'un article

Voilà la structure de ce que pourrait être un article d'un site en HTML5.

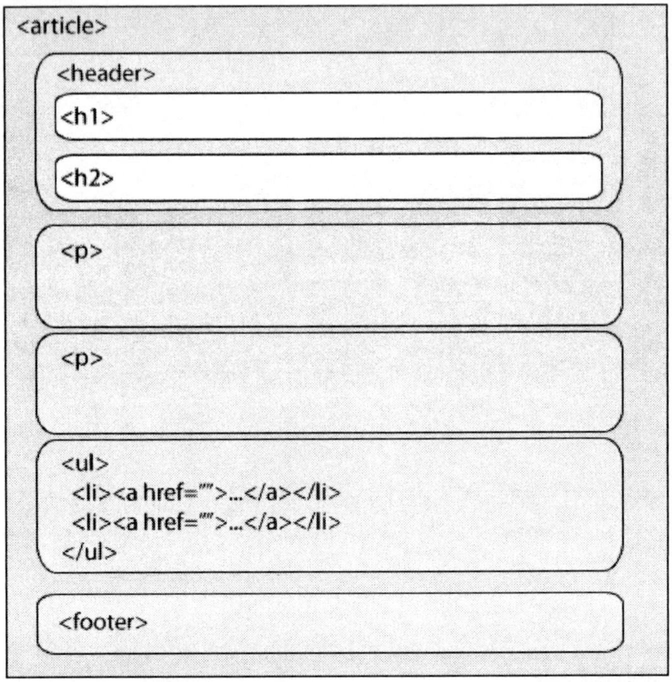

Nous avons un élément `<article>` comme conteneur général.

Nos articles contiennent des en-têtes, des introductions, nous utilisons donc l'élément `<header>`. L'élément `<header>` contient le titre, `<h1>`, de l'article et son sous-titre, `<h2>`.

Le contenu rédactionnel de l'article est placé dans des éléments `<p>`. L'article contient des liens vers des compléments d'articles, listés dans une liste `<ul>`.

Enfin, l'article se termine par un pied de page `<footer>`, ou plutôt un pied d'article, avec la date de publication, la rubrique de l'article et le nom de l'auteur par exemple.

E. Les techniques de mise en page

Les techniques de mise en page, avec les boîtes flottantes ou les positionnements, sont parfaitement applicables aux nouveaux éléments HTML5. Pour avoir toutes les informations nécessaires pour créer des mises en page avec les feuilles de style CSS, reportez-vous à mon ouvrage : « CSS - Réussir la mise en page de vos sites Web » chez le même éditeur.

Chapitre 4 : Des modèles de sites HTML5

A. Des modèles de pages en HTML5 70
B. Le modèle ArchiteXture 70
C. Le modèle DaFrontPage 76
D. Le modèle Learning Center 84
E. WordPress et les thèmes HTML5 91
F. Joomla! et les templates HTML5 100

A. Des modèles de pages en HTML5

Depuis la sortie de l'HTML5, de très nombreux designers ont publié des modèles de mise en page de sites (des templates en anglais) utilisant l'HTML5.

B. Le modèle ArchiteXture

1. La source

Voici l'URL source de ce template : http://freehtml5templates.com/architexture-html5-and-css3-template/. Vous pourrez le tester en ligne et télécharger les fichiers sources.

2. L'affichage du site

Voici l'affichage de ce template, très sobre.

Nous distinguons bien les quatre « zones » d'affichage de ce site :

- une barre de navigation en haut.
- un bandeau d'introduction du site, avec le nom, un « slogan » et un « logo ».
- une zone centrale qui affiche des informations générales à gauche et des articles à droite.
- un pied de page contenant des liens en bas.

3. La structure générale

La structure générale du site reflète bien cet affichage.

Nous avons une boîte `<div id="wrapper">` qùi fait office de conteneur général pour centrer le site dans la fenêtre du navigateur.

Nous avons ensuite un élément `<nav>` qui affiche la barre de navigation du haut. Le concepteur utilise donc à bon escient l'élément `<nav>`, nous avons bien la barre de navigation principale du site.

Les informations générales du site sont affichées dans un élément `<header>`. C'est bien sûr judicieux, puisque cela affiche des informations générales sur le site qui seront affichées sur toutes les pages du site. C'est bien un en-tête de page de site.

La partie centrale du site est un élément `<section>`. Une section est une zone d'affichage qui regroupe des éléments ayant une thématique similaire. Dans cet exemple, il s'agit simplement d'afficher ces éléments dans la partie centrale de la page.

Le pied de page est logiquement un élément `<footer>`.

Voici la structure des boîtes :

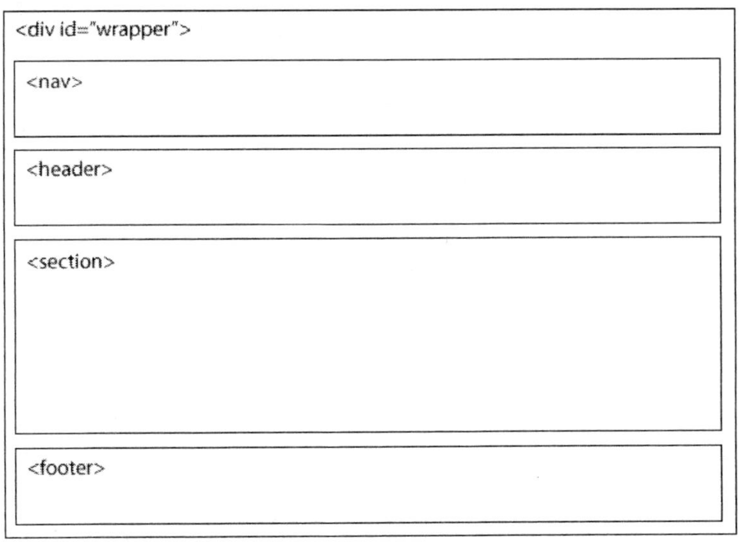

4. Le code de la structure

Voici le code HTML5 de la structure du site :

```
<!doctype html>
<html lang="en">
<head>
    <meta charset="utf-8" />
    <title>ArchiteXture</title>
    <link rel="stylesheet" href="styles.css" type="text/css"
media="screen" />
    <link rel="stylesheet" type="text/css" href="print.css"
media="print" />
    <!--[if IE]><script
src="http://html5shiv.googlecode.com/svn/trunk/html5.js">
</script><![endif]-->
</head>
<body>
<div id="wrapper">
    <nav>
        ...
    </nav>
    <header>
        ...
    </header>
    <section id="main">
        ...
    </section>
    <footer>
        ...
    </footer>
</div>
</body>
</html>
```

5. La barre de navigation

La barre de navigation (`<nav>`) contient une boîte `<div>` incluant une très classique liste (`<ul>`) de liens.

Voici le code :

```
<nav><!-- top nav -->
    <div class="menu">
        <ul>
            <li><a href="#">Home</a></li>
            <li><a href="#">About</a></li>
```

```
            <li><a href="#">Products</a></li>
            <li><a href="#">Services</a></li>
            <li><a href="#">Locations</a></li>
            <li><a href="#">Contact Us</a></li>
        </ul>
    </div>
</nav><!-- end of top nav -->
```

L'affichage de la barre de navigation :

6. La bandeau d'information

Le bandeau d'information (<header>) contient une boîte <div> pour le logo, un titre de niveau 1 (<h1>) et un paragraphe.

Voici le code :

```
<header><!-- header -->
    <div id="plandesign"><img src="images/plans.png" alt=""
/></div>
    <h1><a href="#">ArchiteXture</a></h1>
    <p>Praesent libero...</p>
</header><!-- end of header -->
```

L'affichage de la barre de navigation :

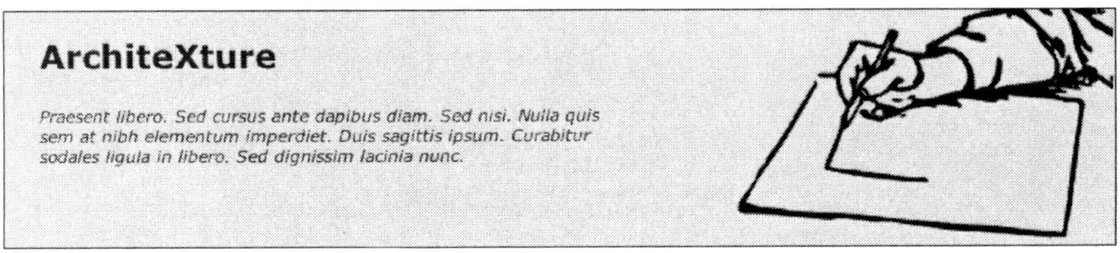

7. La partie centrale

La partie centrale du site s'affiche avec un élément <section id="main">. Elle contient une autre boîte <section id="content"> pour afficher le contenu proprement dit du site, les articles sur la droite et un élément <aside id="sidebar"> pour afficher les informations générales sur la gauche.

L'élément <section id="content"> contient tout à fait logiquement des éléments <article> pour afficher les articles du site. Chaque article contenant des titres <h2> et des paragraphes <p>.

L'élément `<aside>` contient divers éléments : des titres `<h3>`, des listes `<ul>` et des images `<img>`.

Voici la structure des boîtes :

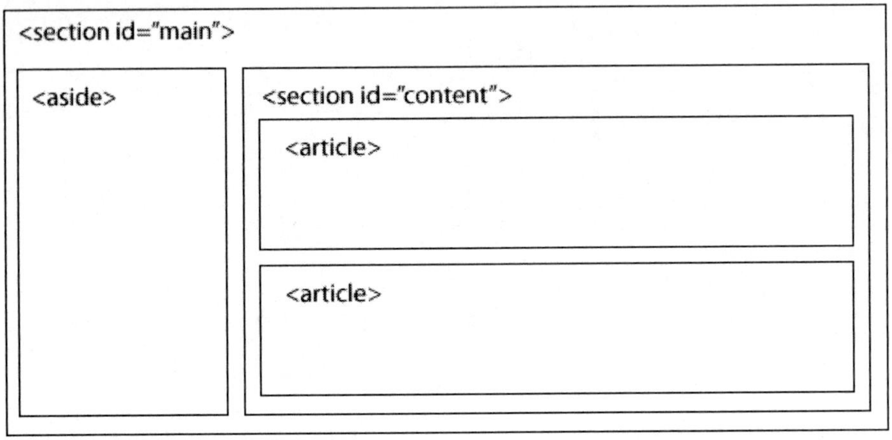

Voici le code de la partie centrale :

```
<section id="main"><!-- #main content and sidebar area -->
    <section id="content"><!-- #content -->
        <article>
            <h2><a href="#">First Article Title</a></h2>
            <p>Lorem ipsum dolor...</p>
        </article>
        <article>
            <h2><a href="#">Second Article Title</a></h2>
            <p>Lorem ipsum...</p>
        </article>
    </section><!-- end of #content -->
    <aside id="sidebar"><!-- sidebar -->
        <h3>Things To Do</h3>
        <ul>
            <li><a href="#">Play Games and Network</a></li>
            <li><a href="#">Chat With Friends</a></li>
        </ul>
        <h3>Sponsors</h3>
        <img src="images/ad125.jpg" alt="" />
        <img src="images/ad125.jpg" alt="" /><br />
        <h3>Connect With Us</h3>
        <ul>
            <li><a href="#">Twitter</a></li>
            <li><a href="#">Facebook</a></li>
```

```
        </ul>
    </aside><!-- end of sidebar -->
</section>
```

Voilà l'affichage de la partie centrale, `<section id="main">` :

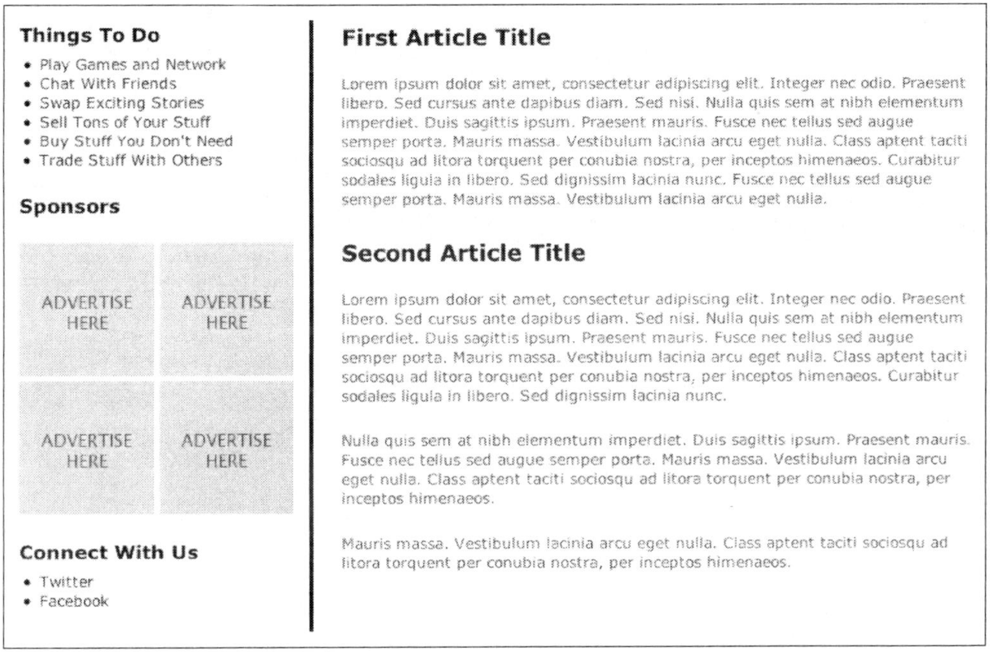

8. Le pied de page

Le pied de page utilise un élément `<footer>`. Il contient deux boîtes `<div>` pour réaliser sa mise en page. Inclus dans la dernière boîte `<div>`, nous trouvons quatre éléments `<aside>` correspondant aux quatre zones d'affichage.

Voici le code :

```
<footer>
    <section id="footer-area">
        <section id="footer-outer-block">
            <aside class="footer-segment">
                <h4>Friends</h4>
                <ul>
                    <li><a href="#">one linkylink</a></li>
                    <li><a href="#">two linkylinks</a></li>
                </ul>
            </aside><!-- end of #first footer segment -->
```

```
            <aside class="footer-segment">
                ...
            </aside><!-- end of #second footer segment -->
            <aside class="footer-segment">
                ...
            </aside><!-- end of #third footer segment -->
            <aside class="footer-segment">
                ...
            </aside><!-- end of #fourth footer segment -->
        </section><!-- end of footer-outer-block -->
    </section><!-- end of footer-area -->
</footer>
```

Voilà l'affichage résultant :

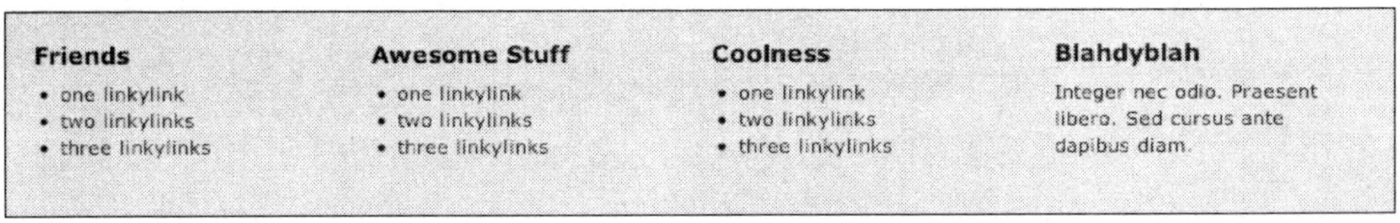

C. Le modèle DaFrontPage

1. La source

Voici l'URL source de ce template : http://freehtml5templates.com/dafrontpage-html5-and-css3-template/. Vous pourrez le tester en ligne et télécharger les fichiers sources.

2. L'affichage du site

Voici l'affichage de ce template, de type magazine.

3. La structure générale

La structure générale du site est incluse dans une boîte <div id="wrapper">.

Le titre du site est placé dans un élément de titre de niveau 1 : <h1>.

La barre de navigation est affichée très logiquement dans un élément <nav>.

L'article mis en évidence dans la partie supérieure est inséré dans l'élément <header> de la page.

La mise en page en trois colonnes est placée dans un élément `<section>`, ces trois colonnes ayant bien un contenu similaire.

Et pour terminer, le pied de page est bien placé dans un élément `<footer>`.

Voici la structure des boîtes :

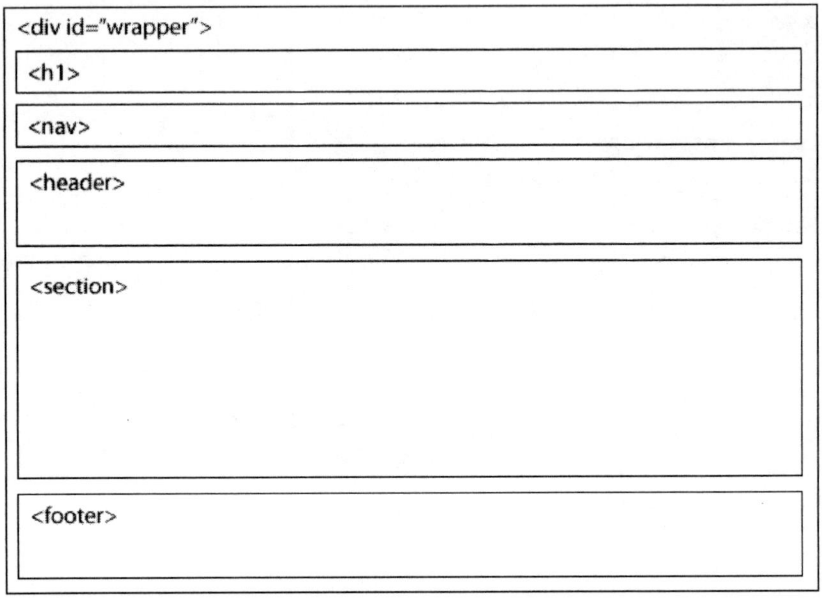

Voici le code de la structure générale :

```
<html lang="en">
<head>
    <meta charset="utf-8" />
    <title>DaFrontPage</title>
    <link rel="stylesheet" href="styles.css" type="text/css"
media="screen" />
    <link rel="stylesheet" type="text/css" href="print.css"
media="print" />
    <!--[if IE]><script
src="http://html5shiv.googlecode.com/svn/trunk/html5.js">
</script><![endif]-->
</head>
<body>
<div id="wrapper">
    <h1><a href="#">Da Front Page</a></h1>
    <nav>
        ...
```

```
    </nav>
    <header>
        ...
    </header>
    <section id="main">
        ...
    </section>
    <footer>
        ...
    </footer>
</div>
</body>
</html>
```

4. Le titre du site

Le titre du site est inséré dans un élément <h1>.

```
<h1><a href="#">Da Front Page</a></h1>
```

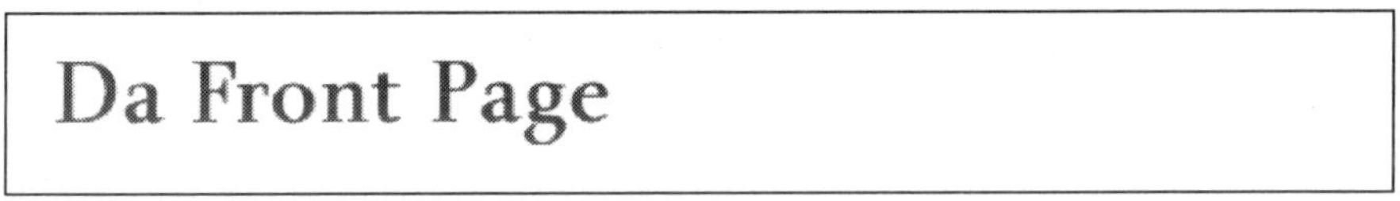

5. La barre de navigation

La barre de navigation est bien contenue dans un élément <nav>. Dans une boîte <div>, tous les liens sont placés classiquement dans une liste <ul>.

Voici le code utilisé :

```
<nav>
    <div class="menu">
        <ul>
            <li><a href="#">Top News</a></li>
            <li><a href="#">National</a></li>
            ...
        </ul>
    </div>
</nav>
```

Voici l'affichage de la barre de navigation :

6. L'en-tête du site

C'est l'article affiché « à la une » qui est placé dans l'élément `<header>`. C'est le choix du designer d'avoir un article comme en-tête du site. Si nous suivons la logique sémantique, cet article sera affiché sur toutes les pages du site.

L'élément `<header>` contient deux boîtes `<div>`. Une pour l'affichage de l'image, l'autre pour le contenu rédactionnel.

Voici le code utilisé :

```
<header>
    <div class="headlineimage">
        <img src="images/headlineimg.jpg" alt="" />
    </div>
    <div class="headline">
        <h2><a href="#">Fans Mourn Pop Singer's Tragic Death</a></h2>
        <p>Duis sagittis ipsum...</p>
        <p>Class aptent...</p>
    </div>
</header>
```

7. La partie centrale

La partie centrale du site, celle qui affiche les articles en colonnes, utilise un élément `<section id="main">`. Elle contient deux autres éléments `<section class="triplecols">`, pour afficher les deux séries d'articles en trois colonnes sur deux lignes.

Chaque élément `<section class="tripelcols">` contient trois éléments `<article>`. Chaque élément `<article>` contient très logiquement un article composé d'éléments pour les liens `<a>` sur les images `<img>` et de paragraphes `<p>`.

Voici la structure des articles en colonnes :

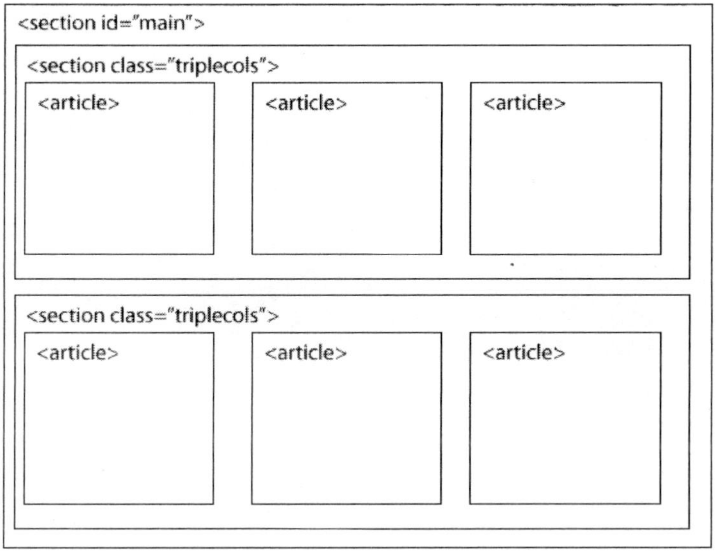

Voici le code utilisé :

```
<section id="main">
    <section class="triplecols">
        <article class="tripleblocks tripleleftblock">
            <a href="#">
                <img class="thumbnail".../>
                <span class="caption"><b>Protest Outside
                    Courtroom</b>
                </span>
            </a>
            <p class="byline">By Jeffrey Wiggins</p>
            <p>Duis sagittis ipsum...</p>
        </article>
        <article>
        ...
        </article>
        <article>
        ...
        </article>
    </section>
    <section class="triplecols">
        <article>
        ...
        </article>
```

```
        <article>
        ...
        </article>
        <article>
        ...
        </article>
    </section>
</section>
```

Voici l'affichage de la partie centrale des articles :

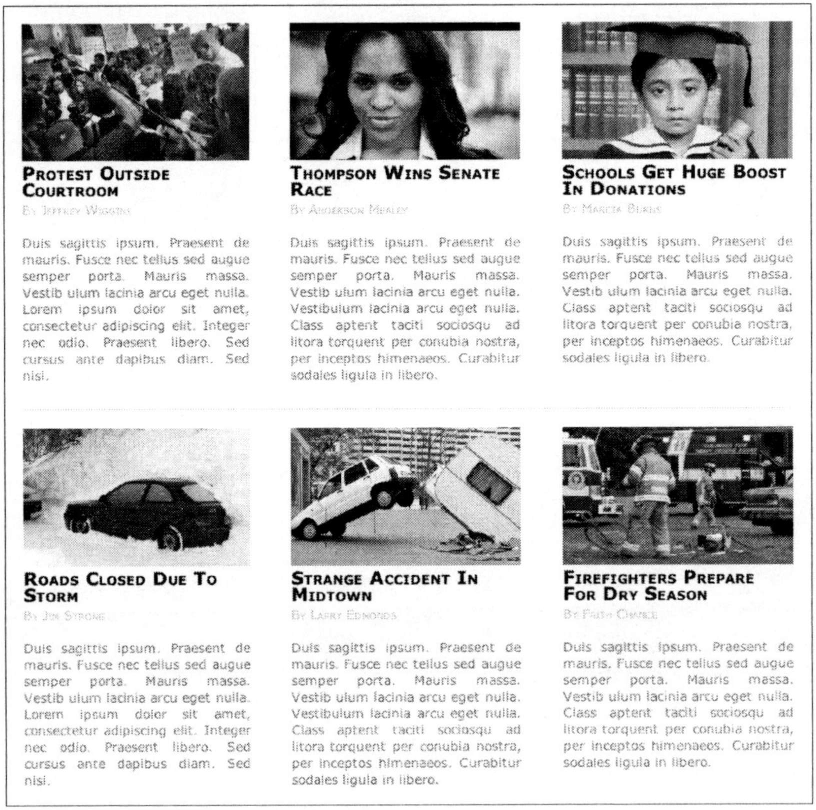

8. Le pied de page

Le pied de page `<footer>` utilise deux boîtes `<div>` pour sa mise en page. Les quatre zones d'affichage utilisent chacune un élément `<aside>`.

Voici la structure du pied de page :

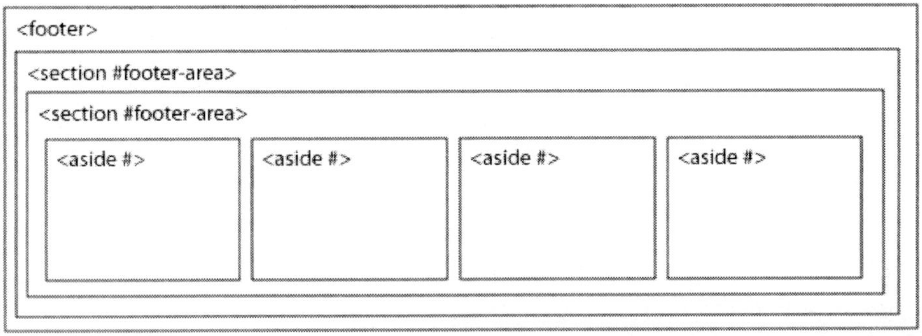

Voici le code utilisé :

```
<footer>
    <section id="footer-area">
        <section id="footer-outer-block">
            <aside class="footer-segment first">
                <h3>Friends</h3>
                <ul>
                    <li><a href="#">one linkylink</a></li>
                    <li><a href="#">two linkylinks</a></li>
                    ...
                </ul>
            </aside>
            <aside class="footer-segment second">
                ...
            </aside>
            <aside class="footer-segment third">
                ...
            </aside>
            <aside class="footer-segment last">
                ...
            </aside>
        </section>
    </section>
</footer>
```

Voici l'affichage du pied de page :

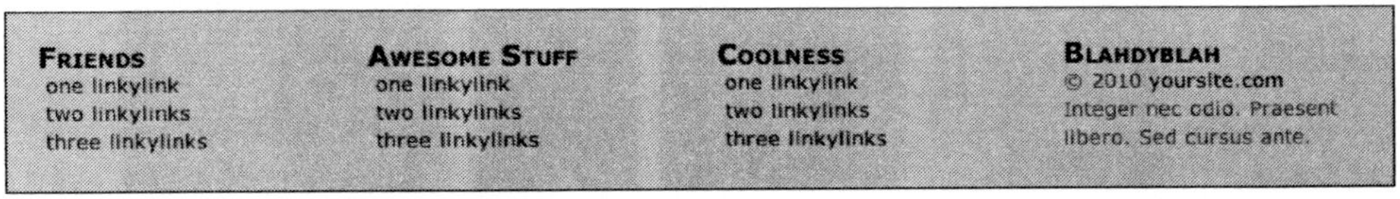

D. Le modèle Learning Center

1. La source

Voici l'URL source de ce template : http://www.templatemonster.com/free-templates/free-web-site-template-learning-center.php. Vous pourrez le tester en ligne et télécharger les fichiers sources.

2. L'affichage du site

Voici l'affichage de ce template, de type portail pour établissement scolaire.

Voici la structure du pied de page :

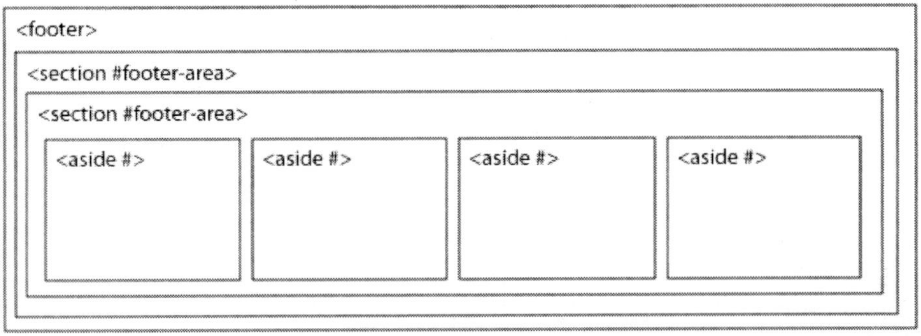

Voici le code utilisé :

```
<footer>
    <section id="footer-area">
        <section id="footer-outer-block">
            <aside class="footer-segment first">
                <h3>Friends</h3>
                <ul>
                    <li><a href="#">one linkylink</a></li>
                    <li><a href="#">two linkylinks</a></li>
                    ...
                </ul>
            </aside>
            <aside class="footer-segment second">
                ...
            </aside>
            <aside class="footer-segment third">
                ...
            </aside>
            <aside class="footer-segment last">
                ...
            </aside>
        </section>
    </section>
</footer>
```

Voici l'affichage du pied de page :

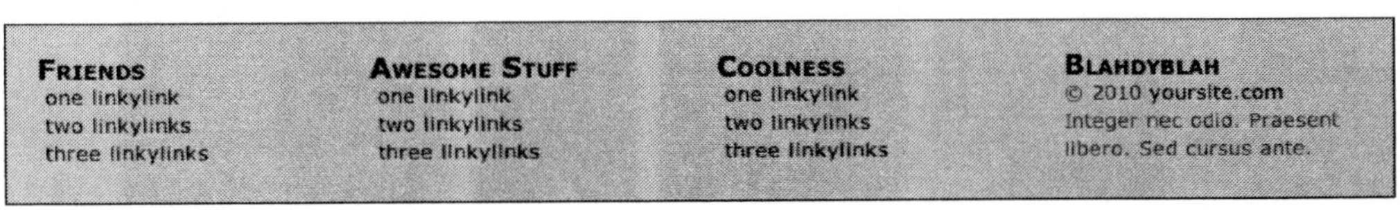

D. Le modèle Learning Center

1. La source

Voici l'URL source de ce template : http://www.templatemonster.com/free-templates/free-web-site-template-learning-center.php. Vous pourrez le tester en ligne et télécharger les fichiers sources.

2. L'affichage du site

Voici l'affichage de ce template, de type portail pour établissement scolaire.

3. La structure générale

Le site est structuré en deux boîtes `<div>`, utilisant deux classes CSS.

La première boîte `<div class="body1">` permet l'affichage de la partie supérieure du site. Elle contient une boîte `<div class="main">` utilisée pour la mise en page. Cette boîte contient un élément `<header>` pour afficher la partie supérieure du site, l'en-tête du site.

La deuxième boîte `<div class="body2">` permet l'affichage de la partie inférieure du site. Elle contient une boîte `<div class="main">` utilisée pour la mise en page. Cette boîte contient un élément `<section id="content">` pour afficher la partie centrale du site.

Ensuite nous avons une boîte `<footer>` pour afficher le pied de page du site.

Voilà la structure générale :

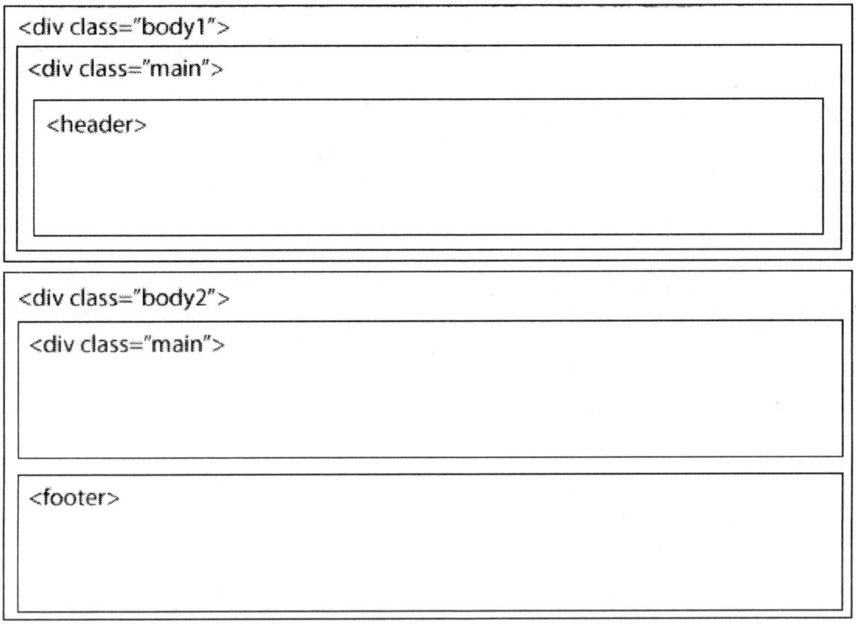

4. L'en-tête

Nous venons de le voir, l'élément `<header>` est inséré dans deux boîtes `<div>`. L'élément `<header>` possède lui-même trois boîtes `<div>` pour les trois parties de l'en-tête et une liste `<ul>` :

- la barre de navigation,
- le titre Learn Center,
- le slogan en dessous,
- la liste des trois gros boutons.

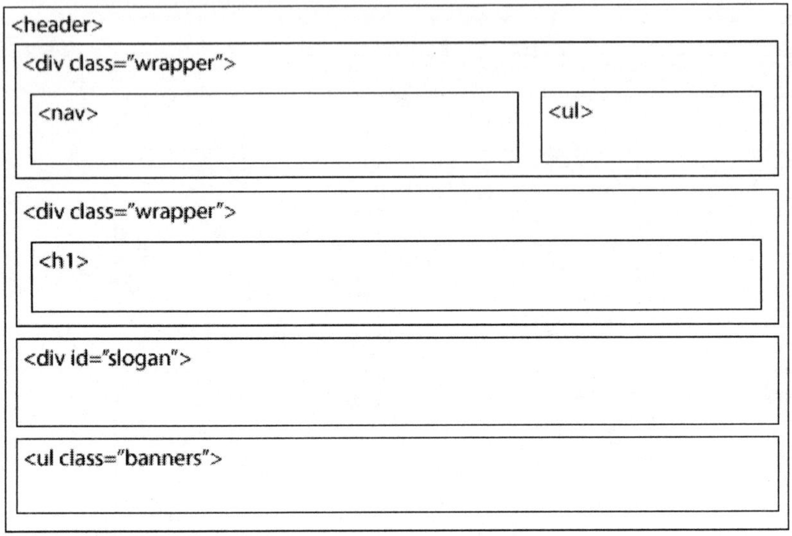

5. La barre de navigation

La barre de navigation est logiquement un élément `<nav>` contenant une liste `<ul>` pour tous les liens. Les trois liens vers les réseaux sociaux sur la droite sont inclus dans une autre liste `<ul>`.

Voilà le code de cette première boîte `<div class="wrapper">` :

```
<div class="wrapper">
   <nav>
      <ul id="menu">
         <li><a href="index.html">About</a></li>
         <li><a href="Courses.html">Courses</a></li>
         <li><a href="Programs.html">Programs</a></li>
         <li><a href="Teachers.html">Teachers</a></li>
         <li><a href="Admissions.html">Admissions</a></li>
         <li class="end"><a href="Contacts.html">Contacts</a></li>
      </ul>
   </nav>
   <ul id="icon">
      <li><a href="#"><img src="images/icon1.jpg" alt=""></a></li>
      <li><a href="#"><img src="images/icon2.jpg" alt=""></a></li>
      <li><a href="#"><img src="images/icon3.jpg" alt=""></a></li>
   </ul>
</div>
```

6. La suite de l'en-tête

La suite de l'en-tête est composée par des classiques boîtes <div>, un <h1> et un <ul> :

```
<div class="wrapper">
   <h1><a href="index.html" id="logo">Learn Center</a></h1>
</div>
<div id="slogan">
   We Will Open The World<span>of knowledge for you!</span>
</div>
<ul class="banners">
   <li><a href="#"><img src="images/banner1.jpg" alt=""></a></li>
   <li><a href="#"><img src="images/banner2.jpg" alt=""></a></li>
   <li><a href="#"><img src="images/banner3.jpg" alt=""></a></li>
</ul>
```

7. Les articles mis en évidence

Détaillons la structure qui permet d'afficher les trois articles mis en évidence en haut de la partie centrale.

La partie centrale du site est un élément <section id="content"> qui est inclus dans deux boîtes <div>.

Les trois articles mis en évidence en haut de la partie centrale sont affichés logiquement grâce à trois éléments <article>.

L'image qui illustre chaque article est insérée grâce à un élément <figure>.

Vous voyez que ce template utilise à bon escient les nouveaux éléments de structure de l'HTML5.

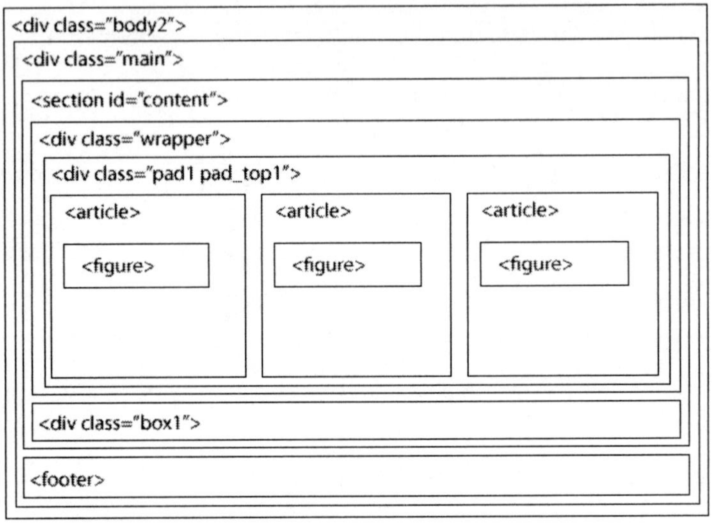

Voici le code utilisé pour afficher les trois articles mis en évidence :

```
<div class="body2">
   <div class="main">
      <section id="content">
         <div class="wrapper">
            <div class="pad1 pad_top1">
               <article class="cols marg_right1">
                  <figure><a href="#"><img
src="images/page1_img1.jpg" alt=""></a></figure>
                  <span class="font1">Our Mission Statement</span>
               </article>
               <article class="cols marg_right1">
                  ...
               </article>
               <article class="cols">
                  ...
               </article>
            </div>
         </div>
```

8. La suite de la partie centrale

La suite de la partie centrale utilise le même principe, avec des éléments `<article>` et `<figure>`.

9. Le pied de page

Le pied de page utilise aussi des éléments `<article>` pour chacun des six « blocs » d'affichage. Personnellement, j'aurais plutôt utilisé des éléments `<section>`.

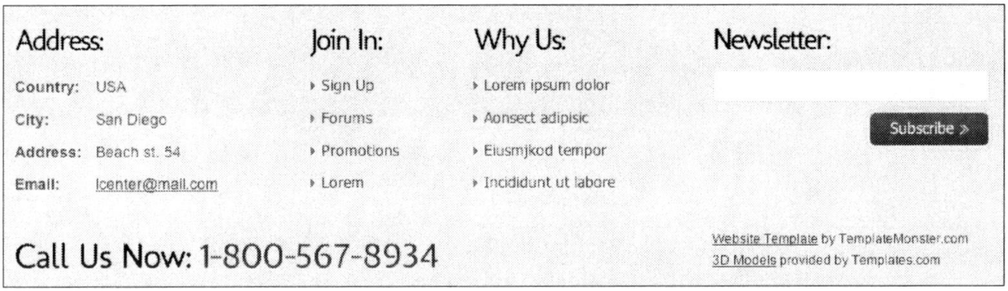

E. WordPress et les thèmes HTML5

WordPress (http://www.wordpress-fr.net/) est aujourd'hui le CMS (*Content Management System* ou système de gestion de contenu) le plus utilisé pour concevoir et gérer des sites Web. L'apparence des sites WordPress est gérée par des modèles de page, nommés **thèmes**. La version actuelle de WordPress, la 3.6, propose un thème par défaut qui utilise de l'HTML5 : le thème **twentythirteen**.

Nous n'allons pas évoquer le fonctionnement dynamique des pages PHP de WordPress, mais uniquement le résultat HTML5 obtenu.

Si vous voulez en apprendre plus sur l'utilisation de WordPress, je ne saurais trop vous recommander mes livres, tous publiés aux Éditions ENI :

- WordPress 3.5 - Un CMS pour créer et gérer blogs et sites Web
- WordPress 3.5 - Les meilleures extensions
- WordPress - Conception et personnalisation des thèmes

1. Le thème twentythirteen

Le thème par défaut de WordPress 3.6 se nomme **twentythirteen** et il est structuré en HTML5.

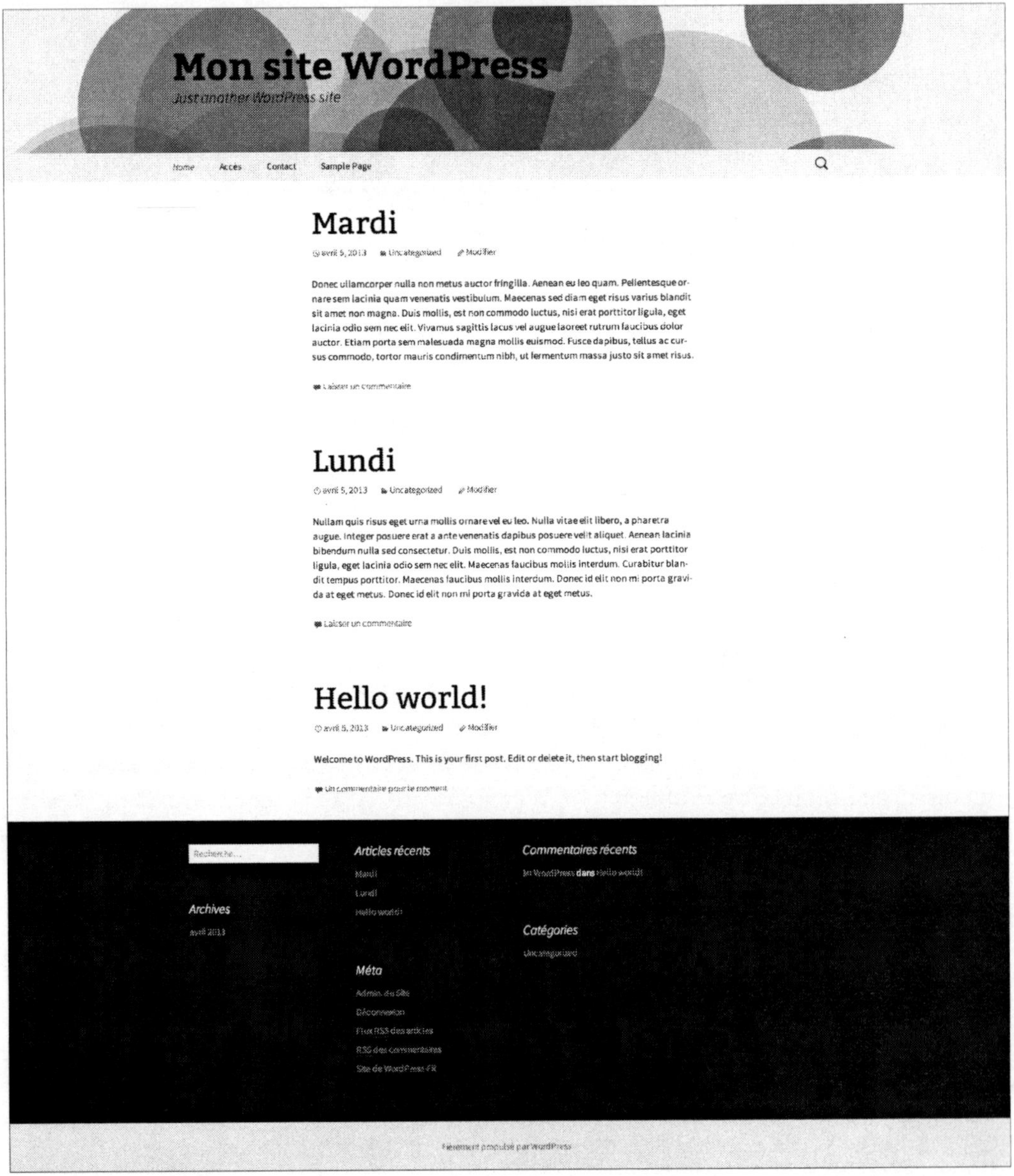

Voici la structure générale de ce thème :

Nous avons une boîte `<div id="page">` qui regroupe l'ensemble de la structure. À l'intérieur, nous avons trois autres boîtes :

- une boîte `<header id="masthead">` qui contient l'en-tête du site avec le lien vers la page d'accueil et la barre de navigation. Nous avons un `role` défini.
- une boîte `<div id="main">` qui contient le contenu du site.
- une boîte `<footer id="colophon">` qui contient le pied de page et les widgets. Nous avons aussi un `role` défini.

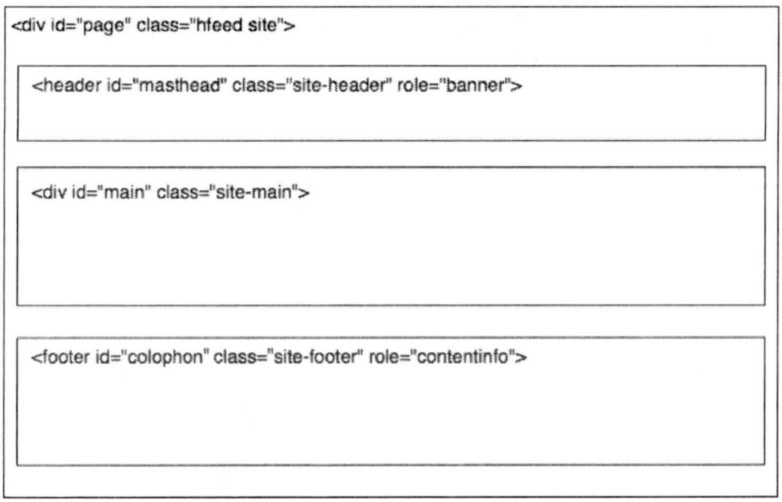

2. L'en-tête

L'en-tête du site WordPress contient une image de fond et le titre du titre dans un lien pour revenir à la page d'accueil du site. En dessous se trouvent la barre de navigation et la zone de recherche textuelle.

La boîte `<div>` générale a l'identifiant `masthead` avec un `role` défini à `banner`. Elle contient deux éléments : un lien vers la page d'accueil (`<a class="home-link">`) et une boîte `<div>` pour la navigation et la recherche (`<div id="navbar">`).

L'élément `<a>` qui permet de revenir à la page d'accueil du site contient deux éléments de titre : un `<h1>` pour le nom du site et un `<h2>` pour sa description. N'oubliez pas qu'en HTML5 nous pouvons parfaitement imbriquer des éléments d'affichage usuellement en blocs dans des éléments d'affichage usuellement en lignes, si le concepteur définit bien les valeurs de la propriété CSS `display`. Dans ce thème, l'élément `<a>` a bien `display: block` comme propriété CSS.

C'est la boîte `<div id="navbar">` qui contient la barre de navigation. La barre de navigation est placée dans l'élément `<nav id="site-navigation">` (avec un `role` défini à `navigation`) et le champ de recherche dans `<form class="search-form" role="search">`.

Voilà la structure de l'en-tête :

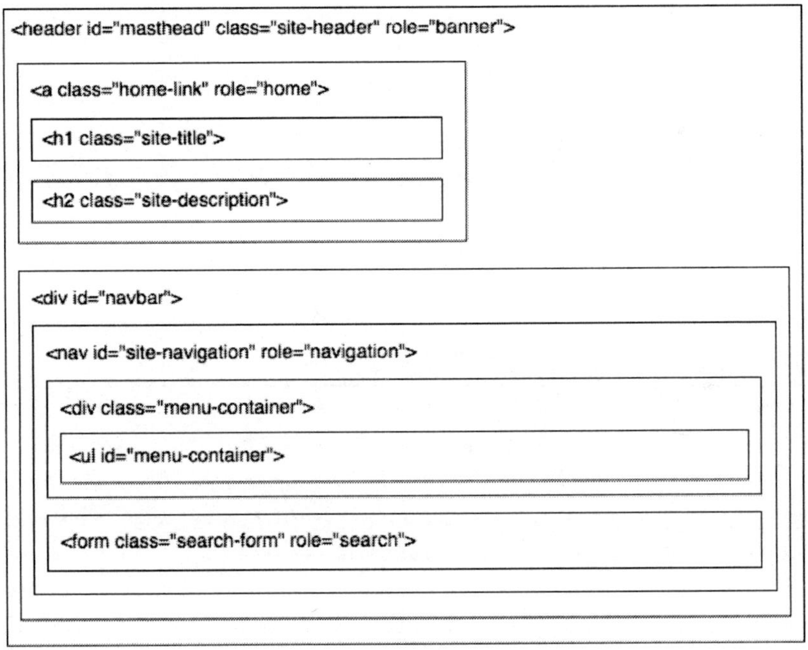

3. La liste des articles

La page d'accueil « classique » des sites Web WordPress affiche la liste des derniers articles publiés.

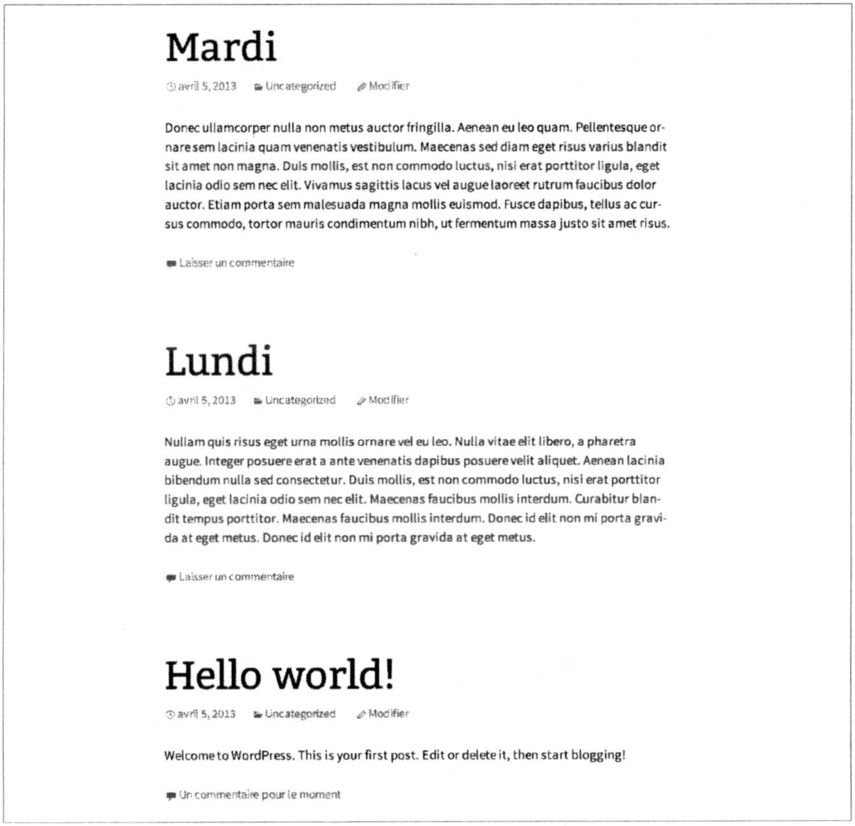

Voici la structure de la page d'accueil :

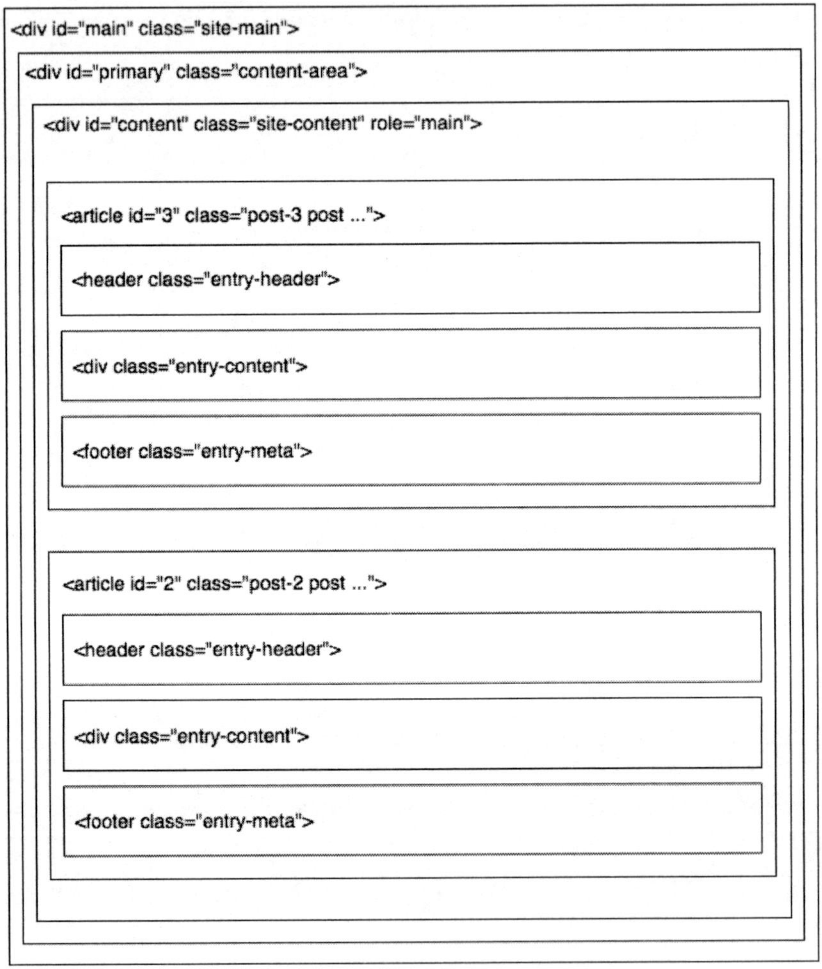

La boîte principale est `<div id="main" class="site-main">`, elle contient deux autres boîtes `<div>` : `id="primary"` et `id="content"`. C'est cette dernière qui contient la liste des articles dans la page d'accueil.

Chaque article du site est dans un élément `<article>`. Chaque article possède un identifiant unique et de nombreuses classes pour la mise en forme. Chaque article contient un titre et des métadonnées affichés dans un élément `<header>`. Le contenu rédactionnel des articles est placé dans la boîte `<div class="entry-content">`. Enfin, le lien des commentaires est placé dans l'élément `<footer class="entry-meta">`.

4. Le pied de page

Le pied de page du thème **twentythirteen** contient la zone d'affichage des widgets de WordPress et l'information sur l'utilisation de WordPress.

Voici sa structure :

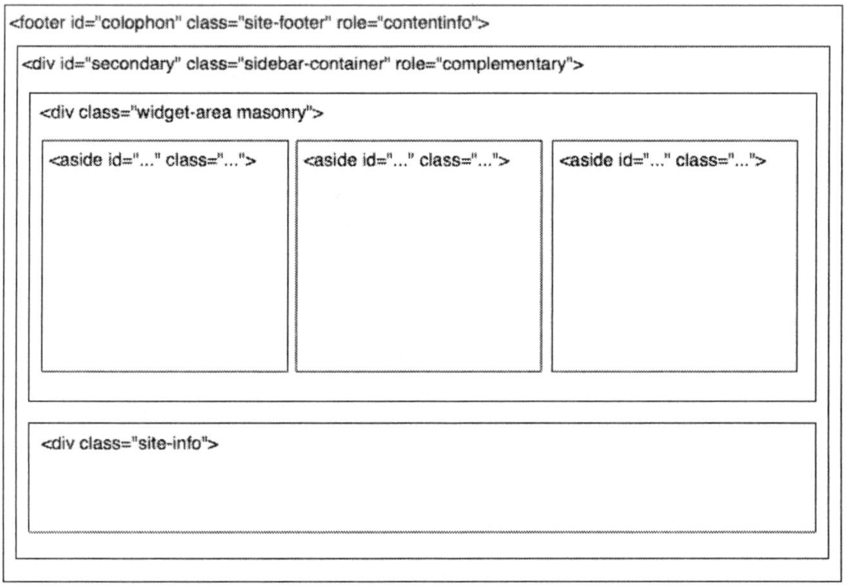

L'élément principal est le `<footer>` de la page : `<footer id="colophon" class="site-footer" role="contentinfo">`. Cet élément contient une boîte `<div id="secondary" class="sidebar-container" role="complementary">`. Celle-ci contient deux boîtes `<div>` : celle pour l'affichage des widgets (`<div class="widget-area masonry">`) et celle pour l'utilisation de WordPress (`<div class="site-info">`).

La boîte d'affichage des widgets `<div class="widget-area masonry">` contient autant d'éléments `<aside>` qu'il y a de widgets placés par l'administrateur du site.

La boîte `<div class="site-info">` contient juste un élément de lien `<a>`.

5. Les articles seuls

Quand un visiteur clique sur le titre d'un article en page d'accueil, il affiche cet article en page seule, avec le formulaire des commentaires.

Voici la structure d'un article en affichage seul :

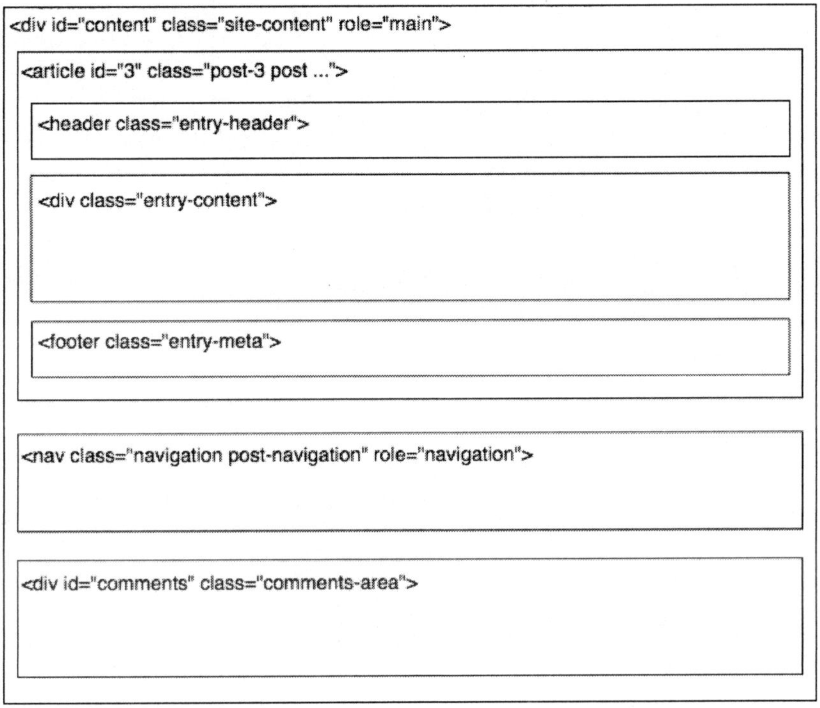

Chaque article est placé dans une boîte `<div>` possédant un identifiant unique et de nombreuses classes qui dépendent des caractéristiques de publication de chaque article : `<article id="post-6" class="post-6 post type-post status-publish format-standard hentry category-uncategorized">`.

Chaque article possède un en-tête : `<header class="entry-header">` qui contient le titre de l'article (dans un `<h1>`) et les métadonnées (dans une boîte `<div>`).

Le contenu rédactionnel de l'article est inséré dans une boîte `<div class="entry-content">`.

Suivant les propriétés de chaque article, il peut y avoir l'utilisation de métadonnées qui seraient placées dans l'élément `<footer class="entry-meta">`.

Nous trouvons ensuite des éléments de navigation qui permettent de passer rapidement d'un article à l'autre. C'est utilité de l'élément `<nav class="navigation post-navigation" role="navigation">` qui possède aussi un `role` défini.

Enfin, la zone des commentaires et du formulaire est placée dans la boîte `<div id="comments" class="comments-area">`.

F. Joomla! et les templates HTML5

Joomla! (http://www.joomla.fr/) est le deuxième CMS le plus utilisé. L'affichage des sites est géré aussi par des modèles de mise en page et de mise en forme, appelés **templates**. Si vous êtes intéressé par la création et la personnalisation de templates pour Joomla!, lisez mon ouvrage **Joomla! - Conception et personnalisation des templates** paru aux Éditions ENI.

Comme pour WordPress, nous allons analyser la structure résultante de l'utilisation du template par défaut de la dernière version 3.1.5 de Joomla!, le template **Protostar**.

1. Le template Protostar

Le thème par défaut de Joomla! 3.1.5 se nomme **Protostar** et il est structuré en HTML5. Voici l'affichage du site après l'installation standard.

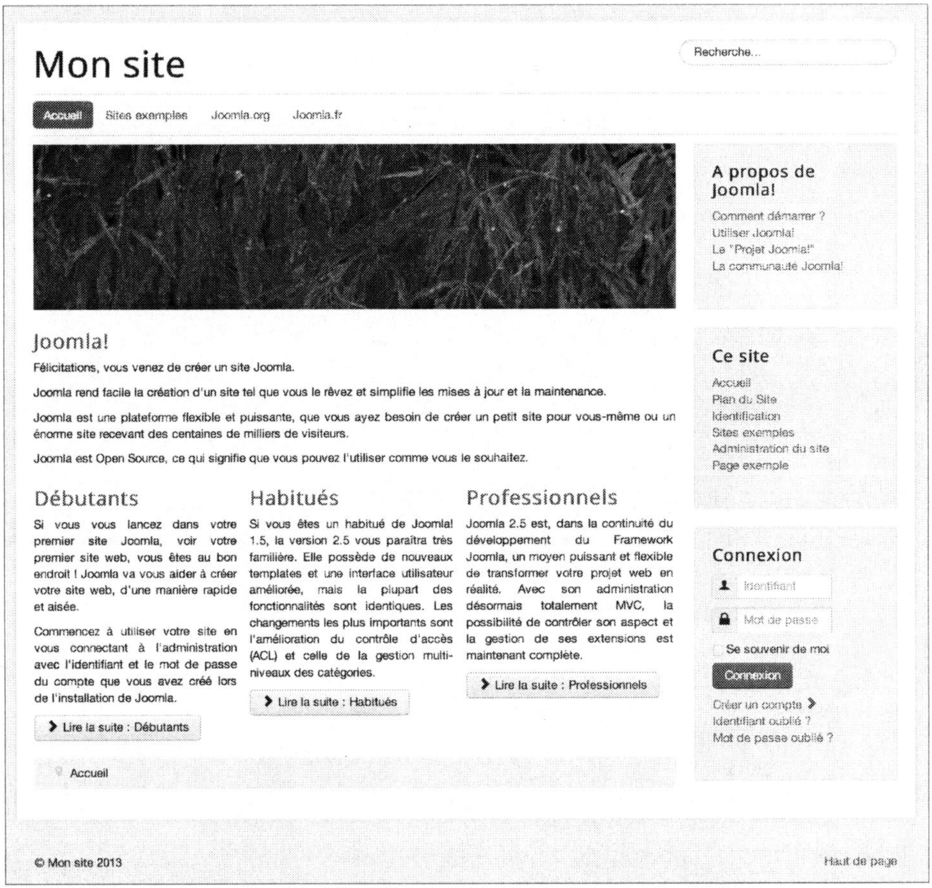

Voici la structure générale du template :

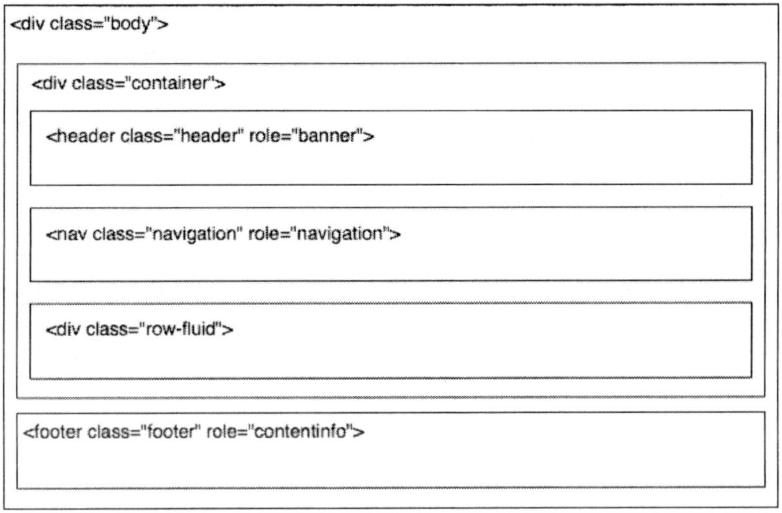

Nous avons une boîte générale `<div class="body">`. Elle contient deux autres éléments : une boîte `<div class="container">` pour l'affichage de l'en-tête et du contenu et un élément `<footer class="footer" role="contentinfo">` pour le pied de page du site.

2. L'en-tête

L'en-tête du template affiche le titre du site et la zone de recherche textuelle.

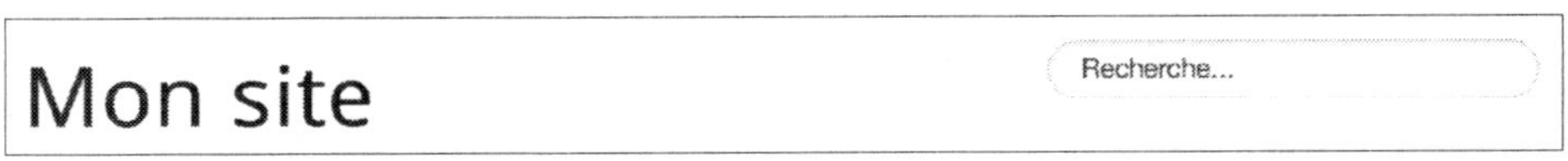

Voici la structure :

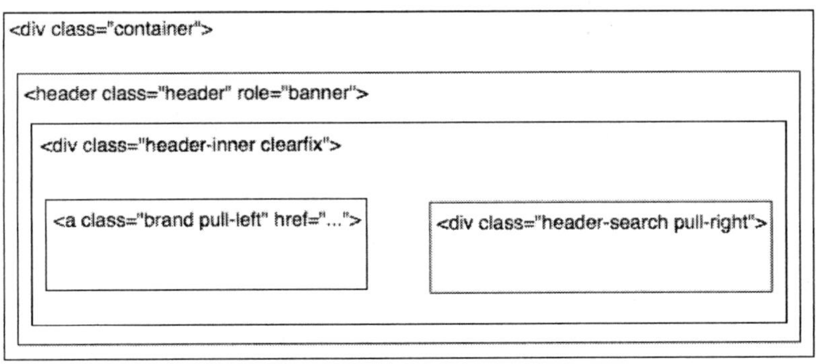

La boîte `<div class="container">` contient un élément `<header class="header" role="banner">`, avec un `role` défini. Ce dernier contient une boîte `<div class="header-inner clearfix">`.

C'est dans cette dernière boîte que nous avons le lien `<a>` qui permet d'afficher le titre du site et de revenir à la page d'accueil et la boîte `<div class="header-search pull-right">` pour la recherche.

3. La navigation

Joomla! permet de placer plusieurs menus de navigation dans des emplacements prédéfinis. Avec une installation standard, nous avons une barre de menus sous l'en-tête.

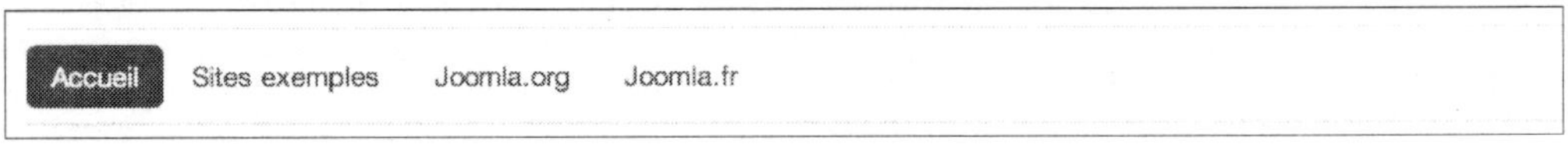

Voici sa structure, très simple :

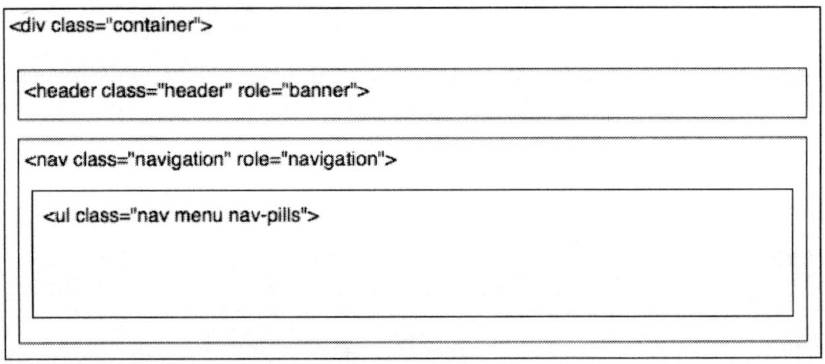

Nous avons l'élément `<nav class="navigation" role="navigation">` (avec un `role` bien défini à `navigation`) qui contient la liste des liens du menu dans un élément `<ul>`. Chaque lien `<a>` est dans un élément `<li>`.

4. Le contenu central

La partie centrale du site standard de Joomla! contient les articles marqués « En vedette » pour être affiché sur la page d'accueil et les différents modules placés dans les emplacements prédéfinis par le template. Dans cet exemple, un module est affiché au-dessus des articles (il affiche une image) et trois modules sont placés dans une colonne à droite.

Voici la structure :

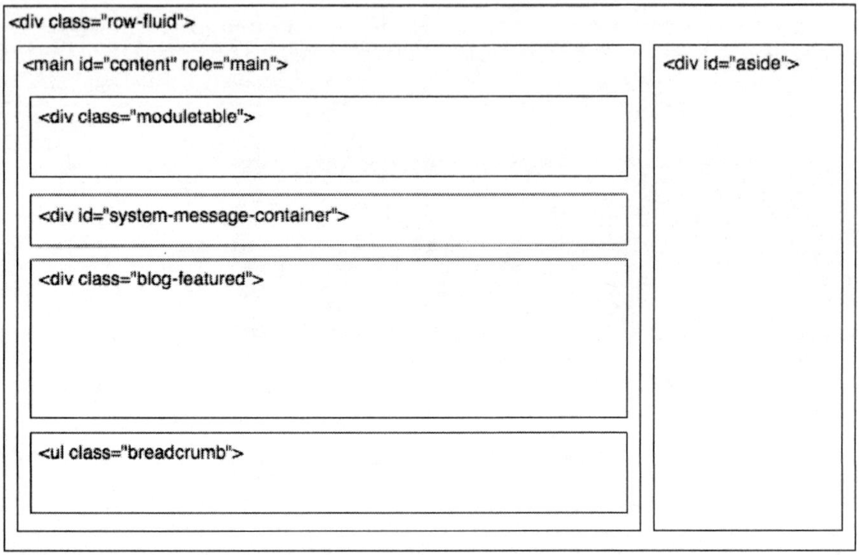

La boîte `<div class="row-fluid">` contient l'élément `<main id="content" role="main">` pour l'affichage de la zone centrale du contenu et la boîte `<div id="aside">` pour afficher les modules de droite.

C'est l'élément `<main id="content" role="main">` qui contient les quatre structures de la zone centrale :

- la boîte pour le module qui affiche l'image : `<div class="moduletable">`,
- la boîte pour afficher les messages système de Joomla! : `<div id="system-message-container">`,
- la boîte pour l'affichage des articles de la page d'accueil : `<div class="blog-featured">`,
- et la liste `<ul>` pour l'affichage du fil d'Ariane : `<ul class="breadcrumb">`.

5. Le pied de page

Le pied de page du template Protostar affiche un copyright et un lien qui permet de revenir en haut de la page.

Voici sa structure :

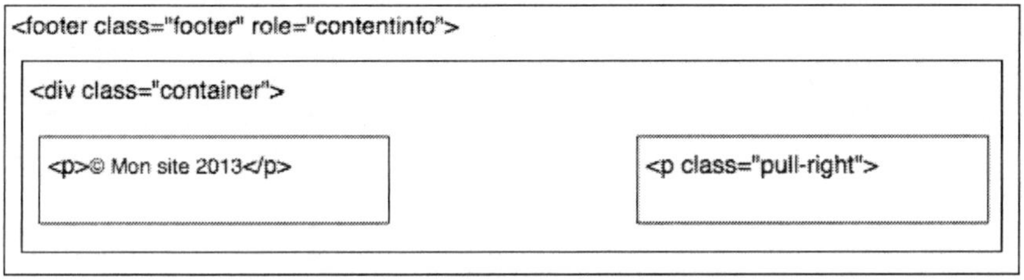

Chapitre 5 : Évoluer vers les CSS3

A. L'état des lieux 108
B. Les préfixes des navigateurs 110
C. L'interprétation des CSS3 par les navigateurs 119

A. L'état des lieux

1. Les modules en travaux

Les CSS3 sont bien sûr en cours d'élaboration au W3C. L'objectif du W3C n'est pas de créer et de rédiger une seule recommandation, mais plutôt de travailler sur de nombreux modules qui catégorisent des propriétés CSS. Ainsi, plutôt que de faire évoluer une seule et « énorme » spécification, il est plus productif et rapide de faire évoluer plusieurs spécifications indépendantes.

Pour suivre l'évolution des modules CSS 3, voici l'URL du W3C à afficher :
http://www.w3.org/Style/CSS/current-work

En voilà un court extrait (septembre 2013) :

WHAT'S NEW?

- 2013-08-01 The CSS WG published a Candidate Recommendation of *CSS Text Decoration Module Level 3*
- 2013-07-30 The CSS WG issued a last call for comments for *CSS Cascading and Inheritance Level 3* and updated the Candidate Recommendation of *CSS Values and Units Module Level 3*
- 2013-07-19 The CSS WG issued a last call for comments for *CSS Counter Styles Level 3*
- 2013-07-11 The CSS WG issued a last call for comments for *CSS Fonts Module Level 3*
- 2013-06-25 The SVG WG and the CSS WG updated three Working Drafts: *Compositing and Blending*, *Web Animations* and *CSS Masking*.

TABLE OF SPECIFICATIONS

Ordered from most to least stable:

Completed	**Current**	**Upcoming**	**Notes**
CSS Snapshot 2010	NOTE	–	Latest stable CSS
CSS Snapshot 2007	NOTE	–	
CSS Color Level 3	REC	REC	See Errata
CSS Namespaces	REC	REC	
Selectors Level 3	REC	REC	
CSS Level 2 Revision 1	REC	REC	See Errata
CSS Level 1	REC	–	Unmaintained, see Snapshot
CSS Print Profile	NOTE	–	
Media Queries	REC	REC	

Stable	**Current**	**Upcoming**	**Notes**
CSS Style Attributes	CR	PR	

Testing	**Current**	**Upcoming**	**Notes**
CSS Backgrounds and Borders Level 3	CR	LC	
CSS Conditional Rules Level 3	CR	CR	

Vous pouvez suivre l'évolution de la rédaction avec les cases **Status** :

- **REC** : *Recommendation.* Le module est officiellement terminé et est proposé en Recommendation.
- **PR** : *Proposed Recommendation.* Le module est techniquement finalisé et il est proposé au comité du W3C.
- **CR** : *Candidate Recommendation.* Le module est satisfaisant aux yeux du groupe de travail et a été largement étudié pour une implémentation.
- **LC** : *Last Call.* Le module est toujours en travaux, mais il est officiellement annoncé aux autres groupes de travail du W3C et au public.
- **WD** : *Working Draft.* Le module est en cours d'élaboration, mais il est mis à la disposition des membres du W3C et au public, pour une étude technique.

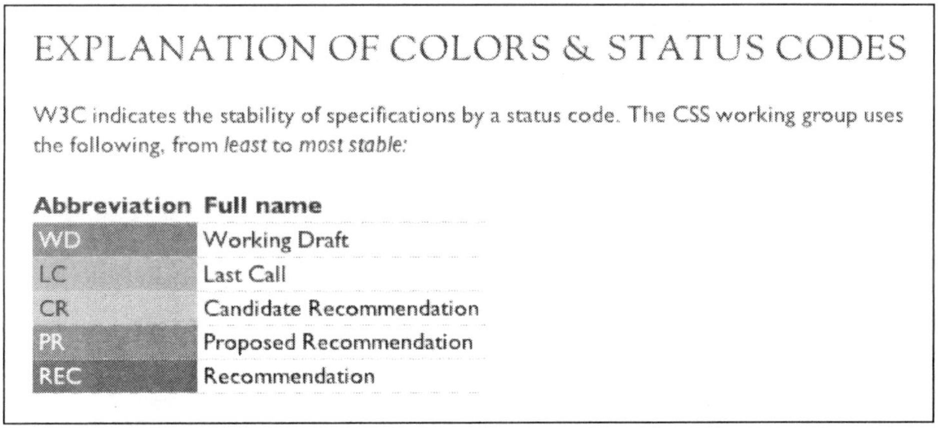

EXPLANATION OF COLORS & STATUS CODES

W3C indicates the stability of specifications by a status code. The CSS working group uses the following, from *least* to *most stable:*

Abbreviation	Full name
WD	Working Draft
LC	Last Call
CR	Candidate Recommendation
PR	Proposed Recommendation
REC	Recommendation

2. Afficher les spécifications

Chaque module listé est accessible par un lien qui affiche l'état des travaux. Donc c'est à vous de suivre régulièrement ces avancées pour voir les nouveautés, les corrections, les retraits, les précisions...

Voilà l'exemple des CSS concernant les arrière-plans et les bordures. Dans la liste précédente des modules, cliquez sur le lien **CSS Backgrounds and Borders Level 3**.

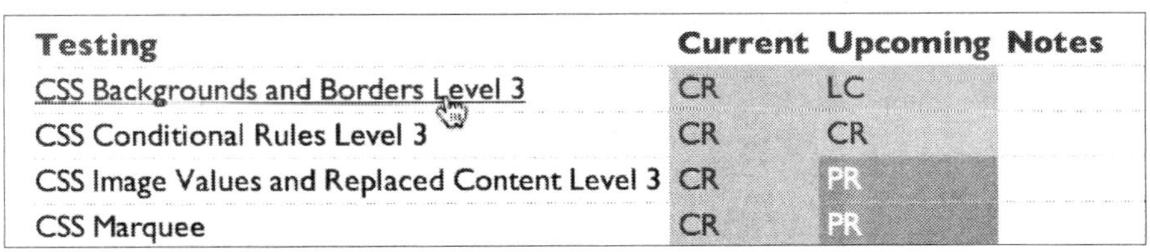

Testing	Current	Upcoming	Notes
CSS Backgrounds and Borders Level 3	CR	LC	
CSS Conditional Rules Level 3	CR	CR	
CSS Image Values and Replaced Content Level 3	CR	PR	
CSS Marquee	CR	PR	

La page suivante affiche le contenu de ce module selon l'avancée des travaux.

W3C Candidate Recommendation

W3C®

CSS Backgrounds and Borders Module Level 3

W3C Candidate Recommendation 24 July 2012

This version:
http://www.w3.org/TR/2012/CR-css3-background-20120724/
Latest version:
http://www.w3.org/TR/css3-background/
Latest editor's draft:
http://dev.w3.org/csswg/css3-background/
Previous version:
http://www.w3.org/TR/2012/CR-css3-background-20120417/
Issue Tracking:
http://www.w3.org/Style/CSS/Tracker/products/11
Feedback:
www-style@w3.org with subject line "[css3-background] … *message topic* …"
Editors:
Bert Bos (W3C)
Elika J. Etemad (Mozilla)
Brad Kemper (Invited Expert)

B. Les préfixes des navigateurs

1. Les spécifications et recommandations

Aujourd'hui, peut-on utiliser les CSS3 ? La problématique est toujours la même, le W3C propose des spécifications, les navigateurs en disposent. C'est donc aux navigateurs de suivre les nouveautés et de les implémenter dans leur moteur de rendu. C'est un travail de longue haleine pour les navigateurs de suivre « au jour le jour » les nouveautés. C'est infaisable.

2. Les navigateurs et les CSS3

Pour éviter ce blocage, le W3C a mis en place une solution alternative. Il laisse « carte blanche » aux navigateurs pour implémenter les nouveautés avec un préfixe unique qui cible le navigateur à utiliser. Quand la spécification atteindra le niveau **CR**, *Candidate Recommendation*, les préfixes seront inutiles.

Voici les préfixes des navigateurs (nommés préfixes vendeurs) :

- `-moz-` : pour le moteur de rendu Gecko utilisé par **Mozilla Firefox**.
- `-webkit-` : pour le moteur de rendu WebKit utilisé par **Safari** et **Chrome**.
- `-o-` : pour le moteur de rendu d'**Opera**.
- `-ms-` : pour le moteur de rendu de Microsoft **Internet Explorer**.
- `-khtml-` : pour le moteur de rendu **KHTML** utilisé par plusieurs navigateurs sous Linux.

Prenons un exemple précis. Nous voulons utiliser la propriété `border-radius` qui permet de créer des angles arrondis dans les boîtes `<div>`.

Voilà la syntaxe utilisée pour être reconnue par « tous » les navigateurs :

```
header {
    -moz-border-radius: 10px;
    -webkit-border-radius: 10px;
    -o-border-radius: 10px;
    -ms-border-radius: 10px;
    -khtml-border-radius: 10px;
    border-radius: 10px;
}
```

Les premières lignes sont respectivement faites pour chaque moteur de rendu listé précédemment. La dernière ligne est l'utilisation de la propriété standard pour tous les navigateurs qui reconnaîtront « plus tard » cette propriété, dès qu'elle sera finalisée par le W3C.

L'ordre des lignes est important. En plaçant la propriété « standard » en dernière position, vous êtes sûr qu'elle prendra le pas sur les lignes précédentes. Donc, indiquez d'abord les propriétés avec préfixes, susceptibles d'évoluer, puis terminez par la propriété « officielle ».

Cette syntaxe peut sembler effectivement « lourde », mais elle offre la meilleure évolution, la meilleure portabilité des propriétés en attente d'officialisation.

3. Les préfixeurs en ligne

Pour les concepteurs Web, cette saisie multiple peut être contraignante. Pour éviter cela, il existe de nombreux services en ligne pour préfixer les propriétés : ce sont les « préfixeurs ».

Dans l'interface proposée, il vous suffit de saisir la ou les propriétés voulues, le préfixeur se charge de saisir toute la syntaxe.

```
header {
   border-radius: 10px;
   box-shadow: 0px 0px 10px rgba(10,20,30,.8);
}
```

4. Net Tuts Prefixr

Ce site (http://prefixr.com/) vous propose une interface simple à utiliser. Saisissez vos règles CSS dans le champ de saisie, indiquez si vous souhaitez exclure certains préfixes et les options de formatage.

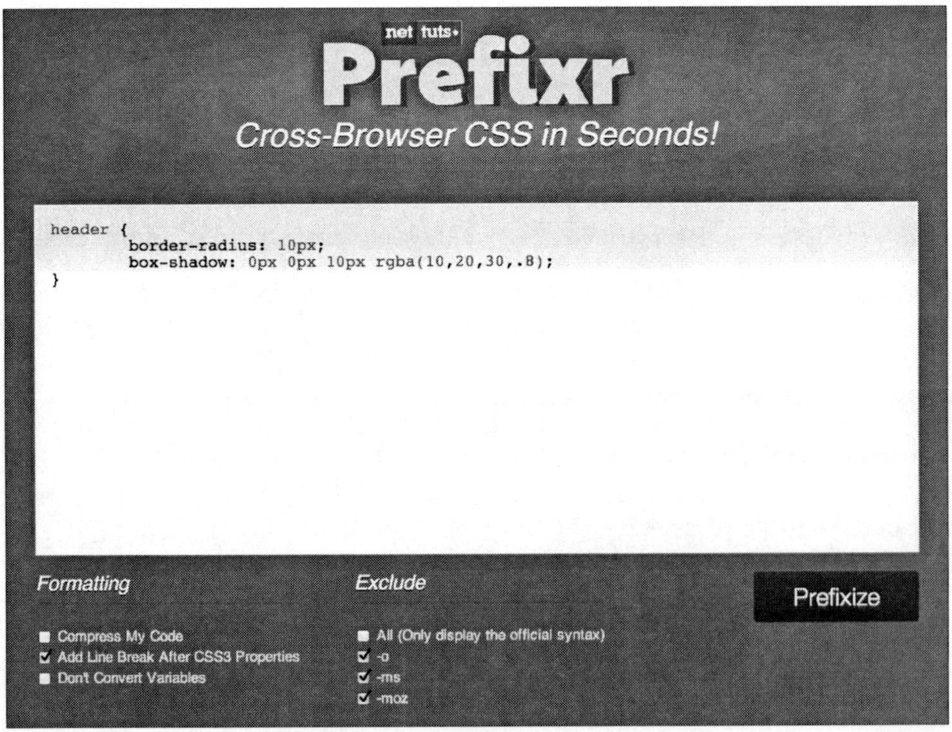

→ Cliquez sur le bouton **Prefixize**. Les préfixes sont saisis.

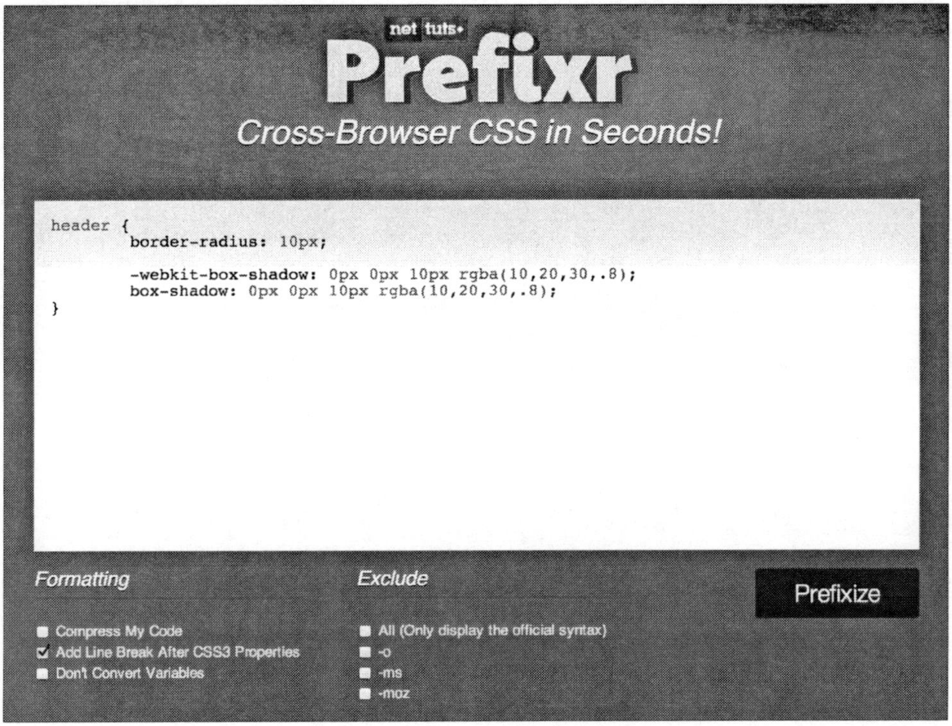

5. -prefix-my CSS

Ce service (http://prefixmycss.com/) fonctionne de manière similaire. En bas de l'écran se trouve la liste des propriétés CSS3 reconnues. Dans l'encadré de gauche **1. Paste your CSS**, indiquez vos règles CSS, puis cliquez sur le bouton **Prefix!** ; les règles CSS préfixées sont affichées dans l'encadré **3.Get your -prefixed-CSS**.

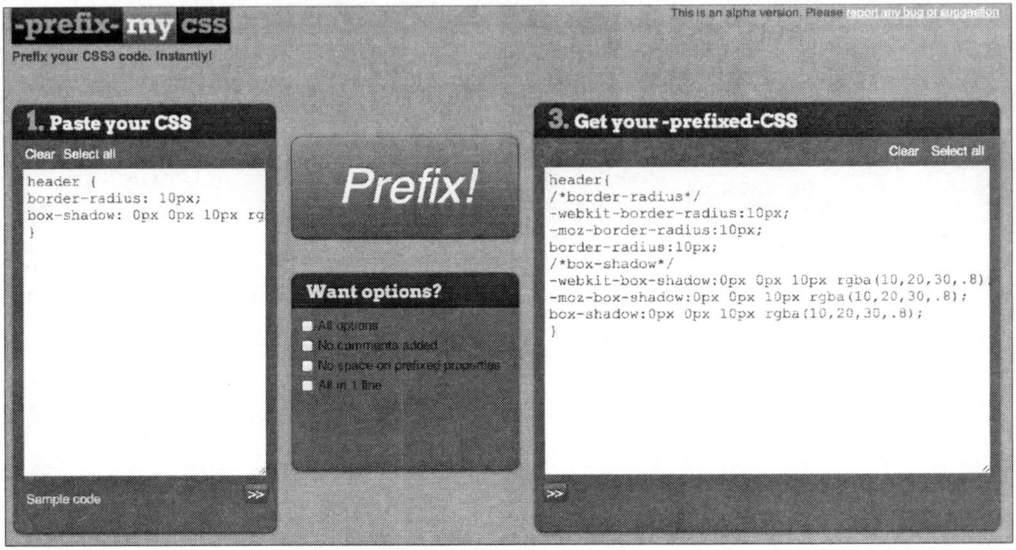

6. CSSPrefixer

Ce site (http://cssprefixer.appspot.com/) propose une interface minimaliste : vous indiquez vos règles, vous cliquez sur le bouton **process** et les règles sont préfixées. Il n'y a pas d'options.

7. Le cas Internet Explorer

Le navigateur de Microsoft va nous poser comme toujours des problèmes en attendant que la version 10 soit adoptée par le plus grand nombre des utilisateurs de Windows. Pour les versions inférieures, de nombreuses règles CSS3 ne sont pas reconnues.

Le site **CSS3 PIE** (http://css3pie.com/) vous propose de télécharger un script pour adapter les propriétés telles que `border-radius`, `box-shadow`, `border-image`... « à la sauce » Internet Explorer.

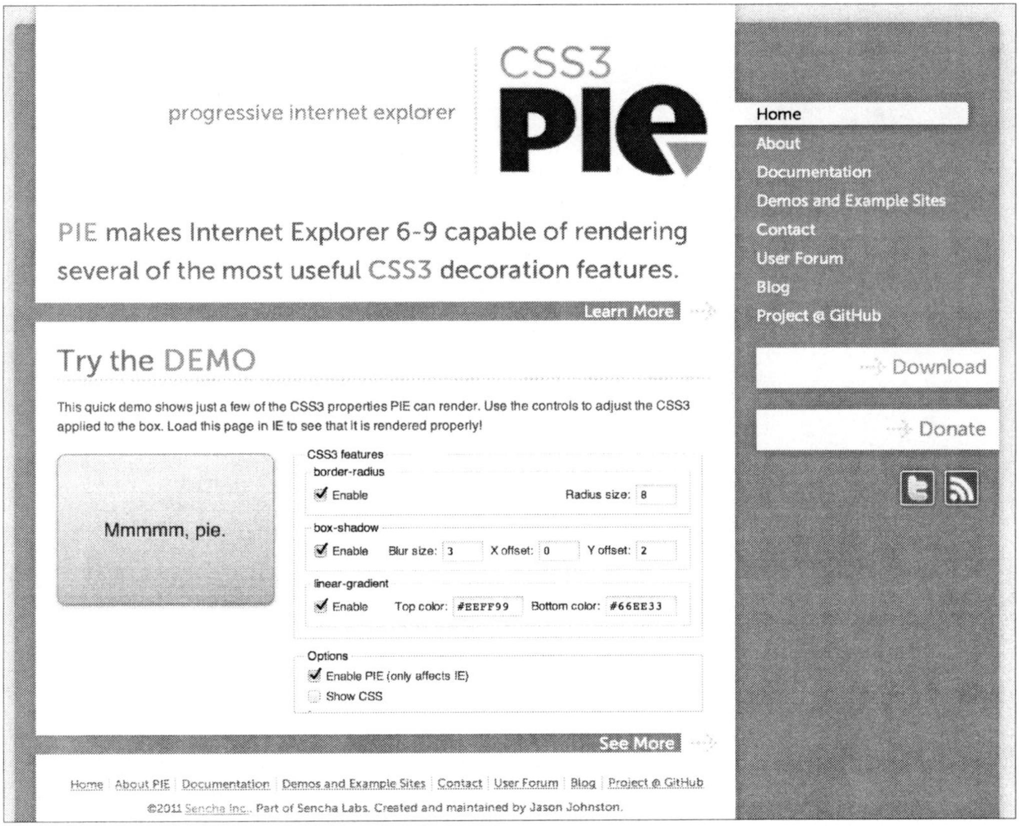

8. Un préfixeur JavaScript

Cette solution (http://leaverou.github.io/prefixfree/) propose de lier vos pages HTML à un fichier JavaScript très léger (seulement 2 ko) qui va automatiquement générer les préfixes selon le navigateur du visiteur de votre page ! Vous n'aurez donc pas à saisir, à connaître et à suivre l'évolution des préfixes !

Le script ajoute une classe à l'élément `<html>`, dont la valeur est le préfixe propriétaire des navigateurs.

Cette solution fonctionne avec les navigateurs suivants : Internet Explorer 9 et plus, Opera 10 et plus, Firefox 3.5 et plus, Safari 4 et plus et Chrome. Pour les versions mobiles, -prefix-free fonctionne avec Mobile Safari, Android Browser, Chrome et Opera Mobile.

Tout simplement génial ! Mais lisez bien les limitations.

Cliquez sur le bouton **Only 2KB gzipped** en haut à gauche (vous noterez au passage une belle animation CSS !). Faites un **Enregistrer sous** du fichier JavaScript, avec le nom **prefixfree.min.js**.

Créez une page HTML5, avec juste un élément pour ce test.

```
<!DOCTYPE HTML>
<html lang="fr">
<head>
<title>Titre du document</title>
<meta charset="UTF-8" />
<style>

</style>
```

```
</head>
<body>
<header>
   <h1>Le titre de ma page</h1>
   <p>Cras mattis...</p>
</header>
</body>
</html>
```

Créez ensuite des simples règles CSS3, sans préfixes de navigateur.

```
<style>
body {
   font: .8em Verdana, Arial, Helvetica, sans-serif;
}
h1, p {
   margin: 0;
}
header {
   width: 400px;
   padding: 10px;
   border-radius: 10px;
   box-shadow: 0px 0px 10px rgba(10,20,30,.8);
   background-image: linear-gradient(90deg, transparent,
   rgba(10,0,0,.3)),linear-gradient(transparent, transparent);
   box-sizing: border-box;
   cursor: zoom-in;
   }
</style>
```

Vous pouvez tout aussi bien créer un fichier .css et le lier à votre page HTML :

```
<link href="ma-page.css" rel="stylesheet" />
```

Le développeur, Lea Verou, préconise d'effectuer la liaison au fichier JavaScript, sous la ligne des styles :

```
<style>
   ...
</style>
<script src="prefixfree.min.js" type="text/javascript"></script>
</head>
```

Publiez la page et affichez le code source.

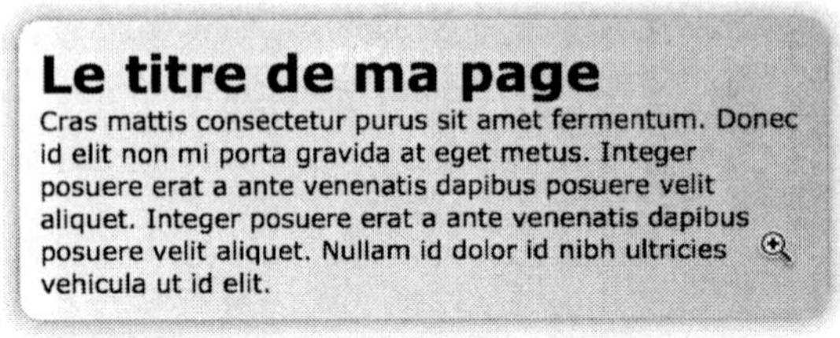

Pour les navigateurs qui vont avoir besoin des préfixes pour les règles CSS utilisées, le JavaScript va modifier le code CSS du fichier. Les navigateurs qui n'auront pas besoin de modification resteront inchangés.

Voilà un extrait code généré avec **Safari 6** :

Pour l'en-tête `<html>` :

```
<html lang="fr" class="-webkit-">
```

Pour le style CSS `header`, nous avons l'ajout du préfixe `-webkit-` :

```
header {
   width: 400px;
   padding: 10px;
   border-radius: 10px;
   box-shadow: 0px 0px 10px rgba(10,20,30,.8);
   background-image: -webkit-linear-gradient(0deg, transparent,
rgba(10,0,0,.3)),-webkit-linear-gradient(transparent, transparent);
   box-sizing: border-box;
   cursor: -webkit-zoom-in;
}
```

Voilà un extrait code généré avec **Firefox 23** :

Pour l'en-tête `<html>` :

```
<html class=" -moz-" lang="fr">
```

Pour le style CSS `header`, nous avons l'ajout du préfixe `-moz-` :

```
header {
   width: 400px;
   padding: 10px;
   border-radius: 10px;
   box-shadow: 0px 0px 10px rgba(10,20,30,.8);
   background-image: linear-gradient(90deg, transparent,
rgba(10,0,0,.3)),linear-gradient(transparent, transparent);
   -moz-box-sizing: border-box;
   cursor: -moz-zoom-in;
}
```

C. L'interprétation des CSS3 par les navigateurs

1. Quelles propriétés utiliser ?

Nous venons de le voir, les modules CSS3 du W3C sont en évolution constante. Les navigateurs Web essaient de « suivre le mouvement », de reconnaître et d'interpréter les nouvelles propriétés CSS3.

Pour vous aider à vous y retrouver, il existe de nombreux services en ligne.

2. findmebyIP - HTML5 & CSS3 Support

Ce site (http://www.findmebyip.com/litmus/) vous liste les propriétés CSS3 (et les éléments de l'HTML5), les sélecteurs et indique la compatibilité avec les principaux navigateurs du marché.

CSS3 Properties

	MAC						WIN								
	CHROME	FIREFOX	OPERA		SAFARI		CHROME	FIREFOX	OPERA	IE					
	25	20	12	15	5.1	6	25	15	12	6	7	8	9	10	
RGBA	✓	✓	✓	✓	✓	✓	✓	✓	✓	✗	✗	✗	✓	✓	91%
HSLA	✓	✓	✓	✓	✓	✓	✓	✓	✓	✗	✗	✗	✓	✓	91%
Box Sizing	✓	✓	✓	✓	✓	✓	✓	✓	✓	✗	✗	✓	✓	✓	35%
Background Size	✓	✓	✓	✓	✓	✓	✓	✓	✓	✗	✗	✗	✓	✓	90%
Multiple Backgrounds	✓	✓	✓	✓	✓	✓	✓	✓	✓	✗	✗	✗	✓	✓	90%
Border Image	✓	✓	✓	✓	✓	✓	✓	✓	✓	✗	✗	✗	✗	✗	85%
Border Radius	✓	✓	✓	✓	✓	✓	✓	✓	✓	✗	✗	✗	✓	✓	91%
Box Shadow	✓	✓	✓	✓	✓	✓	✓	✓	✓	✗	✗	✗	✓	✓	91%
Text Shadow	✓	✓	✓	✓	✓	✓	✓	✓	✓	✗	✗	✗	✗	✓	76%
Opacity	✓	✓	✓	✓	✓	✓	✓	✓	✓	✗	✗	✗	✓	✓	91%
CSS Animations	✓	✓	✓	✓	✓	✓	✓	✓	✓	✗	✗	✗	✗	✓	66%
CSS Columns	✓	✓	✓	✓	✓	✓	✓	✓	✓	✗	✗	✗	✗	✓	85%

3. When can I use

Le site bien nommé **When can I use** (http://caniuse.com/) vous propose un service très complet sur le niveau de compatibilité des navigateurs avec les CSS3.

En cliquant sur l'onglet **Tables** puis sur le lien **Show options**, vous pouvez filtrer la liste selon de nombreux critères.

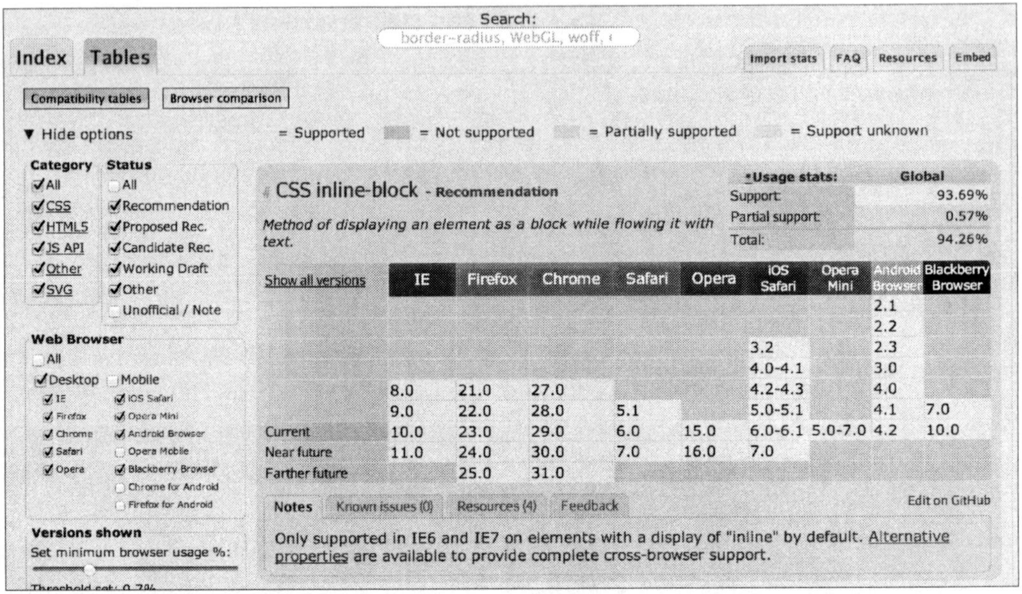

Un code couleur vous indique le niveau de compatibilité :

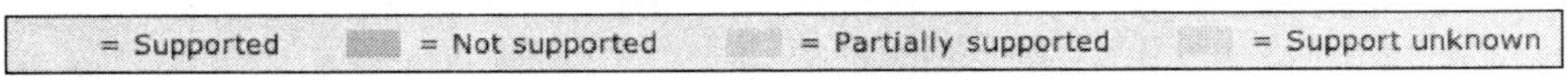

Pour les propriétés, le site vous indique le statut du module : **Working Draft**, **Candidate Recommendation**, **Proposed Recommendation** ou **Recommendation**.

Dans cet exemple, la propriété **CSS3 Text-overflow** a le statut **Working Draft**.

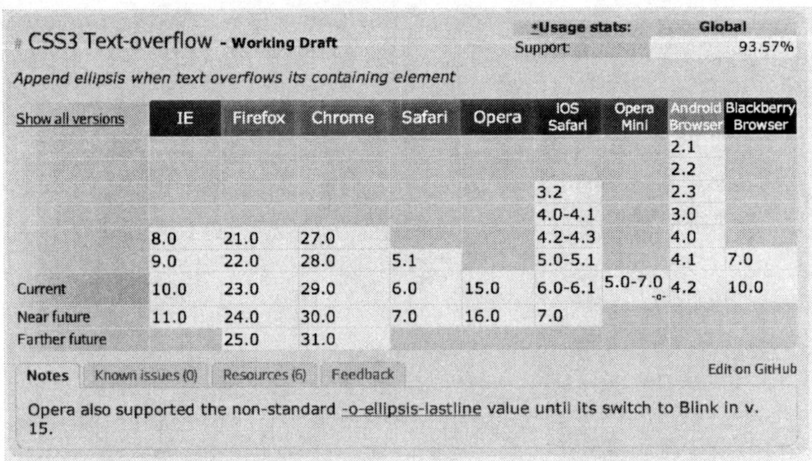

Pour certaines propriétés, vous avez des ressources supplémentaires listées dans les différents onglets : **Notes**, **Known issues**, **Resources** et **Feedback**.

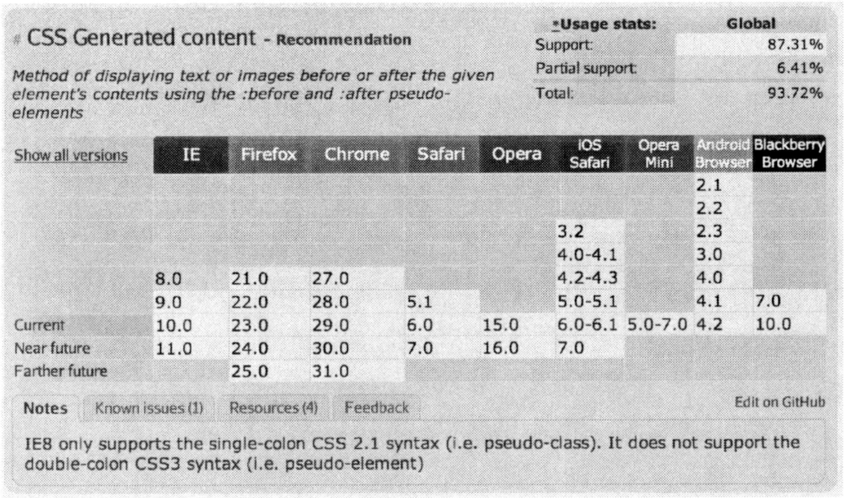

Show all versions	IE	Firefox	Chrome	Safari	Opera	iOS Safari	Opera Mini	Android Browser	Blackberry Browser
								2.1	
								2.2	
						3.2		2.3	
						4.0-4.1		3.0	
	8.0	21.0	27.0			4.2-4.3		4.0	
	9.0	22.0	28.0	5.1		5.0-5.1		4.1	7.0
Current	10.0	23.0	29.0	6.0	15.0	6.0-6.1	5.0-7.0	4.2	10.0
Near future	11.0	24.0	30.0	7.0	16.0	7.0			
Farther future		25.0	31.0						

4. Tester les sélecteurs

Le site CSS3.info (http://www.css3.info/) vous propose de tester la reconnaissance des sélecteurs CSS3 avec votre navigateur.

Utilisez un navigateur et allez à cette URL : http://www.css3.info/selectors-test/. Cliquez sur le bouton **Start the CSS Selectors test**.

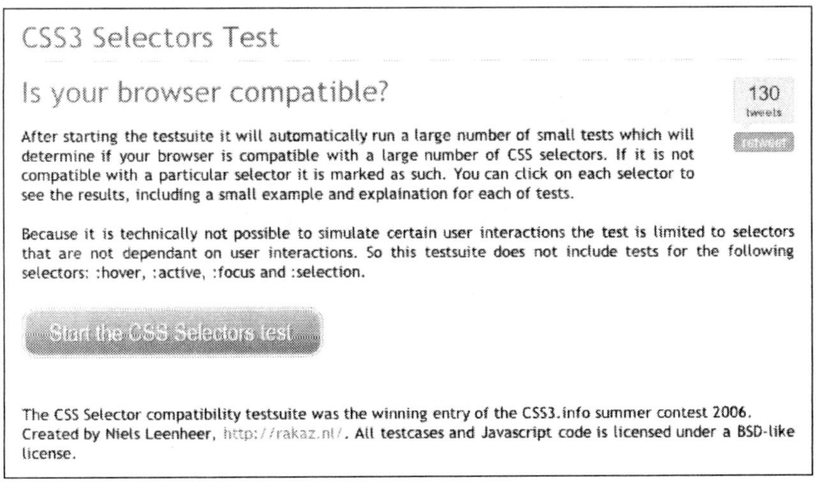

Le test démarre et le résultat s'affiche : un sans-faute pour ce navigateur récent.

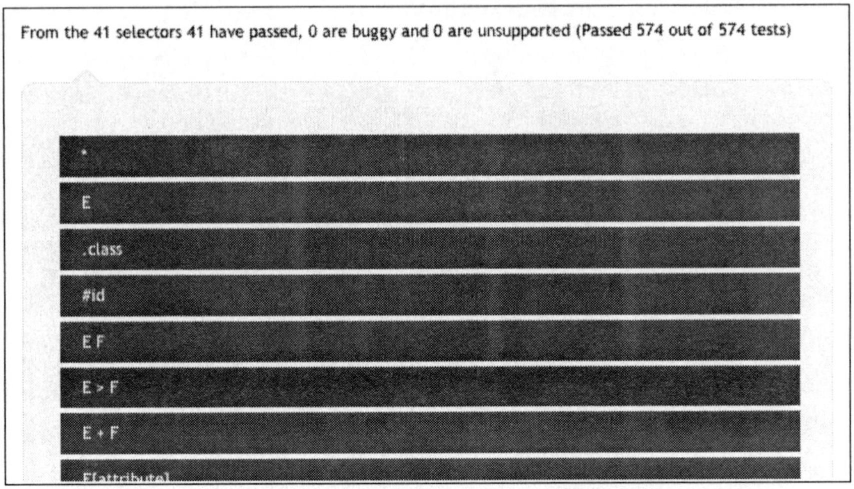

Des problèmes sont signalés pour ce navigateur plus ancien :

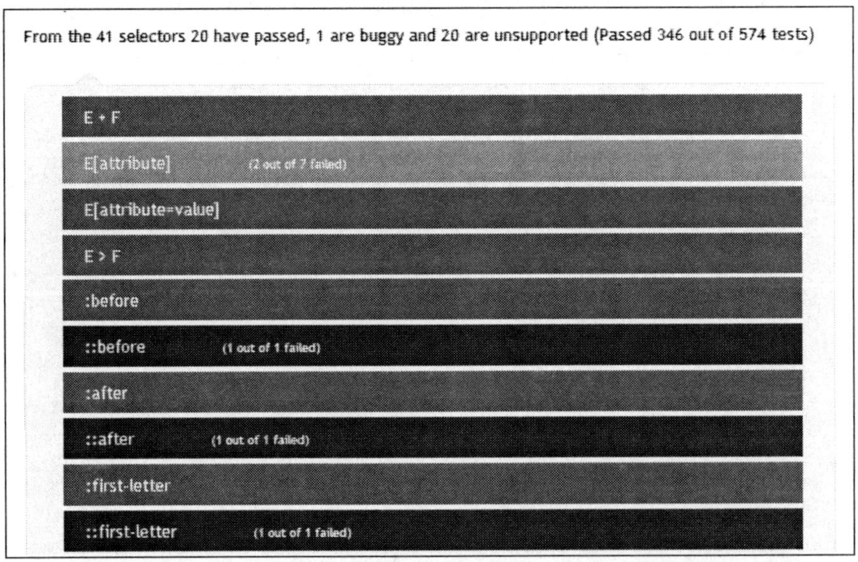

5. CSS3 Please

Ce site (http://css3please.com/) est très pratique.

Il affiche une page avec les principales propriétés CSS3 sur la gauche, avec les préfixes propriétaires des navigateurs.

```
.box_shadow {
  -webkit-box-shadow: 0px 0px 4px #ffffff; /* Saf3-4 */
     -moz-box-shadow: 0px 0px 4px #ffffff; /* FF3.5 - 3.6 */
          box-shadow: 0px 0px 4px #ffffff; /* Opera 10.5, IE9, FF4+, Chrome 10+ */
}
```

Vous avez un exemple complet d'une boîte sur la droite.

Dans la liste de droite, vous pouvez désactiver chaque propriété avec le lien **[toggle rule off]**, puis l'activer avec **[toggle rule on]**, pour voir si elle est interprétée et bien affichée par votre navigateur.

```
/*                         [to clipboard] [toggle rule off] */
.box_shadow {
  -webkit-box-shadow: 0px 0px 4px #ffffff; /* Saf3-4 */
     -moz-box-shadow: 0px 0px 4px #ffffff; /* FF3.5 - 3.6 */
          box-shadow: 0px 0px 4px #ffffff; /* Opera 10.5, IE9, FF4+, Chrome 10+ */
}
```

De plus, vous pouvez copier les exemples de code avec le lien **[to clipboard]**.

6. Browser Support Checklist CSS3

Ce site (http://www.normansblog.de/demos/browser-support-checklist-css3/) affiche une liste de compatibilité à la date du 30/09/2011. À voir si le responsable du site met à jour son tableau.

Demos » Browser Support Checklist CSS3

Share / Comment

Effective 02.07 2013

Browser Rendering Engine	Firefox Gecko	Safari Webkit			Chrome Blink	Internet Explorer Trident			Opera Presto | Blink	
Version	22	4	5	5.1	28	6 – 8	9	10	12.15	15
Animations	✓	✓	✓	✓	✓	✗	✗	✓	✓	✓
Background Gradients	✓	✓	✓	✓	✓	✗	✗	✓	✓	✓
Background Size	✓	⚠	✓	✓	✓	✗	✓	✓	✓	✓
Border Image	✓	✓	✓	✓	✓	✗	✗	✗	✓	✓
Border Radius	⚠	⚠	⚠	⚠	✓	✗	✓	✓	✓	✓
Box Shadow	✓	⚠	✓	✓	✓	✗	✓	✓	✓	✓
Columns	✓	✓	✓	✓	✓	✗	✗	✓	✓	✓
Flexbox	⚠	✗	✗	⚠	✓	✗	✗	⚠	✓	✓
Font Face	✓	✓	✓	✓	✓	⚠	✓	✓	✓	✓
HSLa	✓	✓	✓	✓	✓	✗	✓	✓	✓	✓
Hyphens	✓	✗	✗	✓	✗	✗	✗	✓	✗	✗
Multiple Backgrounds	✓	✓	✓	✓	✓	✗	✓	✓	✓	✓
Opacity	✓	✓	✓	✓	✓	✗	✓	✓	✓	✓
RGBa	✓	⚠	⚠	✓	✓	✗	✓	✓	✓	✓
Text Overflow	✓	✓	✓	✓	✓	✓	✓	✓	✓	✓
Text Shadow	✓	✓	✓	✓	✓	✗	✗	✓	✓	✓
Transforms	✓	✓	✓	✓	✓	✗	✓	✓	✓	✓
Transforms 3D	✓	✓	✓	✓	✓	✗	✗	✓	✗	✓
Transitions	✓	✓	✓	✓	✓	✗	✗	✓	✓	✓
Total CSS3 Support *	94.7%	78.9%	84.2%	94.7%	94.4%	7.9%	52.6%	92.1%	89.5%	94.7%

7. css3test

Lea Verou (http://lea.verou.me) est un développeur très réputé dans la communauté Web, elle propose de nombreux outils (http://lea.verou.me/projects/) pour nous aider à développer nos sites Web.

Sa page css3test (http://css3test.com) permet de tester la reconnaissance des CSS3 par votre navigateur.

Voici l'extrait d'un test :

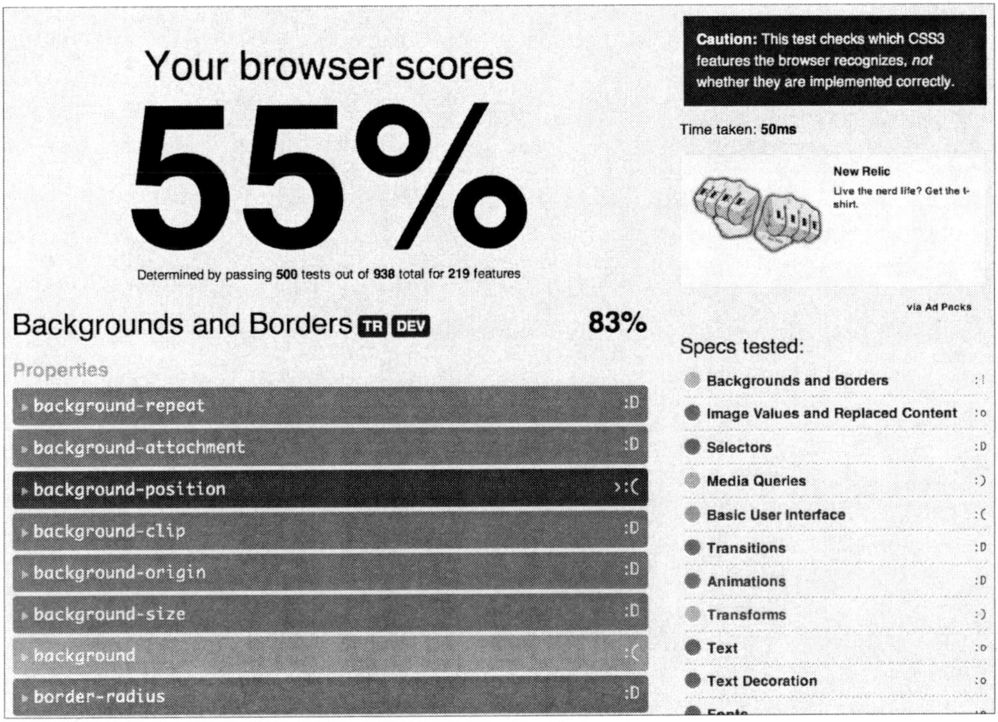

Chapitre 6 : Les nouveaux sélecteurs CSS3

A. Les sélecteurs CSS 2 128
B. Les nouveaux sélecteurs CSS3 129
C. Le sélecteur adjacent général 130
D. Le sélecteur d'attribut 131
E. La pseudo-classe d'ancre 133
F. Les pseudo-classes de structure 135

A. Les sélecteurs CSS 2

1. L'objectif

Les sélecteurs servent à indiquer sur quels éléments s'appliquent les styles définis.

2. Les sélecteurs

Pour rappel, la recommandation CSS 2.1 propose un large éventail de sélecteurs.

- **Sélecteur universel** : pour appliquer un style à l'ensemble des éléments HTML de la page. Syntaxe : `* {...}`.
- **Sélecteur d'élément** : pour appliquer un style à un élément HTML existant. Syntaxe : `p {...}`.
- **Sélecteur de classe** : permet d'appliquer un style à un élément qui utilise cette classe. Syntaxe : `.intro {...}`.
- **Sélecteur de classe d'élément** : permet d'appliquer un style à un élément spécifié qui utilise cette classe. Syntaxe : `p.intro {...}`.
- **Sélecteur descendant** : permet d'appliquer un style à un élément spécifié qui est placé dans un autre élément spécifié. Syntaxe : `p .nomPropre {...}`.
- **Sélecteur enfant** : permet d'appliquer un style au premier élément enfant d'un autre élément spécifié. Syntaxe : `p>.nomPropre {...}`.
- **Sélecteur adjacent** : permet d'appliquer un style à un élément qui suit immédiatement un autre élément spécifié. Syntaxe : `h1+h2 {...}`.
- **Sélecteur d'attribut** : permet d'appliquer un style à un élément s'il utilise un attribut spécifié. Syntaxe : `p[lang] {...}`.
- **Sélecteur d'identification** : pour appliquer un style à un élément possédant un identifiant spécifié unique. Syntaxe : `#bandeauHaut {...}`.

3. Les pseudo-classes

Les pseudo-classes s'ajoutent à un sélecteur et permettent d'appliquer une mise en forme spécifique.

- La **pseudo-classe de premier enfant** vous permet d'appliquer un style au premier enfant d'un élément. Syntaxe : `ul li:first-child {...}`.
- Les **pseudo-classes d'ancre** vous permettent d'appliquer des styles aux ancres pour les états non visité et visité. Syntaxe : `a:link {...}` et `a:visited {...}`.
- Les **pseudo-classes dynamiques** vous permettent d'appliquer des styles aux ancres pour les états survolé et cliqué et aux champs de formulaire pour l'état actif. Syntaxe : `a:hover {...}`, `a:active {...}` et `.champTexte:focus {...}`.
- La **pseudo-classe de langue** vous permet d'appliquer des styles selon la langue spécifiée. Syntaxe : `:lang(fr) {...}`.

4. Les pseudo-éléments

Les pseudo-éléments s'ajoutent à un sélecteur et permettent d'appliquer une mise en forme spécifique.

- Les **pseudo-éléments de première lettre** et de **premières lignes**. Avec le pseudo-élément de première lettre, vous pouvez appliquer un style à la première lettre d'un élément.

  Syntaxe : `.special:first-letter {...}`.

  Même principe avec la première ligne.

  Syntaxe : `.special:first-line {...}`.

- Les **pseudo-éléments avant et après**. Avec ces pseudo-éléments, vous allez pouvoir générer du texte avant ou après un élément.
  Syntaxe : `.citation:before {...}` et `.remarque:after {...}`.

5. Les groupes de sélecteurs

Les groupes de sélecteurs permettent d'appliquer des propriétés communes à différents sélecteurs.

Syntaxe : `h1, .special, p.intro {...}`.

B. Les nouveaux sélecteurs CSS3

La spécification CSS3 propose de nouveaux sélecteurs. Le module des sélecteurs est terminé et le W3C nous propose donc une **Recommendation** datée du 29 septembre 2011.
Voici son URL : http://www.w3.org/TR/css3-selectors/

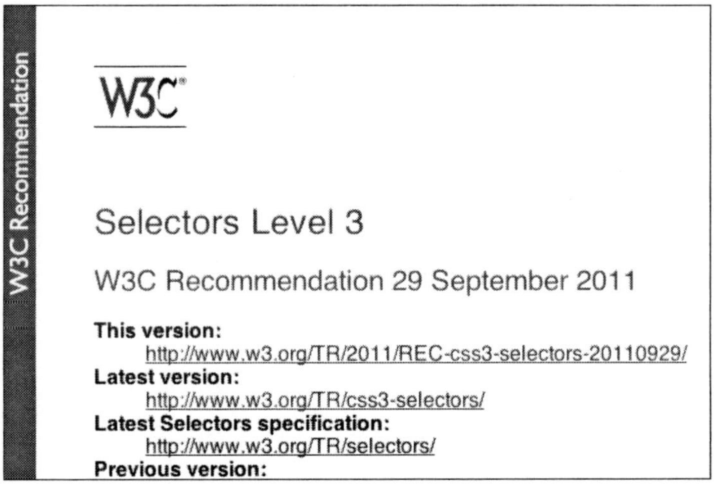
W3C Recommendation

W3C

Selectors Level 3

W3C Recommendation 29 September 2011

This version:
http://www.w3.org/TR/2011/REC-css3-selectors-20110929/
Latest version:
http://www.w3.org/TR/css3-selectors/
Latest Selectors specification:
http://www.w3.org/TR/selectors/
Previous version:

C. Le sélecteur adjacent général

La CSS2 nous proposait le sélecteur adjacent qui permet de « cibler » le frère immédiat d'un élément. Exemple de syntaxe : h1+h2 {...}. Cela permet d'appliquer un style spécifique au seul premier h2 suivant le h1.

Avec les CSS3, l'adjacente ne doit pas forcément être immédiate entre les deux éléments, il peut y avoir d'autres éléments entre, et le style s'applique aux autres éléments spécifiés suivants.

Voici la syntaxe : h1~h2 {...}.

Exemple du sélecteur :

```
h1~h2 {font-style: italic};
```

Exemple du code :

```
<h1>Mon titre de niveau 1</h1>
<p>Un paragraphe de texte</p>
<h2>Un titre de niveau 2</h2>
<h2>Un autre titre de niveau 2</h2>
```

Voilà l'affichage obtenu :

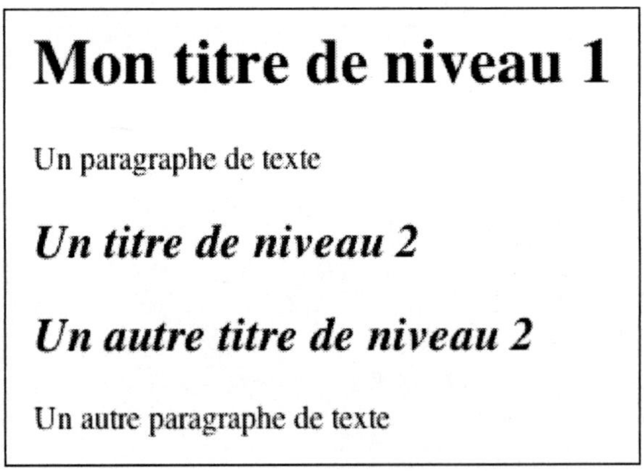

Nous avons bien un texte en italique pour les deux éléments <h2> placés après le <h1> et avec un autre élément (<p>) entre.

D. Le sélecteur d'attribut

1. L'objectif

Le sélecteur d'attribut existe depuis les CSS2. Avec les CSS3, ces possibilités sont étendues.

Exemples de syntaxe :

- `[attribut^="valeur"]` : pour appliquer un style à un élément dont l'attribut `attribut` commence exactement par `valeur`.
- `[attribut$="valeur"]` : pour appliquer un style à un élément dont l'attribut `attribut` finit exactement par `valeur`.
- `[attribut*="valeur"]` : pour appliquer un style à un élément dont l'attribut `attribut` contient au moins une fois `valeur`.

2. Des liens vers une adresse mail

Dans un premier exemple, nous allons voir comment mettre en forme de manière spécifique uniquement les liens vers des adresses de messagerie.

Voilà les styles utilisés. Nous voulons cibler les liens ayant comme attribut `mailto` pour leur appliquer une mise en forme spécifique : une petite icône.

```
A {
   text-decoration: none;
}
a[href^="mailto"] {
   background: url(personne.png) left center no-repeat;
   padding-left: 30px;
}
```

Voilà le code HTML de la page. Les deux premiers liens ont l'attribut `mailto`, pas le troisième.

```
<h3>Vos interlocuteurs :</h3>
<p><a href="mailto:jdupond@truc.fr">Jean DUPOND : Directeur
commercial</a></p>
<p><a href="mailto:vmachin@truc.fr">Valérie MACHIN :
Directrice France</a></p>
<p>Pour les autres pays, voir la page <a href="autres-
pays.html">Europe</a></p>
```

Voilà l'affichage obtenu :

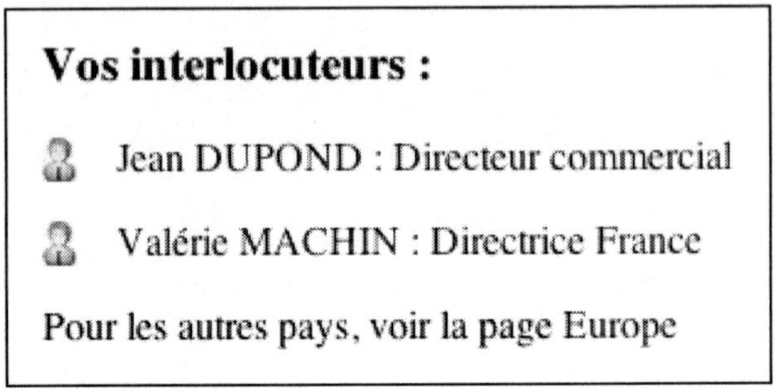

3. Des liens de téléchargement

Voilà un deuxième exemple d'application : dans une page de téléchargement de fichiers, nous souhaitons différencier la mise en forme des liens selon le type, selon l'extension du fichier à télécharger (.pdf et .zip dans cet exemple).

Exemples des sélecteurs. Les liens ayant l'extension .pdf (`a[href$=".pdf"]`) seront en italique, ceux avec l'extension .zip (`a[href$=".zip"]`) seront en gras.

```
a {
    text-decoration: none;
}
a[href$=".pdf"] {
    font-style: italic;
}
a[href$=".zip"] {
    font-weight: bold;
}
```

Voilà le code HTML de la page :

```
<p>Téléchargez nos fichiers :</p>
<p><a href="plaquette.pdf">La plaquette de présentation (PDF)</a><br/>
<a href="nouveautes.pdf">Les nouveaux produits (PDF)</a><br/>
<a href="promotions.pdf">Les promotions (PDF)</a></br/>
<a href="tous.zip">Tous nos documents (.zip)</a></p>
```

Voilà l'affichage obtenu :

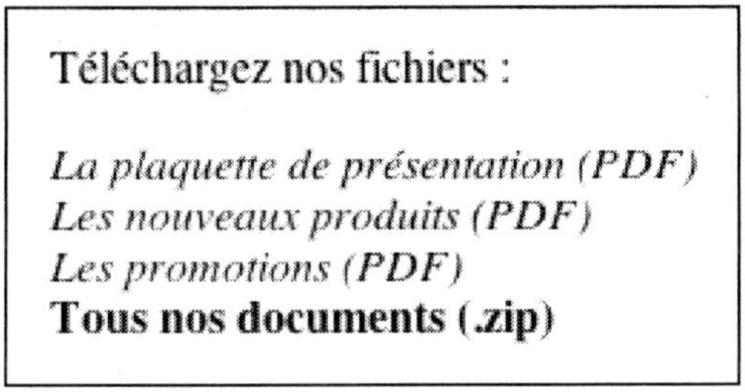

E. La pseudo-classe d'ancre

1. L'objectif

Lorsque vous créez des liens au sein de la même page, vous utilisez une syntaxe de cette forme :

```
<a href="#introduction">Allez à l'introduction</a>
```

Avec la nouvelle pseudo-classe `:target`, vous allez pouvoir mettre en évidence l'ancre que l'utilisateur a utilisée.

2. La mise en place

Voici un exemple très simple : vous avez un document assez long, dans lequel vous avez inséré un sommaire en début de page, avec des liens vers des ancres nommées dans les différentes parties de la page.

Voilà la structure HTML :

```
<p><a href="#introduction">Introduction</a> | <a
href="#resultats">Introduction</a> | <a
href="#conclusion">Conclusion</a></p>
<h3><a id="introduction">Introduction</a></h3>
<p>Maecenas sed...</p>
...
<h3><a id="resultats">Résultats</a></h3>
<p>Vivamus sagittis lacus...</p>
...
<h3><a id="conclusion">Conclusion</a></h3>
<p>Donec ullamcorper nulla...</p>
...
```

Voilà les styles CSS. L'utilisation d'un lien dans le sommaire va appliquer une couleur d'arrière-plan dorée à sa cible.

```
a {
    text-decoration: none;
}
a:target {
    background-color: gold;
}
```

3. L'utilisation

Voilà la page affichée, sans aucune action de l'utilisateur :

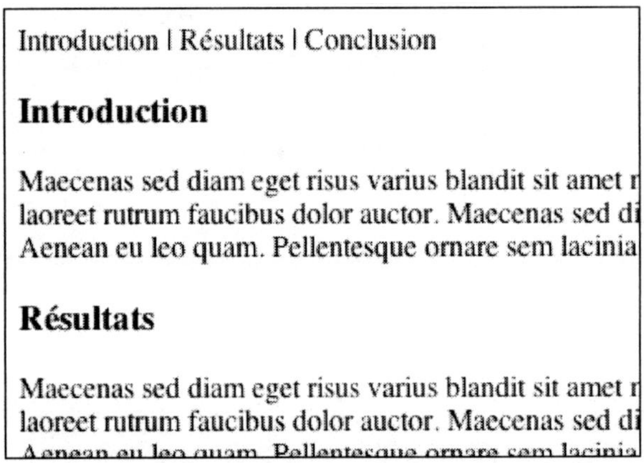

Maintenant, dans le sommaire, l'utilisateur va cliquer sur le lien **Résultats**.

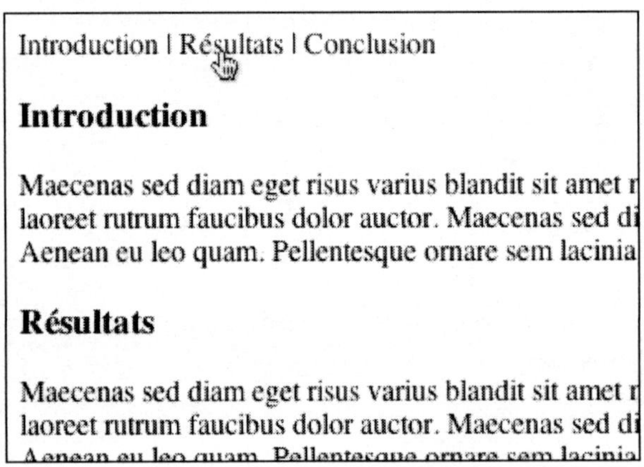

L'utilisateur a cliqué sur le lien **Résultats**, l'ancre nommée correspondante dans la page (`a:target`) est mise en évidence avec la couleur or (`background-color: gold`).

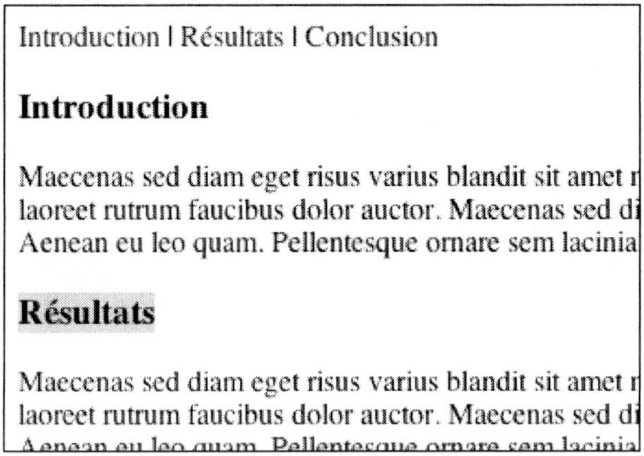

L'utilisateur sait ainsi sur quel lien il a cliqué.

F. Les pseudo-classes de structure

1. L'objectif

Le W3C nous propose toute une série de pseudo-classes de structure qui vont nous permettre de cibler finement les éléments structurants de nos pages Web.

2. La racine de la page

La pseudo-classe `:root` permet de cibler la racine de la page Web, à savoir l'élément `<html>`. La différence avec le sélecteur d'élément `html` est simple, dans la cascade l'importance de `:root` lui est supérieure.

3. Le dernier élément enfant

Les CSS2 nous proposaient la pseudo-classe `:first-child` pour cibler le premier élément enfant d'un élément parent. Les CSS3 nous proposent une « ribambelle » de pseudo-classes pour cibler très finement tel ou tel élément enfant.

La pseudo-classe `:last-child` permet de cibler le dernier enfant d'un élément parent. C'est le pendant de `:first-child`. Ces deux pseudo-classes sont maintenant très pratiques pour gérer la fusion des marges de paragraphe dans une boîte `<div>`.

Voici la structure HTML d'une page :

```
<div id="special">
   <p>Molestie suscipit...</p>
   <p>ut facilisis duis at delenit...</p>
   <p>Velit quis, dolore...</p>
   <p>Suscipit, elit adipiscing dolore ea eum...</p>
</div>
```

Voici le style CSS pour la boîte `<div>` :

```
#special {
   width: 400px;
   border: solid 1px black;
}
```

Voilà l'affichage résultant :

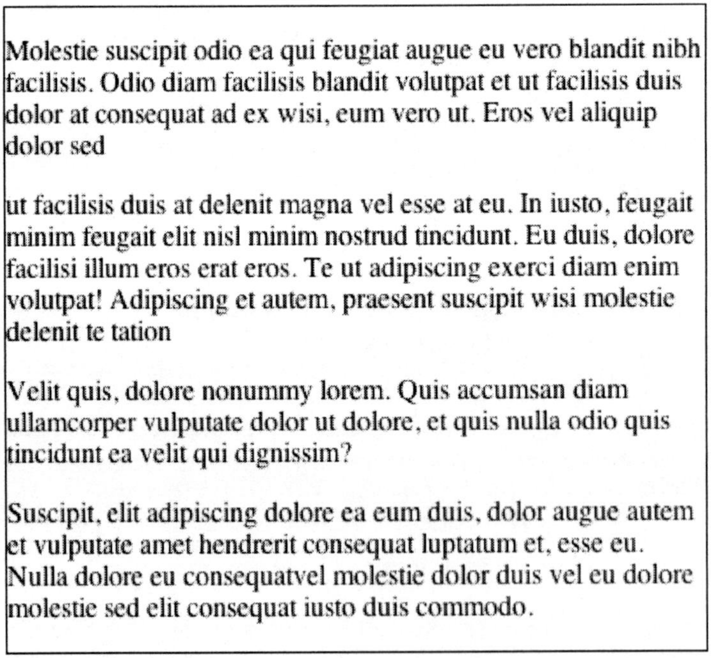

La marge supérieure du premier paragraphe et la marge inférieure du dernier paragraphe sont affichées dans la boîte `<div>`.

Pour ne pas avoir de marge, voilà le sélecteur utilisé :

```
#special p:first-child, #special p:last-child {
   margin-top: 0;
   margin-bottom: 0;
}
```

Voilà l'affichage avec l'utilisation des deux pseudo-classes :

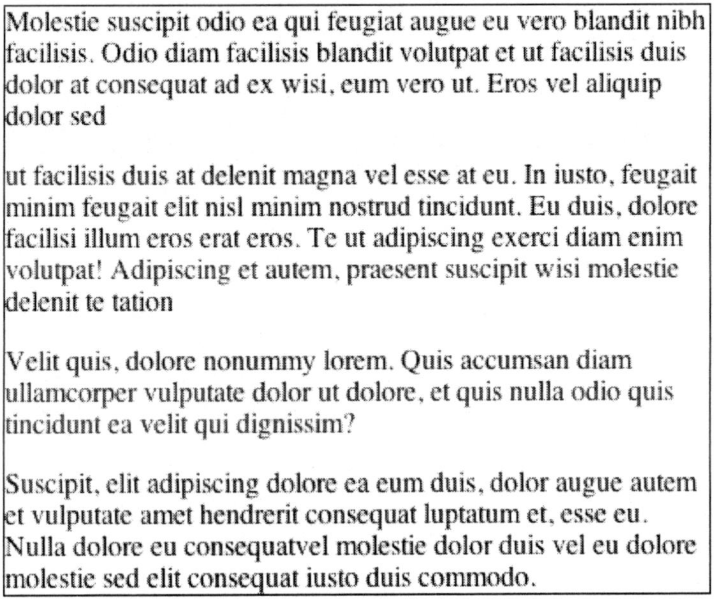

Molestie suscipit odio ea qui feugiat augue eu vero blandit nibh facilisis. Odio diam facilisis blandit volutpat et ut facilisis duis dolor at consequat ad ex wisi, eum vero ut. Eros vel aliquip dolor sed

ut facilisis duis at delenit magna vel esse at eu. In iusto, feugait minim feugait elit nisl minim nostrud tincidunt. Eu duis, dolore facilisi illum eros erat eros. Te ut adipiscing exerci diam enim volutpat! Adipiscing et autem, praesent suscipit wisi molestie delenit te tation

Velit quis, dolore nonummy lorem. Quis accumsan diam ullamcorper vulputate dolor ut dolore, et quis nulla odio quis tincidunt ea velit qui dignissim?

Suscipit, elit adipiscing dolore ea eum duis, dolor augue autem et vulputate amet hendrerit consequat luptatum et, esse eu. Nulla dolore eu consequatvel molestie dolor duis vel eu dolore molestie sed elit consequat iusto duis commodo.

Les marges haute et basse sont bien à 0.

4. Les éléments enfants

Pour voir l'application de cette pseudo-classe, nous prendrons pour exemple une liste `<ul>`.

Voilà le code HTML de cette liste toute simple :

```
<ul>
   <li>Rouge</li>
   <li>Vert</li>
   <li>Bleu</li>
   <li>Cyan</li>
   <li>Magenta</li>
   <li>Jaune</li>
   <li>Noir</li>
</ul>
```

Vous pouvez faire la même chose avec les lignes `<tr>` d'un tableau.

Le style CSS sera toujours le même :

```
li:nth-child(x){
   background-color: gold;
}
```

La pseudo-classe `:nth-child(x)` permet de cibler le énième enfant d'un élément parent. Ce nombre x est l'argument des parenthèses.

- L'argument x peut être un chiffre : `:nth-child(2)` permet de cibler le deuxième enfant.

L'affichage :

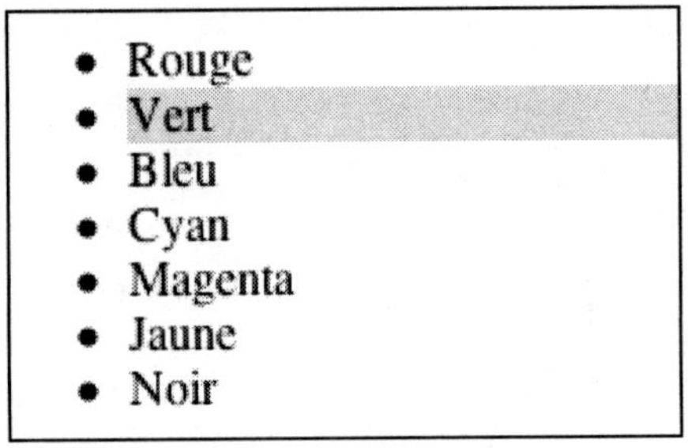

- L'argument x peut être un mot-clé : `:nth-child(odd)` permet de cibler les enfants impairs et `:nth-child(even)` permet de cibler les enfants pairs. Idéal pour avoir des alternances !

L'affichage :

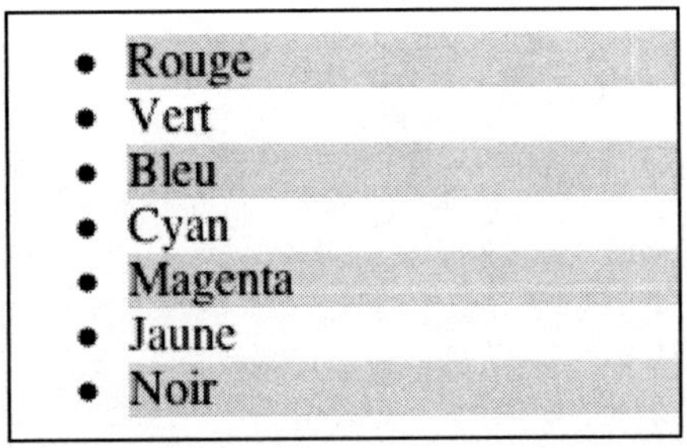

- L'argument x peut être un calcul sous la forme : `an+b`. `n` représente une valeur qui commence à `0` et qui est incrémentée par pas de `1`. `n` peut être positif ou négatif.

Premier exemple :

`:nth-child(n+3)` permet de ne pas cibler les deux premiers enfants.

Voilà le calcul :

`0+3=3`, le troisième enfant,

`1+3=4`, le quatrième enfant,

`2+3=5`, le cinquième enfant...

L'affichage :

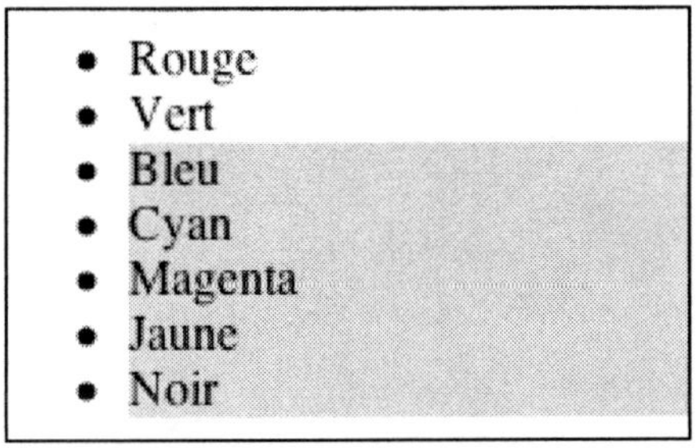

Deuxième exemple :

`:nth-child(-n+3)` permet de cibler les trois premiers enfants.

Voilà le calcul :

`-0+3=3`, le troisième enfant

`-1+3=2`, le deuxième enfant

`-2+3=1`, le premier enfant

`-3+3=0`, aucun enfant

`-4+3=-1`, aucun enfant

L'affichage :

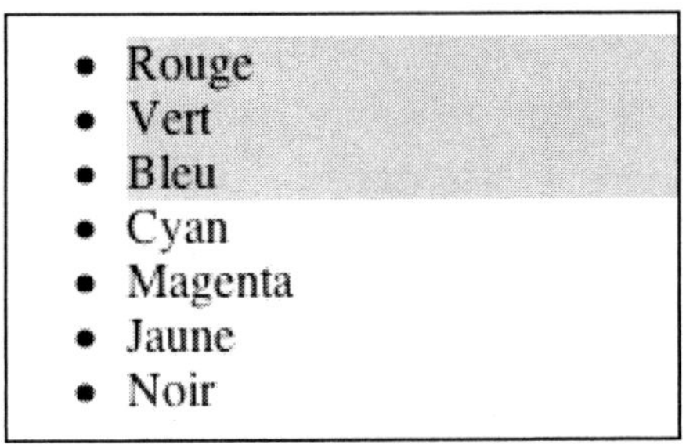

Troisième exemple :

`:nth-child(3n)` permet de cibler un enfant sur 3.

Voilà le calcul :

`3x0=0`, aucun enfant

`3x1=3`, le troisième enfant

`3x2=6`, le sixième enfant

`3x3=9`, le neuvième enfant

L'affichage :

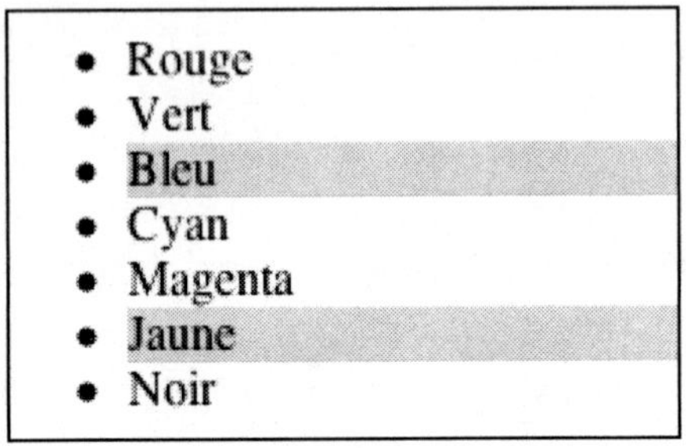

Quatrième exemple :

`:nth-child(3n+1)` permet de cibler un enfant sur 3 en commençant par le premier enfant.

Voilà le calcul :

`(3x0)+1=1`, le premier enfant

`(3x1)+1=4`, le quatrième enfant

`(3x2)+1=7`, le septième enfant

`(3x3)+1=10`, le dixième enfant

L'affichage :

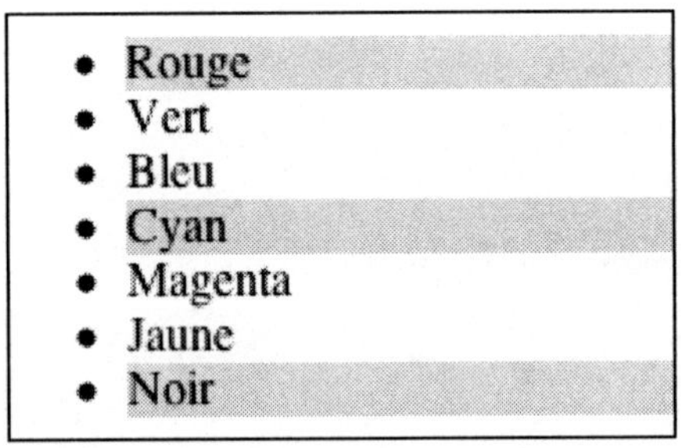

Je vous propose deux outils en ligne pour tester la pseudo-classe `:nth-child(3n+1)`.

La page **CSS3 structural pseudo-class selector tester** de Lea Verou (http://lea.verou.me/demos/nth.html). Dans le champ de saisie, saisissez la formule voulue ; le schéma d'un tableau montre les lignes sélectionnées selon votre formule.

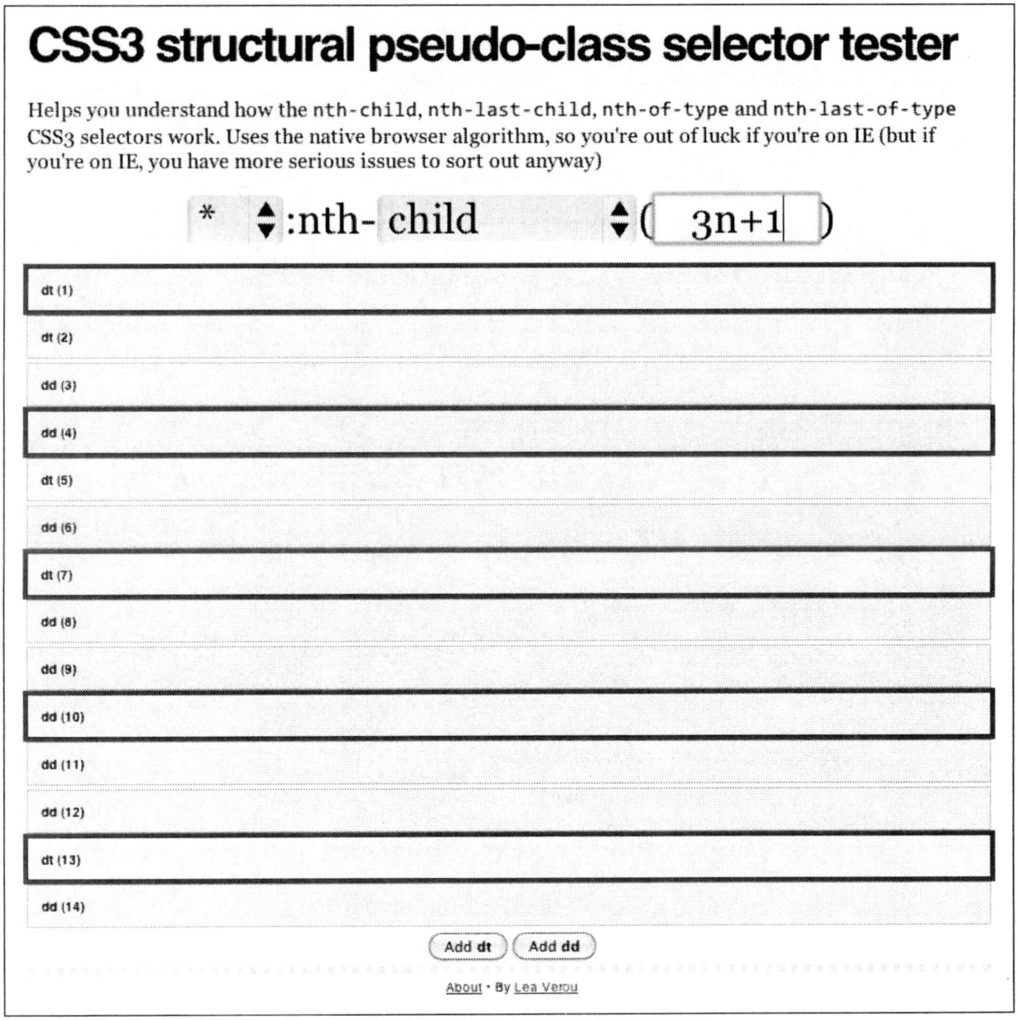

Sur le même principe, vous avez la page **:nth-child tester** du site CSS-TRICKS : http://css-tricks.com/examples/nth-child-tester/

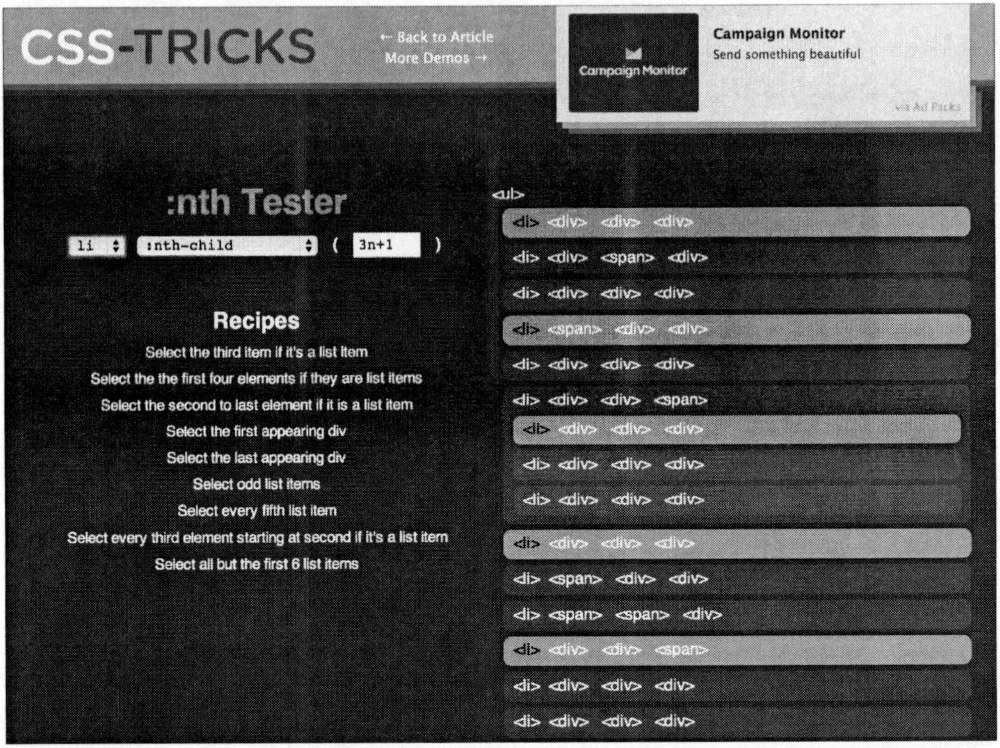

5. Les derniers éléments enfants

La nouvelle pseudo-classe `:nth-last-child()` permet de cibler les x derniers enfants d'un élément parent. Elle fonctionne de la même manière que `:nth-child()`.

6. Les premiers et derniers éléments d'un type donné

Les nouvelles pseudo-classes `:first-of-type` et `:last-of-type` permettent de cibler le premier et le dernier élément d'un type spécifié.

Si nous reprenons l'exemple de la liste `<ul>` précédente, nous pouvons cibler le premier et le denier item `<li>`.

Le style CSS :

```
li:first-of-type, li:last-of-type {
   background-color: gold;
}
```

L'affichage :

- Rouge
- Vert
- Bleu
- Cyan
- Magenta
- Jaune
- Noir

Un autre exemple avec un tableau. Nous allons cibler toutes les premières cellules (`<td>`) du tableau.

Le code HTML du tableau :

```
<table>
   <tr><th>Janvier</th><th>Février</th><th>Mars</th></tr>
   <tr><td>12</td><td>15</td><td>19</td></tr>
   <tr><td>13</td><td>11</td><td>14</td></tr>
   <tr><td>11</td><td>18</td><td>12</td></tr>
</table>
```

Le style CSS :

```
td:first-of-type {
   background-color: #ececec;
}
```

L'affichage :

Janvier	Février	Mars
12	15	19
13	11	14
11	18	12

7. Les premiers éléments d'un type donné

La pseudo-classe `:nth-of-type()` permet de cibler le énième élément d'un type spécifié. Les arguments possibles sont identiques à ceux que nous avons vus avec la pseudo-classe `:nth-child()`.

Voici un exemple très simple avec une mise en forme de certains mots (`<strong>` et `<em>`) dans un paragraphe (`<p>`) :

```
<p>Donec ullamcorper <strong>nulla</strong> non metus auctor
<em>fringilla</em>. Fusce dapibus, tellus ac cursus commodo,
<strong>tortor</strong> mauris condimentum nibh, ut fermentum
massa justo sit amet risus. Cum sociis natoque
<strong>penatibus</strong> et magnis dis parturient montes.</p>
```

L'élément `<p>` a comme premier élément enfant un `<strong>`, comme deuxième un `<em>`, comme troisième et quatrième un autre `<strong>`. Nous souhaitons cibler le deuxième `<strong>` et non pas le deuxième élément enfant.

Voilà le style CSS :

```
strong:nth-of-type(2) {
   background-color: gold;
}
```

Voilà l'affichage :

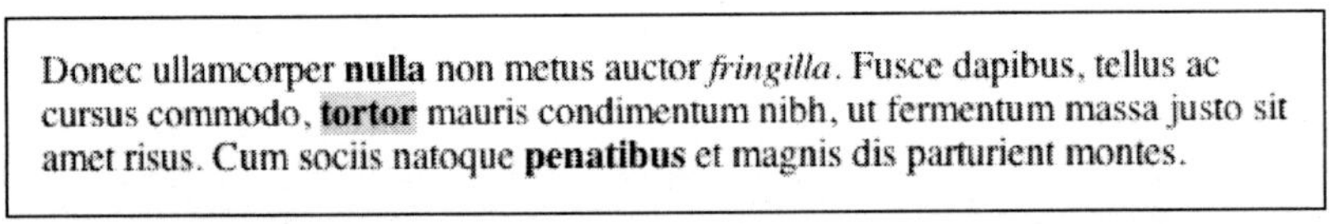

La classe `:nth-last-of-type()` permet de cibler le énième dernier élément d'un type donné.

8. Les éléments seuls

La pseudo-classe `:only-child` permet de cibler les éléments qui n'ont pas de frère. Prenons l'exemple d'un texte (`<p>`) dans lequel nous avons des mises en évidence avec des `<strong>`. Nous souhaitons mettre en évidence les paragraphes qui ne contiennent qu'une seule mise en évidence `<strong>`.

Voilà le code HTML. Le premier paragraphe `<p>` a deux `<strong>`, le deuxième paragraphe n'en a qu'un seul.

```
<p>Donec sed odio dui. Aenean <strong>lacinia
bibendum</strong> nulla sed consectetur.Donec id elit non mi
porta gravida at eget metus. Nullam id dolor id nibh ultricies
vehicula ut id elit.</p>
<p>Nullam id dolor id <strong>nibh</strong> ultricies vehicula
ut id elit. Cum sociis natoque penatibus et magnis dis
parturient montes, <strong>nascetur</strong> ridiculus mus.</p>
```

Voilà le style CSS utilisé :

```
strong:only-child {
   background-color: gold;
}
```

Voilà l'affichage résultant :

> Donec sed odio dui. Aenean **lacinia bibendum** nulla sed consectetur.Donec id elit non mi porta gravida at eget metus. Nullam id dolor id nibh ultricies vehicula ut id elit.
>
> Nullam id dolor id **nibh** ultricies vehicula ut id elit. Cum sociis natoque penatibus et magnis dis parturient montes, **nascetur** ridiculus mus.

9. Les éléments seuls d'un type donné

La pseudo-classe `:only-of-type` permet de cibler les éléments d'un type donné qui n'ont pas de frère.

Reprenons l'exemple précédent en ajoutant une mise en évidence `<em>` dans le premier paragraphe.

```
<p>Donec sed odio dui. Aenean <strong>lacinia
bibendum</strong> nulla sed consectetur.Donec id elit non mi
porta gravida at eget metus. Nullam id dolor id <em>nibh
ultricies</em> vehicula ut id elit.</p>
<p>Nullam id dolor id <strong>nibh</strong> ultricies vehicula
ut id elit. Cum sociis natoque penatibus et magnis dis parturient montes,
<strong>nascetur</strong> ridiculus mus.</p>
```

Avec le style CSS précédent, le `<strong>` du premier paragraphe n'apparaîtrait plus en fond coloré, puisque ce paragraphe contient maintenant deux mises en évidence. Le `<strong>` n'est plus seul, il y a un `<em>`. Avec la pseudo-classe `:only-of-type` nous pouvons maintenant spécifier le type de l'élément isolé.

Voilà le style CSS :

```
strong:only-of-type {
   background-color: gold;
}
```

Voilà l'affichage :

> Donec sed odio dui. Aenean **lacinia bibendum** nulla sed consectetur.Donec id elit non mi porta gravida at eget metus. Nullam id dolor id *nibh ultricies* vehicula ut id elit.
>
> Nullam id dolor id **nibh** ultricies vehicula ut id elit. Cum sociis natoque penatibus et magnis dis parturient montes, **nascetur** ridiculus mus.

10. Les éléments vides

La pseudo-classe `:empty` permet de cibler les éléments qui sont vides, que ne contiennent pas d'élément. Cela peut être très pratique lorsque vous avez une page Web qui est construite dynamiquement. Il peut y avoir des éléments (`<li>`, `<td>`, `<strong>`...) qui sont vides. Vous pouvez alors les cibler avec cette pseudo-classe pour les mettre en évidence.

Voilà une liste `<ul>` contenant deux `<li>` vides :

```
<ul>
   <li>Rouge</li>
   <li>Vert</li>
   <li></li>
   <li>Cyan</li>
   <li></li>
   <li>Jaune</li>
   <li>Noir</li>
</ul>
```

Voilà le style CSS utilisé :

```
li:empty {
   background-color: gold;
}
```

Voilà l'affichage résultant :

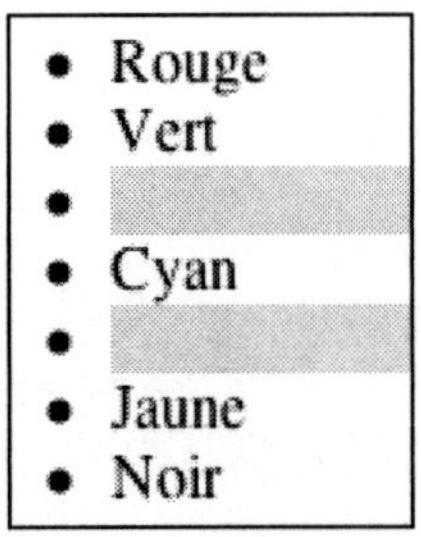

11. Tous les éléments sauf celui spécifié

La pseudo-classe `:not()` est vraiment très pratique. Elle permet de cibler tous les autres éléments que celui spécifié.

Prenons l'exemple d'un paragraphe qui contient plusieurs éléments de mise en forme : `<strong>`, `<em>`, `<ul>`... Dans les paragraphes (`<p>`) nous voudrions mettre en forme tous ces éléments, sauf l'élément `<u>`.

Voilà le code HTML du paragraphe :

```
<p>Et exerci feugait, <em>facilisis vulputate</em> feugiat,
hendrerit <u>veniam vero</u>? Ut praesent accumsan, nisl
consequatvel feugiat at duis ex <strong>vel ea dignissim</strong>
duis dignissim, velit qui, suscipit hendrerit vero. <em>Dolore
esse</em> luptatum blandit <u>eum commodo blandit</u> feugiat dolore
feugiat nisl veniam nibh veniam, et in nisl <strong>consequat
ut?</strong></p>
```

Voilà le style CSS :

```
p>:not(u){
   background-color: gold;
}
```

Voilà le rendu à l'écran :

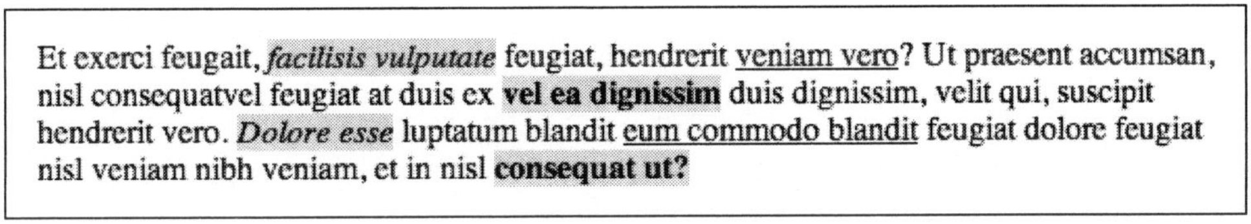

Chapitre 7 : La mise en forme CSS3 des boîtes

A. Les nouvelles propriétés CSS3 150
B. La largeur des boîtes 150
C. Le débordement du contenu 152
D. Les couleurs d'arrière-plan 154
E. L'état des lieux des arrière-plans et des bordures 157
F. Les coins arrondis 158
G. Les bordures fantaisistes 163
H. Les ombres portées 166
I. Les dégradés 172
J. Les arrière-plans multiples 179
K. Les autres propriétés d'arrière-plan 181
L. Des générateurs CSS3 en ligne 187
M. Exemple d'un tableau aux coins arrondis 193
N. Exemple d'ombre sur la page 199

A. Les nouvelles propriétés CSS3

Parmi toutes les nouveautés des CSS3, les nouvelles propriétés de mise en forme des boîtes sont celles qui ont déclenché le plus d'enthousiasme et le plus de réactions enjouées de la part des designers Web. Tous ont poussé un « ouf » de soulagement : ils vont enfin pouvoir créer des coins arrondis, des dégradés, des ombres portées et gérer de la transparence dans les boîtes `<div>`.

B. La largeur des boîtes

1. Avec les CSS 2.1

Vous le savez, avec les CSS 2.1, la largeur nécessaire à l'affichage d'une boîte prend en compte les marges (`margin`), les bordures (`border`), le remplissage (`padding`) et le contenu (`width`).

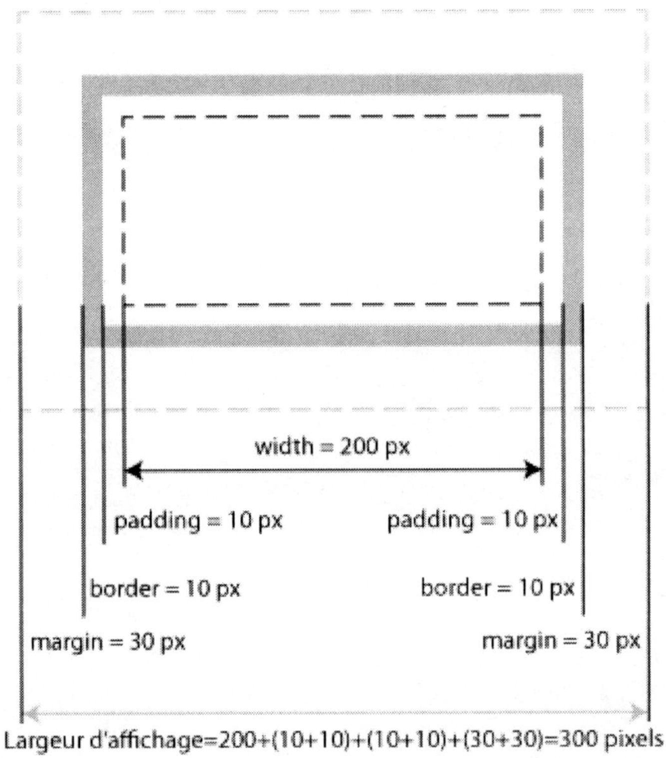

2. Avec les CSS3

Avec les CSS3, avec la propriété `box-sizing` (http://www.w3.org/TR/css3-ui/#box-sizing), vous pouvez indiquer que les valeurs de `border` et de `padding` sont incluses dans la largeur `width`.

La propriété accepte deux valeurs :

- `content-box` : la largeur de la boîte se calcule avec la largeur du contenu, la bordure et le remplissage, comme en CSS 2.1. C'est la valeur par défaut.
- `border-box` : la largeur de la boîte inclut la largeur du contenu, la bordure et le remplissage.

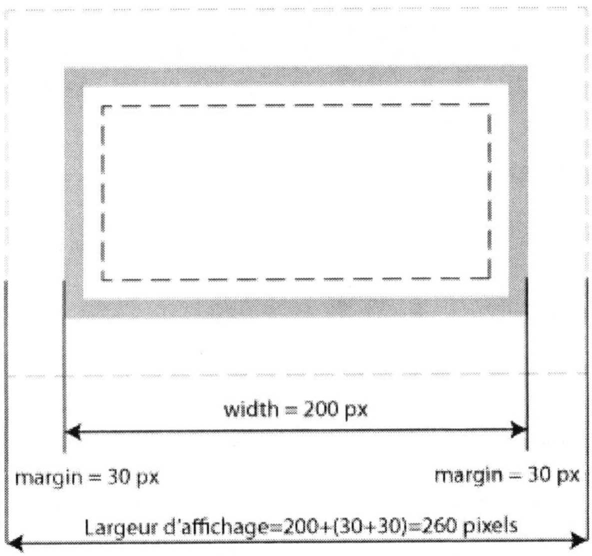

Voici deux boîtes avec des largeurs de contenu (`width`), des remplissages (`padding`) et des bordures identiques (`border`). La boîte `<div id="maBoite3">` possède en plus la propriété `box-sizing: border-box`.

```
#maBoite2 {
   position: absolute;
   top:  50px;
   left: 50px;
   width: 200px;
   height: 90px;
   padding: 10px;
   border: 10px solid #333;
   margin: 30px;
}
#maBoite3 {
   position: absolute;
```

```
    top: 200px;
    left: 50px;
    width: 200px;
    height: 90px;
    padding: 10px;
    border: 10px solid #333;
    margin: 30px;
    box-sizing: border-box;
}
```

Voilà l'affichage des deux boîtes :

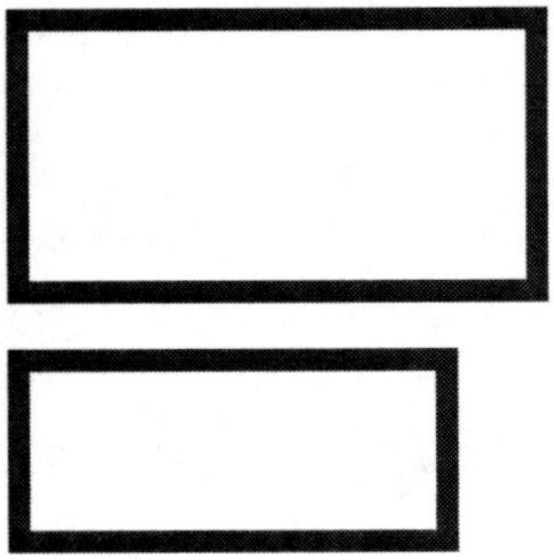

C. Le débordement du contenu

Les CSS 2.1 nous permettent d'utiliser la propriété `overflow` pour gérer le contenu quand il est plus important que le conteneur. C'est le principe bien connu du « débordement du contenu ».

Les CSS3 (http://dev.w3.org/csswg/css-overflow-3) nous proposent deux nouvelles propriétés pour gérer le débordement :

- `overflow-x` : pour gérer le débordement horizontal.
- `overflow-y` : pour gérer le débordement vertical.

Les valeurs acceptées sont les mêmes qu'en CSS 2.1 :

- `visible` : le contenu est toujours visible.
- `hidden` : le contenu est toujours masqué.
- `scroll` : le contenu est visible par l'intermédiaire d'une barre de défilement qui est toujours visible.
- `auto` : le contenu est visible par l'intermédiaire d'une barre de défilement qui est affichée uniquement si cela est nécessaire.

Voici l'exemple de deux boîtes ; la deuxième, `#maBoite2`, utilise la propriété `overflow-x: scroll` et la propriété `white-space:  nowrap` indispensable pour afficher la barre de défilement.

```
#maBoite1 {
   width: 250px;
   height: 100px;
   border: 1px solid #333;
   padding: 0;
   overflow: auto;
   margin-bottom: 30px;
}
#maBoite2 {
   width: 250px;
   height: 100px;
   border: 1px solid #333;
   padding: 0;
   overflow-x: scroll;
   white-space: nowrap;
}
.pasMarge {
   margin: 0;
}
```

Voilà l'affichage obtenu avec en haut la boîte `#maBoite1` et en dessous la boîte `#maBoite2` :

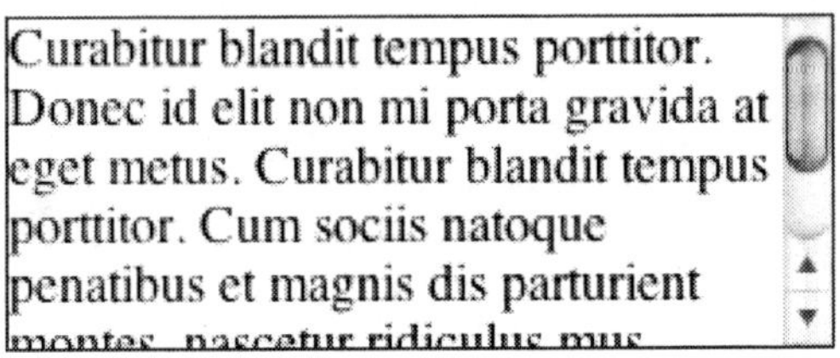

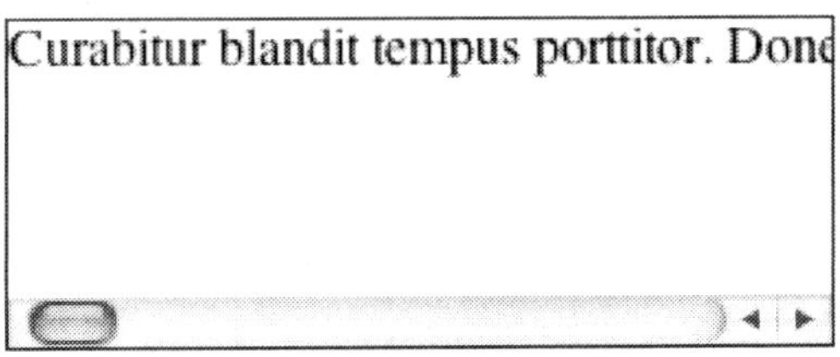

D. Les couleurs d'arrière-plan

1. Le module des couleurs

Le W3C édite un module CSS3 spécial pour la gestion des couleurs : http://www.w3.org/TR/css3-color/. Ce module est finalisé, il est donc en **Recommendation** au 07 juin 2011.

Les deux nouveautés sont le mode TSL et la transparence.

2. Le mode TSL

Le mode **TSL** permet de réunir dans un seul et même graphique (souvent appelé roue chromatique) les modèles colorimétriques **RVB** et **CMJN**. En anglais c'est le mode **HSL**.

- Le **T** veut dire **Teinte** (**Hue** en anglais) : c'est la couleur. Son unité est le degré. Par définition le rouge est à 0°.
- Le **S** veut dire **Saturation** : c'est la « pureté » de la teinte, c'est-à-dire la quantité de gris qu'il y a dans une teinte. Plus une couleur est saturée, plus elle est éclatante, vive, car elle a très peu de gris. Plus une couleur est désaturée, plus elle est terne, fade, car elle a beaucoup de gris. L'unité est le %. Une teinte à 0 % est totalement grise (désaturée), une teinte à 100 % est totalement « pure » (saturée), sans une once de gris.
- Le **L** veut dire **Luminosité** : c'est la quantité de lumière. L'unité varie de 0 % de lumière, noir, à 100 % de lumière, blanc.

Voilà la représentation du mode TSL
(source : http://www.profil-couleur.com/ec/102-espace-couleur-tsl.php)

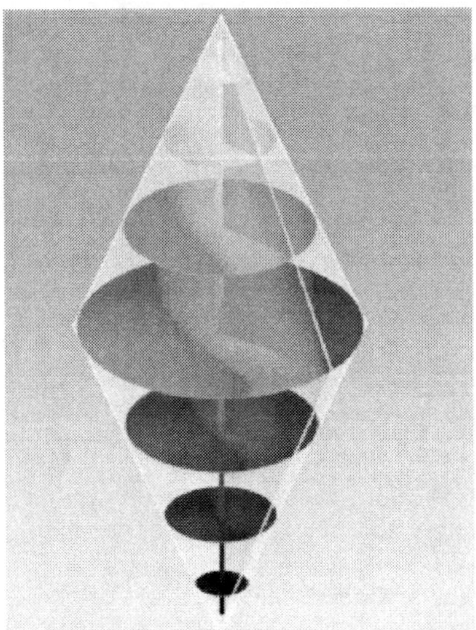

Voilà le sélecteur de couleur en mode TSL d'Adobe Photoshop :

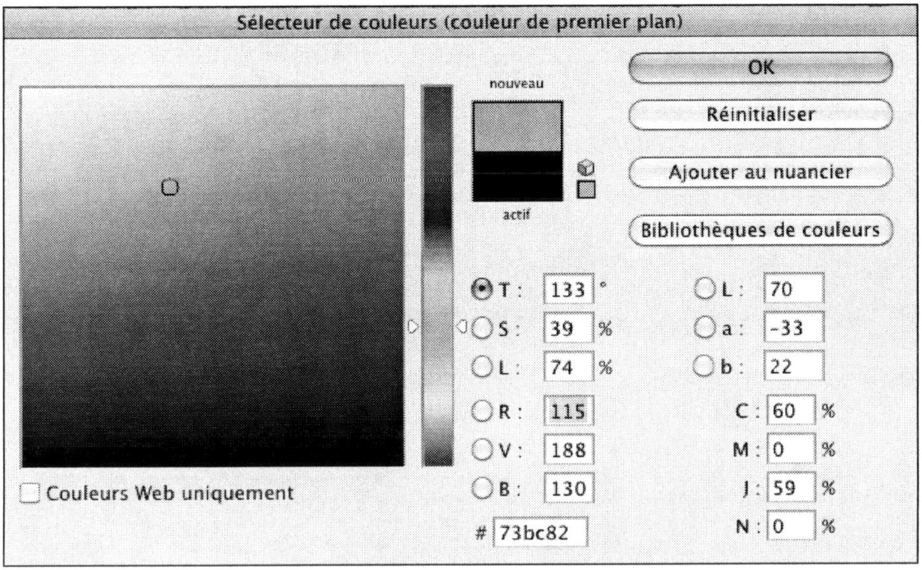

Dans l'exemple ci-dessus, la couleur verte choisie a pour valeur TSL : `hsl(133,39%,74%)`.

Voilà le style CSS, avec la couleur TSL correspondante :

```
#vert {
   width: 100px;
   height: 50px;
   background-color: hsl(133,39%,74%);
}
```

3. Le mode TSL transparent

Avec l'unité `hsla`, vous pouvez ajouter une quatrième valeur optionnelle qui est la transparence. La valeur va de `0`, totalement transparent, à `1`, opaque (pas de transparence).

Voilà l'exemple de deux boîtes `<div>` superposées avec de la transparence pour celle qui est au-dessus.

Les styles CSS :

```
#vert {
   position: absolute;
   top: 10px;
   left: 10px;
   width: 100px;
   height: 50px;
   background-color: hsl(153,39%,74%);
```

```
}
#jaune {
   position: absolute;
   top: 30px;
   left: 50px;
   width: 100px;
   height: 50px;
   background-color: hsla(40,50%,80%,.5);
}
```

Voilà l'affichage :

4. Le mode RVB transparent

À l'instar du TSL transparent, le mode **RVB** (Rouge, Vert, Bleu), **RGB** (Red, Green, Blue) en anglais, accepte maintenant de la transparence avec l'unité `rgba()`.

Exemple : `background-color: rgba(200,20,10,.5);`

5. Un éditeur RGBA en ligne

Le site **CSS 3.0 Maker** (http://www.css3maker.com/index.html) vous propose de nombreux outils en ligne pour générer des styles CSS3. L'outil RGBA (http://www.css3maker.com/css-3-rgba.html) vous permet de choisir une couleur avec l'unité `rgba()`.

Dans cette interface très sombre (pas très pratique), dans l'encadré **CSS3 Styles**, choisissez à l'aide des réglettes les composantes rouge, vert et bleu. Dans l'encadré **CSS3 Preview Area**, vous avez l'aperçu de vos choix. Dans l'encadré **CSS3 Codeview**, vous pouvez copier le code généré ou cliquer sur le bouton **Download**.

6. La transparence

La nouvelle propriété `opacity` permet d'appliquer une transparence à tous les éléments HTML et à leurs descendants. Il convient donc de faire attention à son application. Comme précédemment, les valeurs vont de 0, transparent, à 1, opaque.

Voici un exemple de l'utilisation d'une opacité appliquée à une boîte `<div>` :

```
#transp {
   width: 250px;
   padding: 0;
   background-color: lightgreen;
   opacity: .3;
   text-align: center;
}
```

Voilà le code HTML :

```
<div id="transp">
   <h1>Titre niveau 1</h1>
   <p>Magna Nibh Malesuada</p>
</div>
```

Voilà l'affichage ; la boîte (`<div>`) et son contenu (`<h1>` et `<p>`) ont tous une transparence de `0.3`.

E. L'état des lieux des arrière-plans et des bordures

Ce module concerne : les arrière-plans, les bordures, les coins arrondis et les ombres portées. Au niveau du W3C, ce module est presque achevé, il est en **Candidate Recommendation** au 24 juillet 2012 : http://www.w3.org/TR/css3-background/

F. Les coins arrondis

1. Les préfixes

Actuellement (septembre 2013), tous les navigateurs modernes reconnaissent les propriétés CSS3 des coins arrondis (http://www.w3.org/TR/css3-background/#corners). Il n'est donc plus nécessaire d'ajouter les préfixes des navigateurs.

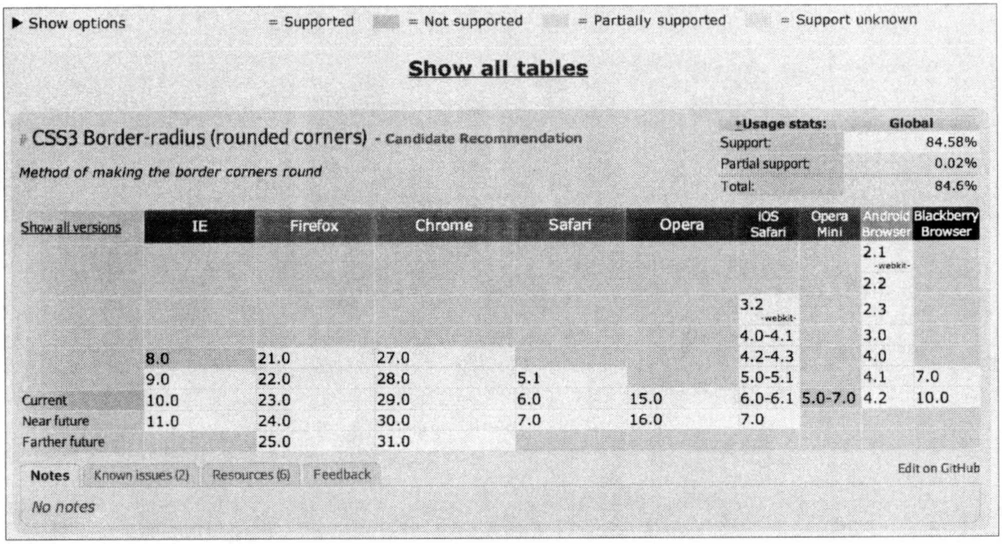

▶ Show options = Supported = Not supported = Partially supported = Support unknown

Show all tables

CSS3 Border-radius (rounded corners) - Candidate Recommendation

Method of making the border corners round

*Usage stats:	Global
Support:	84.58%
Partial support:	0.02%
Total:	84.6%

Show all versions	IE	Firefox	Chrome	Safari	Opera	iOS Safari	Opera Mini	Android Browser	Blackberry Browser
								2.1 -webkit-	
								2.2	
						3.2 -webkit-		2.3	
						4.0-4.1		3.0	
	8.0	21.0	27.0			4.2-4.3		4.0	
	9.0	22.0	28.0	5.1		5.0-5.1		4.1	7.0
Current	10.0	23.0	29.0	6.0	15.0	6.0-6.1	5.0-7.0	4.2	10.0
Near future	11.0	24.0	30.0	7.0	16.0	7.0			
Farther future		25.0	31.0						

Notes | Known issues (2) | Resources (6) | Feedback | Edit on GitHub

No notes

2. Des coins identiques

Les « conteneurs » (<div>, <section>, <header>...) acceptent maintenant les coins arrondis. La valeur de l'arrondi exprimée en pixels peut être identique pour les quatre coins ou différente pour chaque coin. Cette valeur indique le rayon du « rond » placé à chaque angle du conteneur ou de la boîte.

Voilà le style CSS d'une boîte `<div>` aux quatre coins identiques avec un **arrondi à 10 pixels** :

```
#coins-egaux {
   border-radius: 10px;
   position: absolute;
   top: 10px;
   left: 10px;
   width: 200px;
   height: 90px;
   background-color: lightblue;
}
```

Notez qu'Opera et IE reconnaissent nativement la propriété `border-radius`.

Voilà l'aperçu :

3. Des coins arrondis différents

Voilà maintenant une boîte avec des coins arrondis différents pour chaque angle :

```
#coins-diff {
   border-radius: 10px 30px 20px 40px;
   position: absolute;
   top: 130px;
   left: 10px;
   width: 200px;
   height: 90px;
   background-color: lightblue;
}
```

Vous notez l'utilisation de deux syntaxes :

Une syntaxe par coin :

```
border-top-left-radius: 10px;
border-top-right-radius: 30px;
border-bottom-right-radius: 20px;
border-bottom-left-radius: 40px;
```

Et la syntaxe courte avec, dans l'ordre, le coin haut gauche, haut droit, bas droit et bas gauche :

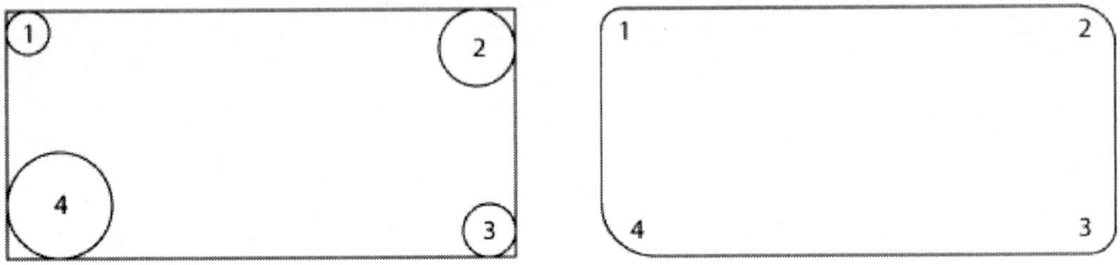


```
border-radius: 10px 30px 20px 40px;
```

Voilà l'affichage :

4. Des ellipses dans les coins

Vous pouvez choisir d'appliquer non pas des ronds, mais des ellipses dans les coins de vos boîtes.

Il suffit d'indiquer les deux valeurs séparées par un slash /. La première valeur est le rayon horizontal, la deuxième, le rayon vertical.

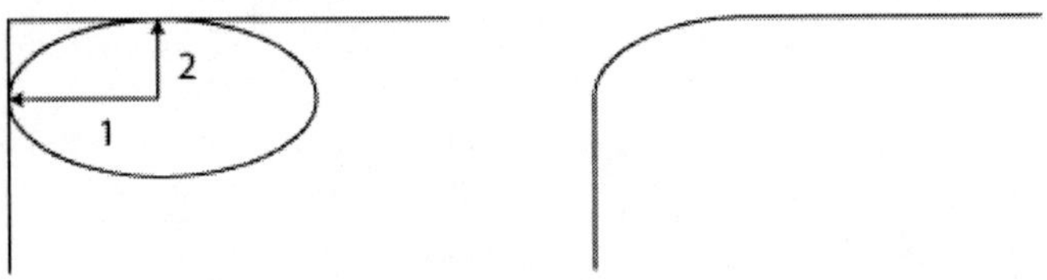

Voilà une boîte aux coins arrondis en ellipse. Le rayon horizontal est de 40 pixels, le rayon vertical est de 20 pixels.

```
#coins-ellipse {
   border-radius: 40px/20px;
   position: absolute;
   top: 300px;
   left: 10px;
   width: 200px;
   height: 90px;
   background-color: lightblue;
}
```

Voilà l'affichage obtenu :

Vous pouvez tout aussi bien avoir une boîte aux quatre coins différents en ellipse. La première série de valeurs indique le rayon horizontal pour, dans l'ordre, le coin en haut à gauche, en haut à droite, en bas à droite et en bas à gauche ; la deuxième série indique le rayon vertical, avec le même ordre.

```
#coins-ellipse-2 {
   border-radius: 40px 30px 50px 10px / 20px 10px 10px 40px;
   position: absolute;
   top: 450px;
   left: 10px;
   width: 200px;
   height: 90px;
   background-color: lightblue;
}
```

Voilà le rendu pour cet exemple :

5. Les générateurs en ligne

Il existe beaucoup de générateurs CSS3 en ligne. En voici trois pour créer rapidement un style CSS3.

Le site **Border-Radius** (http://border-radius.com/) propose une interface minimaliste, où vous saisissez les valeurs voulues pour chaque coin. L'exemple est aussitôt affiché. Choisissez les préfixes des navigateurs voulus, tout se fait en direct. Vous n'avez plus qu'à copier-coller le code.

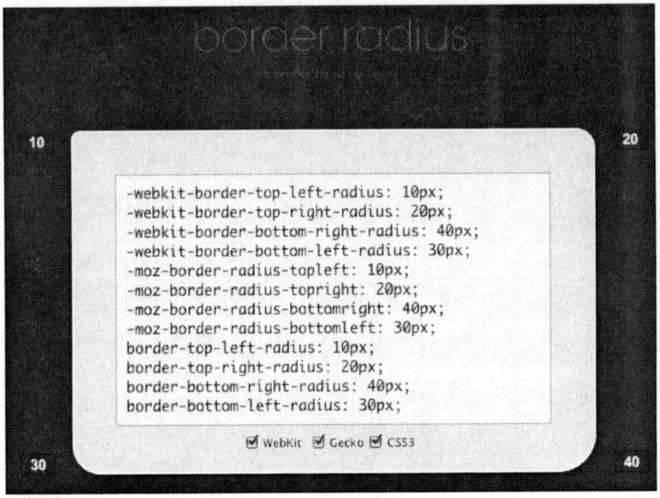

Le site **CSS3GEN** (http://css3gen.com/) propose un grand nombre de propriétés CSS3 à générer. Pour les coins arrondis (http://css3gen.com/border-radius/) vous disposez d'une interface où vous pouvez soit saisir les valeurs, soit utiliser un curseur. Là encore, le code est généré en direct.

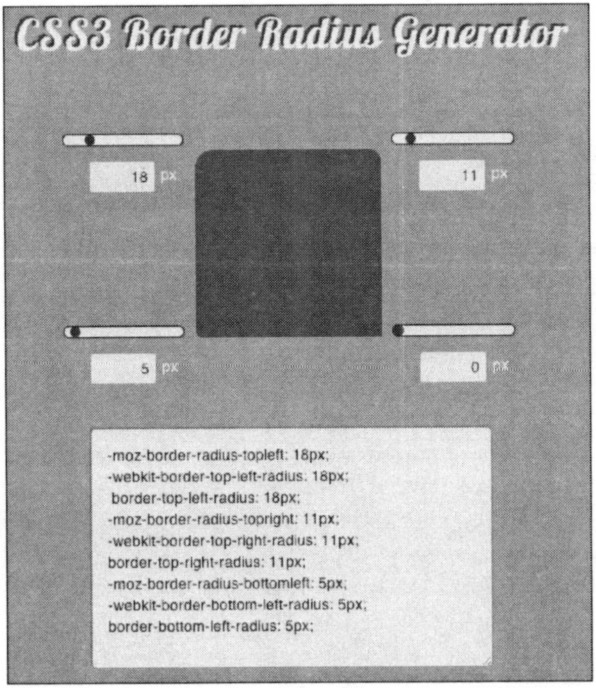

Le site **CSS3 Generator** (http://css3generator.com/) propose lui aussi différentes propriétés à générer en ligne. Dans la liste déroulante **Choose Something**, choisissez **Border Radius**. Choisissez ensuite si vous souhaitez ou non des valeurs identiques pour tous les coins. L'aperçu et le code sont aussitôt générés, faites un copié-collé.

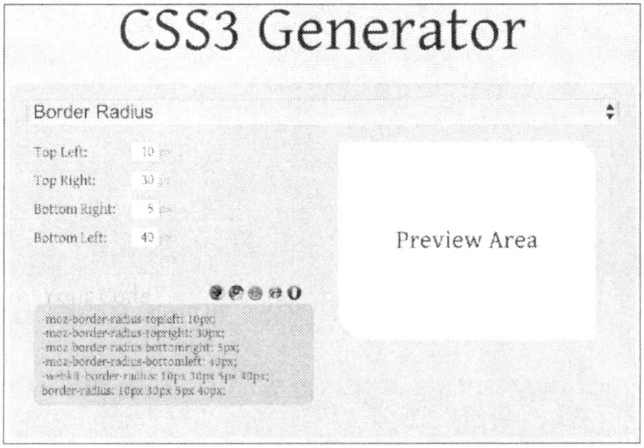

G. Les bordures fantaisistes

1. La syntaxe du W3C

Les CSS3 des bordures (http://www.w3.org/TR/css3-background/#border-images) nous permettent maintenant d'appliquer des images dans les bordures. Cette image sera répétée dans la bordure selon un motif défini par le concepteur. Attention, pour certains navigateurs, il faut utiliser les préfixes propriétaires .

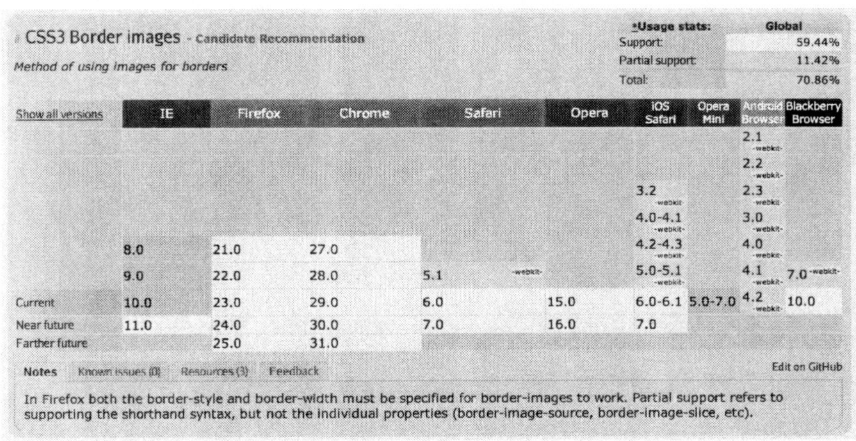

Créez une image qui sera répétée dans la bordure, selon un motif qui va permettre de définir les quatre angles et les quatre côtés.

Dans cet exemple, c'est une image de 60 pixels de côté. Nous avons un rond pour chaque angle et un triangle orienté différemment pour les quatre côtés. Chaque « motif » fait donc 20 pixels de côté.

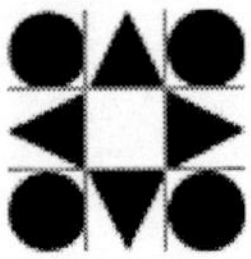

Utilisez la propriété `border-image`.

Voilà la syntaxe courte avec les préfixes des navigateurs :

```
#bordure {
   position: absolute;
   top: 10px;
   left: 10px;
   width: 300px;
   height: 100px;
   border-width: 20px;
   border-image : url(motif.png) 20 round;
   background-color: lightyellow;
}
```

Vous notez bien la présence de la propriété standard `border-width` qui dans cet exemple est égale aux dimensions de chaque motif à placer dans la bordure : `20px`.

Les arguments de la propriété `border-image` (en syntaxe courte ici) :

- `url(triangle.png)` : chemin d'accès à l'image.
- `20` : portion en pixels de l'image à utiliser pour chaque motif. Nous avons bien 20 pixels de l'image à utiliser pour chaque motif. Si la valeur est la même pour chaque côté, une seule valeur est nécessaire, elle est équivalente à : `20 20 20 20`. Si les valeurs sont différentes pour chaque côté, indiquez les valeurs dans l'ordre suivant : haut, droite, bas et gauche.
- `round` : permet de répéter l'image et de la redimensionner pour qu'elle occupe la totalité de la bordure, sans être tronquée (les deux autres valeurs sont : `stretch` pour étendre le motif sur toute la dimension du côté et `repeat` pour répéter le motif qui pourra être tronqué).

Voilà l'aperçu :

Nous avons ici utilisé la syntaxe courte : `border-image`. Vous pouvez individualiser chaque propriété :

- `border-image-source` : URL de la source de l'image.
- `border-image-slice` : les valeurs de découpage de l'image pour obtenir les motifs.
- `border-image-width` : épaisseur de la bordure.
- `border-image-outset` : décalage de l'image par rapport à la bordure.
- `border-image-repeat` : type de répétition de l'image.

2. Un générateur en ligne

Le site **Border Image Generator** (http://border-image.com/) vous permet de générer le code CSS3 pour créer des bordures fantaisistes.

Dans le champ **Image**, saisissez l'URL de votre image.

Utilisez les réglettes **Offset** pour indiquer les largeurs des motifs.

Vous pouvez aussi choisir des tailles différentes pour les épaisseurs des bordures, avec la zone **Border Size**.

Dans les listes déroulantes **Border Repeat**, choisissez le style de répétition voulu.

Vous avez l'aperçu du rendu dans la zone **Preview**, ainsi que le code généré.

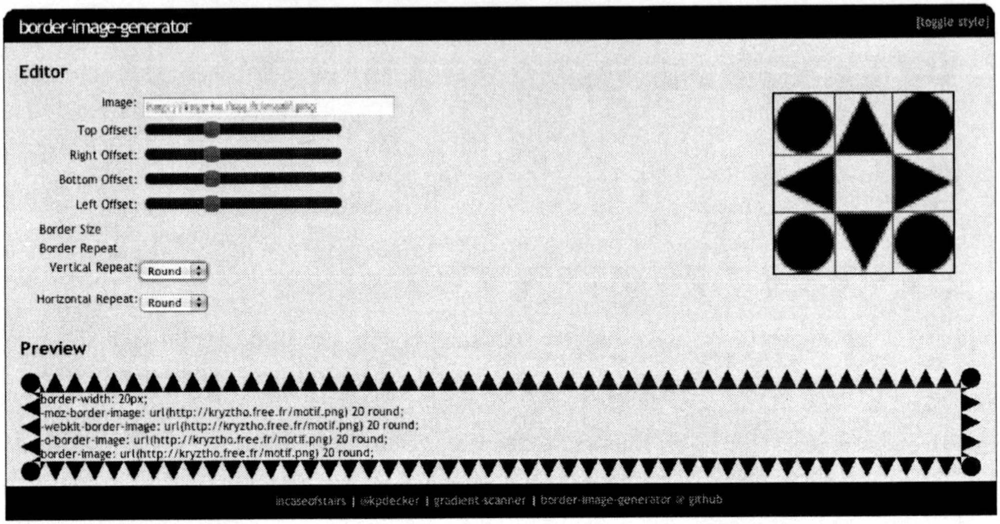

H. Les ombres portées

1. L'état des lieux

Le module CSS3 des arrière-plans et des bordures (http://www.w3.org/TR/css3-background) est en **Candidate Recommendation** au 24 juillet 2012. Elle est donc presque achevée.

Actuellement, tous les navigateurs reconnaissent la propriété CSS3 `box-shadow`.

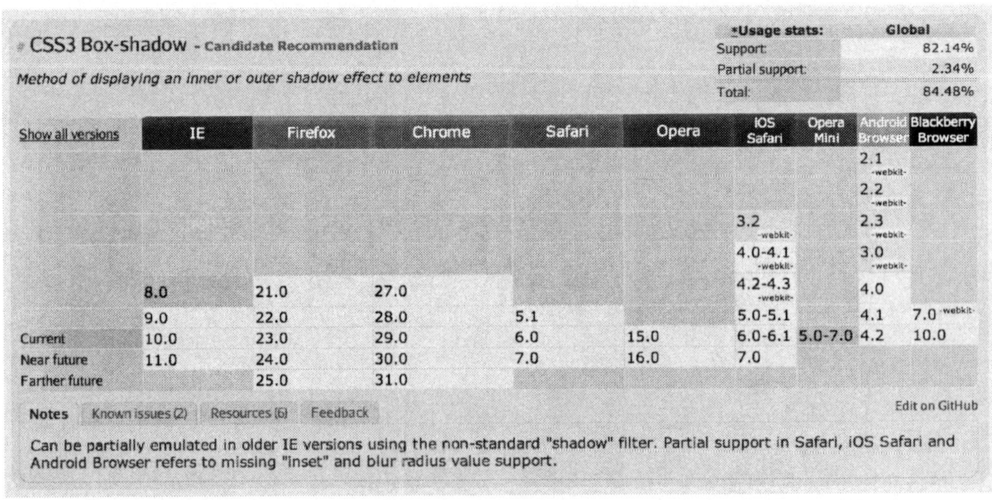

CSS3 Box-shadow - Candidate Recommendation

Method of displaying an inner or outer shadow effect to elements

*Usage stats:	Global
Support:	82.14%
Partial support:	2.34%
Total:	84.48%

Show all versions	IE	Firefox	Chrome	Safari	Opera	iOS Safari	Opera Mini	Android Browser	Blackberry Browser
								2.1 -webkit-	
								2.2 -webkit-	
						3.2 -webkit-		2.3 -webkit-	
						4.0-4.1 -webkit-		3.0 -webkit-	
	8.0	21.0	27.0			4.2-4.3 -webkit-		4.0	
	9.0	22.0	28.0	5.1		5.0-5.1		4.1	7.0 -webkit-
Current	10.0	23.0	29.0	6.0	15.0	6.0-6.1	5.0-7.0	4.2	10.0
Near future	11.0	24.0	30.0	7.0	16.0	7.0			
Farther future		25.0	31.0						

Notes | Known issues (2) | Resources (6) | Feedback — Edit on GitHub

Can be partially emulated in older IE versions using the non-standard "shadow" filter. Partial support in Safari, iOS Safari and Android Browser refers to missing "inset" and blur radius value support.

2. Créer une ombre portée

C'est la propriété `box-shadow` qui permet de créer une ombre portée à un élément, à une boîte `<div>`. Les attributs sont :

- la distance horizontale de l'ombre portée.
- la distance verticale de l'ombre portée.
- la taille du flou de l'ombre portée. Cet attribut est facultatif ; s'il est omis, c'est la valeur 0 qui est utilisée.
- la taille de l'étendue de l'ombre portée. Cela permet de placer le « point médian » du dégradé, point à partir duquel l'ombre s'estompe. Une valeur positive étend l'ombre, une valeur négative la contracte. Cet attribut est facultatif ; s'il est omis, c'est la valeur 0 qui est utilisée.
- la couleur de l'ombre portée.
- la position de l'ombre portée (`inset` à l'intérieur, ou `outset` à l'extérieur, qui est la valeur par défaut).

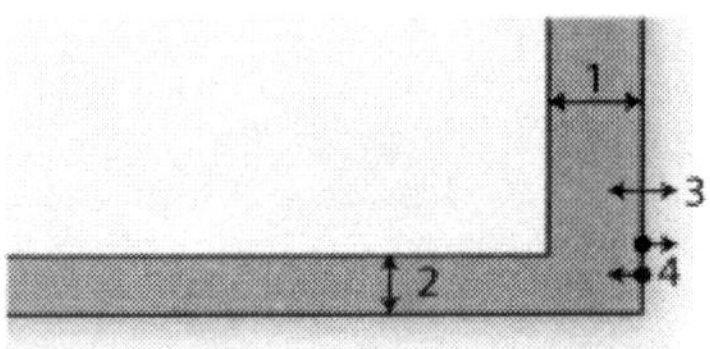

1 : distance horizontale
2 : distance verticale
3 : taille du flou
4 : étendue

Voici un exemple simple :

```
#maBoite {
   position: absolute;
   top: 10px;
   left: 10px;
   width: 300px;
   height: 100px;
   background-color: lightyellow;
   box-shadow: 10px 15px 8px 2px rgb(12,34,56);
}
```

L'ombre portée a un décalage horizontal de 10 pixels, un décalage vertical de 15 pixels, un flou de 8 pixels, une étendue de 2 pixels et est de couleur gris sombre.

Voilà l'affichage :

3. Différents exemples d'ombres portées

Voici une première ombre, sans flou ni étendue :

```
#maBoite4 {
   ...
   box-shadow: 10px 15px 0 0 grey;
}
```

Dans cet exemple, j'aurais tout aussi bien pu omettre les paramètres de flou et d'étendue. Je les ai laissés pour bien visualiser tous les paramètres.

Un exemple avec une ombre portée, un flou et pas d'étendue :

```
#maBoite4 {
   ...
   box-shadow: 10px 10px 5px 0 grey;
}
```

Les mêmes paramètres, mais avec une étendue positive : l'ombre est étendue d'autant de pixels.

```
#maBoite4 {
   ...
   box-shadow: 10px 10px 5px 5px grey;
}
```

Les mêmes paramètres, mais avec une étendue négative : l'ombre est réduite d'autant de pixels.

```
#maBoite4 {
   ...
   box-shadow: 10px 10px 5px -5px grey;
}
```

Un dernier exemple, avec aucune distance, mais uniquement un flou. L'ombre est ainsi placée de chaque côté de la boîte.

```
#maBoite4 {
   ...
   box-shadow: 0 0 20px 0 grey;
}
```

4. Appliquer plusieurs ombres portées

Vous pouvez appliquer plusieurs ombres portées à un même élément, en les séparant par une virgule. Attention, l'ordre indiqué est important. La première ombre indiquée est affichée en premier et ainsi de suite. Donc commencez par l'ombre qui possède la distance la plus faible, sinon elle sera masquée par les autres ombres qui auront une distance plus importante.

```
#maBoite2 {
   position: absolute;
   top: 10px;
   left: 10px;
   width: 300px;
   height: 100px;
   background-color: lightyellow;
   box-shadow: 5px 5px 3px 2px #ccc,
   10px 15px 8px 2px rgb(12,34,56);
}
```

Voilà l'affichage :

Voici une dernière boîte avec deux ombres portées, dont une à l'intérieure de la boîte (`inset`) :

```
#maBoite2 {
   position: absolute;
   top: 150px;
   left: 10px;
   width: 300px;
   height: 100px;
   background-color: lightyellow;
   box-shadow: 5px 3px 2px #ccc inset,
   10px 15px 8px 2px rgb(12,34,56);
}
```

Voilà l'affichage :

5. Les générateurs en ligne

De nouveau, vous allez trouver de nombreux générateurs d'ombre portée en ligne.

CSS3Gen (http://css3gen.com/box-shadow/) vous propose une interface simple avec l'utilisation d'un angle pour indiquer les décalages horizontal et vertical.

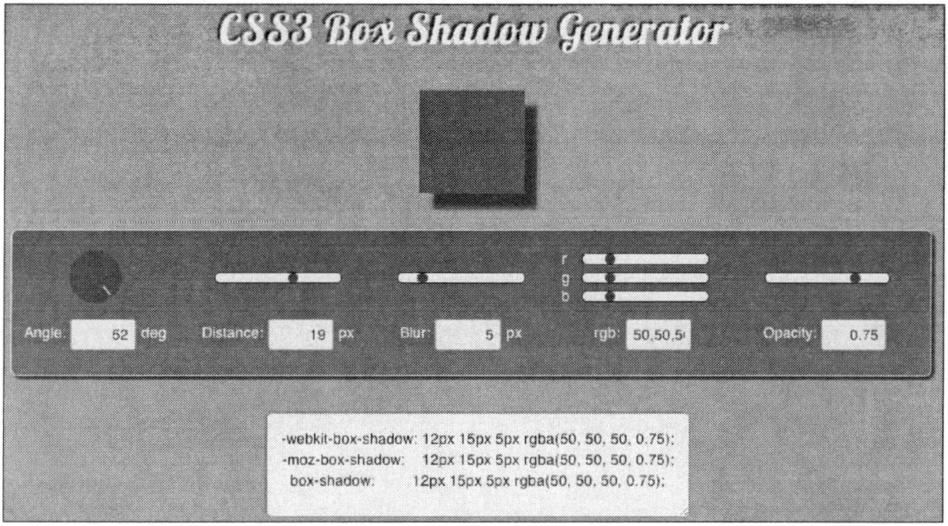

CSS3 Genarator (http://css3generator.com/) propose aussi une interface simple, mais un peu plus complète.

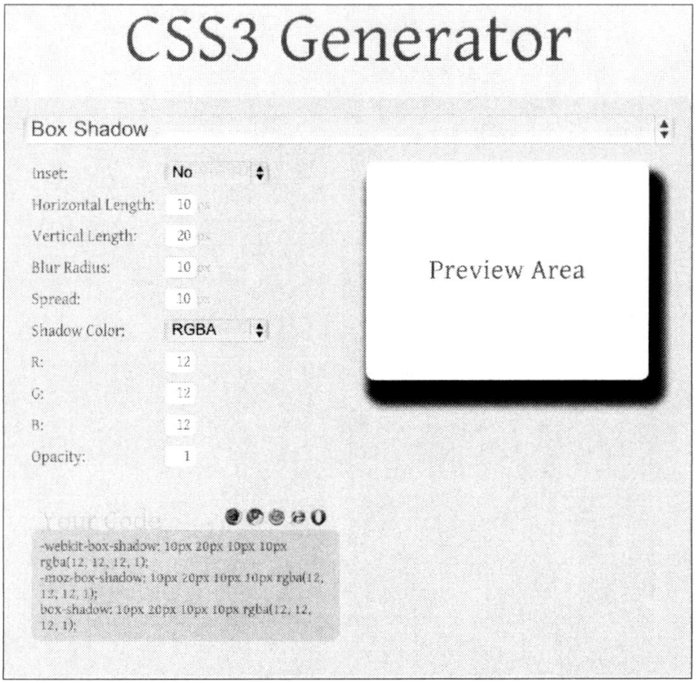

Le site **WestCIV** vous propose un générateur très complet pour travailler les propriétés des boîtes (http://westciv.com/tools/box-properties/index.html). L'intérêt de cette interface est qu'elle vous permet d'insérer plusieurs ombres portées.

Dans la zone **Box Shadow**, le bouton **Add Shadow** vous permet d'ajouter des ombres portées. Dans cet exemple, j'ai créé trois ombres portées (attention, la copie d'écran est un montage, la fenêtre originale étant très grande).

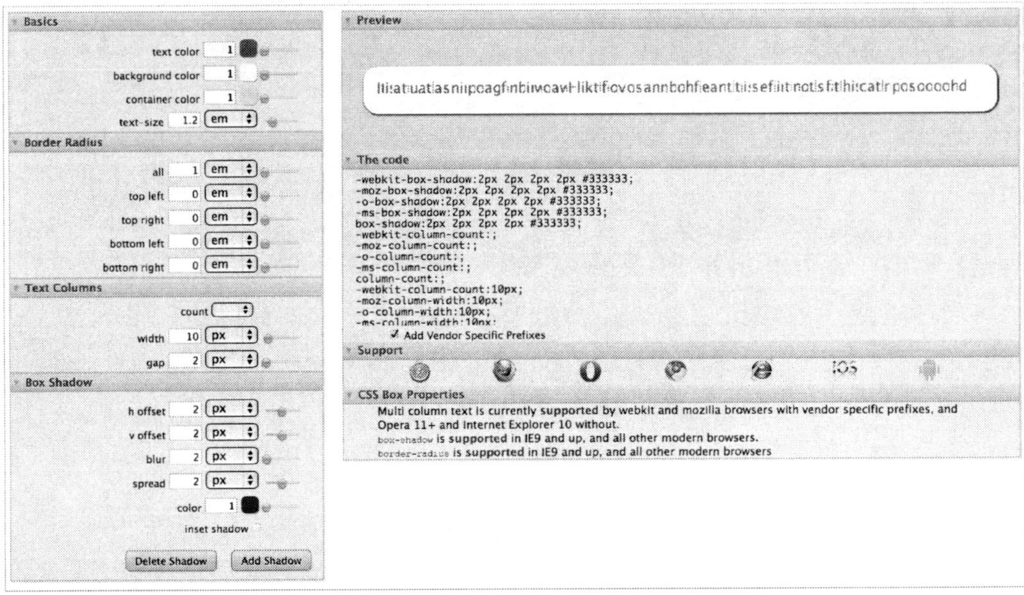

I. Les dégradés

1. L'état des lieux

Le module CSS3 des images et des dégradés est en **Candidate Recommendation** au 17 avril 2012 : http://www.w3.org/TR/css3-images/

La reconnaissance des dégradés par les navigateurs est assez bonne, mais il convient d'utiliser les préfixes pour certains d'entre eux, notamment Safari 6.

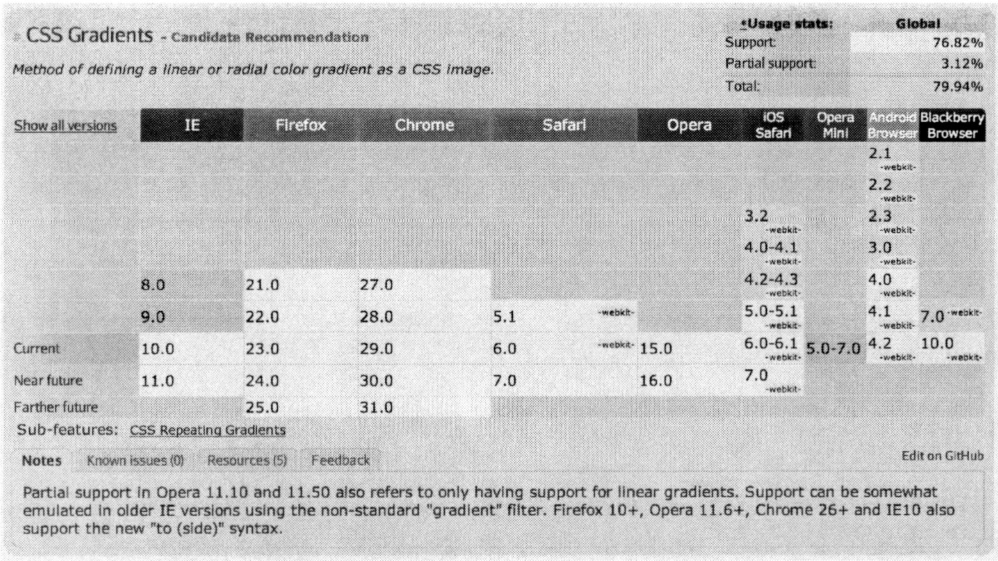

CSS Gradients - Candidate Recommendation

Method of defining a linear or radial color gradient as a CSS image.

*Usage stats:	Global
Support:	76.82%
Partial support:	3.12%
Total:	79.94%

Show all versions	IE	Firefox	Chrome	Safari	Opera	iOS Safari	Opera Mini	Android Browser	Blackberry Browser
								2.1 -webkit-	
								2.2 -webkit-	
						3.2 -webkit-		2.3 -webkit-	
						4.0-4.1 -webkit-		3.0 -webkit-	
	8.0	21.0	27.0			4.2-4.3 -webkit-		4.0 -webkit-	
	9.0	22.0	28.0	5.1 -webkit-		5.0-5.1 -webkit-		4.1 -webkit-	7.0 -webkit-
Current	10.0	23.0	29.0	6.0 -webkit-	15.0	6.0-6.1 -webkit-	5.0-7.0	4.2 -webkit-	10.0 -webkit-
Near future	11.0	24.0	30.0	7.0	16.0	7.0 -webkit-			
Farther future		25.0	31.0						

Sub-features: CSS Repeating Gradients

Notes Known issues (0) Resources (5) Feedback Edit on GitHub

Partial support in Opera 11.10 and 11.50 also refers to only having support for linear gradients. Support can be somewhat emulated in older IE versions using the non-standard "gradient" filter. Firefox 10+, Opera 11.6+, Chrome 26+ and IE10 also support the new "to (side)" syntax.

Notez que ce tableau montre que les dégradés sont reconnus par Firefox 23, mais j'ai fait quelques tests qui montrent qu'ils ne sont pas si bien reconnus que cela. Je vous conseille donc de bien tester vos dégradés sous Firefox, avec et sans préfixe.

2. Les dégradés pour Mozilla Firefox

C'est la propriété `-moz-linear-gradient()` qui est utilisée pour les dégradés linéaires. Elle accepte plusieurs arguments.

- Le premier argument est la position de départ, il peut prendre comme valeur un mot-clé : `top`, `right`, `bottom` ou `left` ou deux valeurs en pixels. Si vous indiquez `top left`, le point de départ est donc en haut à gauche, équivalent à `0 0`. Vous pouvez avoir une deuxième valeur facultative qui est l'angle du dégradé exprimé en degrés (`deg`), en gradiants (`grads`) ou en radians (`rad`). Exemple : `23deg`.
- Le deuxième argument est la couleur de départ qui peut être suivie de la position de départ exprimée en %, sur une échelle de 0 à 100 %.
- Le troisième argument est la couleur de fin qui peut être suivie de la position de fin exprimée en %, sur une échelle de 0 à 100 %.

Voici un exemple. Notez que pour cet exemple, je suis allé à la ligne pour chaque argument, pour plus de facilité de lecture :

```
#degrade1 {
   position: absolute;
   top: 10px;
   left: 10px;
   width: 200px;
   height: 90px;
   background: -moz-linear-gradient(
      top left -23deg,
      rgb(30,87,153) 13%,
      rgb(237,230,40) 88%
   );
}
```

- le dégradé commence en haut à gauche : `top left`
- avec un angle de -23 degrés : `-23deg`.
- la première couleur est un bleu qui commence à 13 % sur la totalité du dégradé : `rgb(30,87,153) 13%`.
- la dernière couleur est un jaune qui se termine à 88 % sur la totalité du dégradé : `rgb(237,230,40) 88%)`.

Voilà l'aperçu dans Firefox :

Voilà un autre dégradé avec quatre couleurs :

```
#degrade2 {
   position: absolute;
   top: 130px;
   left: 10px;
   width: 200px;
   height: 90px;
   background: -moz-linear-gradient(top,
      rgb(30,87,153) 0%,
      rgb(237,230,40) 30%,
      rgb(31,186,77) 55%,
      rgb(239,40,143) 100%);
}
```

Voilà le rendu :

Pour les dégradés radiaux, le principe est le même, avec la propriété `-moz-linear-gradient()`. Vous avez en plus un nouvel argument pour la forme du dégradé radial : `circle` ou `ellipse`.

Voici un exemple :

```
background: -moz-radial-gradient(100px 45px, ellipse, rgb(30,87,153),
rgb(237,230,40));
```

Et l'affichage à l'écran :

3. Les dégradés pour WebKit

Rappelons que les deux navigateurs **Safari** et **Chrome** partagent le même moteur de rendu : **webkit**.

Voilà la syntaxe pour un dégradé linéaire :

```
background: -webkit-gradient(linear, left top, left bottom,
color-stop(0%,rgb(30,87,153)), color-stop(100%,rgb(237,230,40)));
```

- `-webkit-gradient()` : demande d'un dégradé.
- `linear` : un dégradé linéaire.
- `left top` : point de départ.
- `left bottom` : point d'arrivée.
- `color-stop(0%,rgb(30,87,153))` : première couleur commençant à 0 % du dégradé et définie en rgb (bleu).
- `color-stop(100%,rgb(237,230,40))` : première couleur commençant à 0 % du dégradé et définie en rgb (jaune).

Voilà le rendu à l'affichage :

4. Les dégradés par le W3C

Les dégradés du W3C (http://www.w3.org/TR/css3-images/#gradients) utilisent une syntaxe « officielle » que les navigateurs ne reconnaissent pas encore.

Exemple d'un dégradé linéaire :

```
linear-gradient(to top right, red, white, blue)
```

Cela signifie que l'on souhaite avoir un dégradé qui aille en haut à droite (`to top right`), avec une première couleur rouge (`red`), une deuxième blanche (`white`) et une dernière bleue (`blue`).

Voilà le rendu attendu :

5. Les générateurs en ligne

Comme vous pouvez le constater, la situation actuelle n'est pas simple. Les syntaxes sont très nombreuses, une par navigateur. Si vous voulez créer des dégradés rapidement, utilisez un générateur en ligne. Il en existe beaucoup. En voilà quelques-uns.

WESTCIV (http://www.westciv.com/tools/gradients/) vous propose une interface simple pour générer des dégradés optimisés pour WebKit et Firefox.

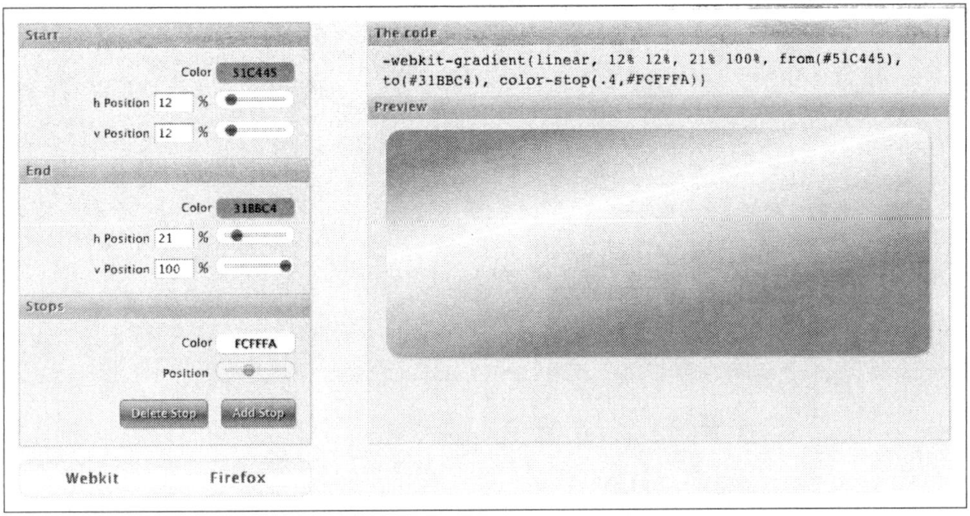

Le site **Display-inline** (http://www.display-inline.fr/projects/css-gradient/) vous propose une interface très complète.

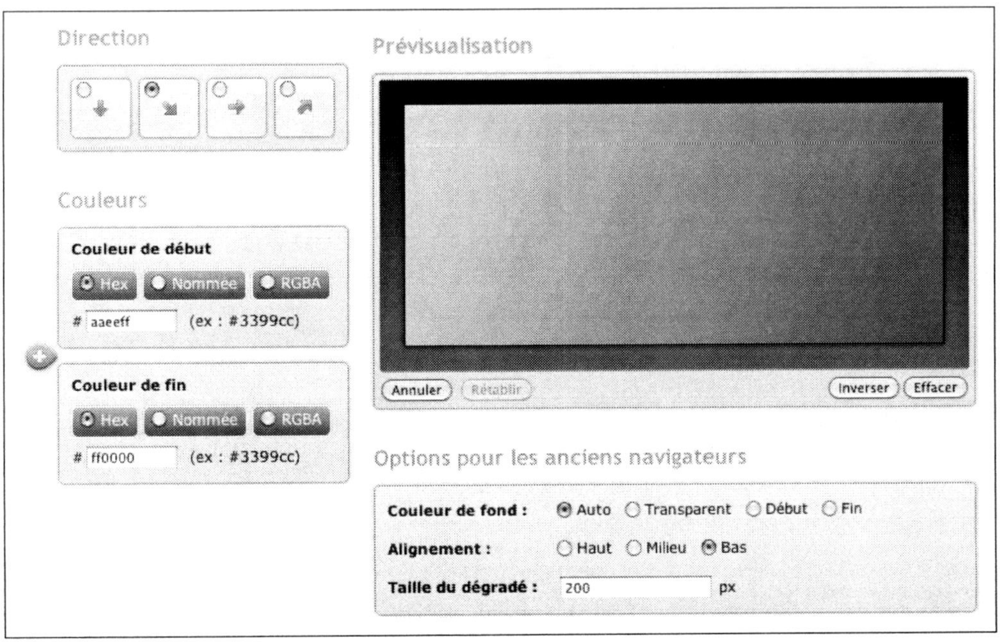

Vous pouvez ensuite choisir la compatibilité des navigateurs ; un code CSS très complet est généré.

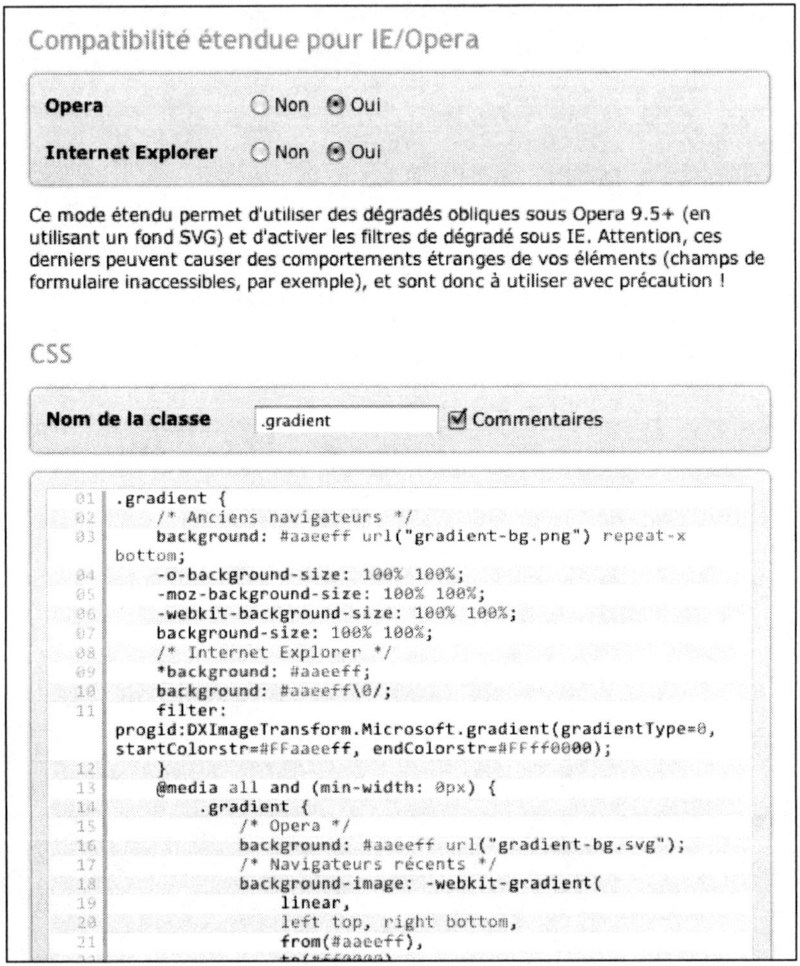

Enfin, peut-être le générateur préféré des graphistes, **Ultimate CSS Gradient Generator** (http://www.colorzilla.com/gradient-editor/) qui reprend l'interface d'Adobe Photoshop. Un pur bonheur !

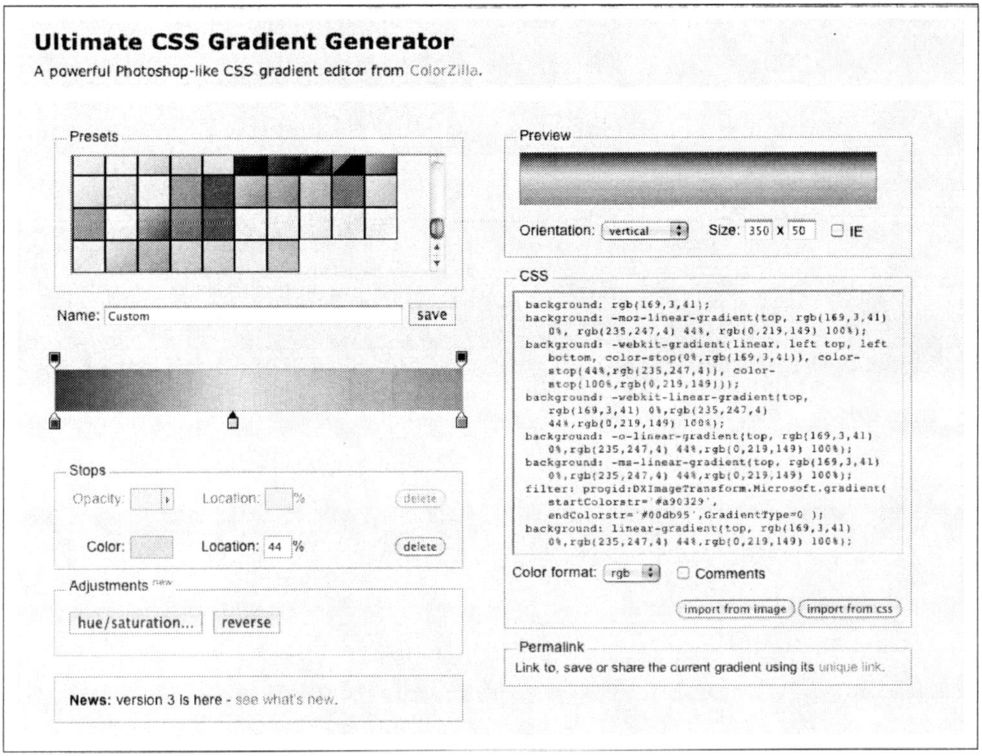

Et il en existe bien d'autres !

J. Les arrière-plans multiples

1. L'objectif

Avec les CCS2.1 nous ne pouvons appliquer qu'une image en arrière-plan d'un élément. Avec les CSS3, nous avons la possibilité d'en appliquer plusieurs, ce qui offre des perspectives très intéressantes (http://www.w3.org/TR/css3-background/#layering).

2. Un exemple simple

Nous allons utiliser la propriété `background`. La différence est simple : chaque image d'arrière-plan est séparée d'une virgule. Dans cet exemple, je suis allé à la ligne pour chaque image, pour plus de clarté dans le code. Chaque image est un chiffre.

```
#imagesMultiples {
   position: absolute;
   top:  10px;
   left: 10px;
   width: 150px;
   height: 80px;
   border: 1px solid #333;
   background: url("un.png") top left no-repeat,
               url("deux.png") top right no-repeat,
               url("trois.png") bottom left no-repeat,
               url("quatre.png") bottom right no-repeat;
}
```

Voilà l'aperçu :

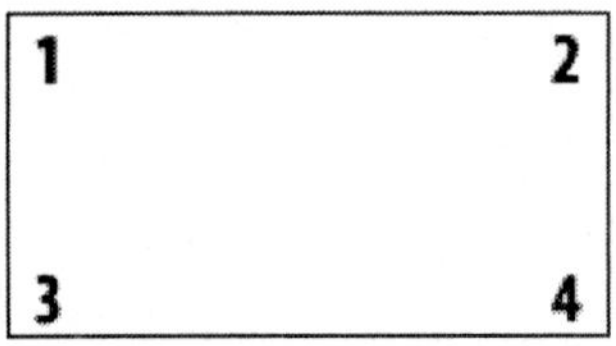

Cette forme courte de la propriété `background` est le « condensé » de l'utilisation des propriétés :

- `background-image` : chemin d'accès, URL de l'image.
- `background-position` : position de l'image indiquée avec les mots-clés ou avec une unité.
- `background-repeat` : répétition de l'image.

Voilà la syntaxe « longue » correspondante :

```
#imagesMultiples2 {
   position: absolute;
   top:  10px;
   left: 200px;
   width: 150px;
   height: 80px;
   border: 1px solid #333;
   background-image:url("un.png"),
      url("deux.png"),
      url("trois.png"),
      url("quatre.png");
   background-position: top left,
      top right,
      bottom left,
      bottom right;
   background-repeat: no-repeat;
}
```

Attention, l'ordre de déclaration des images indique l'ordre d'apparition des images, peu importe la position. Voilà une syntaxe qui illustre cet ordre de déclaration et d'affichage :

```
#imagesMultiples3 {
   position: absolute;
   top:  10px;
   left: 380px;
   width: 150px;
   height: 80px;
   border: 1px solid #333;
   background: url("un.png") top left no-repeat,
               url("tigre.jpg") top right no-repeat,
               url("trois.png") bottom left no-repeat,
               url("quatre.png") bottom right no-repeat;
}
```

Dans cet exemple, la photo du **tigre** est déclarée en deuxième, après l'image du chiffre **1**. Cette photo (dont les dimensions sont égales à celles de la boîte) va donc masquer les images des chiffres **3** et **4**.

K. Les autres propriétés d'arrière-plan

1. Les navigateurs

Les nouvelles propriétés (`background-origin`, `background-clip` et `background-size`) des arrière-plans (http://www.w3.org/TR/css3-background/#background) sont partiellement reconnues par les navigateurs. Il convient donc, comme toujours, de tester les propriétés avec et sans préfixe.

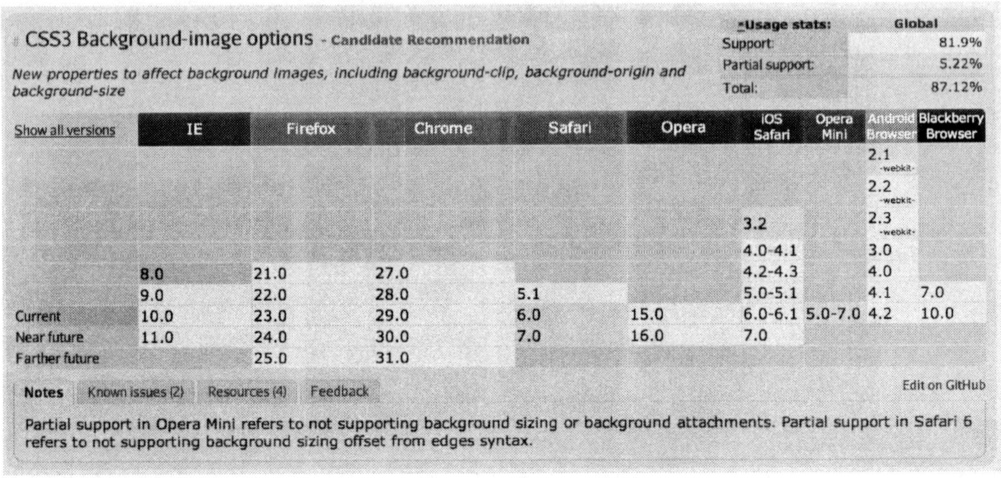

CSS3 Background-image options - Candidate Recommendation

New properties to affect background images, including background-clip, background-origin and background-size

Usage stats:	Global
Support:	81.9%
Partial support:	5.22%
Total:	87.12%

Show all versions	IE	Firefox	Chrome	Safari	Opera	iOS Safari	Opera Mini	Android Browser	Blackberry Browser
								2.1 -webkit-	
								2.2 -webkit-	
						3.2		2.3 -webkit-	
						4.0-4.1		3.0	
	8.0	21.0	27.0			4.2-4.3		4.0	
	9.0	22.0	28.0	5.1		5.0-5.1		4.1	7.0
Current	10.0	23.0	29.0	6.0	15.0	6.0-6.1	5.0-7.0	4.2	10.0
Near future	11.0	24.0	30.0	7.0	16.0	7.0			
Farther future		25.0	31.0						

Notes | Known issues (2) | Resources (4) | Feedback | Edit on GitHub

Partial support in Opera Mini refers to not supporting background sizing or background attachments. Partial support in Safari 6 refers to not supporting background sizing offset from edges syntax.

2. L'origine d'une image

La propriété `background-origin` permet de définir la position d'origine d'une image en arrière-plan d'une boîte. Cette propriété accepte trois valeurs :

- `padding-box` : l'image est placée sur la limite du remplissage de la boîte ; c'est la valeur par défaut.
- `border-box` : l'image est placée sur la limite de la bordure de la boîte.
- `content-box` : l'image est placée sur la limite du contenu de la boîte.

Vous devez encore utiliser les préfixes propriétaires et des valeurs propriétaires (`border`, `padding` et `content`).

Voilà un exemple :

```
#origine {
   width: 250px;
   height: 150px;
   border: 10px dotted; #333;
   padding: 10px;
   background: url("suricate.jpg")no-repeat;
   -webkit-background-origin: border;
   -moz-background-origin: border;
   background-clip: border-box;
}
```

Voilà le rendu avec la valeur `border-box` :

Voilà le rendu avec la valeur `padding-box` :

Voilà le rendu avec la valeur `content-box` :

Vous remarquez que l'image est tronquée.

3. Rogner une image

La propriété `background-clip` permet de rogner une image d'arrière-plan. Cette propriété utilise les mêmes valeurs que la propriété `background-origin`, avec les mêmes spécifications.

Voici un exemple avec un arrière-plan coloré :

```
#rognage {
   width: 250px;
   height: 150px;
   border: 10px dotted; #333;
   padding: 10px;
   background-color: lightblue;
   -webkit-background-clip: border;
   -moz-background-clip: border;
   background-clip: border-box;
}
```

Voilà le rendu avec la valeur `border-box`, le fond bleu est visible dans la bordure.

Voilà le rendu avec la valeur `padding-box`, le fond bleu s'applique au contenu et au remplissage (`padding`), il est limité à la bordure.

Voilà le rendu avec la valeur `content-box`, le fond bleu est limité au contenu (`width`).

4. La taille de l'arrière-plan

La propriété `background-size` permet de définir la taille de l'image d'arrière-plan par rapport à l'élément qui la contient. Les valeurs peuvent être :

- Un pourcentage de la taille de l'élément parent. Une seule valeur indique la même valeur pour la taille horizontale et la taille verticale. Deux valeurs indiquent pour la première la taille horizontale, pour la deuxième la taille verticale.
- Une valeur. Une seule valeur indique la valeur horizontale, et la taille verticale est calculée proportionnellement.
- Deux valeurs indiquent pour la première la taille horizontale, pour la deuxième la taille verticale.
- Le mot-clé `cover` redimensionne l'image au maximum possible, `contain` redimensionne en conservant les proportions.

Dans cet exemple, l'image est réduite à 50 % de la taille de la boîte qui la contient :

```
#taille {
   width: 150px;
   height: 100px;
   border: 1px solid; #333;
   background: url("suricate.jpg") no-repeat;
   background-size: 50%;
}
```

Voilà le rendu à l'écran :

Dans cet exemple la taille est à 100% pour les deux dimensions, l'image est déformée :

```
#taille {
   width: 150px;
   height: 50px;
   border: 1px solid; #333;
   background: url("suricate.jpg") no-repeat;
   background-size: 100% 100%;
}
```

Voilà le rendu à l'écran :

Dans cet exemple, l'image a une taille fixe, non proportionnelle :

```
#taille {
   width: 150px;
   height: 50px;
   border: 1px solid; #333;
   background: url("suricate.jpg") no-repeat;
   background-size: 100px 30px;
}
```

Voilà le rendu à l'écran :

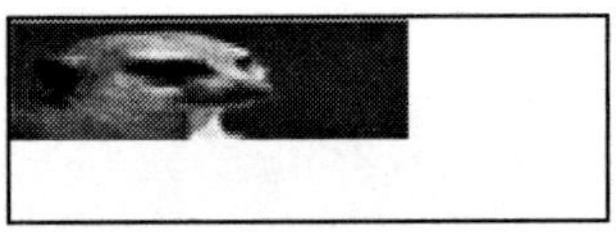

Dans cet exemple, la valeur `cover` permet de redimensionner proportionnellement l'image dans un sens. Ici c'est un redimensionnement horizontal. L'image est donc tronquée verticalement.

```
#taille {
   width: 150px;
   height: 50px;
   border: 1px solid; #333;
   background: url("suricate.jpg") no-repeat;
   background-size: cover;
}
```

Voilà le rendu à l'écran :

Dans ce dernier exemple, la valeur `contain` permet de redimensionner proportionnellement l'image dans un sens qui permet un affichage sans que l'image soit tronquée. Dans cet exemple, c'est un redimensionnement vertical. Il reste donc de la place horizontalement.

```
#taille {
   width: 150px;
   height: 50px;
   border: 1px solid; #333;
   background: url("suricate.jpg") no-repeat;
   background-size: contain;
}
```

Voilà le rendu à l'écran :

L. Des générateurs CSS3 en ligne

1. L'objectif

Nous avons déjà vu quelques générateurs en ligne pour les nouvelles propriétés CSS3. Je vais vous proposer quelques outils « tout en un », dans lesquels vous trouverez presque toutes les propriétés.

2. WestCIV

Ce site (http://www.westciv.com/tools/box-properties/index.html) propose, en une seule interface, de travailler :

- les dégradés linéaires et radiaux,
- le texte (ombre portée et colonnes),
- les boîtes (couleur d'arrière-plan, coins arrondis, colonnes et ombre portée),
- les transformations (que nous verrons dans un prochain chapitre).

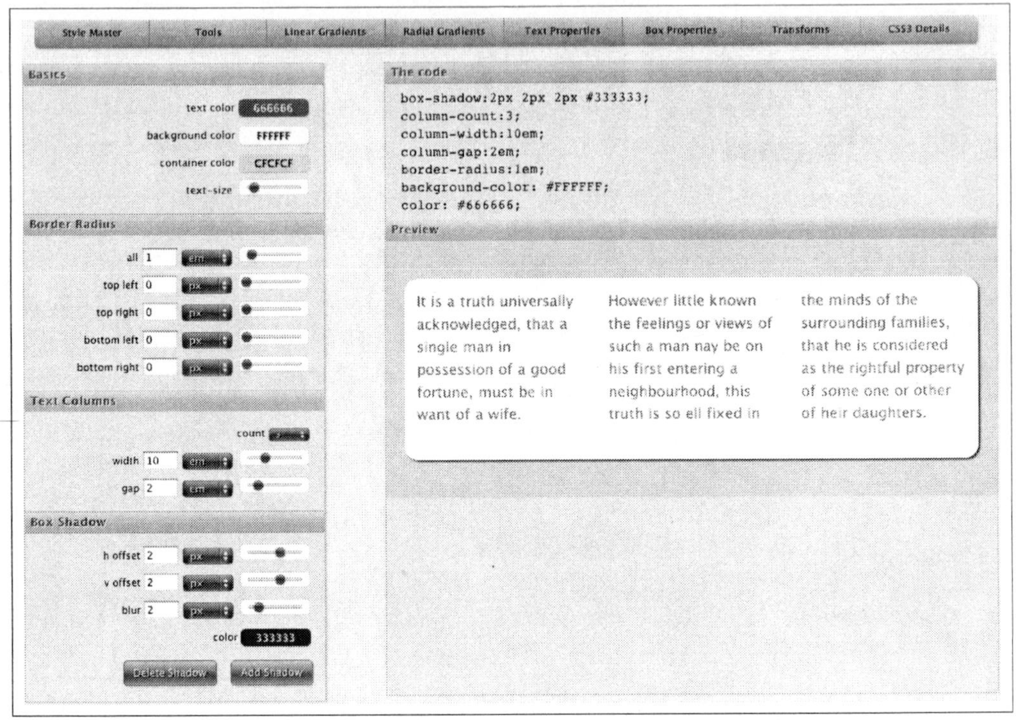

3. CSS 3.0 Maker

Ce site (http://www.css3maker.com/index.html) vous propose, dans une interface très sombre, de travailler :

- les coins arrondis,
- les dégradés,
- les transformations, les animations et les transitions (que nous verrons dans un prochain chapitre),
- la couleur d'arrière-plan en `rgba()`,
- l'ombrage du texte,
- l'ombrage des boîtes,
- la rotation du texte,
- la gestion des polices incorporées avec `@font-face`.

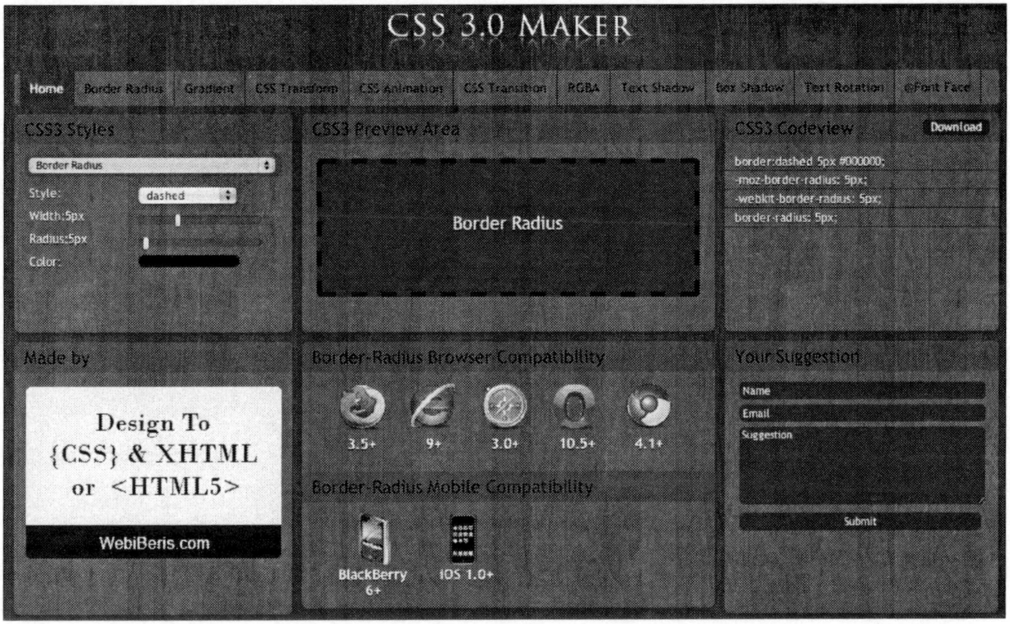

4. CSS3 Generator

Ce site (http://www.css3.me/) à l'interface bien faite permet de travailler :

- les bordures,
- l'ombre de la boîte,
- les dégradés,
- l'opacité.

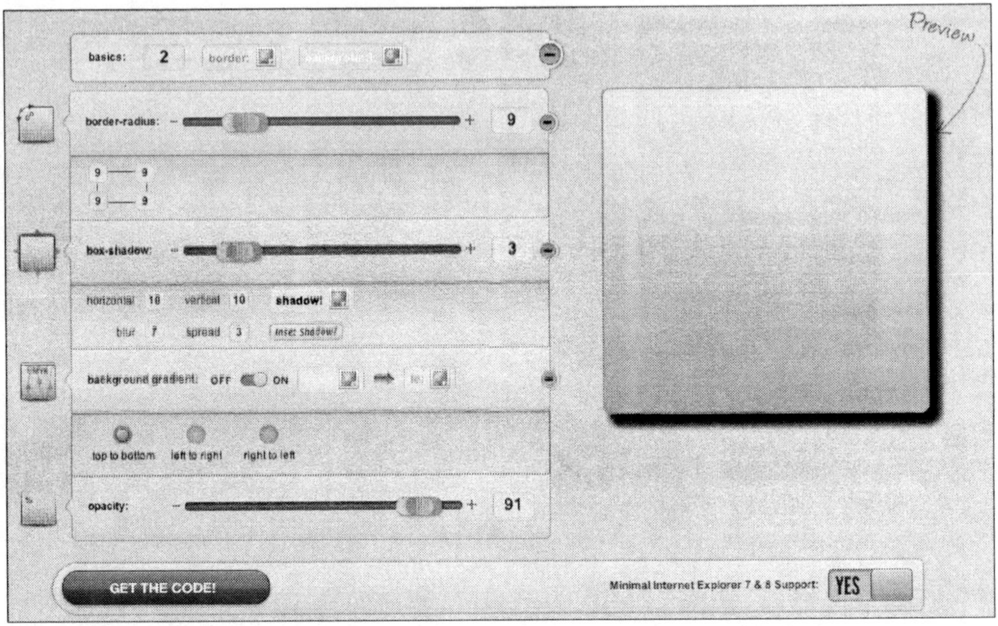

5. CSS3 Playground

Ce site (http://css3.mikeplate.com/) à l'interface simpliste permet de travailler :

- les coins arrondis,
- les ombres portées des boîtes,
- les ombres portées du texte,
- les transformations,
- les colonnes des boîtes,
- les dégradés,
- les bordures et le surlignage (`outline`),
- la couleur et l'opacité de l'arrière-plan,
- le texte (fonte, taille, alignement...).

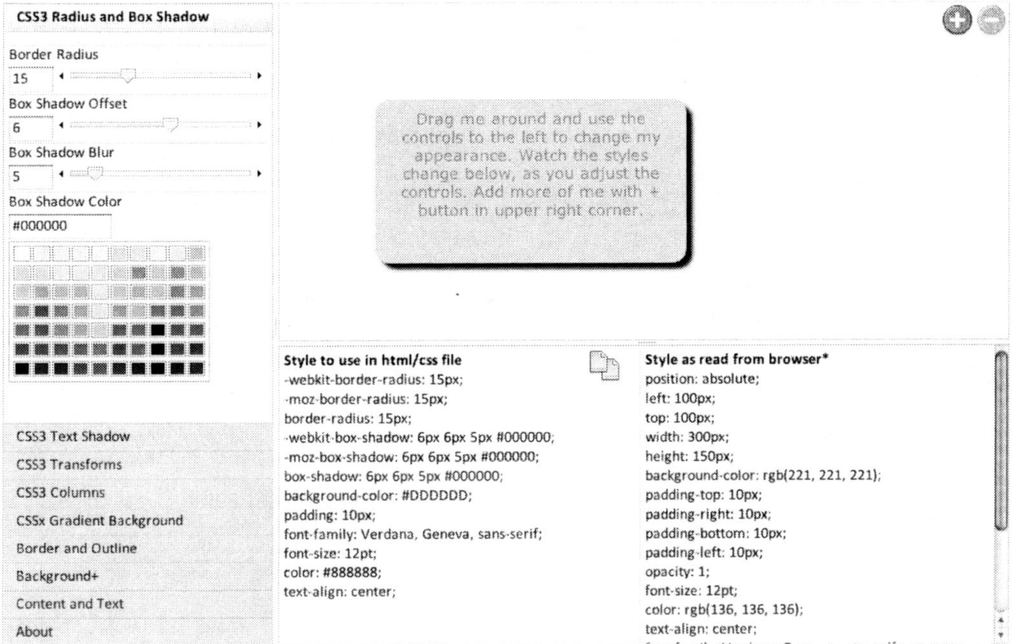

6. CSS3 Generator

Ce site (http://css3generator.com/) permet de travailler :

- Les coins arrondis.
- L'ombre portée des boîtes.
- L'ombre portée du texte.
- La couleur d'arrière-plan en `rgba()`.
- Les polices avec la règle `@font-face`.
- Les colonnes de la boîte.
- Le redimensionnement des boîtes (`resize`).
- Le mode de calcul de la taille des boîtes (`box-sizing`).
- Le surlignage (`outline`).
- Les transitions et les transformations (que nous verrons dans un prochain chapitre).

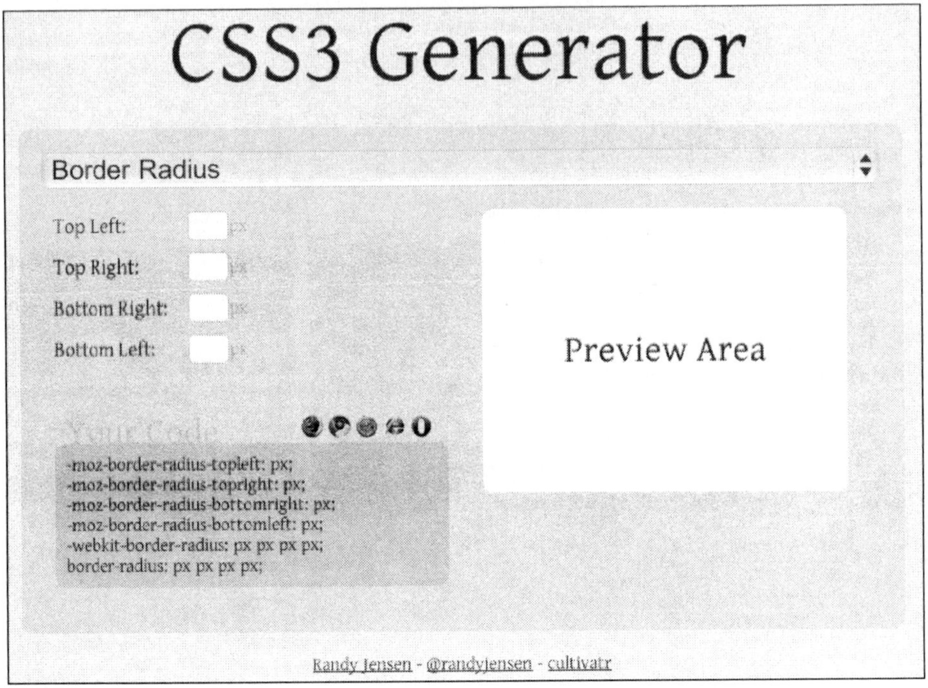

7. Layer Style

Ce site (http://layerstyles.org/builder.html) propose, dans une interface sobre mais impressionnante d'interactivité (on se croirait dans Photoshop pour Mac), de travailler :

- l'ombre portée de la boîte, externe et interne,
- les dégradés et l'opacité,
- les bordures,
- les coins arrondis.

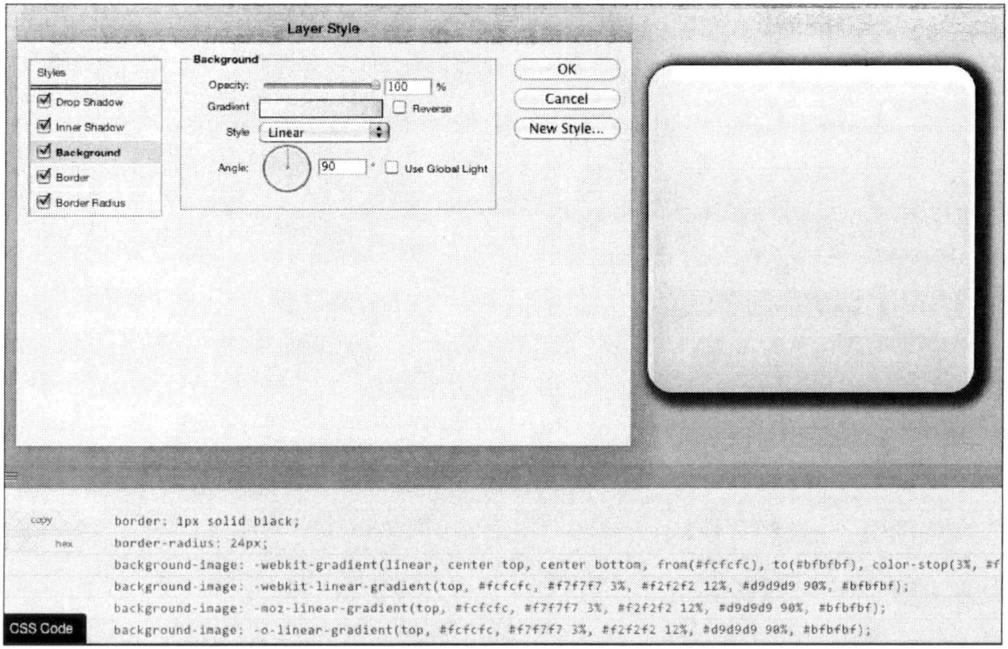

M. Exemple d'un tableau aux coins arrondis

1. L'objectif

Nous allons étudier la création d'un tableau aux coins arrondis proposés par la **Red Team Design** : http://www.red-team-design.com/practical-css3-tables-with-rounded-corners

#	IMDB Top 10 Movies	Year
1	The Shawshank Redemption	1994
2	The Godfather	1972
3	The Godfather: Part II	1974
4	The Good, the Bad and the Ugly	1966
5	Pulp Fiction	1994
6	12 Angry Men	1957
7	Schindler's List	1993
8	One Flew Over the Cuckoo's Nest	1975
9	The Dark Knight	2008
10	The Lord of the Rings: The Return of the King	2003

2. La structure du tableau

Le tableau (qui utilise une classe nommée `.bordered`) est structuré de manière très classique avec `<table>`, `<thead>`, `<tr>`, `<th>` et `<td>`.

```
<table class="bordered">
    <thead>
    <tr>
        <th>#</th>
        <th>IMDB Top 10 Movies</th>
        <th>Year</th>
    </tr>
    </thead>
    <tr>
        <td>1</td>
        <td>The Shawshank Redemption</td>
        <td>1994</td>
    </tr>
    <tr>
        <td>2</td>
        <td>The Godfather</td>
        <td>1972</td>
    </tr>
    ...
</table>
```

Voilà l'aperçu initial :

#	IMDB Top 10 Movies	Year
1	The Shawshank Redemption	1994
2	The Godfather	1972
3	The Godfather: Part II	1974
4	The Good, the Bad and the Ugly	1966
5	Pulp Fiction	1994
6	12 Angry Men	1957
7	Schindler's List	1993
8	One Flew Over the Cuckoo's Nest	1975
9	The Dark Knight	2008
10	The Lord of the Rings: The Return of the King	2003

3. La mise en forme du tableau

Le tableau ne devra pas avoir d'espace entre les cellules encadrées :

```
table {
    border-spacing: 0;
    width: 500px;
}
```

La classe `.bordered` permet d'appliquer les coins arrondis et une légère ombre :

```
.bordered {
    border: solid #ccc 1px;
    -moz-border-radius: 20px;
    -webkit-border-radius: 20px;
    border-radius: 20px;
    -webkit-box-shadow: 0 3px 3px #ccc;
    -moz-box-shadow: 0 3px 3px #ccc;
    box-shadow: 0 3px 3px #ccc;
}
```

Voilà l'aperçu :

#	IMDB Top 10 Movies	Year
1	The Shawshank Redemption	1994
2	The Godfather	1972
3	The Godfather: Part II	1974
4	The Good, the Bad and the Ugly	1966
5	Pulp Fiction	1994
6	12 Angry Men	1957
7	Schindler's List	1993
8	One Flew Over the Cuckoo's Nest	1975
9	The Dark Knight	2008
10	The Lord of the Rings: The Return of the King	2003

4. Les cellules du tableau

Toutes les cellules du tableau (`<th>` et `<td>`) sont encadrées à gauche et en haut :

```
.bordered td, .bordered th {
    border-left: 1px solid #ccc;
    border-top: 1px solid #ccc;
    padding: 10px;
    text-align: left;
}
```

5. Les cellules d'en-tête

Les cellules d'en-tête `<th>` de la première ligne ont un dégradé en arrière-plan et une ombre, comme le texte :

```
.bordered th {
    background-color: #dce9f9;
    background-image: -webkit-gradient(linear, left top, left
bottom, from(#ebf3fc), to(#dce9f9));
    background-image: -webkit-linear-gradient(top, #ebf3fc, #dce9f9);
    background-image: -moz-linear-gradient(top, #ebf3fc, #dce9f9);
    background-image: -ms-linear-gradient(top, #ebf3fc, #dce9f9);
    background-image: -o-linear-gradient(top, #ebf3fc, #dce9f9);
    background-image: linear-gradient(top, #ebf3fc, #dce9f9);
    -webkit-box-shadow: 0 1px 0 rgba(255,255,255,.8) inset;
    -moz-box-shadow:0 1px 0 rgba(255,255,255,.8) inset;
    box-shadow: 0 1px 0 rgba(255,255,255,.8) inset;
    border-top: none;
    text-shadow: 0 1px 0 rgba(255,255,255,.5);
}
```

Voilà l'affichage :

#	IMDB Top 10 Movies	Year
1	The Shawshank Redemption	1994
2	The Godfather	1972
3	The Godfather: Part II	1974
4	The Good, the Bad and the Ugly	1966
5	Pulp Fiction	1994
6	12 Angry Men	1957
7	Schindler's List	1993
8	One Flew Over the Cuckoo's Nest	1975
9	The Dark Knight	2008
10	The Lord of the Rings: The Return of the King	2003

Il n'y a pas encore d'arrondi pour le dégradé de la première ligne et il reste des bordures à gauche.

6. L'arrondi des cellules

Pour la première ligne du tableau, il ne faut pas qu'il y ait de bordure pour la première cellule `<td>` et la première cellule `<th>`.

```
.bordered td:first-child, .bordered th:first-child {
    border-left: none;
}
```

Il faut maintenant avoir un arrondi pour les premières et dernières cellules de la première et la dernière ligne. Nous utilisons les pseudo-classes `:first-child` et `:last-child` sur les cellules d'en-tête `<th>`, sur les lignes `<tr>` et les cellules `<td>`.

```
.bordered th:first-child {
    -moz-border-radius: 20px 0 0 0;
    -webkit-border-radius: 20px 0 0 0;
    border-radius: 20px 0 0 0;
}
.bordered th:last-child {
    -moz-border-radius: 0 20px 0 0;
    -webkit-border-radius: 0 20px 0 0;
    border-radius: 0 20px 0 0;
}
```

```
.bordered tr:last-child td:first-child {
    -moz-border-radius: 0 0 0 20px;
    -webkit-border-radius: 0 0 0 20px;
    border-radius: 0 0 0 20px;
}
.bordered tr:last-child td:last-child {
    -moz-border-radius: 0 0 20px 0;
    -webkit-border-radius: 0 0 20px 0;
    border-radius: 0 0 20px 0;
}
```

#	IMDB Top 10 Movies	Year
1	The Shawshank Redemption	1994
2	The Godfather	1972
3	The Godfather: Part II	1974
4	The Good, the Bad and the Ugly	1966
5	Pulp Fiction	1994
6	12 Angry Men	1957
7	Schindler's List	1993
8	One Flew Over the Cuckoo's Nest	1975
9	The Dark Knight	2008
10	The Lord of the Rings: The Return of the King	2003

7. Le survol des lignes

Au survol des lignes, ces dernières changent de couleur d'arrière-plan. Le survol est détecté avec la pseudo-classe :hover.

```
.bordered tr:hover {
    background: #fbf8e9;
}
```

Voilà le résultat :

#	IMDB Top 10 Movies	Year
1	The Shawshank Redemption	1994
2	The Godfather	1972
3	The Godfather: Part II	1974
4	The Good, the Bad and the Ugly	1966
5	Pulp Fiction	1994
6	12 Angry Men	1957
7	Schindler's List	1993
8	One Flew Over the Cuckoo's Nest	1975
9	The Dark Knight	2008
10	The Lord of the Rings: The Return of the King	2003

N. Exemple d'ombre sur la page

Voici une astuce toute simple pour donner de la profondeur à vos pages Web : http://playground.genelocklin.com/depth/

Le principe est d'utiliser la pseudo-classe `:before` sur le `body`.

Voilà le style :

```
body:before {
   /* Contenu vide */
   content: "";
   /* Positionnement */
   position: fixed;
   z-index: 100;
   top: -10px;
   left: -10px;
   /* Largeur et hauteur */
   width: 110%;
   height: 10px;
   /* Ombre */
   -webkit-box-shadow: 0px 0px 10px rgba(0,0,0,.8);
   -moz-box-shadow: 0px 0px 10px rgba(0,0,0,.8);
   -ms-box-shadow: 0px 0px 10px rgba(0,0,0,.8);
   -o-box-shadow: 0px 0px 10px rgba(0,0,0,.8);
   box-shadow: 0px 0px 10px rgba(0,0,0,.8);
}
```

Le contenu est vide : `content: ""`, mais pour le navigateur, il y a quand même un élément, même s'il est vide. Il n'y a donc rien à afficher.

Ce contenu vide est positionné en position fixe pour ne pas être déplacé avec l'utilisation de la barre de défilement. Il est placé à -10 pixels qui sera la taille du flou.

```
position: fixed;
z-index: 100;
top: -10px;
left: -10px;
```

Ensuite sa largeur est plus grande que la page et sa hauteur est de 10 pixels.

```
width: 110%;
height: 10px;
```

L'ombre est placée à 0 pixel horizontalement et verticalement, la taille du flou est de 10 pixels et la couleur est noire avec une légère transparence :

```
box-shadow: 0px 10px rgba(0,0,0,.8);
```

Voilà le rendu sur le fond blanc de la page :

Chapitre 8 : L'HTML5 et les CSS3 pour le texte

A. Les éléments de texte obsolètes 202
B. Les éléments de texte redéfinis 202
C. Des nouvelles mises en forme de texte 205
D. Les polices de caractères 211
E. La taille des polices 221
F. L'ombre portée sur le texte 223
G. La typographie avancée 228

A. Les éléments de texte obsolètes

1. La spécification HTML5

Dans la spécification HTML5, un certain nombre d'éléments sont déclarés « obsolètes ». Un élément obsolète est un élément qui n'est pas déclaré dans la spécification HTML5. Mais comme le HTML5 doit être compatible avec les versions antérieures, les éléments HTML obsolètes seront malgré tout correctement interprétés par les navigateurs.

Une page Web utilisant des éléments HTML obsolètes sera bien affichée, mais sera déclarée « non conforme » par les moteurs de validation.

Voici l'URL des éléments obsolètes sur le site du W3C : http://www.w3.org/TR/html5/obsolete.html

2. Les éléments inutilisés et confus

Pour les acronymes, l'élément `acronym` est rendu obsolète au profit de l'abréviation, `abbr`. La différence d'usage entre les deux est qu'un acronyme est une abréviation qui se prononce comme un mot (exemples : LASER, OTAN...).

3. La mise en forme du texte

Les éléments `basefont`, `font`, `big`, `center`, `strike`, `tt` et `u` sont obsolètes... depuis longtemps déjà, au profit de mises en forme CSS beaucoup plus performantes.

B. Les éléments de texte redéfinis

1. La spécification HTML5

Pour l'HTML5, certains éléments HTML, plutôt que d'être rendus obsolètes, ont vu leur rôle redéfini.

2. L'élément <b>

L'élément `b` servait à afficher à l'écran un mot en gras, sans qu'il y ait une connotation sémantique. L'élément `strong` l'a vite remplacé, apportant une notion sémantique et une utilité pour la synthèse vocale, pour les pages conformes à l'accessibilité des sites Web.

En HTML5, l'élément `b` indique qu'une partie d'un texte se différencie visuellement du reste du texte, mais sans qu'il y ait une importance plus grande. Si c'est le cas, il faut utiliser `strong`.

Voilà la définition de l'élément `b` dans la spécification HTML5 : « *The b element represents a span of text to which attention is being drawn for utilitarian purposes without conveying any extra importance and with no implication of an alternate voice or mood, such as key words in a document abstract, product names in a review, actionable words in interactive text-driven software, or an article lede.* »

Donc pour mettre simplement en évidence visuellement un mot en gras, sans rien de plus, vous pouvez utiliser l'élément `b`.

3. L'élément <strong>

L'élément `strong` évolue légèrement. Il était jusque-là utilisé pour indiquer une **forte emphase** et pour la synthèse vocale. Maintenant, il est utilisé pour indiquer une **forte importance**. C'est très subtil, il faut l'avouer.

4. L'élément <i>

L'élément `i` servait à afficher à l'écran un mot en italique, sans qu'il y ait une connotation sémantique. Pour une meilleure sémantique et une meilleure accessibilité, utilisez l'élément `em`.

En HTML5, utilisez l'élément `i` pour indiquer des mots qui ne sont pas de votre usage courant (mots techniques, mots d'une autre langue...) et pour indiquer que vous utilisez un « ton différent » par rapport au reste du texte.

Voilà la définition de l'élément `i` dans la spécification HTML5 : « *The i element represents a span of text in an alternate voice or mood, or otherwise offset from the normal prose in a manner indicating a different quality of text, such as a taxonomic designation, a technical term, an idiomatic phrase from another language, a thought, or a ship name in Western texts.* »

5. L'élément <em>

L'élément `em` sert à indiquer qu'un texte doit se prononcer avec emphase.

6. L'élément <small>

Cet élément était utilisé pour écrire le texte avec une taille de caractères plus petite par rapport au reste du texte. En HTML5, l'élément `small` est utilisé pour afficher un texte « légal » (restriction, avertissement, copyright...) en petite taille.

7. L'élément <cite>

L'élément `cite` servait à indiquer une citation ou une référence à une source externe. Maintenant, vous pouvez l'utiliser pour indiquer tout titre de toute « œuvre de création » (livre, article, essai, chanson, film...), mais, normalement, pas pour indiquer le nom d'une personne, car une personne n'est pas une œuvre. Voici un extrait de sa définition : « *The cite element represents the title of a work (e.g. a book, a paper, an essay, a poem, a score, a song, a script, a film, a TV show, a game, a sculpture, a painting, a theatre production, a play, an opera, a musical, an exhibition, a legal case report, etc). A person's name is not the title of a work* ».

8. L'élément <dl>

En HTML 4, l'élément `dl` permettait de définir des listes de définitions, composées de couples « termes - définition des termes ». En HTML5, l'usage est étendu à toute liste d'associations formée de zéro à plusieurs groupes nom/valeur.

Voilà la définition de l'élément `dl` dans la spécification HTML5 : « *The dl element represents an association list consisting of zero or more name-value groups (a description list).* »

Cela permet d'élargir l'usage de `dl` à tout type de liste.

9. L'élément <ol>

Avec l'HTML 4.01, l'attribut `start` de l'élément `ol` était déclaré obsolète. Avec l'HTML5, `start` est redevenu un attribut standard.

Nous avons en plus un nouvel attribut booléen : `reversed`, qui permet d'inverser le sens d'une liste.

10. L'élément <hr>

En HTML 4, l'élément `hr` était déclaré déprécié et représentait une ligne horizontale. En HTML5, `hr` représente une coupure thématique d'un paragraphe, une coupure dans une scène d'une histoire... Voilà la définition de l'élément `hr` dans la spécification HTML5 : « *The hr element represents a paragraph-level thematic break, e.g. a scene change in a story, or a transition to another topic within a section of a reference book.* »

11. L'élément <a>

Cet élément `a` est l'essence même du Web, c'est lui qui nous permet de relier nos pages Web par des liens hypertextes. En HTML5, il permet de créer des « groupes » de liens à partir de plusieurs éléments de type bloc.

Voici un exemple parfaitement valide en HTML5 :

```
<a href="mapage.html">
   <h3>Nos promotions</h3>
   <p>janvier</p>
   <p>février</p>
</a>
```

Notez que vous ne pouvez pas insérer un élément `a` dans un autre élément `a`.

C. Des nouvelles mises en forme de texte

1. Les colonnes

Nouveauté très appréciable des CSS3, nous avons la possibilité de mettre un texte en colonnes. C'est un module spécifique des CSS3 qui propose cette fonctionnalité : **CSS Multi-column Layout Module** (http://www.w3.org/TR/css3-multicol/) qui est en **Candidate Recommendation** au 12 avril 2011. Pour le moment, la compatibilité avec les navigateurs est loin d'être vraiment opérationnelle, seuls Firefox, Safari et Chrome reconnaissent en partie les propriétés !

La première propriété que nous allons gérer est tout simplement la largeur des colonnes et leur nombre.

- La propriété `column-count` permet d'indiquer combien de colonnes vous souhaitez avoir.
- La propriété `column-width` permet de gérer la largeur de chaque colonne.
- La propriété `column-gap` permet d'indiquer l'espace entre chaque colonne (la gouttière, en publication imprimée).

Il faut utiliser les préfixes propriétaires des navigateurs pour utiliser ces propriétés.

Exemple pour mettre en colonne une boîte `<div>`.

Voilà le style CSS :

```
#colonnes3 {
   width: 470px;
   -moz-column-count: 3;
   -moz-column-width: 150px;
   -moz-column-gap: 10px;
   -webkit-column-count: 3;
   -webkit-column-width: 150px;
   -webkit-column-gap: 10px;
   column-count: 3;
   column-width: 150px;
   column-gap: 10px;
}
```

Voilà le code HTML de la boîte `<div>` :

```
<div id="colonnes3">
   <p>Integer posuere erat...</p>
</div>
```

Voilà l'affichage :

> Integer posuere erat a ante venenatis dapibus posuere velit aliquet. Lorem ipsum dolor sit amet, consectetur adipiscing elit. Aenean lacinia bibendum nulla sed consectetur. Nullam id dolor id nibh ultricies vehicula ut id elit. Donec ullamcorper nulla non metus auctor fringilla. Duis mollis, est non commodo luctus, nisi erat porttitor ligula, eget lacinia odio sem nec elit. Curabitur blandit tempus porttitor. Integer posuere erat a ante venenatis dapibus posuere velit aliquet. Morbi leo risus, porta ac consectetur ac, vestibulum at eros. Praesent commodo cursus magna, vel scelerisque nisl consectetur et. Fusce dapibus, tellus ac cursus commodo, tortor mauris condimentum nibh, ut fermentum massa justo sit amet risus. Integer posuere erat a ante venenatis dapibus posuere velit aliquet. Vivamus sagittis lacus vel augue laoreet rutrum faucibus dolor auctor. Donec ullamcorper nulla non metus auctor fringilla.

Vous pouvez utiliser la propriété `columns` qui permet d'avoir une syntaxe courte puisqu'elle rassemble dans cet ordre les propriétés `column-width` et `column-count`.

Exemple : `columns : 150px 3;`

Nous pouvons gérer une ligne verticale (un filet) entre les colonnes, au milieu de l'espace entre les colonnes. Nous pouvons utiliser les propriétés :

- `column-rule-width` : définit l'épaisseur du filet.
- `column-rule-style` : définit le type, le style du filet.
- `column-rule-color` : définit la couleur du filet.
- `column-rule` : est la syntaxe courte pour définir dans l'ordre l'épaisseur, le style et la couleur du filet.

Reprenons l'exemple précédent, en syntaxe courte :

```
#colonnes3 {
   width: 470px;
   -moz-column-count: 3;
   -moz-column-width: 150px;
   -moz-column-gap: 10px;
   -moz-column-rule: 1px solid grey;
   -webkit-column-count: 3;
   -webkit-column-width: 150px;
   -webkit-column-gap: 10px;
   -webkit-column-rule: 1px solid grey;
   column-count: 3;
   column-width: 150px;
   column-gap: 10px;
   column-rule: 1px solid grey;
}
```

Voici l'affichage :

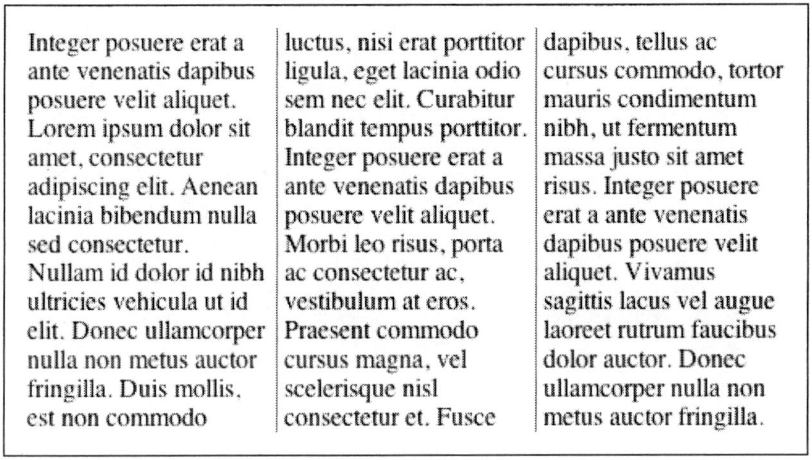
Integer posuere erat a ante venenatis dapibus posuere velit aliquet. Lorem ipsum dolor sit amet, consectetur adipiscing elit. Aenean lacinia bibendum nulla sed consectetur. Nullam id dolor id nibh ultricies vehicula ut id elit. Donec ullamcorper nulla non metus auctor fringilla. Duis mollis, est non commodo luctus, nisi erat porttitor ligula, eget lacinia odio sem nec elit. Curabitur blandit tempus porttitor. Integer posuere erat a ante venenatis dapibus posuere velit aliquet. Morbi leo risus, porta ac consectetur ac, vestibulum at eros. Praesent commodo cursus magna, vel scelerisque nisl consectetur et. Fusce dapibus, tellus ac cursus commodo, tortor mauris condimentum nibh, ut fermentum massa justo sit amet risus. Integer posuere erat a ante venenatis dapibus posuere velit aliquet. Vivamus sagittis lacus vel augue laoreet rutrum faucibus dolor auctor. Donec ullamcorper nulla non metus auctor fringilla.

D'autres propriétés très intéressantes comme la gestion des sauts de colonnes (`break-before`, `break-after` et `break-inside`) ne sont pas encore reconnues par les navigateurs, mais elles offrent de belles perspectives de mise en page de type « presse ».

Vous trouverez sur Internet de nombreux outils en ligne pour générer tout le code nécessaire pour créer des styles CSS3 afin d'avoir des textes en colonnes.

Je vous propose **CSS3 Generator** (http://css3generator.com/). Dans la liste déroulante **Choose Something**, choisissez **Multiple Columns**.

Dans le champ de saisie **# of Columns**, indiquez le nombre de colonnes voulu.

Dans le champ de saisie **Column Gap**, saisissez la largeur de la gouttière voulue.

Dans la zone **Your Code**, vous avez le code compatible **Firefox**, **Chrome** et **Safari**.

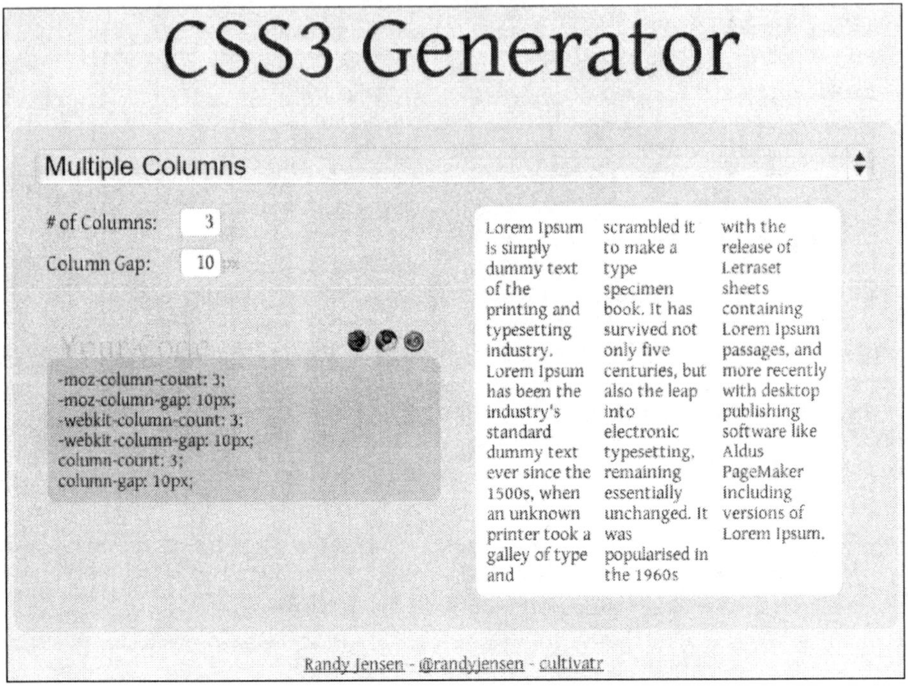

Le site **Dji** (Jérôme Debray, un développeur français) nous propose de nombreux outils en ligne, dont un générateur de colonnes (http://www.debray-jerome.fr/outils/Generateur-de-multi-colonnes-en-css3.html). L'interface est très simple et efficace. Vous obtenez du code compatible **Chrome**, **Safari**, **Firefox** et **Opera**.

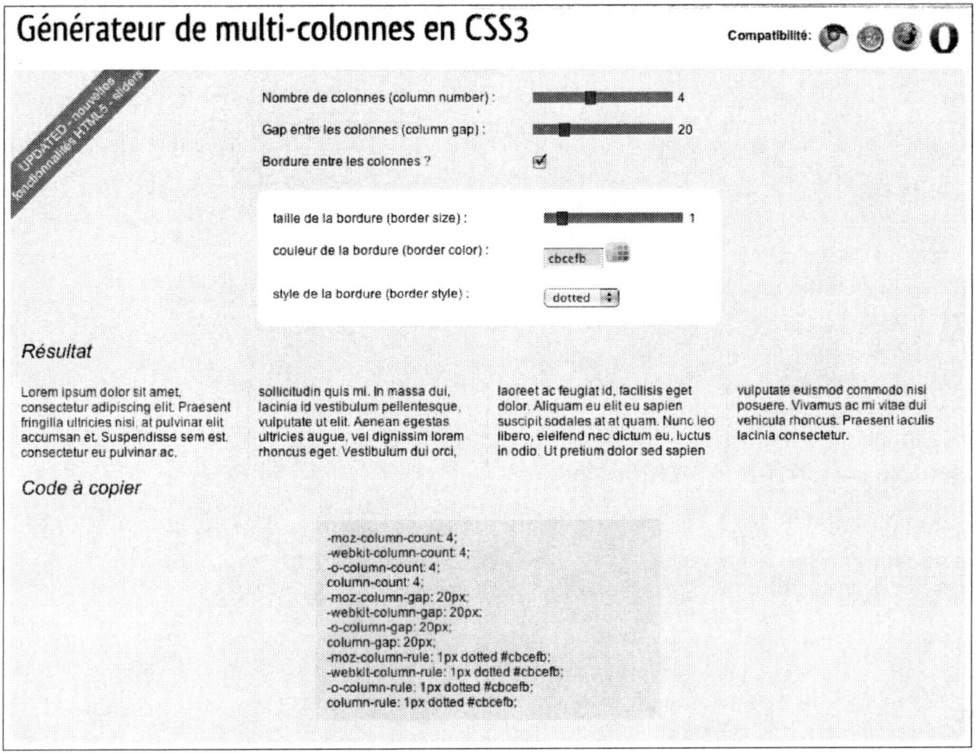

2. La coupure des mots

Les CSS3 liées au texte (http://www.w3.org/TR/css3-text/) nous proposent quelques nouveautés intéressantes sur les césures.

La propriété `overflow-wrap` (anciennement `word-wrap`) permet de forcer une coupure dans un mot très long, lorsque sa longueur dépasse la largeur de son conteneur. Sans l'utilisation de la propriété, le mot trop long « sort » du conteneur.

Voici le style CSS :

```
.petit {
   width: 150px;
   border: solid 1px black;
   padding: 0;
}
```

Voilà le code HTML :

```
<div>
   <p class="petit">Aenean lacinia bibendum nulla sed
consectetur. Nullamquisrisusegeturnamollis ornare vel eu leo.
Cras mattis consectetur purus sit amet fermentum.</p>
</div>
```

Voilà l'affichage :

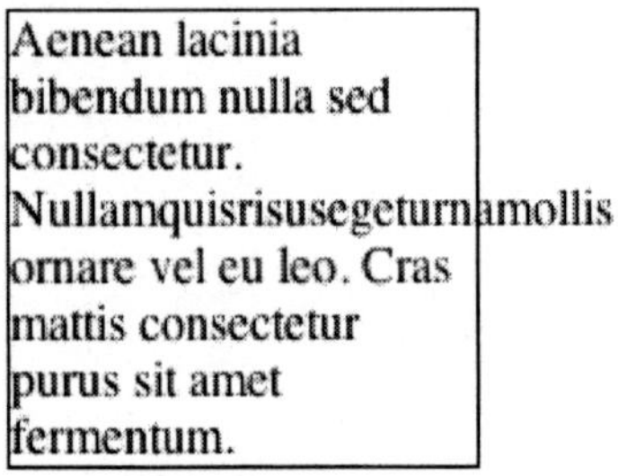

Utilisons la propriété `overflow-wrap`, avec son ancienne syntaxe `word-wrap`, car les navigateurs ne reconnaissent pas encore la nouvelle. Les valeurs peuvent être :

- `normal` : la coupure se fait là où sont placées les coupures autorisées.
- `hyphenate` : la coupure se fait là où peuvent se faire les césures.
- `break-word` : la coupure se fait de manière arbitraire, en fonction de la largeur du conteneur. C'est la seule valeur reconnue actuellement par les navigateurs.

```
.petit {
   width: 150px;
   border: solid 1px black;
   padding: 0;
   word-wrap: break-word;
}
```

Voilà le résultat affiché :

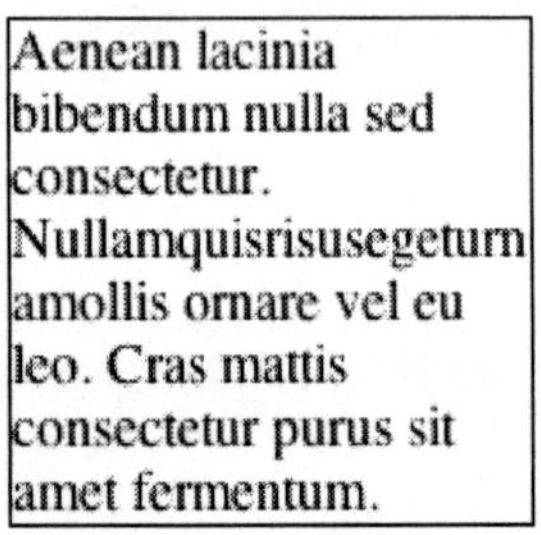

Une application très intéressante peut être dans l'utilisation des colonnes.

D. Les polices de caractères

1. L'utilisation des polices

La typographie a toujours été « l'élément pauvre » du webdesign. Nous avons toujours été limités à des « familles génériques » qui elles seules permettaient d'avoir un rendu presque identique dans les différents navigateurs.

Nous avions :

- la famille des polices linéales : "`arial, helvetica, sans-serif`".
- la famille des polices à empattement : "`times new roman, times, serif`".
- la famille des polices à chasse fixe : "`courier new, courier, mono`".

Dans ces trois listes, le navigateur utilise la première police de caractères qu'il trouve installée dans la machine de l'utilisateur.

Puis Matthew Carter, à la demande de Microsoft, a dessiné deux polices de caractères spécialement créées pour une meilleure lecture à l'écran : la linéale **Verdana** et la sérif **Georgia**. Ces deux polices libres de droit sont très largement répandues dans toutes les plateformes informatiques actuelles.

Mais nous sommes quand même devant un choix très restreint.

2. Embarquer les polices

Avec les CSS3 et la règle `@font-face` nous pouvons « embarquer » des polices de caractères dans nos pages Web. Nous ne sommes ainsi plus restreints à l'utilisation des polices génériques.

Très bien ! Mais n'oubliez pas ces trois grands principes :

- La plupart des polices « professionnelles » sont soumises à des droits d'utilisation et de diffusion.
- Quand vous « embarquez » une police de caractères, c'est l'ensemble des caractères qui sont incorporés dans le fichier ! Ce qui peut alourdir très fortement vos pages.
- Généralement, l'antialiasing (pour éviter le phénomène de crénelage des caractères) n'est pas appliqué dans les pages Web.

3. La compatibilité des navigateurs

Maintenant, reste à appréhender le problème de la compatibilité (toujours !) avec les différentes versions des navigateurs.

Voici les formats des polices de caractères reconnus par les navigateurs :

- **TrueType** : extension **.ttf**.
- **OpenType** : extension **.otf**.
- **Web Open Font** : extension **.woff**.
- **SVG Font** : extension **.svg** et **.svgz**.

- **Embed OpenType** : extension **.eot** ; faites attention, c'est un format propriétaire Microsoft.

Voici un tableau récapitulatif des compatibilités entre les formats et les navigateurs dans leur dernière version (octobre 2011).

	Safari 5	**Opera 11**	**IE 9**	**Firefox 6**	**Chrome 14**
TTF	Oui	Oui	Oui	Oui	Oui
OTF	Oui	Oui		Oui	Oui
WOFF	Oui	Oui	Oui	Oui	Oui
SVG	Oui	Oui		Oui	Oui
EOT			Oui		

Pour connaître les compatibilités des navigateurs et des différents formats des fontes, je vous suggère d'utiliser régulièrement le site caniuse.com.

- Compatibilité avec **TTF** et **OTF** : http://caniuse.com/ttf
- Compatibilité avec **WOFF** : http://caniuse.com/woff

Extrait du tableau :

WOFF - Web Open Font Format - **Recommendation**

Global user stats*:
Support: 78.08%

Compressed TrueType/OpenType font that contains information about the font's source.

Resources: Mozilla hacks blog post

	IE	Firefox	Chrome	Safari	Opera	iOS Safari	Opera Mini	Android Browser	Blackberry Browser	Opera Mobile	Chrome for Android	Firefox for Android
25 versions back			4.0									
24 versions back			5.0									
23 versions back		2.0	6.0									
22 versions back		3.0	7.0									
21 versions back		3.5	8.0									
20 versions back		3.6	9.0									
19 versions back		4.0	10.0									
18 versions back		5.0	11.0									
17 versions back		6.0	12.0									
16 versions back		7.0	13.0									
15 versions back		8.0	14.0									
14 versions back		9.0	15.0									
13 versions back		10.0	16.0									
12 versions back		11.0	17.0									
11 versions back		12.0	18.0		9.0							
10 versions back		13.0	19.0		9.5-9.6							
9 versions back		14.0	20.0		10.0-10.1							
8 versions back		15.0	21.0		10.5							
7 versions back		16.0	22.0		10.6							
6 versions back		17.0	23.0		11.0			2.1		10.0		
5 versions back	5.5	18.0	24.0	3.1	11.1			2.2		11.0		
4 versions back	6.0	19.0	25.0	3.2	11.5	3.2		2.3		11.1		
3 versions back	7.0	20.0	26.0	4.0	11.6	4.0-4.1		3.0		11.5		
2 versions back	8.0	21.0	27.0	5.0	12.0	4.2-4.3		4.0		12.0		
Previous version	9.0	22.0	28.0	5.1	12.1	5.0-5.1		4.1	7.0	12.1		
Current	10.0	23.0	29.0	6.0	15.0	6.0-6.1	5.0-7.0	4.2	10.0	14.0	29.0	23.0
Near future	11.0	24.0	30.0	7.0	16.0	7.0						
Farther future		25.0	31.0									

Note: Reported to be supported in some modified versions of the Android 4.0 browser.

- Compatibilité avec **SVG** : http://caniuse.com/svg
- Compatibilité avec **EOT** : http://caniuse.com/eot

4. La règle @font-face

Voilà la syntaxe de la règle `@font-face` :

```
@font-face {
   font-family: "Skia";
   src: url('Skia.ttf');
}
```

Une fois la déclaration de la règle `@font-face` faite, avec la propriété `font-family` vous indiquez le nom que vous voulez pour la police à embarquer. Puis, avec la propriété `src`, vous indiquez le chemin d'accès au fichier de la police.

Pour l'appliquer, il suffit d'indiquer au sélecteur voulu le nom de la police à utiliser avec la propriété `font-family` :

```
h1, h2 {
   font-family: Skia;
}
```

Voici le code HTML :

```
<h1>Le titre de ma page</h1>
<h2>Le sous-titre</h2>
<p>Fusce dapibus...</p>
```

Voici un aperçu :

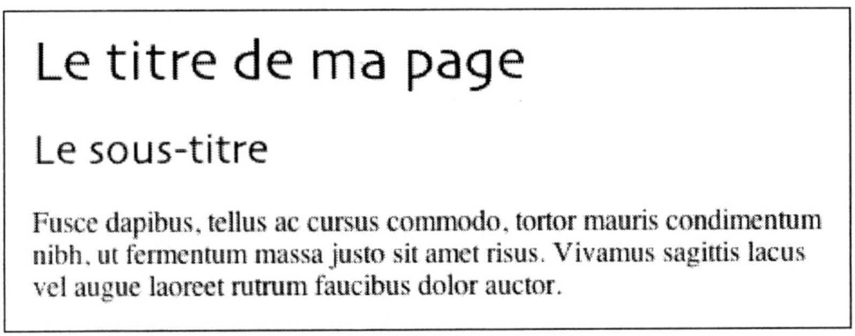

5. Le nom des polices

Attention, le nom indiqué dans la propriété `font-family` est parfaitement arbitraire, cela ne doit pas forcément correspondre au nom du fichier de la police ou au nom qu'a donné le typographe. C'est un nom que vous donnez à cette police. Ce qui est important, c'est le nom du fichier source de la police.

Voilà une syntaxe parfaitement correcte et qui fonctionne :

```
@font-face {
   font-family: "Police titre";
   src: url('Skia.ttf');
}
h1, h2 {
   font-family: 'Police titre', Arial, Helvetica, sans-serif;
}
```

6. Les polices locales

Par défaut, avec la syntaxe précédente, les polices sont téléchargées du serveur sur la machine du visiteur du site. Mais nous pouvons supposer que certains utilisateurs possèdent cette police localement sur leur machine. Nous allons donc demander à utiliser la police locale, si elle est présente, avec `local` dans le `src`.

```
@font-face {
   font-family: "Skia";
   src: local("Skia"), url('Skia.ttf');
}
```

Le nom de la police indiqué pour le local doit être celui du nom du fichier système.

Cette syntaxe peut se lire de cette façon : utiliser une police dont le nom donné par le designer est `Skia`, utiliser localement si elle existe la police nommée `Skia` dans le système de l'utilisateur, sinon télécharger la police dont le nom de fichier est `Skia.ttf`.

7. Indiquer plusieurs sources

Vous pouvez aussi indiquer plusieurs formats de polices (s'ils existent) pour une meilleure compatibilité :

```
@font-face {
   font-family: "Skia";
   src: url('Skia.ttf')format("truetype"),
   url('Skia.woff')format("woff");
}
```

Vous pouvez bien sûr indiquer d'autres polices, pour avoir une meilleure compatibilité avec d'anciens navigateurs :

```
h1, h2 {
   font-family: Skia, Arial, Helvetica, sans-serif;
}
```

8. Les styles typographiques

Dans la déclaration de la règle `@font-face`, vous pouvez préciser certains styles typographiques avec les propriétés `font-weight`, `font-style` et `font-variant`. Mais cela n'est pas encore bien reconnu par les navigateurs.

```
@font-face {
   font-family: "Police titre";
   src: url('Skia.ttf');
   font-weight: bold;
}
```

9. Un générateur de polices avec @font-face

Le service en ligne **CSS 3.0 Maker** (http://www.css3maker.com/index.html) propose de nombreux générateurs CSS3. Il propose un générateur de polices avec la règle `@font-face` : http://www.css3maker.com/font-face.html

Dans cette interface très sombre (pas très pratique), dans l'encadré **CSS3 Styles**, choisissez une police, une taille, un style et une graisse. Dans l'encadré **CSS3 Preview Area**, vous avez l'aperçu de vos choix. Dans l'encadré **CSS3 Codeview**, vous pouvez copier le code généré ou cliquer sur le bouton **Download**.

10. Les polices Web en ligne

Différents services en ligne vous proposent d'utiliser des polices de caractères pour le Web. Le service de Google, **Google Fonts**, est l'un des plus connus. Voici son URL : http://www.google.com/fonts

Plus de 630 fontes vous sont proposées.

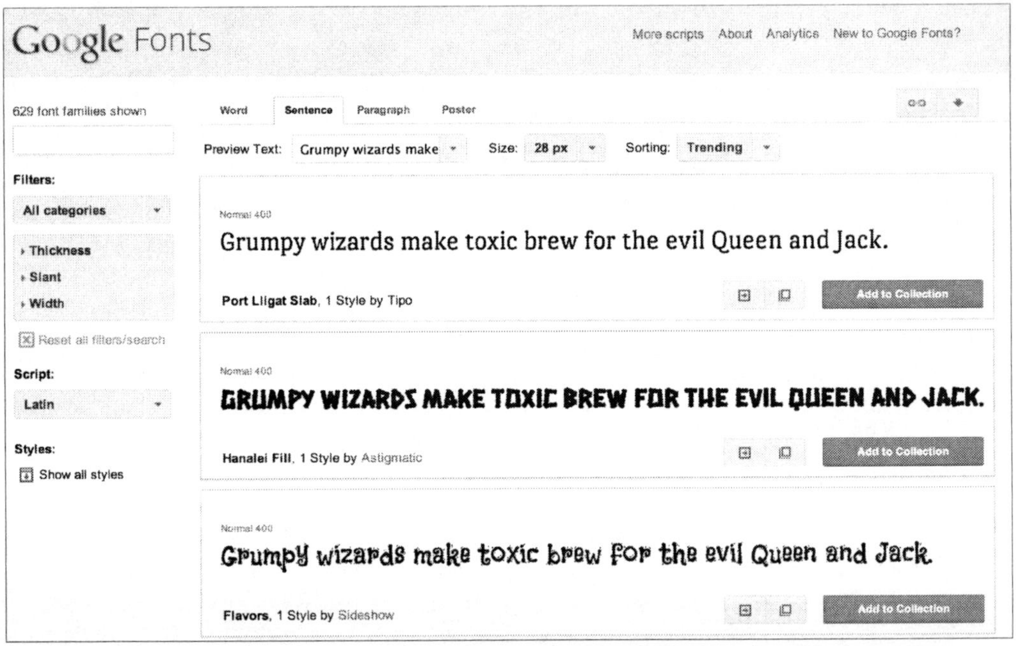

Dans la liste des polices, choisissez celle qui vous intéresse.

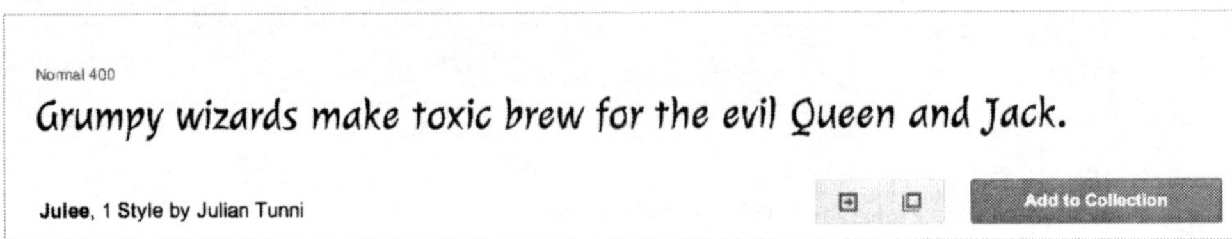

Dans l'encadré, vous pouvez cliquer sur le bouton **Pop out**  pour avoir plus de détails sur cette police.

Dans l'encadré précédent, cliquez sur le bouton **Quick-use** . Dans les encadrés **3**. et **4**. vous avez les instructions pour utiliser cette police dans vos styles CSS.

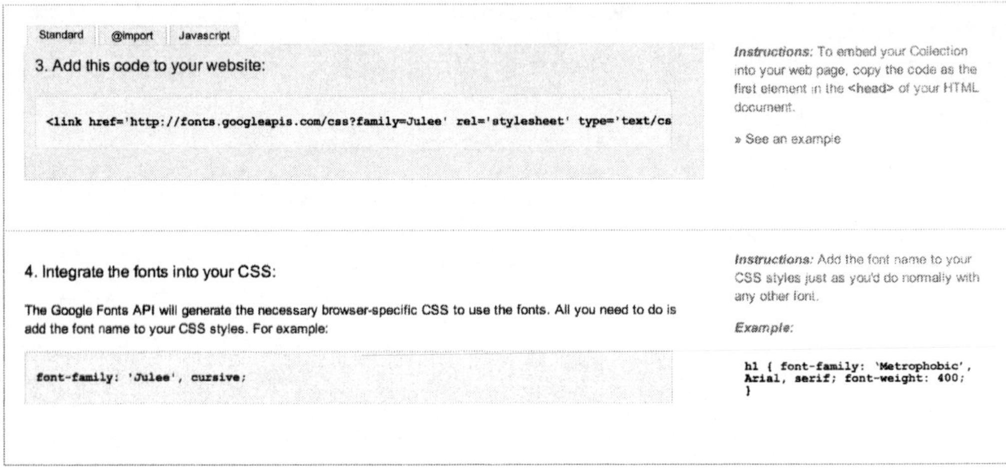

Voilà l'exemple de liaison CSS :

```
<link href='http://fonts.googleapis.com/css?family=Julee' rel='stylesheet'
type='text/css'>
```

Voilà l'application dans des styles :

```
h1, h2 {
   font-family: 'Julee', cursive;
}
```

Voilà le code HTML de la page

```
<h1>Le titre de ma page</h1>
<h2>Le sous-titre</h2>
<p>Fusce dapibus...</p>
```

Voilà le rendu :

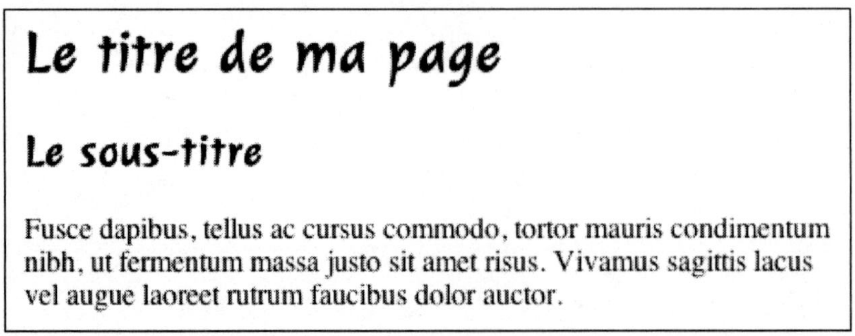

11. Convertir des polices

Le site **Font Squirrel** (http://www.fontsquirrel.com/) fait partie des sites les plus réputés pour convertir les polices de caractères dans divers formats (http://www.fontsquirrel.com/tools/webfont-generator).

12. Choisir des polices de caractères

Pour la création d'une interface d'un site Web, le site **Font Combinator** (http://font-combinator.com/) vous propose de tester en ligne trois polices de caractères Google : une pour les titres, une autre pour les sous-titres et enfin une pour le texte courant. C'est très pratique pour visualiser ce que donnent à l'affichage les trois polices de caractères que vous avez choisies.

Choisissez les polices et les tailles dans la partie droite de l'interface.

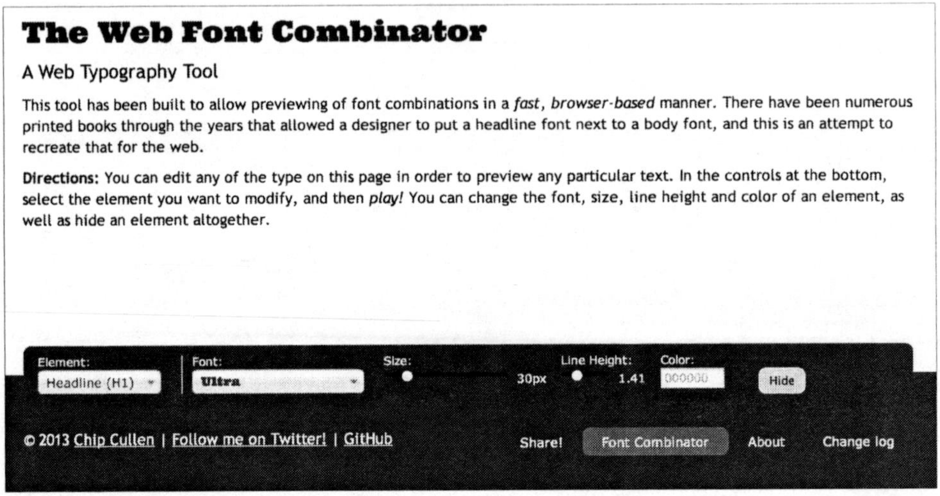

Un autre site intéressant est **Font comparer** (http://www.fontcomparer.com/). Il vous permet de comparer un grand nombre de fontes Google et de récupérer le lien vers la police. Pour ce faire, passez le pointeur au-dessus du nom d'une police et cliquez sur le lien **Get font**.

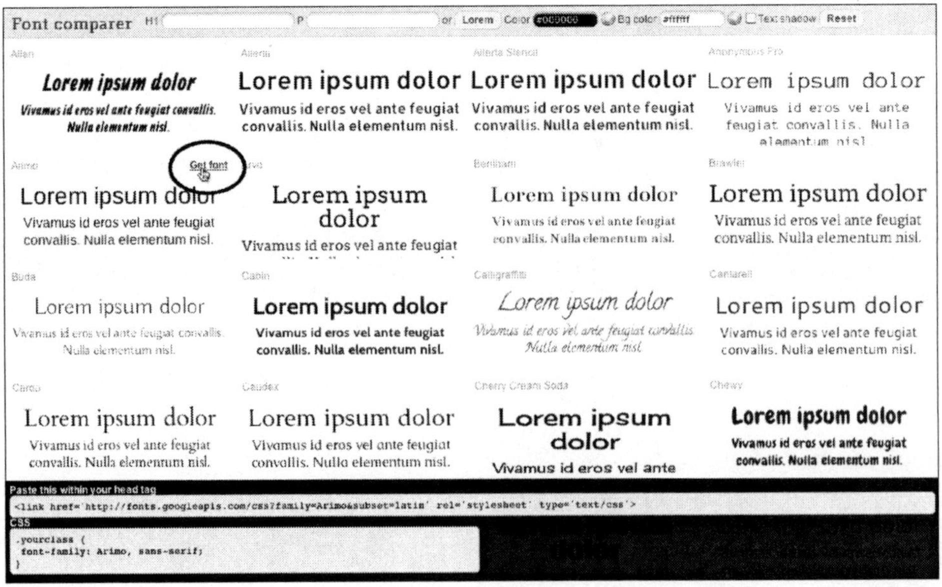

E. La taille des polices

1. Les différentes tailles

Vous le savez, il existe deux « formats » pour définir les tailles des caractères :

- les **tailles fixes** : `cm`, `mm`, `in`, `pt`... Utiliser ces tailles n'est pas conseillé, car elles ne sont pas conformes aux préconisations de l'accessibilité des sites Web. Cela pose des problèmes pour le redimensionnement des textes dans les pages Web pour les personnes ayant un handicap visuel.
- les **tailles relatives** : `em` et `%`. Ces unités relatives sont préférables car elles sont redimensionnables sans problème. Pour tous les navigateurs, les tailles sont relatives à la taille par défaut des paragraphes `p` : 1em = 100% = 16px.

2. Le problème de la cascade

Les feuilles de style sont en cascade. Cela implique que les tailles s'appliquent aussi en cascade.

Voyons cet exemple de style :

```
body {
   font-size: 1em;}
li {
   font-size: .8em;
}
```

Avec cette page simple : deux listes imbriquées.

```
<h1>Titre de la page</h1>
<ul>
    <li>Premier</li>
    <li>
        <ul>
        <li>Un</li>
        <li>Deux</li>
        <li>Trois</li>
    </ul>
    </li>
   <li>Deuxième</li>
   <li>Troisième</li>
</ul>
```

Voilà ce que donne l'affichage :

Comment vont être calculées les tailles des caractères ? La taille est de `1em` au niveau du `body`, ce qui définit une taille affichée et calculée à 16 pixels pour le texte courant. Le `h1` est calculé proportionnellement à 2 em, soit 32 pixels calculés. Les items `li` de la première liste sont à `0.8em`, soit 16x0.8=12.8 pixels calculés, soit 13 pixels affichés. Les `li` de la deuxième liste imbriquée sont calculés avec la cascade à 16x0.8x0.8=10,24 pixels, soit 10 pixels affichés. La taille en em est calculée relativement à l'élément parent.

3. La nouvelle unité rem

La nouvelle unité **rem** des CSS3 est cette fois calculée par rapport à la racine de la page, par rapport à l'élément `html`. L'unité rem signifie **root em**. Nous pouvons définir la taille relative voulue sur l'élément `html` avec l'unité `em`, puis toutes les autres tailles avec l'unité `rem` sans avoir de problème de cascade !

En reprenant l'exemple précédent, voilà les styles à indiquer :

```
html {
    font-size: 1em;
}
body {
    font-size: .8rem;
}
li {
    font-size: .8rem;
}
```

Il n'y a plus d'effet de cascade dans le calcul des tailles des éléments, tous les `li` ont la même taille de caractère.

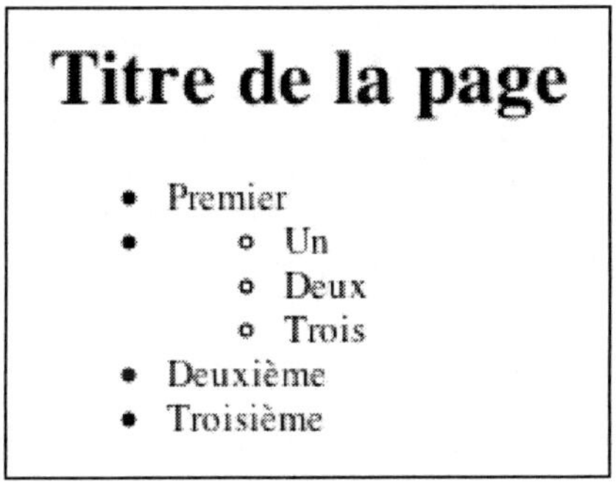

F. L'ombre portée sur le texte

1. Les valeurs de la propriété

Nouvelle propriété CSS3, `text-shadow` permet d'appliquer une ombre portée au texte. Cette propriété peut utiliser de nombreuses valeurs :

- la première valeur est le décalage horizontal de l'ombre.
- la deuxième valeur est le décalage vertical de l'ombre.
- la troisième valeur est la taille du flou de l'ombre.
- la quatrième valeur est la couleur de l'ombre.
- la cinquième valeur est la direction de l'ombre : `inset`, à l'intérieur ; par défaut l'ombre est à l'extérieur.

Voici un style simple :

```
h1 {
    text-shadow: 8px 8px 5px rgb(100,50,200);
}
```

- décalage horizontal de 8 pixels,
- décalage vertical de 8 pixels,
- flou de 5 pixels,
- couleur violette.

Voici le rendu :

2. Des outils en ligne

Là encore, il y a pléthore de solutions en ligne pour générer des ombres portées sur le texte.

Le site **WestCIV** (http://www.westciv.com/) vous propose des outils complets pour générer des CSS3. L'outil **Text Properties** (http://www.westciv.com/tools/text-properties/index.html) vous propose une interface complète pour mettre en forme vos textes avec les propriétés CSS3. Dans la zone **Text and Font Properties**, vous retrouvez les propriétés classiques de mise en forme du texte. Dans la zone **Text Columns**, vous pouvez mettre votre boîte en colonnes et dans la zone **shadow** vous pouvez appliquer une ombre portée à votre texte.

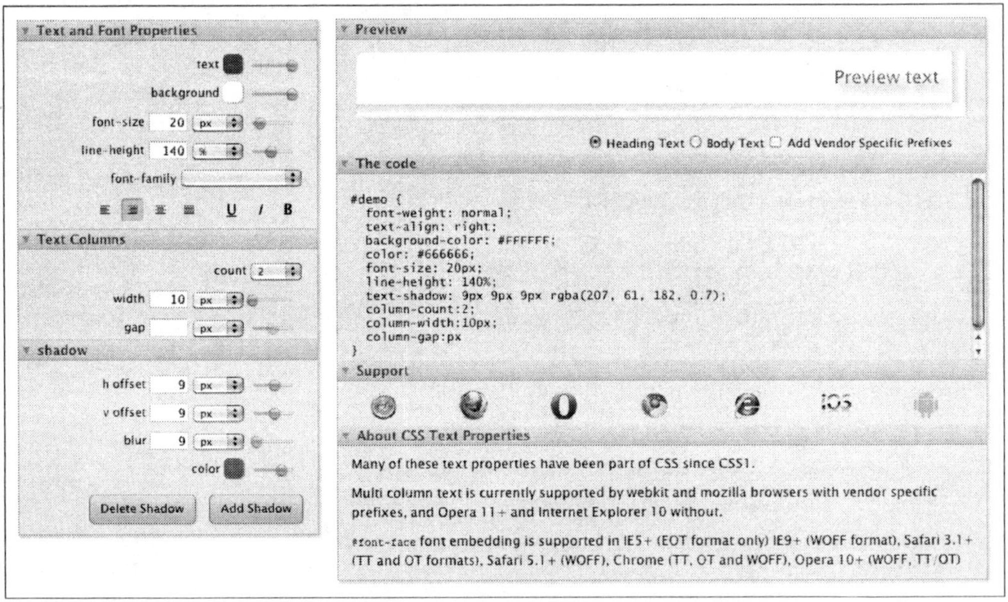

Le site **CSS3Gen** (http://css3gen.com/text-shadow/) vous propose une interface simple pour générer le code CSS3 nécessaire.

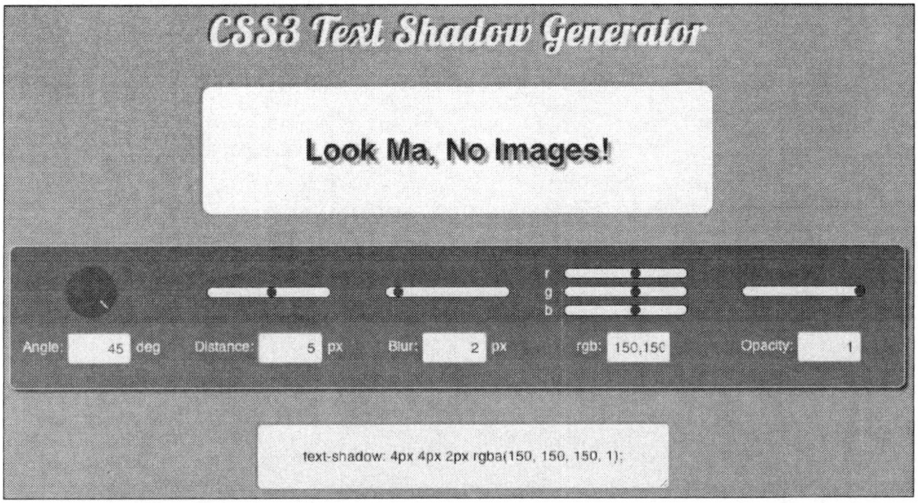

Le site **Jacky-Jack** d'un développeur Web français vous propose aussi un générateur d'ombre portée pour le texte (http://www.jacky-jack.fr/source/11/05/28/Generator-CSS-text-shadow/).

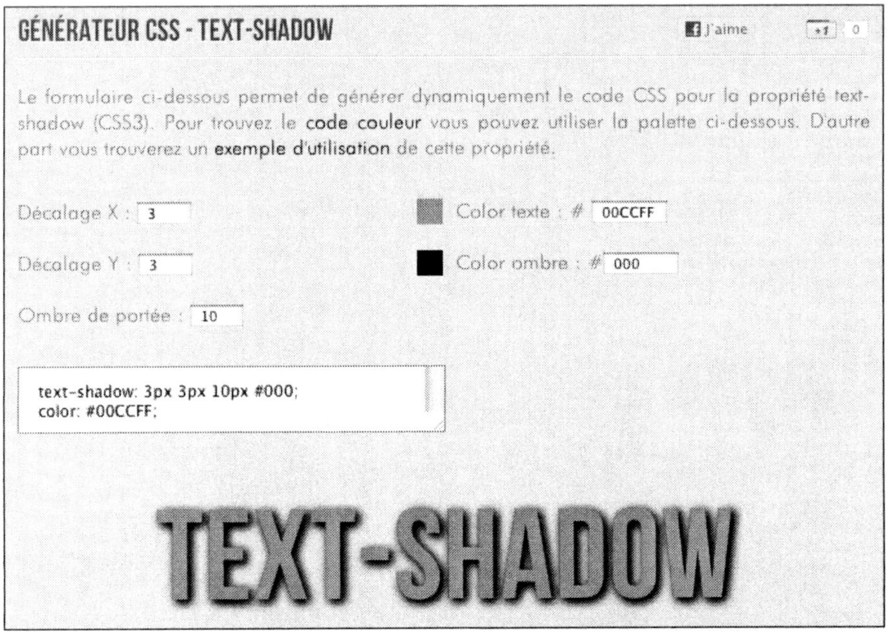

3. Quelques exemples de design

Voici quelques exemples empruntés au site http://webexpedition18.com.

Un effet rétro, avec l'application de deux ombres portées :

```
@font-face {
    font-family: "Hobo";
    src: url("HoboStd.otf");
}
h1 {
    border: solid 1px #ccc;
    padding: 5px;
    width: 300px;
    background-color: #fff;
    font-family: "Hobo";
    color: rgb(158,17,10);
    text-shadow: 1px 1px 0px white, 2px 2px 0px grey;
    text-align: center;
}
```

L'affichage :

Un effet 3D avec une multitude d'ombres portées pour simuler l'effet 3D :

Les styles CSS :

```
@font-face {
    font-family: "Hobo";
    src: url("HoboStd.otf");
}
h1 {
    background-color: #fce;
    width: 300px;
    padding: 5px;
    font-family: "Hobo";
    color: rgb(158,17,10);
    text-shadow: 0 1px 0 #ccc,
                 0 2px 0 #c9c9c9,
                 0 3px 0 #bbb,
                 0 4px 0 #b9b9b9,
                 0 5px 0 #aaa,
```

```
                0 6px 1px rgba(0,0,0,.1),
                0 0 5px rgba(0,0,0,.1),
                0 1px 3px rgba(0,0,0,.3),
                0 3px 5px rgba(0,0,0,.2),
                0 5px 10px rgba(0,0,0,.25),
                0 10px rgba(0,0,0,.2),
                0 20px 20px rgba(0,0,0,.15);
    text-align: center;
}
```

Le rendu :

Un effet de décalage négatif :

```
@font-face {
    font-family: "Hobo";
    src: url("HoboStd.otf");
}
h1 {
    border: solid 1px #ccc;
    padding: 5px;
    width: 300px;
    background-color: #ddd;
    font-family: "Hobo";
    color: rgb(158,17,10);
    text-shadow:-2px -1px 0 #fff;
    text-align: center;
}
```

L'affichage :

```
@font-face {
    font-family: "Hobo";
    src: url("HoboStd.otf");
}
```

Une ombre claire sur fond sombre :

```
@font-face {
    font-family: "Hobo";
    src: url("HoboStd.otf");
}
h1 {
    border: solid 1px #ccc;
    padding: 5px;
    width: 300px;
    background-color: #474747;
    font-family: "Hobo";
    color:#222;
    text-shadow: 0px 1px 2px #eee;
    text-align: center;
}
```

Le rendu :

G. La typographie avancée

1. L'état des lieux

Les CSS3 liées aux polices de caractères (http://www.w3.org/TR/css3-fonts/, en **Last Call Working Draft** au 11 juillet 2013) sont encore peu reconnues en ce qui concerne la typographie avancée.

Pour utiliser ces propriétés avancées, vous devrez utiliser les préfixes des navigateurs et faire de nombreux tests.

Voilà le tableau de compatibilité selon caniuse.com :

Font feature settings - **Working Draft**

Method of applying advanced typographic and language-specific font features to supported OpenType fonts.

*Usage stats:	Global
Support:	58.92%
Partial support:	13.2%
Total:	72.12%

Show all versions	IE	Firefox	Chrome	Safari	Opera	iOS Safari	Opera Mini	Android Browser	Blackberry Browser
								2.1	
								2.2	
						3.2		2.3	
						4.0-4.1		3.0	
	8.0	21.0 -moz-	27.0 -webkit-			4.2-4.3		4.0	
	9.0	22.0 -moz-	28.0 -webkit-	5.1		5.0-5.1		4.1	7.0
Current	10.0	23.0 -moz-	29.0 -webkit-	6.0	15.0 -webkit-	6.0-6.1	5.0-7.0	4.2	10.0 -webkit-
Near future	11.0	24.0 -moz-	30.0 -webkit-	7.0 -webkit-	16.0 -webkit-	7.0 -webkit-			
Farther future		25.0 -moz-	31.0 -webkit-						

Notes | Known issues (0) | Resources (5) | Feedback | Edit on GitHub

Partial support in older Firefox versions refers to using an older syntax. Partial support in older Chrome versions refers to lacking support in Mac OS X.

2. La graisse des caractères

Vous le savez, vous avez accès aux valeurs `normal`, `bold`, `bolder` et `lighter` pour définir la graisse des caractères. Mais depuis les CSS2 déjà, le W3C proposait une échelle relative pour harmoniser les termes utilisés qui sont très différents selon les fondeurs.
C'est une échelle qui va de 100 à 900.

- `100` = Thin
- `200` = Extra Light (Ultra Light)
- `300` = Light
- `400` = Normal
- `500` = Medium
- `600` = Semi Bold (Demi Bold)
- `700` = Bold
- `800` = Extra Bold (Ultra Bold)
- `900` = Black (Heavy)

3. La largeur des caractères

La propriété `font-stretch` permet de gérer la chasse, la largeur des caractères pour avoir des caractères étrécis (`condensed`) ou étendus (`expanded`). Les valeurs acceptées sont : `Ultra Condensed`, `Extra Condensed`, `Condensed`, `Semi Condensed`, `Normal`, `Semi Expanded`, `Expanded`, `Extra Expanded`, `Ultra Expanded`.

4. Ajuster la taille des caractères

La taille des caractères est calée sur la hauteur des ascendantes et des descendantes. Visuellement, certaines polices ont des hauteurs de minuscules différentes. La police Verdana (créée spécialement pour une meilleure lisibilité sur le Web) a une hauteur de minuscules plus importante qu'une Arial ou qu'une Helvetica.

La propriété `font-size-adjust` permet d'ajuster la taille des caractères en se basant sur la hauteur des minuscules et non plus sur la hauteur traditionnelle des caractères.

La valeur à attribuer à cette propriété est un multiplicateur de la taille classique.

Voilà les styles CSS utilisés pour cet exemple, sans ajustement :

```
body {
    font-family: verdana;
}
.special {
    font-stretch: condensed;
}
@font-face {
    font-family: "Arial";
    src: "Arial.ttf";
}
.titre {
    font-family: Arial;
}
```

Voilà le code HTML :

```
<h1 class="titre">Mon titre en Arial</h1>
<h1>Mon titre en Verdana</h1>
```

Voici l'affichage avec Firefox :

Vous voyez très clairement la différence typographique entre les deux polices, Arial et Verdana, avec pourtant la même taille de caractère.

Maintenant ajoutons la propriété `font-size-adjust` pour ajuster, pour atténuer cette différence de hauteur de minuscules :

```
.titre {
    font-family: Arial;
    font-size-adjust: .56;
}
```

Voici l'affichage avec Firefox :

À vous de trouver la meilleure valeur d'ajustement.

5. D'autres propriétés

Viendront en leur temps les propriétés d'approche (`font-kerning`), les ligatures (`font-variant-ligatures`), les caractères numériques spéciaux comme les fractions (`font-variant-numeric`)...

Chapitre 9 : L'HTML5 et les CSS3 pour les formulaires

A. L'objectif 234
B. Les méthodes d'envoi 234
C. L'élément <form> 234
D. Les nouveaux champs 234
E. La validation des formulaires 242
F. Les expressions régulières 245
G. Aider l'utilisateur dans le formulaire 250
H. Des pseudo-classes pour les formulaires 253
I. La validation des saisies 257
J. Un premier exemple simple de formulaire 264
K. Un deuxième exemple très sobre de formulaire 271
L. Un exemple interactif de formulaire 279
M. Un dernier exemple élaboré de formulaire 290
N. Créer des boutons avec des symboles 303
O. Les générateurs de boutons en ligne 306

A. L'objectif

Les pages en HTML 4 qui contiennent des formulaires nécessitent la validation des informations saisies, aussi bien côté serveur que côté client avec du JavaScript. De plus, les types de contenu sont souvent très vagues et sans grande interaction avec les utilisateurs. L'HTML5 va permettre de faire un bond important pour améliorer ces faiblesses.

B. Les méthodes d'envoi

L'HTML 4 permettait d'envoyer les données du formulaire selon deux méthodes : `get` et `post`. L'HTML5 introduit deux nouveaux types d'envoi : `put` et `delete`. Mais l'implémentation de ces deux nouvelles méthodes pose problème et les discussions sont toujours en cours. À surveiller donc, pour voir si elles seront définitivement validées ou pas.

C. L'élément <form>

En HTML 4, l'élément `<form>` permet de créer les formulaires et il doit contenir tous les éléments du formulaire (champs de saisie, boutons, cases à cocher...). Avec l'HTML5, nous pouvons « sortir » des éléments du formulaire.

Voici un exemple d'un élément `<textarea>` placé en dehors du formulaire :

```
<form id="inscription">
    <input type="text">
    ...
</form>
<textarea form="inscription"></textarea>
```

Le premier champ de saisie (`<input >`) est bien inséré dans le formulaire (`<form>`) identifié avec son `id` unique. Le champ de texte (`<textarea>`) est placé en dehors du formulaire, mais il lui est lié avec l'utilisation de l'attribut `form` avec sa valeur égale à l'`id` du formulaire.

D. Les nouveaux champs

1. L'affichage des nouveaux champs

Comme très souvent, la spécification de l'HTML5 ne précise pas comment doivent être affichés les éléments des formulaires. Chaque navigateur utilisera ses propres éléments d'interface. Il y aura donc de fortes différences entre un navigateur d'ordinateur, ceux des smartphones et ceux des tablettes.

Souvenez-vous que par défaut les champs de saisie sont de type `<input type="text">`, ce qui veut dire que si un navigateur ne reconnaît pas un nouveau type de champ, il l'affichera comme un champ de texte « classique ».

2. Le champ pour les e-mails

Le nouveau champ de saisie de type `email` permet de spécifier que le contenu doit être une adresse e-mail, c'est-à-dire qu'il doit y avoir le caractère @. C'est aux navigateurs de tester nativement la présence ou non de l'arobase.

La syntaxe : `<input type="email">`

Un autre intérêt indéniable est l'utilisation avec un smartphone qui reconnaît ce type de champ : le clavier va automatiquement s'adapter à la saisie d'une adresse e-mail.
Exemple avec un iPhone :

Notez que la façon dont le navigateur va réagir si la valeur saisie n'est pas une adresse mail valide est laissée libre aux navigateurs.

Voilà le message d'erreur avec le navigateur Opera :

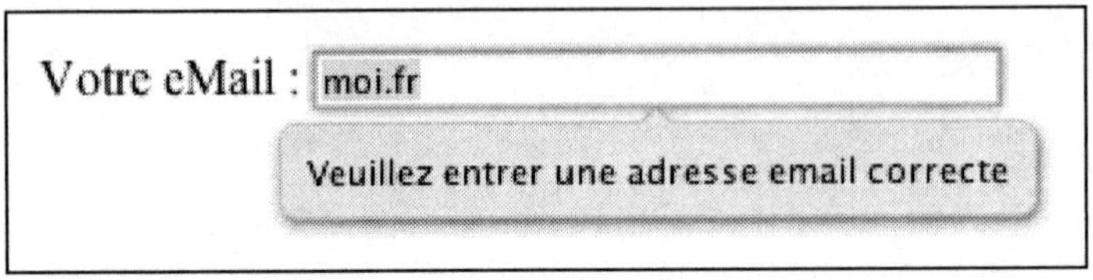

3. Le champ pour les numéros de téléphone

Le type de champ de saisie `tel` est fait pour saisir des numéros de téléphone.

La syntaxe : `<input type="tel">`

Il n'y a aucune contrainte de saisie, les numéros de téléphone étant trop variés dans le monde et pouvant aussi contenir des caractères autres que des nombres. Là encore, les smartphones pourront adapter leur clavier.

4. Le champ pour les URL

Le champ de saisie de type `url` permet la saisie des URL. La vérification d'une URL valide est laissée au bon vouloir des navigateurs.

La syntaxe : `<input type="url">`

La dernière version du navigateur Opera ajoute automatiquement http pour les saisies d'URL commençant par www. Comme toujours, les smartphones peuvent adapter leur clavier à la saisie des URL.

Voici le message d'alerte affiché par le navigateur Chrome si l'URL saisie n'est pas valide :

5. Les champs pour les dates et les heures

Le champ de type date permet d'insérer une date. Mais plutôt que de laisser les utilisateurs saisir eux-même les dates, avec les risques d'erreur, les navigateurs devront proposer nativement des interfaces de sélection de dates faciles à utiliser.

La syntaxe : <input type="date">

Voilà l'interface minimaliste proposée par Chrome et Safari et au format AAAA-MM-JJ :

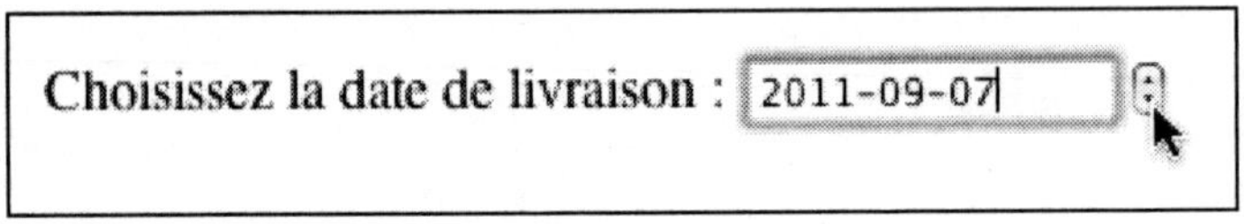

Voilà l'interface plus ergonomique d'Opera :

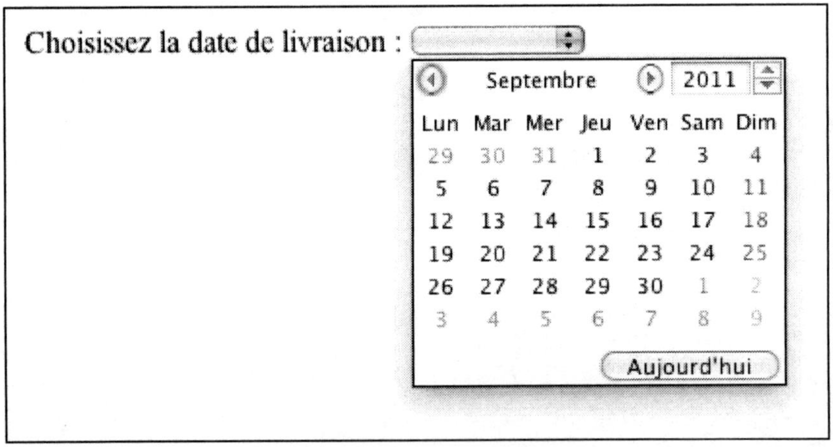

Le choix d'une date reste au format AAAA-MM-JJ :

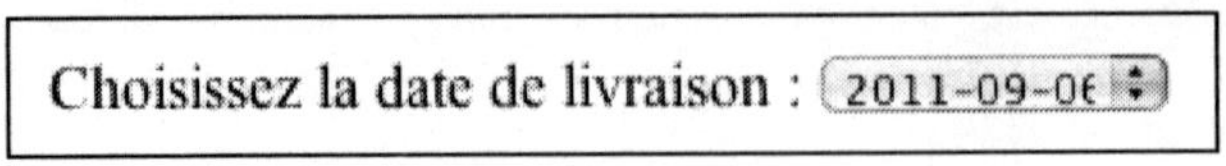

Il existe d'autres types pour saisir des dates :

- le jour et l'heure avec le décalage horaire : <input type="datetime">
- le jour et l'heure sans le décalage horaire : <input type="datetime-local">
- la date uniquement : <input type="date">
- l'heure uniquement : <input type="time">
- les semaines uniquement : <input type="week">
- les mois uniquement : <input type="month">

Voici un exemple de saisie d'heure avec Opera :

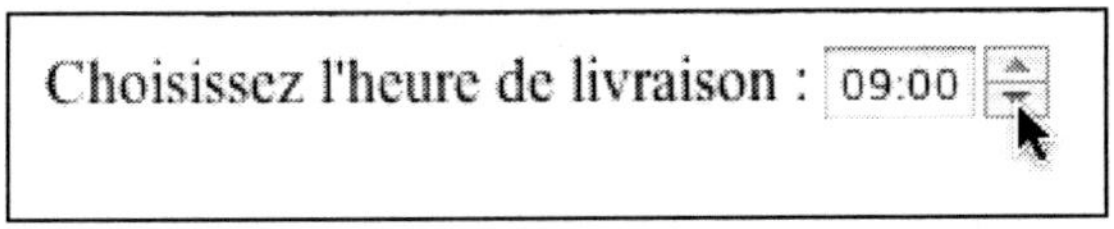

Voici un exemple de saisie de semaine avec Opera :

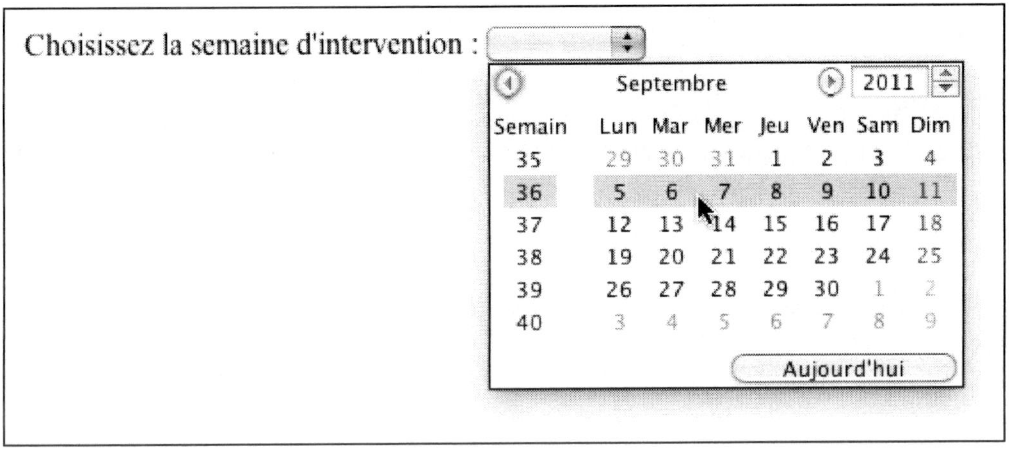

Le choix effectif de semaine :

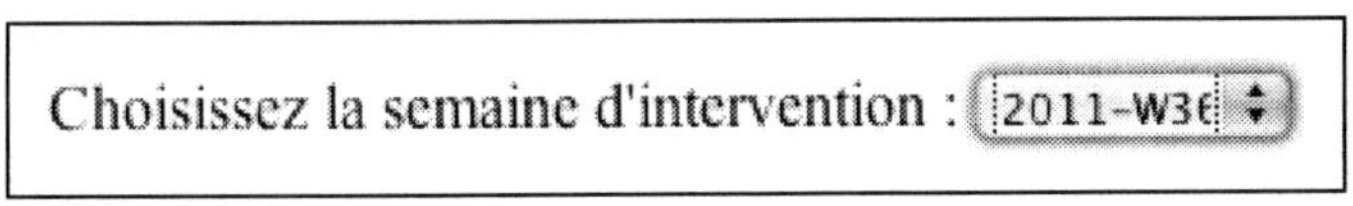

6. Le champ pour les valeurs numériques

Le champ de saisie de type `number` permet de ne saisir que des valeurs numériques. La validation de ce type de champ est comme toujours laissée libre par les navigateurs.

La syntaxe : `<input type="number">`

Ce type de champ accepte plusieurs attributs :

- `min` : la valeur minimale acceptée.
- `max` : la valeur maximale acceptée.
- `step` : la valeur de l'incrément à utiliser dans l'interface.
- `value` : la valeur déjà saisie.

Voici un exemple de syntaxe pour saisir une valeur numérique, avec un minimum de 18, un maximum de 100, par pas de 2 et avec une valeur initiale de 48 :

```
<input type="number" min="18" max="100" step="2" value="48" id="age" />
```

Voilà l'interface de saisie proposée par Opera :

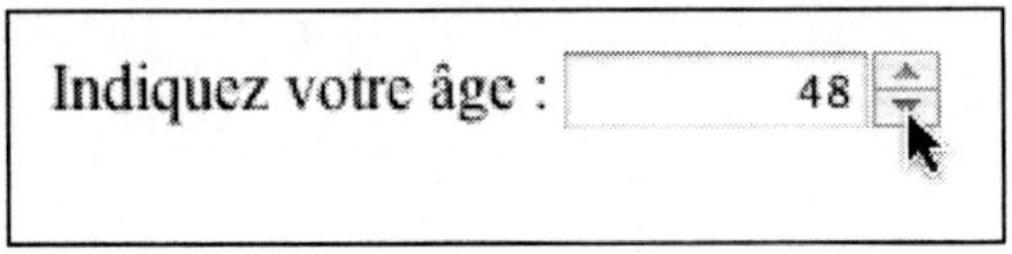

7. Les réglettes avec curseur

Le champ de saisie `range`, mais qui ne propose pas de saisie, permet d'afficher une réglette avec un curseur pour choisir une valeur.

La syntaxe : `<input type="range">`

Ce type de champ peut utiliser les mêmes attributs que `number`.

L'affichage de la valeur choisie est fait avec un JavaScript :

```
<p>
<label for="age">Indiquez votre âge : </label>
<input type="range" min="18" max="100" step="2" value="48" id="age2"
oninput="document.getElementById('sortie').textContent=value">
<output id="sortie">0</output>
</p>
```

Voilà l'interface avec Safari :

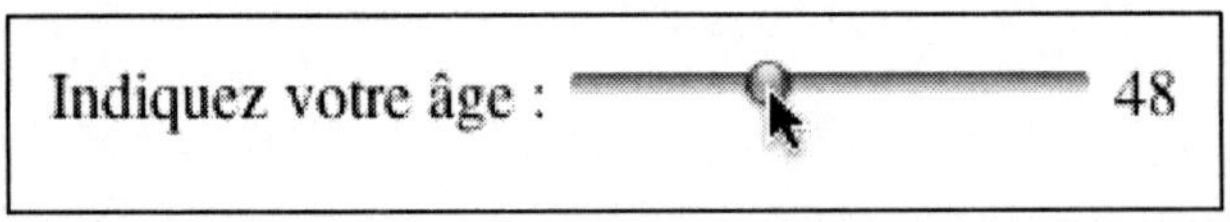

8. Les champs de recherche

Le type `search` permet d'insérer un champ de saisie dédié à la recherche. L'affichage reprendra les canons d'interface du navigateur utilisé par les visiteurs, donc l'affichage peut être très varié !

La syntaxe : `<input type="search">`

Voilà l'affichage dans Safari :

9. Le champ de saisie suggérée

Ce champ de type datalist permet d'avoir un champ de saisie libre et avec en même temps les fonctionnalités d'une liste déroulante. Cela permet à l'utilisateur de saisir une valeur personnelle ou bien de choisir une valeur proposée existante.

L'élément datalist utilise les éléments classiques option pour les suggestions. Il faut utiliser conjointement un champ de type text et un élément datalist. La liaison se fait avec la valeur de l'attribut list d'input et l'id du datalist.

Voilà un exemple d'application :

```
<input id="os" type="text" list="lesOS">
<datalist id="lesOS">
    <option value="Mac OS">
    <option value="Windows">
    <option value="Linux">
</datalist>
```

Voilà l'affichage avec Opera :

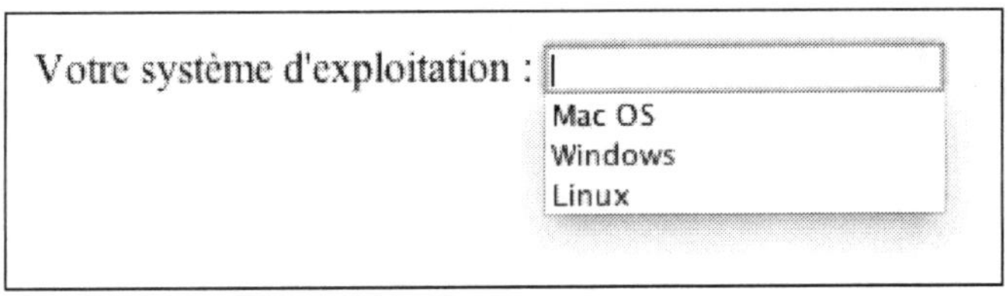

10. Le choix d'une couleur

Ce dernier nouvel élément de formulaire permet aux visiteurs de choisir une couleur dans le système de choix des couleurs de leur OS.

La syntaxe : <input type="color">.

Voilà l'affichage avec Opera :

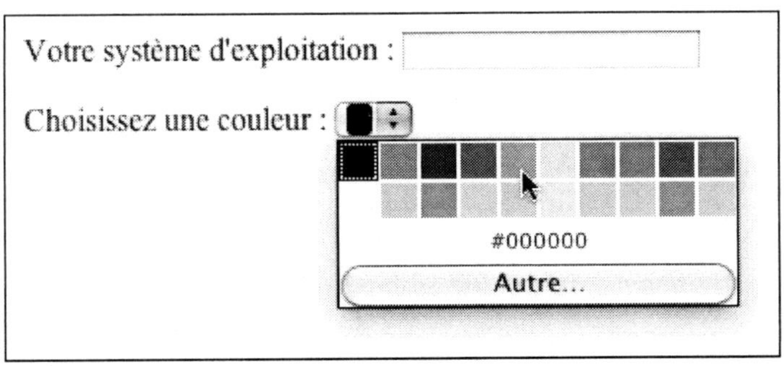

Si l'utilisateur choisi **Autre**, c'est le système de choix de couleur du système d'exploitation de l'internaute qui sera utilisé.

Exemple avec Mac OS :

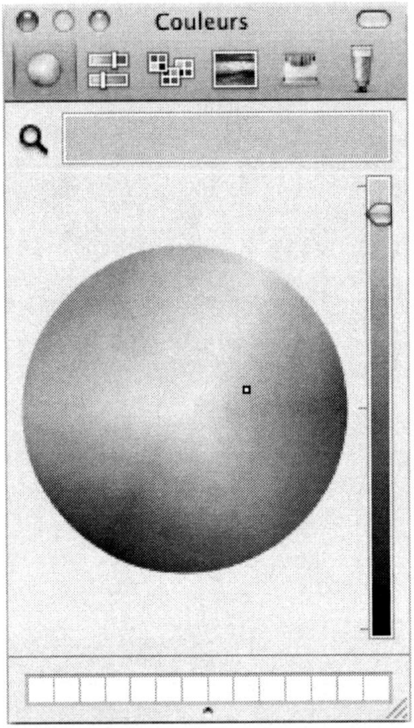

11. Les clés publiques

Si vous avez besoin d'envoyer une clé publique par un formulaire, utilisez l'élément `<keygen>`.

E. La validation des formulaires

1. La validation côté client

Avec l'HTML5, nous allons pouvoir effectuer des validations de saisie dans le navigateur, côté client. Cela ne vous empêche en rien de valider les formulaires côté serveur, pour des raisons de sécurité et d'efficacité. La validation native côté client va permettre aux designers Web de ne pas avoir à saisir du JavaScript.

Notez bien que chaque navigateur est totalement libre de l'affichage utilisé quand une erreur de saisie est repérée.

2. Désactiver la validation

Vous pouvez parfaitement désactiver la validation native des formulaires en HTML5. Il vous suffit d'utiliser l'attribut booléen `novalidate` dans l'élément `<form>`.

```
<form novalidate="novalidate">...</form>
```

Ou en syntaxe courte :

```
<form novalidate>...</form>
```

Vous pouvez aussi l'indiquer dans le bouton d'envoi du formulaire en ajoutant l'attribut `formnovalidate`.

Exemple :

```
<input type="submit" id="envoi" value="Envoyer" formnovalidate />
```

3. Rendre un champ obligatoire

Pour rendre un champ de saisie obligatoire, il faut utiliser l'attribut booléen `required`. Le navigateur n'enverra pas le formulaire si ce champ obligatoire n'est pas saisi.

```
<input type="text" id="nom" required="required">
```

Ou en syntaxe courte :

```
<input type="text" id="nom" required>
```

Voilà un exemple d'un champ de saisie obligatoire :

```
<form id="inscription" method="#" action="#">
    <p><label for="nom">Votre nom : </label>
    <input type="text" id="nom" required /></p>
    <p><input type="submit" /></p>
</form>
```

Voilà l'affichage :

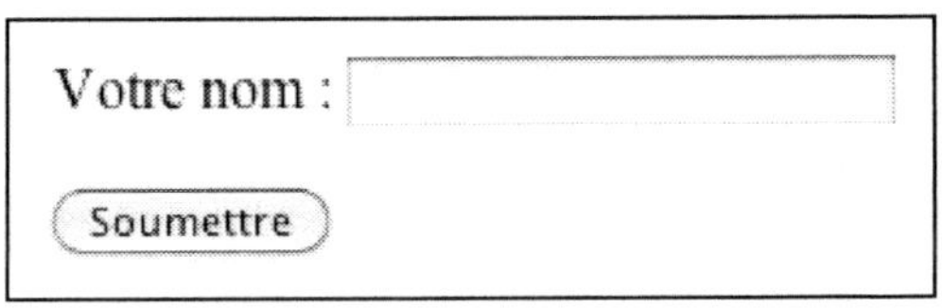

Voilà le message d'alerte affiché avec Opera :

Voilà le message d'alerte affiché avec Chrome :

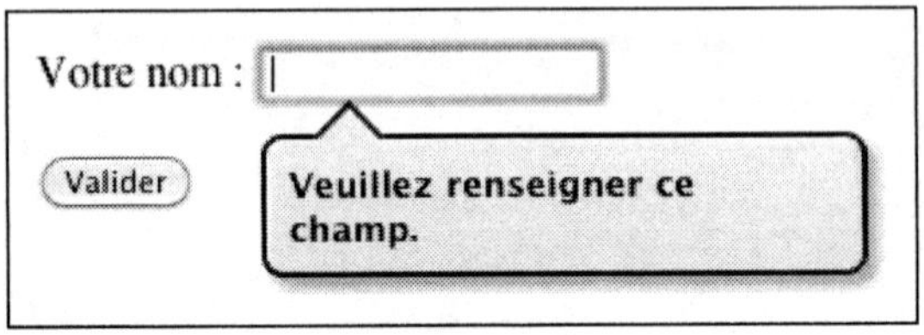

4. Les saisies autorisées

Vous allez pouvoir indiquer au navigateur quelles sont les saisies autorisées dans les champs de saisie. Nous allons utiliser l'attribut `pattern` avec comme valeur une expression régulière. Vous allez préciser avec l'expression régulière la saisie autorisée et le navigateur affichera le message d'alerte en cas d'erreur.

Supposons que, dans un champ, l'utilisateur doive saisir un mot de passe formaté de manière stricte : trois chiffres, un tiret et trois lettres en majuscules uniquement.

Voilà la syntaxe à utiliser :

```
<label for="pw">Votre mot de passe : </label>
<input type="text" pattern="[0-9]{3}-[A-Z]{3}" id="pw">
```

- `[0-9]` : indique que tous les chiffres de 0 à 9 sont acceptés.
- `{3}` : indique que trois chiffres sont requis.
- `-` : indique qu'il faut saisir ensuite le caractère -.
- `[A-Z]` : indique que toutes les lettres en majuscules de A à Z sont acceptées.
- `{3}` : indique que trois lettres sont requises.

Voilà le message d'alerte dans Opera, lorsque la saisie n'est pas conforme :

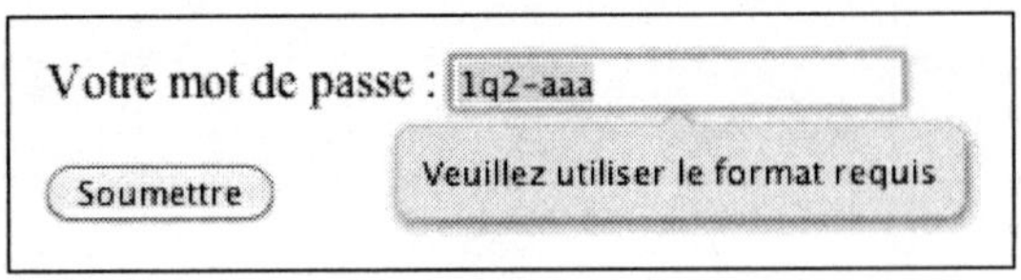

Voilà le message d'alerte dans Chrome :

F. Les expressions régulières

Nous venons de voir avec cet exemple l'utilisation d'une expression régulière dans l'attribut `pattern`. Étudions un peu plus précisément ces expressions régulières.

Voilà quelques URL sur le sujet :

- http://fr.wikipedia.org/wiki/Expression_régulière
- http://docs.limesurvey.org/Utilisation+des+expressions+régulières
- http://html5pattern.com/
- http://www.w3schools.com/jsref/jsref_obj_regexp.asp
- http://blog.stevenlevithan.com/

1. Des lettres autorisées

Voilà la syntaxe pour indiquer que l'utilisateur ne devra saisir qu'une seule lettre : `a` ou `g` ou `r` et en minuscule : `[agr]`. Toute autre saisie ne sera pas valide.

La syntaxe :

```
<input type="text" id="test" pattern="[arg]" />
```

Exemples de saisies non valides :

`A` est en majuscule :

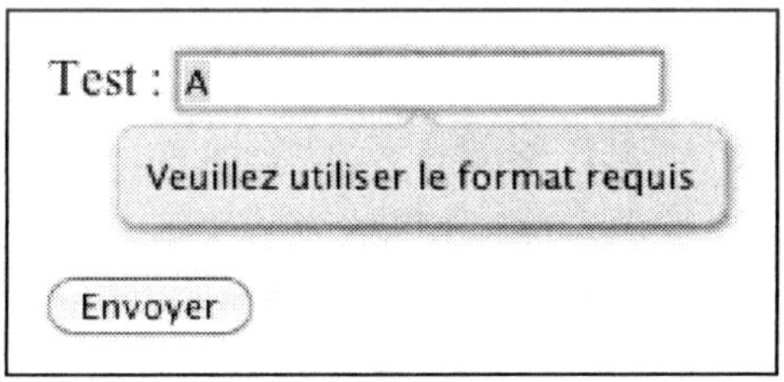

Il y a deux caractères :

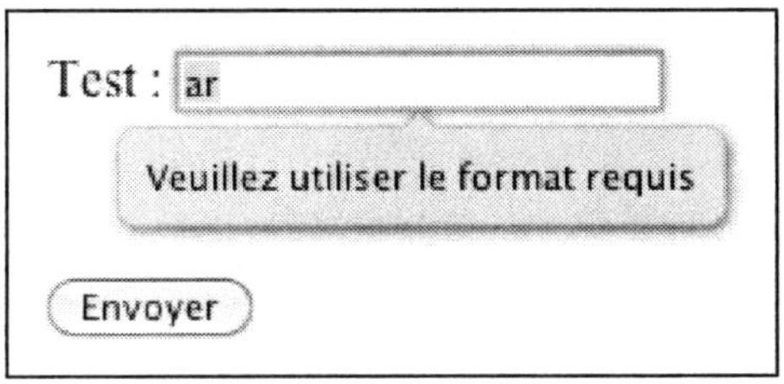

2. Un intervalle de lettres autorisées

Voilà la syntaxe pour indiquer un intervalle de lettres autorisées : `[G-M]`. L'utilisateur pourra saisir une lettre en majuscule comprise entre `G` et `M` inclus.

Exemples de saisies non valides :

`k` est en minuscule :

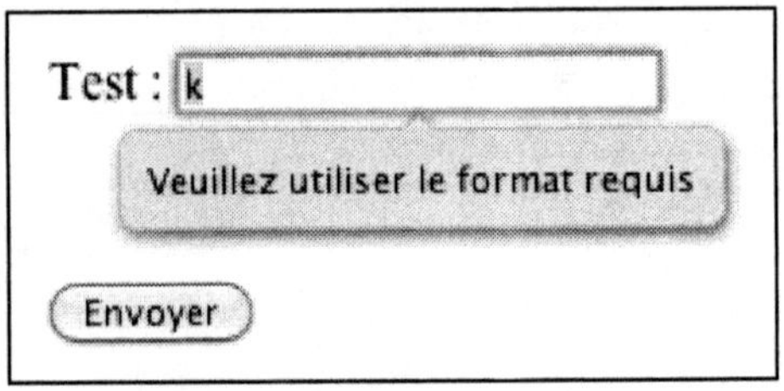

`B` n'est pas dans l'intervalle :

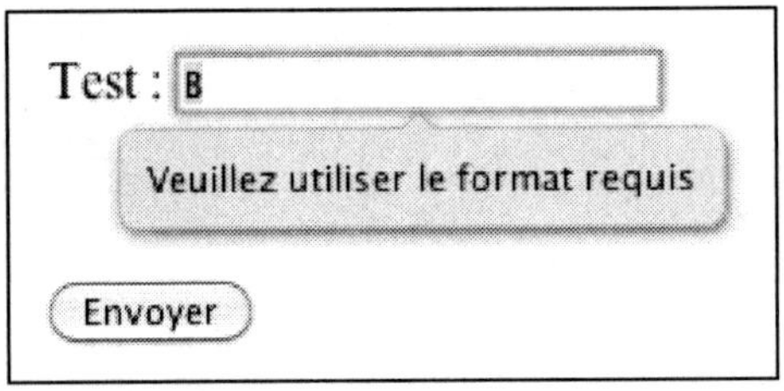

3. Des lettres autres que

Voilà la syntaxe pour indiquer toutes les lettres autorisées, sauf celles spécifiées : `[^abc]`. L'utilisateur pourra saisir tous les caractères sauf `a`, `b` et `c`.

Voilà la syntaxe pour indiquer toutes les lettres autorisées, sauf celles spécifiées dans l'intervalle : `[^d-m]`. L'utilisateur pourra saisir toutes les lettres sauf celles comprises entre `d` et `m` inclus.

`k` est dans l'intervalle non autorisé :

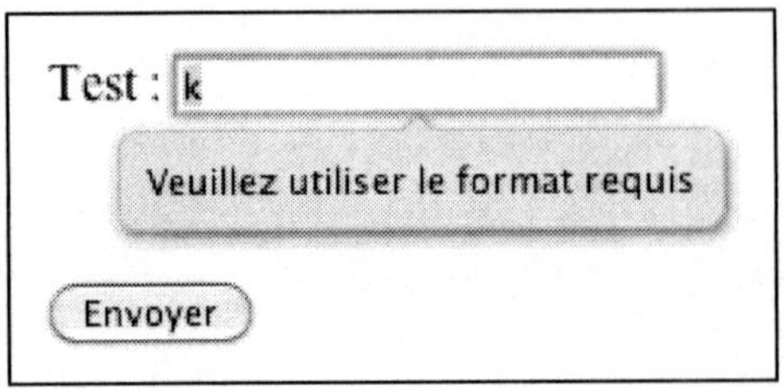

4. La casse des lettres

Vous pouvez imposer une casse aux lettres autorisées.

Voilà la syntaxe pour autoriser la saisie d'un seul caractère en majuscule : `[A-Z]`.

Voilà la syntaxe pour autoriser la saisie d'un seul caractère en minuscule : `[a-z]`.

Voilà la syntaxe pour autoriser la saisie d'un seul caractère en majuscule ou en minuscule : `[A-z]`.

5. La condition ou

Vous pouvez indiquer plusieurs possibilités avec le caractère | qui indique la logique `OU`.

Voilà la syntaxe pour autoriser une saisie d'un caractère compris en `a` et `e` ou `w` et `z` : `[a-e|w-z]`.

6. Des mots autorisés

Vous pouvez aussi indiquer quels sont les mots autorisés. Voilà la syntaxe pour autoriser la saisie des mots `truc` ou `bidule` ou `machin` : `(truc|bidule|machin)`.

`toto` n'est pas autorisé.

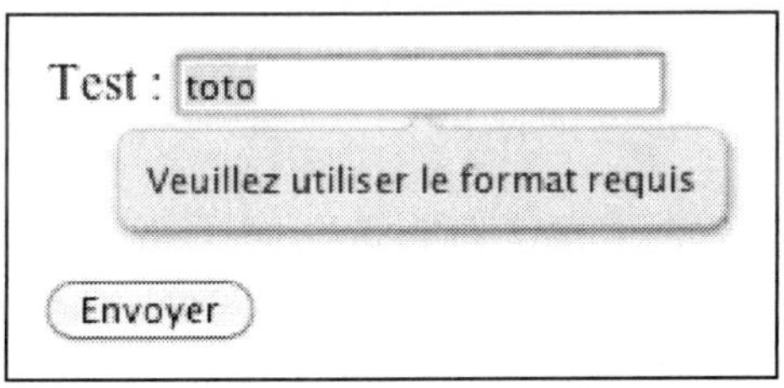

7. Autoriser des chiffres

Vous retrouvez le même principe avec les chiffres.

Voilà la syntaxe pour autoriser la saisie d'un chiffre compris entre `0` et `9` : `[0-9]`.

23 n'est pas autorisé, c'est un nombre et non pas un simple chiffre :

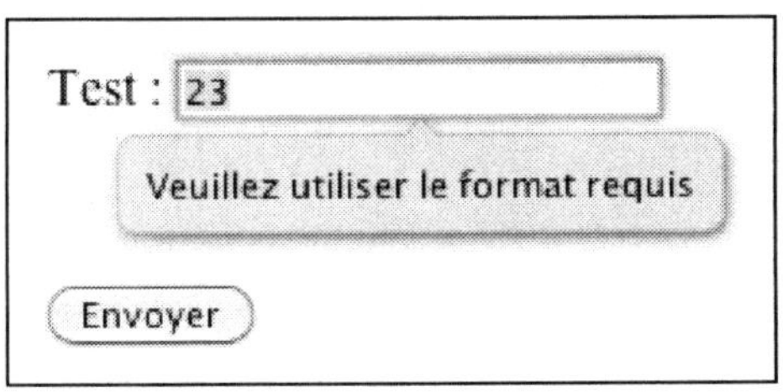

8. Un nombre limité de caractères

Vous pouvez indiquer combien de lettres ou de chiffres sont autorisés pour que la saisie soit valide.

Voilà la syntaxe pour autoriser la saisie de 5 lettres en majuscules : `[A-Z]{5}`.

Exemple de saisies non valides :

Il n'y a que trois lettres :

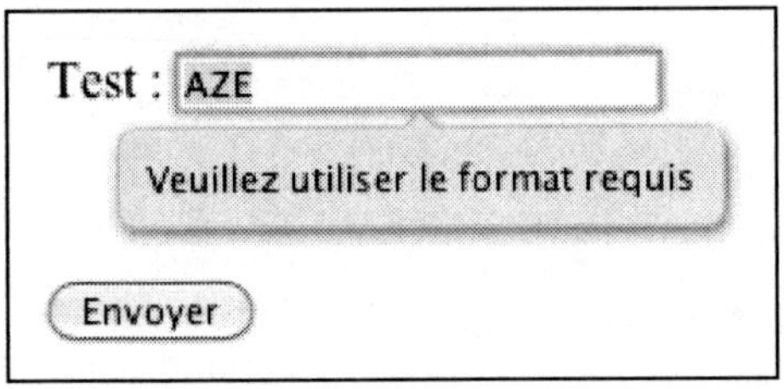

Il y a bien cinq lettres, mais elles sont en minuscules :

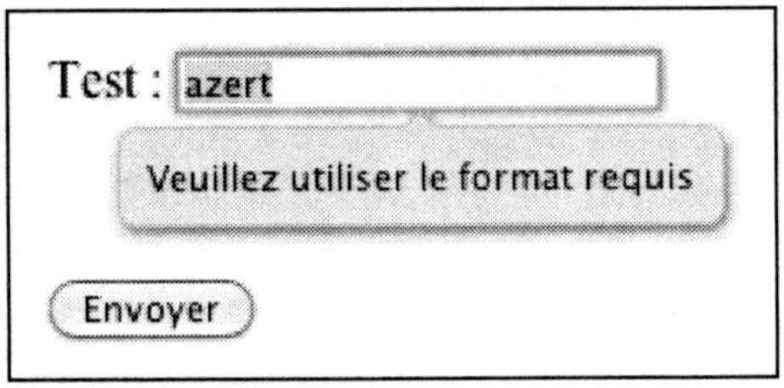

Il y a quatre majuscules et un chiffre :

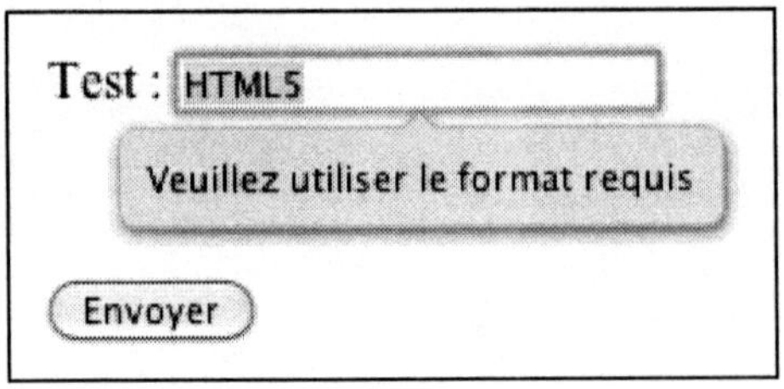

9. Les saisies multiples

Voilà la syntaxe pour valider une saisie comportant deux lettres en majuscules, puis trois chiffres : `[A-Z]{2}[0-9]{3}`.

Exemple de saisies non valides :

Il y a bien le nombre de caractères voulu, mais la saisie commence par les chiffres et non pas par les lettres :

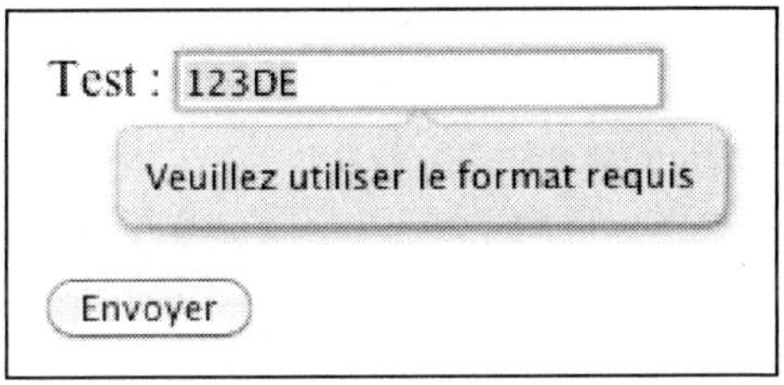

10. Les paramètres spéciaux

Vous pouvez utiliser un certain nombre de caractères spéciaux pour spécifier certaines expressions régulières.

- `\d` désigne les chiffres. `\d{3}` valide la saisie de 3 chiffres.
- `\w` désigne les caractères. `\w{3}` valide la saisie de 3 caractères.
- `+` permet d'indiquer qu'il doit y avoir un ou plus de caractères spécifiés précédemment. Cela permet de ne pas avoir de limite de saisie. `[a-z]+` permet de saisir autant de lettres en minuscules que l'utilisateur le souhaite.
- `*` permet d'indiquer qu'il peut y avoir aucun ou plus de caractères spécifiés précédemment. Cela permet d'avoir des saisies optionnelles. `[A-Z]{2}[0-9]*` indique que la saisie commence par deux majuscules et peut être suivie par zéro ou n chiffres.
- `^` impose que la saisie commence par les éléments spécifiés qui le suivent. `^[0-9]{2}` indique que la saisie doit commencer par deux chiffres pour être valide.
- `$` impose que la saisie se termine par les éléments spécifiés qui le précèdent. `[a-z]$` indique que la saisie doit se terminer par une lettre en minuscule pour être valide.

Voilà la syntaxe pour autoriser une saisie entre 20 et 29 : `^(2[0-9])$`. La saisie doit commencer par 2 (`^(2`) et se terminer par un chiffre compris entre 0 et 9 (`[0-9])$`).

G. Aider l'utilisateur dans le formulaire

1. L'aide à la saisie

L'attribut `placeholder` permet d'afficher une saisie en exemple dans un champ de texte pour aider les utilisateurs. Ainsi, ces derniers voient un exemple de la saisie à effectuer. Dès que l'utilisateur clique dans le champ, la saisie d'exemple n'est plus affichée.

Voilà la syntaxe à utiliser, en repartant de l'exemple précédent :

```
<input type="text" pattern="[0-9]{3}-[A-Z]{3}"
placeholder="111-AAA" id="pw">
```

Voilà l'affichage quand l'utilisateur n'est pas dans le champ :

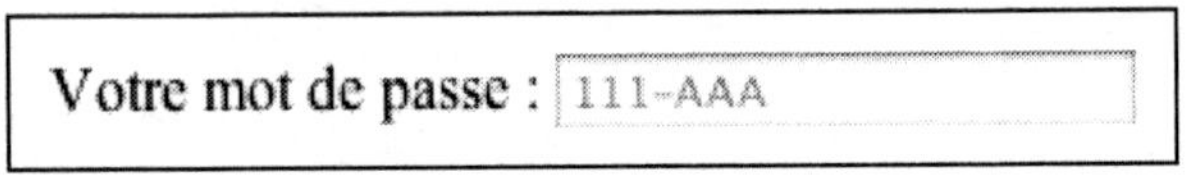

Voilà l'affichage quand l'utilisateur clique dans le champ :

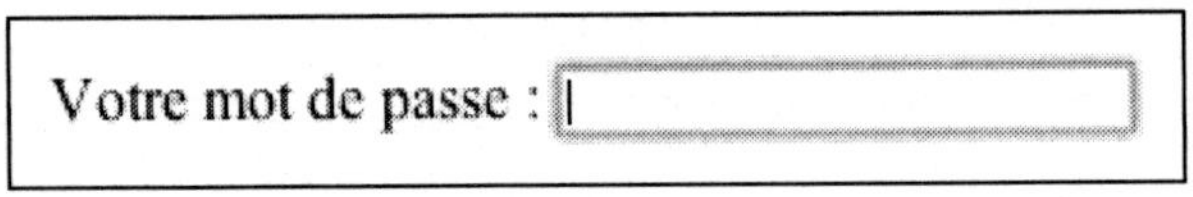

2. Activer un champ

Vous pouvez faire clignoter le point d'insertion dans un champ donné : utilisez l'attribut booléen `autofocus`.

Voici un exemple d'utilisation de cet attribut avec une syntaxe courte :

```
<label for="nom">Votre nom : </label>
<input type="text" id="nom" autofocus />
```

À l'affichage de la page, le point d'insertion clignote bien dans le champ choisi :

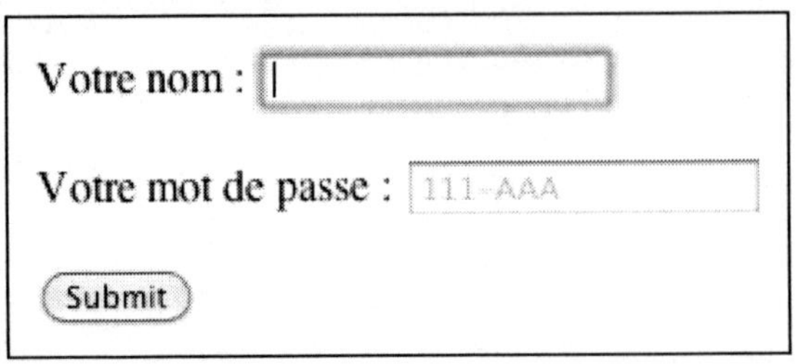

Vous ne devez utiliser qu'un seul `autofocus` par page.

Utiliser cette fonctionnalité avec « parcimonie » : certains internautes la « détestent » car ils se sentent obligés de faire une saisie dans un champ. De plus certains utilisateurs avertis utilisent la barre d'espace pour faire défiler une page Web ; avec l'autofocus ils perdront cette fonctionnalité. Mais « normalement » les navigateurs devraient avoir un réglage pour désactiver l'autofocus.

3. Le remplissage automatique

Par défaut pour les formulaires, les navigateurs utilisent l'attribut `autocomplete` avec la valeur à `on`, ce qui permet d'afficher la liste des dernières saisies effectuées dans un champ. Cela permet de sélectionner rapidement une saisie déjà effectuée.

```
<form id="inscription" method="post" action="inscription.php"
autocomplete="on">
```

Si vous avez activé l'autocomplétion pour l'ensemble des champs au niveau du formulaire, rien ne vous empêche de ne pas utiliser cette facilité dans un champ donné :

```
<input type="url" id="url" autocomplete="off" />
```

4. Redimensionner un champ

La nouvelle propriété CSS3 `resize` permet d'autoriser le redimensionnement d'un champ de texte pour les utilisateurs. Cette propriété accepte cinq valeurs :

- `none` : pas de redimensionnement autorisé.
- `both` : redimensionnement vertical et horizontal.
- `horizontal` : seul le redimensionnement horizontal est autorisé.
- `vertical` : seul le redimensionnement vertical est autorisé.
- `inherit` : hérite de la propriété de son parent.

Voilà le formulaire :

```
<form id="test" method="#" action="#">
    <p>
        <label for="nom">Nom : </label>
        <input type="text" id="nom" />
    </p>
    <p>
        <label for="commentaire">Commentaires : </label>
        <br />
        <textarea name="commentaire" id="commentaire"></textarea>
    </p>
    <p>
        <input type="submit" name="envoi" id="envoi" value="Envoyer" />
    </p>
</form>
```

Voilà le style CSS pour l'élément `<textarea>` :

```
#commentaire {
    width: 200px;
    height: 90px;
    border: 1px solid #333;
    background-color: lightyellow;
    resize: both;
}
```

Voilà l'affichage avec Firefox :

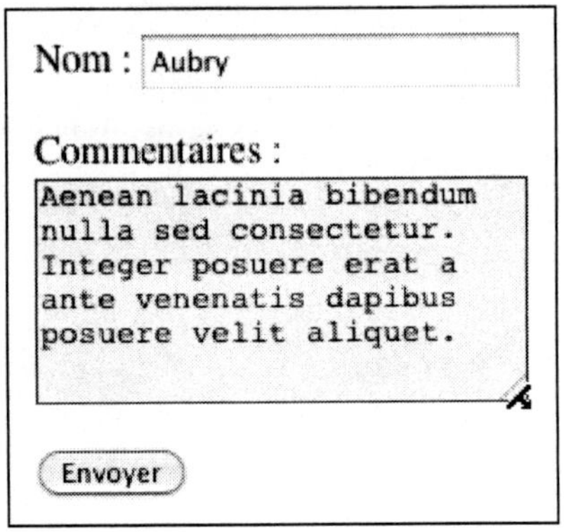

Le redimensionnement est possible dans les deux directions :

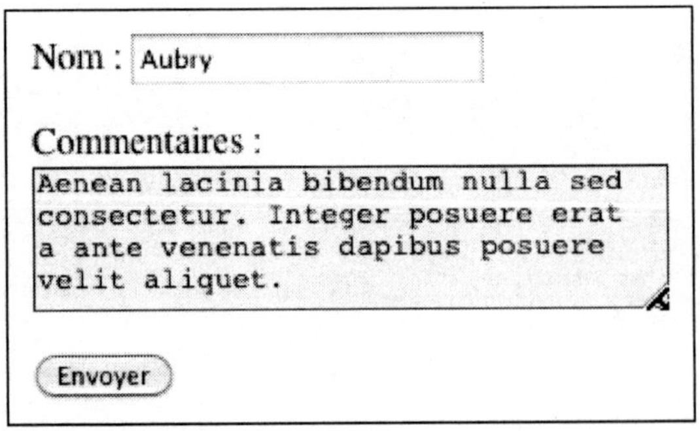

H. Des pseudo-classes pour les formulaires

1. Les objectifs des pseudo-classes

Les CSS3 nous proposent des nouveautés très intéressantes avec les pseudo-classes dédiées aux objets de formulaire. Vous allez pouvoir mettre en évidence les objets d'un formulaire actifs, désactivés et cochés. Ainsi, l'utilisateur sait ce qu'il a fait et ce qui est actif ou inactif.

Voici ces nouvelles pseudo-classes : `:enabled`, `:disabled` et `:checked`.

2. Le formulaire et les styles

Voici un exemple d'un formulaire avec deux champs de saisie : le premier pour saisir le nom est utilisable (`enabled`), le deuxième pour saisir l'âge n'est pas utilisable (`disabled`).

Puis nous avons deux boutons radio pour choisir le sexe (Homme ou Femme).

Enfin, nous avons une case à cocher.

L'objectif est de mettre en évidence les objets du formulaire en fonction de leur état : utilisable, non utilisable et coché.

Voilà le code HTML du formulaire :

```
<form id="form1" method="#" action="#">
<p>
    <label for="nom">Votre nom : </label>
    <input type="text" id="nom" />
</p>
<p>
    <label for="age">Votre âge : </label>
    <input type="text" id="age" disabled="disabled"/>
</p>
<p>
    <input type="radio" name="sexe" id="homme" value="homme" />
    <label for="homme">Homme</label><br/>
    <input type="radio" name="sexe" id="femme" value="femme" />
    <label for="homme">Femme</label>
</p>
<p>
    <input type="checkbox" id="accord" />
    <label for="accord">Je suis d'accord avec le réglement</label>
</p>
</form>
```

Voilà les styles CSS :

```
#accord:checked+label {
    background-color: gold;
    font-weight: bold;
}
#homme:checked+label, #femme:checked+label {
    font-style: italic;
}
:enabled {
    background-color: lightgreen;
}
:disabled {
    background-color: lightcoral;
}
```

Le premier sélecteur cible l'étiquette (`label`) de la case à cocher (`#accord`) si elle est cochée (`checked`). Effectivement, nous voulons mettre en évidence l'étiquette de la case à cocher et non la case, d'où l'utilisation d'un sélecteur adjacent.

Le deuxième sélecteur cible le bouton radio coché.

Les deux autres styles permettent juste d'avoir un arrière-plan coloré selon l'état du champ.

3. L'utilisation

Voilà l'affichage du formulaire, sans action de l'utilisateur :

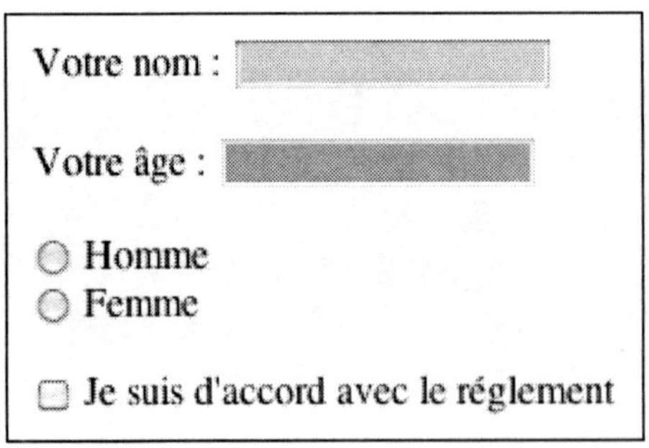

L'utilisateur peut faire une saisie dans le premier champ actif (fond vert), mais pas dans le deuxième qui est inactif (fond rouge) :

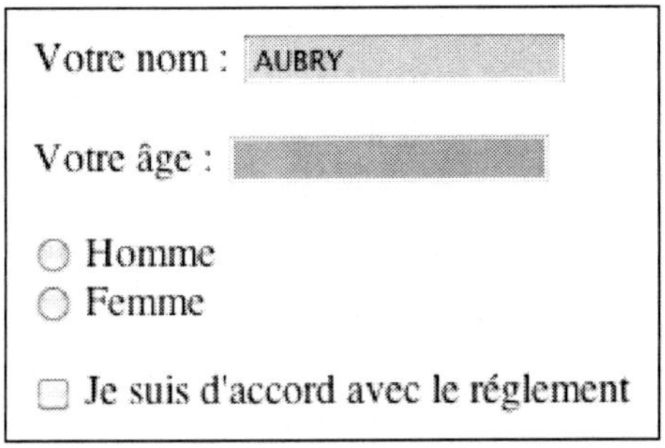

L'utilisateur a coché un bouton radio, l'étiquette est en italique :

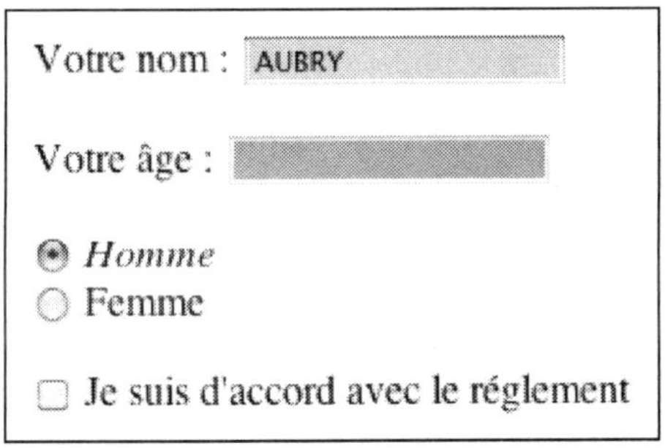

L'utilisateur a coché la case à cocher, l'étiquette est en gras sur fond doré :

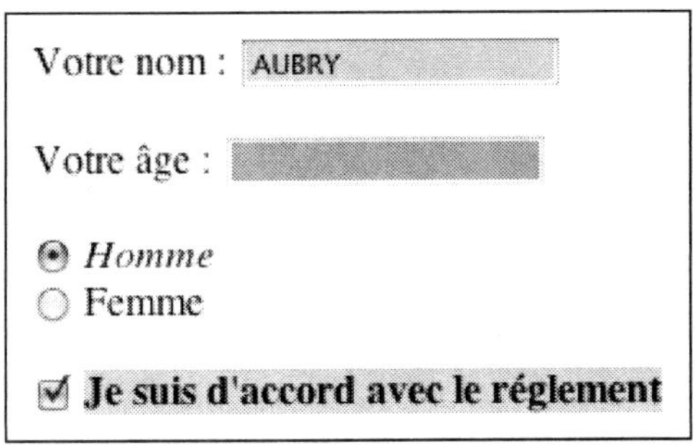

4. Une autre pseudo-classe

Il existe un autre état pour les boutons radio et les cases à cocher, c'est l'état indéterminé : `:indeterminate`. Cet état indique que l'objet n'est ni coché, ni non coché.

5. Les champs requis et optionnels

Vous pouvez mettre en évidence des champs obligatoires ou optionnels. Utilisez les pseudo-classes `:required` et `:optional`.

Les champs qui sont obligatoires, dans lesquels il faut qu'il y ait une saisie, doivent avoir l'attribut booléen `required`. Ceux qui ne sont pas obligatoires seront optionnels par défaut, sans qu'il soit besoin de le préciser.

Voilà un exemple de formulaire :

```
<form id="form1" method="#" action="#">
    <p>
        <label for="nom">Votre nom : </label>
        <input type="text" name="nom" id="nom" required />
    </p>
    <p>
        <label for="age">Votre âge : </label>
        <input type="text" name="age" id="age" />
    </p>
    <p>
        <input type="submit" id="envoi" value="Envoyer" />
    </p>
</form>
```

Voilà les CSS :

```
input:required {
    background-color: lightcoral;
}
input:optional {
    background-color: lightgoldenrodyellow;
}
input#envoi {
    background: none;
}
```

Voilà l'affichage résultant :

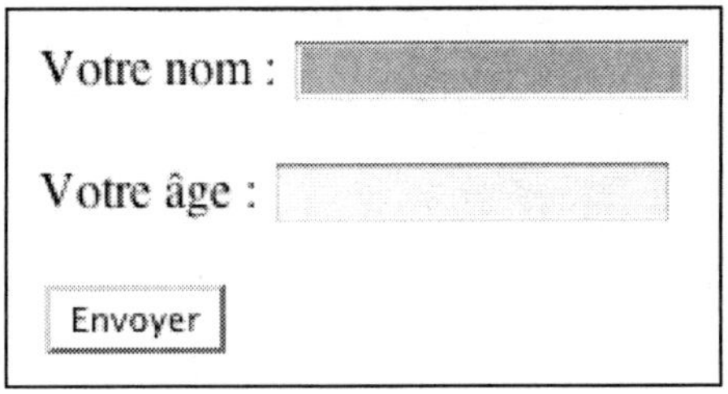

6. La mise en forme du :focus

La pseudo-classe `:focus` permet de mettre en évidence le champ qui est en cours d'utilisation avec l'utilisation d'un contour supplémentaire, `outline`. Les CSS3 ajoutent une nouvelle propriété : `outline-offset` qui est la distance entre la limite de la boîte et le contour de l'outline.

Voici un exemple très simple :

```
input:focus {
    outline: solid 3px green;
    outline-offset: 2px;
}
```

Le résultat à l'affichage :

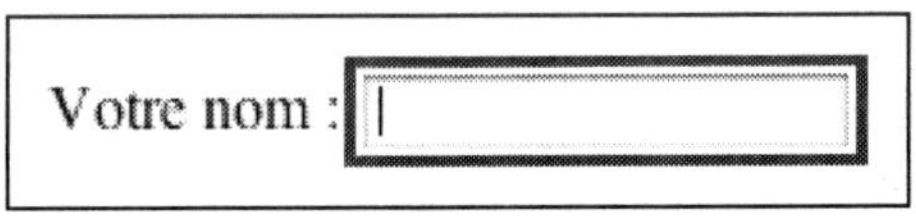

I. La validation des saisies

1. Objectif

Nous avons vu en début de chapitre, dans la section La validation des formulaires, comment, par exemple, rendre obligatoire une saisie avec l'attribut `required` et la réponse par défaut des navigateurs. Nous allons maintenant apprendre à mettre en forme avec les CCS3 la validation des formulaires.

2. Le formulaire

Nous allons créer un formulaire comportant trois champs et un bouton d'envoi.

Voilà le code HTML du formulaire :

```
<form id="inscription" method="#" action="#">
    <p>
        <label for="nom">Votre nom : </label>
        <input type="text" id="nom" required />
    </p>
    <p>
        <label for="email">Votre eMail : </label>
        <input type="email" id="email" required />
    </p>
    <p>
        <label for="age">Votre âge : </label>
        <input type="text" id="age" pattern="\d{2}" />
    </p>
    <p>
        <input type="submit" id="envoi" value="Envoyer" />
    </p>
</form>
```

Les deux premiers champs sont obligatoires (`required`) et le dernier comporte une validation avec une expression régulière. Un simple et unique bouton d'envoi est utilisé.

3. La mise en forme du formulaire

Voici les styles pour la mise en forme simple des objets du formulaire.

```
Input {
    border: solid 1px gray;
    width: 200px;
}
label, input{
    display: inline-block;
}
label {
    width: 100px;
    text-align: right;
    margin-right: 10px;
}
input[type=submit]{
    width: 75px;
    background: none;
}
```

Voilà le rendu dans Opera :

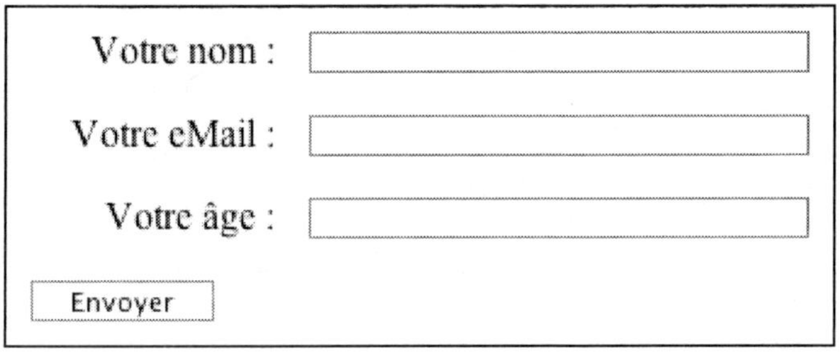

4. Les champs non valides

Nous avons un champ de type `email` et un champ avec un `pattern`. La validité des champs se fait de façon « permanente », en continu. Nous allons donc tester cette validité lorsque le champ est actif, lorsqu'il a le `:focus` et avec les pseudo-classes `:valid` et `:invalid`. Un point rouge apparaît à droite du champ lorsque la saisie n'est pas valide et c'est un point vert lorsque la saisie est valide.

```
input:focus:invalid {
    background: url(rouge.png) no-repeat 98% center;
}
input:focus:valid {
    background: url(vert.png) no-repeat 98% center;
}
```

Lorsque l'utilisateur clique dans le champ **nom**, la saisie n'est pas encore valide, puisqu'il n'y a rien de saisi, le champ est vide, or il est obligatoire. Le point rouge apparaît donc.

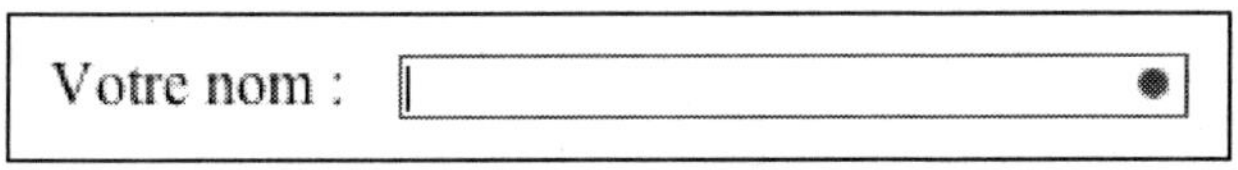

Dès que l'utilisateur commence à saisir les caractères, la saisie est valide, le point vert apparaît.

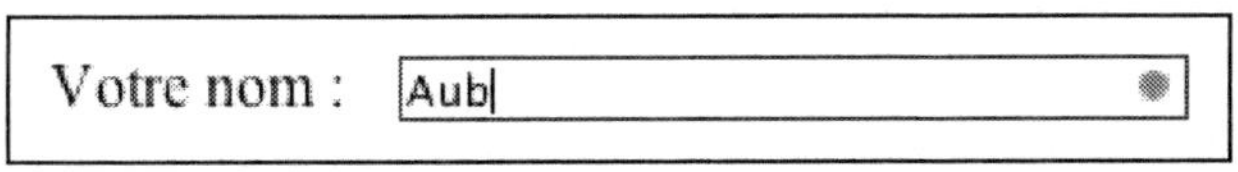

Pour l'adresse e-mail, c'est le même principe. Tant qu'il n'y a pas d'arobase entre des caractères, la saisie n'est pas valide.

Pour le pattern du champ de l'âge, s'il y a autre chose que deux chiffres, la saisie n'est pas valide.

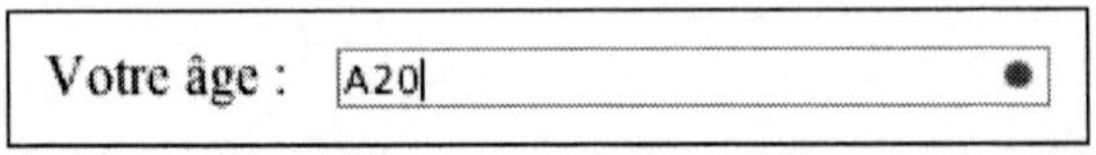

Dans cet exemple, toutes les saisies sont valides :

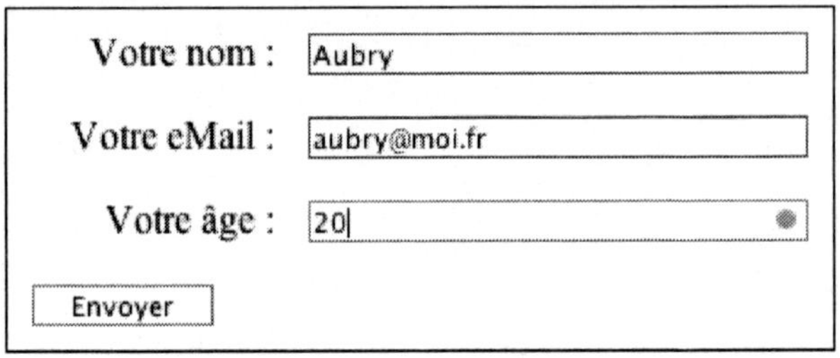

Enfin pour éviter que le bouton d'envoi n'affiche le point vert au moment du clic, utilisez la pseudo-classe `:not` pour l'exclure avec son identifiant.

```
input:focus:valid:not(#envoi) {
    background: url(vert.png) no-repeat 98% center;
}
```

5. Les messages d'erreur

Nous savons que les navigateurs utilisent leurs propres éléments d'interface pour faire apparaître un message d'erreur, lorsqu'une saisie n'est pas valide. Un exemple avec Chrome :

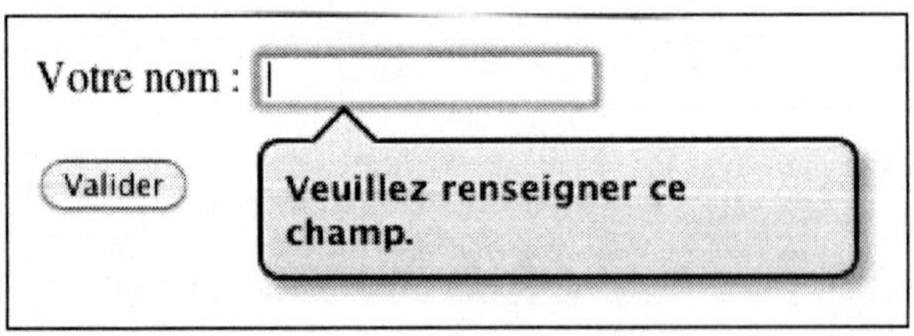

Nous allons personnaliser ce message d'erreur.

Dans notre formulaire, nous allons ajouter un élément `<span>` juste après l'élément `<input>` du premier champ **nom**. Le contenu du `<span>` est le texte qui apparaîtra en cas de saisie non valide.

```
<p>
    <label for="nom">Votre nom : </label>
    <input type="text" id="nom" required />
    <span class="nonValide">Le champ ne peut pas être vide</span>
</p>
```

Vous remarquez que le `<span>` utilise la classe `nonValide`.

Voilà la mise en forme CSS de la classe `nonValide` :

```
span.nonValide {
    display: none;
    position: relative;
    left:  250px;
    top: 5px;
    width: 230px;
    border: solid 1px red;
    background-color: lightgoldenrodyellow;
    padding: 3px;
    text-align: center;
}
```

La propriété importante est l'affichage, `display`, qui est à `none` pour ne pas afficher le message d'erreur. Le reste est l'utilisation de propriétés classiques.

Maintenant nous devons faire apparaître ce message en cas d'erreur, quand le champ est actif.

Voilà le sélecteur que nous utilisons :

```
input:focus:invalid + span.nonValide {
    display: block;
}
```

- `input` : pour un objet de formulaire de type champ de saisie.
- `:focus` : cette pseudo-classe indique que le champ est actif.
- `:invalid` : cette pseudo-classe indique que le champ n'est pas valide.
- + est le sélecteur adjacent direct qui cible le frère immédiat d'un élément. Dans notre exemple, cela cible l'élément immédiatement adjacent au champ `input`, à savoir l'élément `span` (reportez-vous au code décrit précédemment).
- `span.nonValide` : cela cible les éléments `<span>` utilisant la classe `nonValide`.

Nous utilisons la propriété `display` à `block` pour afficher le message avec la mise en forme qui a été définie précédemment.

Voilà l'utilisation du message d'alerte :

Quand l'utilisateur n'a pas saisi de données dans le champ **nom**, le message apparaît.

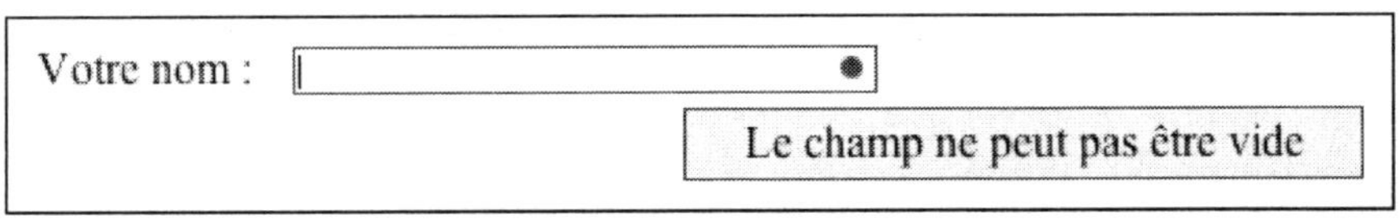

Dès qu'il saisit une donnée, le message est masqué.

Même principe avec le champ de l'adresse mail :

```
<p>
    <label for="email">Votre eMail : </label>
    <input type="email" id="email" required />
    <span class="nonValide">L'adresse mail n'est pas valide</span>
</p>
```

Le message d'erreur pour l'adresse mail :

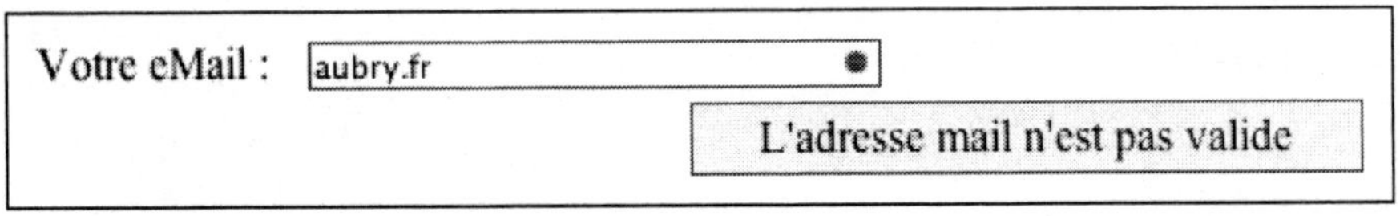

6. Les champs valides

Maintenant, nous voulons indiquer aux utilisateurs que leur saisie est valide. Nous allons prendre l'exemple du champ du mail.

Ajoutons un élément `<span>` pour indiquer le message de validité.

```
<p>
    <label for="email">Votre eMail : </label>
    <input type="email" id="email" required />
    <span class="nonValide">L'adresse mail n'est pas valide</span>
    <span class="valide">L'adresse mail est valide</span>
</p>
```

Ajoutons le style CSS pour la mise en forme du message de validité :

```
span.valide {
    display: none;
    position: relative;
    left: 250px;
    top: 5px;
    width: 230px;
    border: solid 1px green;
    background-color: lightgreen;
    padding: 3px;
    text-align: center;
}
```

Maintenant, il faut faire apparaître le message de validité, mais dans la syntaxe précédente nous avons utilisé le sélecteur adjacent direct : + . Or, nous avons maintenant deux `<span>` après le `<input>`. Nous allons donc changer pour le sélecteur adjacent général ~.

Voilà le style CSS modifié :

```
input:focus:invalid ~ span.nonValide, input:focus:valid ~
span.valide {
    display: block;
}
```

Voilà l'utilisation du champ pour saisir l'adresse e-mail :

Le champ n'est pas encore valide, le message d'erreur apparaît :

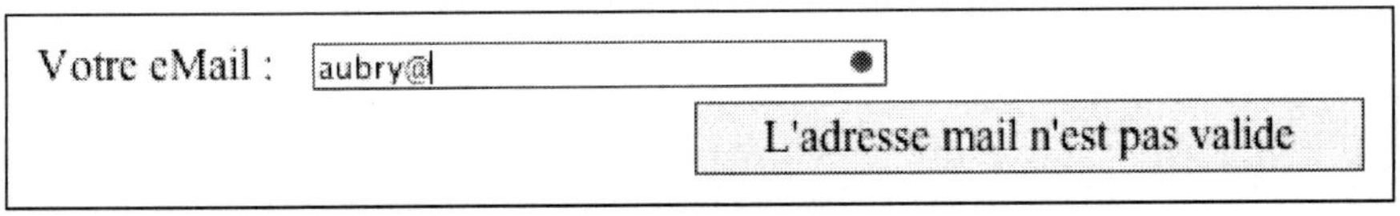

L'adresse e-mail est valide, le message de validité apparaît :

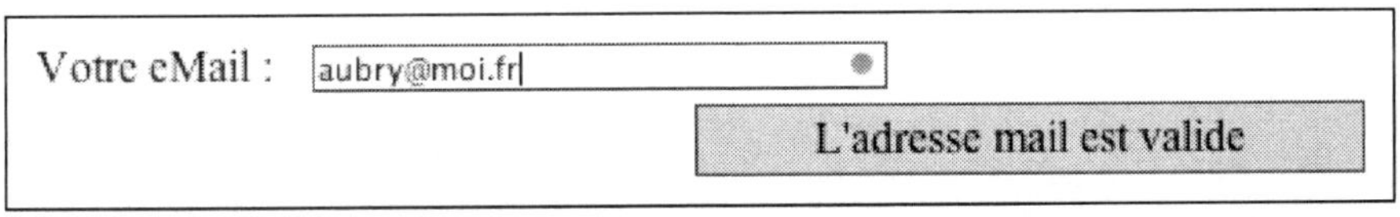

7. Les valeurs hors limites

Deux autres pseudo-classes sont disponibles pour valider les nombres et les dates. La pseudo-classe `:in-range` cible les valeurs dans les limites définies et la pseudo-classe `:out-of-range` cible les valeurs hors limites.

Voici une application simple dans un formulaire qui contient un champ de type `number` avec une limite inférieure spécifiée à `18` et supérieure à `30` :

```
<form id="test" method="#" action="#">
<p>
    <label for="age">Indiquez votre âge : </label>
    <input type="number" min="18" max="30" step="2" value="25" id="age" />
</p>
<p>
    <input type="submit" id="envoi" value="Envoyer" />
</p>
</form>
```

Voilà les styles CSS :

```
<style>
    input#age:out-of-range {
        background-color: lightpink;
    }
    input#age:in-range {
        background-color: lightgreen;
    }
</style>
```

Voilà l'utilisation :

L'âge indiqué est dans les limites, le fond est vert :

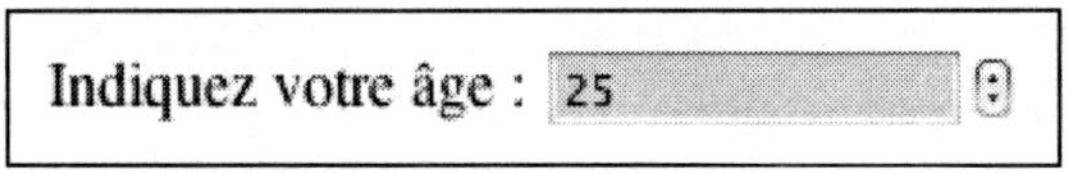

L'âge saisi est hors limite, le fond est rose :

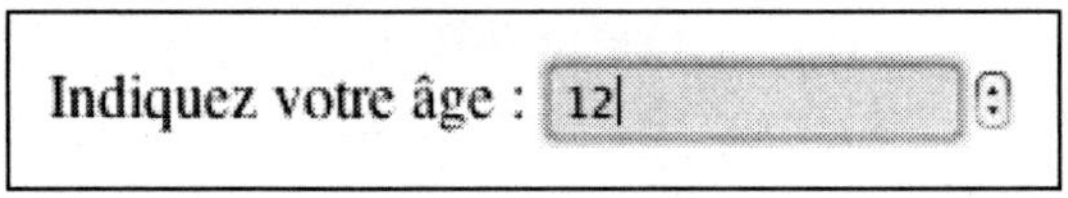

J. Un premier exemple simple de formulaire

1. L'objectif

Nous allons voir la création d'un premier exemple simple d'un formulaire en HTML5/CSS3 disponible à cette URL : http://line25.com/tutorials/create-a-stylish-contact-form-with-html5-css3

Voilà le résultat final :

2. La structure du formulaire

Le formulaire est inséré dans une boîte `<div id="content">` pour la mise en forme. Les quatre objets du formulaire sont insérés dans un élément `<fieldset>`.

Les deux premiers champs sont des éléments `<input>` de type `text` et `email`. Ils ont tous les deux l'attribut `placeholder` pour avoir un exemple de saisie initial dans le champ de saisie.

Le champ de saisie multiligne est un élément `<textarea>` avec l'attribut `placeholder`.

Le bouton d'envoi du formulaire est classique.

Voilà le code du formulaire :

```
<div id="contact">
    <h1>Send an email</h1>
    <form action="#" method="post">
        <fieldset>
            <label for="name">Name:</label>
            <input type="text" id="name" placeholder="Enter
your full name" />
            <label for="email">Email:</label>
            <input type="email" id="email" placeholder="Enter
```

```
your email address" />
            <label for="message">Message:</label>
            <textarea id="message" placeholder="What's on your
mind?"></textarea>
            <input type="submit" value="Send message" />
        </fieldset>
    </form>
</div>
```

3. Les styles généraux

Dans un premier temps, le concepteur met en forme les éléments utilisés dans la page, avec des propriétés à 0.

```
body, div, h1, form, fieldset, input, textarea {
    margin: 0;
    padding: 0;
    border: 0;
    outline: none;
}

html {
    height: 100%;
}
```

4. Le fond de la page

Le fond de la page est un dégradé coloré placé sur l'élément body avec les sorties pour les différents navigateurs :

```
body {
    background: #728eaa;
    background: -moz-linear-gradient(top, #25303C 0%, #728EAA
100%); /* firefox */
    background: -webkit-gradient(linear, left top, left bottom,
color-stop(0%,#25303C), color-stop(100%,#728EAA)); /* webkit */
    font-family: sans-serif;
}
```

5. Le formulaire

Le formulaire est inséré dans une boîte <div id="content">. Cette boîte <div> possède une largeur, des marges, un remplissage, un arrière-plan coloré et une bordure, et vous avez une ombre à la boîte (box-shadow) pour les différents navigateurs.

```
#contact {
    width: 430px;
    margin: 60px auto;
    padding: 60px 30px;
    background: #c9d0de;
    border: 1px solid #e1e1e1;
    -moz-box-shadow: 0px 0px 8px #444;
    -webkit-box-shadow: 0px 0px 8px #444;
}
```

Le titre est un simple `h1` avec une ombre portée :

```
h1 {
    font-size: 35px;
    color: #445668;
    text-transform: uppercase;
    text-align: center;
    margin: 0 0 35px 0;
    text-shadow: 0px 1px 0px #f2f2f2;
}
```

6. Les étiquettes

Les étiquettes des champs `label` sont formatées avec entre autres une ombre portée :

```
label {
    float: left;
    clear: left;
    margin: 11px 20px 0 0;
    width: 95px;
    text-align: right;
    font-size: 16px;
    color: #445668;
```

```
    text-transform: uppercase;
    text-shadow: 0px 1px 0px #f2f2f2;
}
```

7. Les champs de saisie

Les champs `input` sont formatés avec notamment des dégradés linéaires, des coins arrondis, des ombres portées aux éléments et au texte.

```
Input {
    width: 260px;
    height: 35px;
    padding: 5px 20px 0px 20px;
    margin: 0 0 20px 0;
    background: #5E768D;
    background: -moz-linear-gradient(top, #546A7F 0%, #5E768D
20%); /* firefox */
    background: -webkit-gradient(linear, left top, left bottom,
color-stop(0%,#546A7F), color-stop(20%,#5E768D)); /* webkit */
    border-radius: 5px;
    -moz-border-radius: 5px;
    -webkit-border-radius: 5px;
    -moz-box-shadow: 0px 1px 0px #f2f2f2;
    -webkit-box-shadow: 0px 1px 0px #f2f2f2;
    font-family: sans-serif;
    font-size: 16px;
    color: #f2f2f2;
    text-transform: uppercase;
    text-shadow: 0px -1px 0px #334f71;
}
```

Les exemples de saisie (`placeholder`) sont aussi mis en forme avec notamment des ombres portées sur le texte :

```
input:-webkit-input-placeholder  {
    color: #a1b2c3;
    text-shadow: 0px -1px 0px #38506b;
}
input:-moz-placeholder {
    color: #a1b2c3;
    text-shadow: 0px -1px 0px #38506b;
}
```

8. Le champ multiligne

Le champ de saisie multiligne `textarea` propose aussi comme propriété CSS3 un dégradé, des coins arrondis et une ombre sur le texte.

```
Textarea {
    width: 260px;
    height: 170px;
    padding: 12px 20px 0px 20px;
    margin: 0 0 20px 0;
    background: #5E768D;
    background: -moz-linear-gradient(top, #546A7F 0%, #5E768D
20%); /* firefox */
    background: -webkit-gradient(linear, left top, left bottom,
color-stop(0%,#546A7F), color-stop(20%,#5E768D)); /* webkit */
    border-radius: 5px;
    -moz-border-radius: 5px;
    -webkit-border-radius: 5px;
    -moz-box-shadow: 0px 1px 0px #f2f2f2;
    -webkit-box-shadow: 0px 1px 0px #f2f2f2;
    font-family: sans-serif;
    font-size: 16px;
    color: #f2f2f2;
    text-transform: uppercase;
    text-shadow: 0px -1px 0px #334f71;
}
```

Les exemples de saisie (`placeholder`) sont aussi mis en forme avec notamment des ombres portées sur le texte :

```
textarea::-webkit-input-placeholder  {
    color: #a1b2c3;
    text-shadow: 0px -1px 0px #38506b;
}
textarea:-moz-placeholder {
    color: #a1b2c3;
    text-shadow: 0px -1px 0px #38506b;
}
```

Voici l'affichage avec les styles précédents :

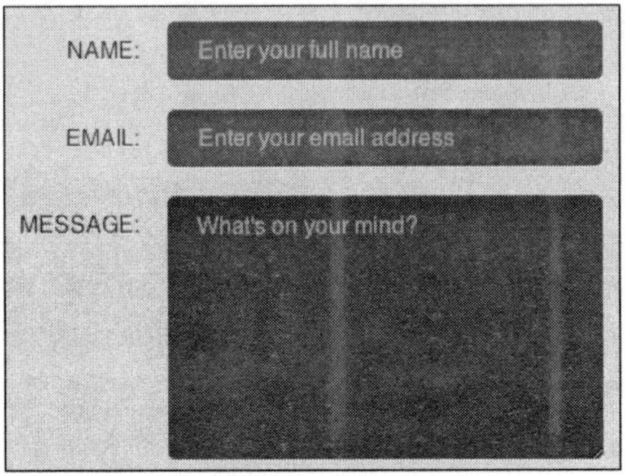

9. Le focus sur les champs

Les champs de saisie (`input` et `textarea`) ont une mise en forme spécifique quand ils sont actifs, avec l'utilisation de la pseudo-classe `:focus`. Ils ont un dégradé.

```
input:focus, textarea:focus {
    background: #728eaa;
    background: -moz-linear-gradient(top, #668099 0%, #728eaa
20%); /* firefox */
    background: -webkit-gradient(linear, left top, left bottom,
color-stop(0%,#668099), color-stop(20%,#728eaa)); /* webkit */
}
```

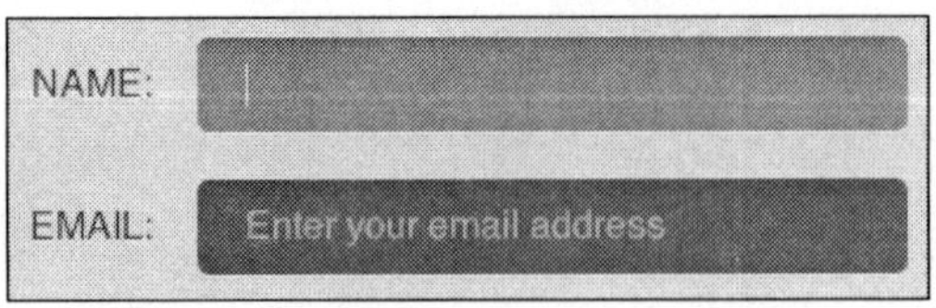

10. Le bouton d'envoi

Le bouton d'envoi (`input[type=submit]`) est formaté avec comme propriété CSS3 une ombre portée et un dégradé.

```
input[type=submit] {
    width: 185px;
    height: 52px;
    float: right;
    padding: 10px 15px;
```

```
    margin: 0 15px 0 0;
    -moz-box-shadow: 0px 0px 5px #999;
    -webkit-box-shadow: 0px 0px 5px #999;
    border: 1px solid #556f8c;
    background: -moz-linear-gradient(top, #718DA9 0%, #415D79
100%); /* firefox */
    background: -webkit-gradient(linear, left top, left bottom,
color-stop(0%,#718DA9), color-stop(100%,#415D79)); /* webkit */
    cursor: pointer;
}
```

K. Un deuxième exemple très sobre de formulaire

1. L'objectif

Voici un autre exemple d'un formulaire très sobre, utilisant pleinement l'HTML5 et les CSS3. Ce formulaire a été créé par l'équipe Red Team Design :
http://www.red-team-design.com/slick-login-form-with-html5-css3

Voilà l'affichage final :

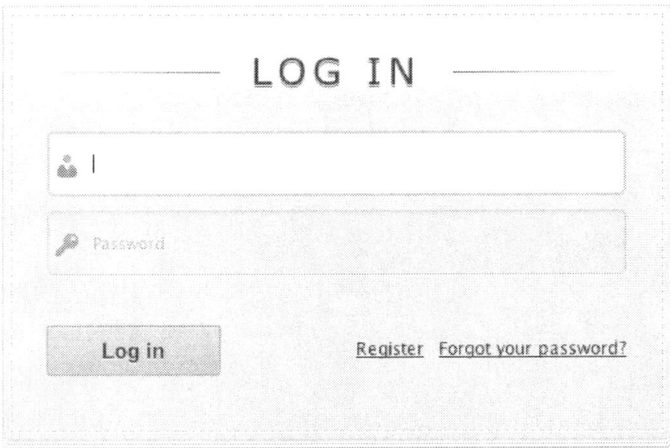

2. La structure initiale du formulaire

Le formulaire est très classique. Notez l'utilisation des attributs `placeholder`, `autofocus` et `required`.

```
<form id="login">
    <h1>Log In</h1>
    <fieldset id="inputs">
        <input id="username" type="text"
placeholder="Username" autofocus required>
        <input id="password" type="password"
placeholder="Password" required>
    </fieldset>
    <fieldset id="actions">
        <input type="submit" id="submit" value="Log in">
        <a href="">Forgot your password?</a><a
href="">Register</a>
    </fieldset>
</form>
```

Voilà l'affichage brut :

3. L'ombre portée du formulaire

Sur le sélecteur d'identification du formulaire, une ombre portée est appliquée à l'aide de six ombres :

```
#login {
    position: absolute;
    height: 240px;
    width: 400px;
    padding: 30px;
    -moz-box-shadow:
        0 0 2px rgba(0, 0, 0, 0.2),
        0 1px 1px rgba(0, 0, 0, .2),
        0 3px 0 #fff,
        0 4px 0 rgba(0, 0, 0, .2),
        0 6px 0 #fff,
```

```
        0 7px 0 rgba(0, 0, 0, .2);
    -webkit-box-shadow:
        0 0 2px rgba(0, 0, 0, 0.2),
        0 1px 1px rgba(0, 0, 0, .2),
        0 3px 0 #fff,
        0 4px 0 rgba(0, 0, 0, .2),
        0 6px 0 #fff,
        0 7px 0 rgba(0, 0, 0, .2);
    box-shadow:
        0 0 2px rgba(0, 0, 0, 0.2),
        0 1px 1px rgba(0, 0, 0, .2),
        0 3px 0 #fff,
        0 4px 0 rgba(0, 0, 0, .2),
        0 6px 0 #fff,
        0 7px 0 rgba(0, 0, 0, .2);
}
```

4. L'effet de pointillés

Tout autour du formulaire se trouvent des pointillés. Cet effet est obtenu en utilisant le pseudo-élément `:before`. Initialement, ce pseudo-élément permet d'ajouter un contenu textuel avant l'élément auquel il est lié. Dans cet exemple, les designers ont « détourné » cette utilisation pour ajouter du « vide » (absence de texte) avant le formulaire. Puis ils appliquent une bordure en tirets et une légère ombre. Bien vu !

```
#login:before {
    content: '';
    position: absolute;
    z-index: -1;
    border: 1px dashed #ccc;
    top: 5px;
    bottom: 5px;
    left: 5px;
    right: 5px;
    -moz-box-shadow: 0 0 0 1px #fff;
    -webkit-box-shadow: 0 0 0 1px #fff;
    box-shadow: 0 0 0 1px #fff;
}
```

Voilà l'affichage :

5. Le titre du formulaire

Le titre du formulaire est juste une ombre portée :

```
h1 {
    text-shadow: 0 1px 0 rgba(255, 255, 255, .7), 0px 2px 0
rgba(0, 0, 0, .5);
    text-transform: uppercase;
    text-align: center;
    color: #666;
    margin: 0 0 30px 0;
    letter-spacing: 4px;
    font: normal 26px/1 Verdana, Helvetica;
    position: relative;
}
```

6. Les filets décoratifs

De chaque côté du titre nous trouvons deux filets qui s'estompent. C'est tout en CSS3 et le rendu est vraiment bluffant ! Les designers utilisent de nouveau les pseudo-éléments `:before` et `:after` avec un contenu vide. Puis, ils appliquent plusieurs dégradés linéaires.

```
h1:after, h1:before {
    background-color: #777;
    content: "";
    height: 1px;
    position: absolute;
    top: 15px;
    width: 120px;
}
h1:after {
    background-image: -webkit-gradient(linear, left top, right
top, from(#777), to(#fff));
```

```
    background-image: -webkit-linear-gradient(left, #777, #fff);
    background-image: -moz-linear-gradient(left, #777, #fff);
    background-image: -ms-linear-gradient(left, #777, #fff);
    background-image: -o-linear-gradient(left, #777, #fff);
    background-image: linear-gradient(left, #777, #fff);
    right: 0;
}
h1:before {
    background-image: -webkit-gradient(linear, right top, left
top, from(#777), to(#fff));
    background-image: -webkit-linear-gradient(right, #777, #fff);
    background-image: -moz-linear-gradient(right, #777, #fff);
    background-image: -ms-linear-gradient(right, #777, #fff);
    background-image: -o-linear-gradient(right, #777, #fff);
    background-image: linear-gradient(right, #777, #fff);
    left: 0;
}
```

Voilà l'affichage grossi :

7. Les champs de saisie

Les champs de saisie sont insérés dans un élément `fieldset` :

```
fieldset {
    border: 0;
    padding: 0;
    margin: 0;
}
```

Les champs de saisie `input` ont un petit pictogramme à l'intérieur, c'est juste une image non répétée qui est utilisée par les deux champs. Les champs ont des coins arrondis et une ombre.

```
#inputs input {
    background: #f1f1f1 url(http://www.red-team-design.com/
wp-content/uploads/2011/09/login-sprite.png) no-repeat;
    padding: 15px 15px 15px 30px;
    margin: 0 0 10px 0;
    width: 353px;
    border: 1px solid #ccc;
    -moz-border-radius: 5px;
    -webkit-border-radius: 5px;
    border-radius: 5px;
    -moz-box-shadow: 0 1px 1px #ccc inset, 0 1px 0 #fff;
```

```
    -webkit-box-shadow: 0 1px 1px #ccc inset, 0 1px 0 #fff;
    box-shadow: 0 1px 1px #ccc inset, 0 1px 0 #fff;
}
```

L'image d'arrière-plan est ensuite bien positionnée pour chaque champ :

```
#username {
    background-position: 5px -2px !important;
}
#password {
    background-position: 5px -52px !important;
}
```

Quand un champ de saisie est utilisé, il a le focus. La pseudo-classe `:focus` permet la mise en forme spécifique avec notamment une ombre :

```
#inputs input:focus {
    background-color: #fff;
    border-color: #e8c291;
    outline: none;
    -moz-box-shadow: 0 0 0 1px #e8c291 inset;
    -webkit-box-shadow: 0 0 0 1px #e8c291 inset;
    box-shadow: 0 0 0 1px #e8c291 inset;
}
```

Voilà les champs non actifs (pas de focus) :

Le champ **Username** possède le focus :

8. Le bouton de connexion

Le bouton de connexion **Log in** est placé dans l'encadré `actions`.

```
#actions {
    margin: 25px 0 0 0;
}
```

Le bouton **Log in** possède l'identifiant `#submit`. Il est mis en forme avec notamment un dégradé, une ombre sur le texte et sur la boîte :

```
#submit {
    /* Mise en forme de la boîte */
    border-width: 1px;
    border-style: solid;
    border-color: #d69e31 #e3a037 #d5982d #e3a037;
    float: left;
    height: 35px;
    padding: 0;
    width: 120px;
    cursor: pointer;
    font: bold 15px Arial, Helvetica;
    color: #8f5a0a;
    /* Dégradé */
    background-color: #ffb94b;
    background-image: -webkit-gradient(linear, left top, left
bottom, from(#fddb6f), to(#ffb94b));
    background-image: -webkit-linear-gradient(top, #fddb6f,
#ffb94b);
    background-image: -moz-linear-gradient(top, #fddb6f, #ffb94b);
    background-image: -ms-linear-gradient(top, #fddb6f, #ffb94b);
    background-image: -o-linear-gradient(top, #fddb6f, #ffb94b);
    background-image: linear-gradient(top, #fddb6f, #ffb94b);
    /* Coins arrondis */
    -moz-border-radius: 3px;
    -webkit-border-radius: 3px;
    border-radius: 3px;
    /* Ombre du texte */
    text-shadow: 0 1px 0 rgba(255,255,255,0.5);
    /* Ombre de la boîte */
    -moz-box-shadow: 0 0 1px rgba(0, 0, 0, 0.3), 0 1px 0
rgba(255, 255, 255, 0.3) inset;
    -webkit-box-shadow: 0 0 1px rgba(0, 0, 0, 0.3), 0 1px 0
rgba(255, 255, 255, 0.3) inset;
    box-shadow: 0 0 1px rgba(0, 0, 0, 0.3), 0 1px 0 rgba(255,
255, 255, 0.3) inset;
}
```

Voilà le rendu du bouton :

9. L'utilisation du bouton

À l'utilisation du bouton (`:focus`, `:hover` et `:active`), le dégradé est modifié :

```
#submit:hover,#submit:focus {
    background-color: #fddb6f;
    background-image: -webkit-gradient(linear, left top, left
bottom, from(#ffb94b), to(#fddb6f));
    background-image: -webkit-linear-gradient(top, #ffb94b, #fddb6f);
    background-image: -moz-linear-gradient(top, #ffb94b, #fddb6f);
    background-image: -ms-linear-gradient(top, #ffb94b, #fddb6f);
    background-image: -o-linear-gradient(top, #ffb94b, #fddb6f);
    background-image: linear-gradient(top, #ffb94b, #fddb6f);
}
#submit:active {
    outline: none;

    -moz-box-shadow: 0 1px 4px rgba(0, 0, 0, 0.5) inset;
    -webkit-box-shadow: 0 1px 4px rgba(0, 0, 0, 0.5) inset;
    box-shadow: 0 1px 4px rgba(0, 0, 0, 0.5) inset;
}
#submit::-moz-focus-inner {
    border: none;
}
```

Voilà l'aperçu :

10. Les autres liens

Les deux autres liens sont mis en forme simplement :

```
#actions a {
    color: #3151A2;
    float: right;
    line-height: 35px;
    margin-left: 10px;
}
```

11. Le rendu final

Voilà le formulaire structuré en HTML5 et mis en forme avec les CSS3 :

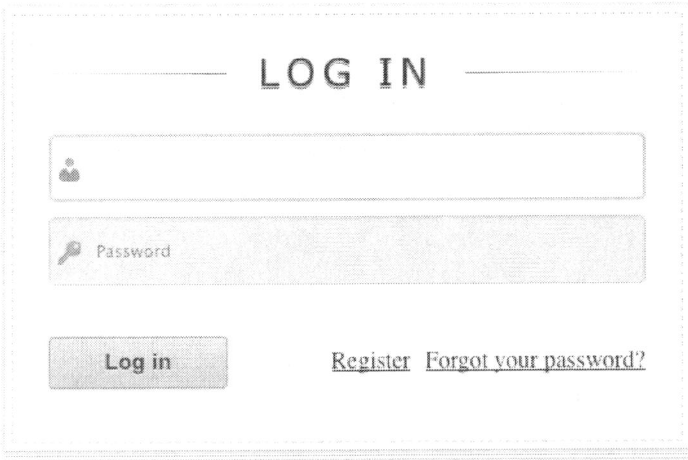

L. Un exemple interactif de formulaire

1. L'objectif

Nous allons détailler la réalisation d'un formulaire en CSS3 créé par bbxdesign :
http://bbxdesign.com/2010/03/24/tutoriel-formulaire-css3-sans-image-sans-javascript/

Voici l'affichage du formulaire :

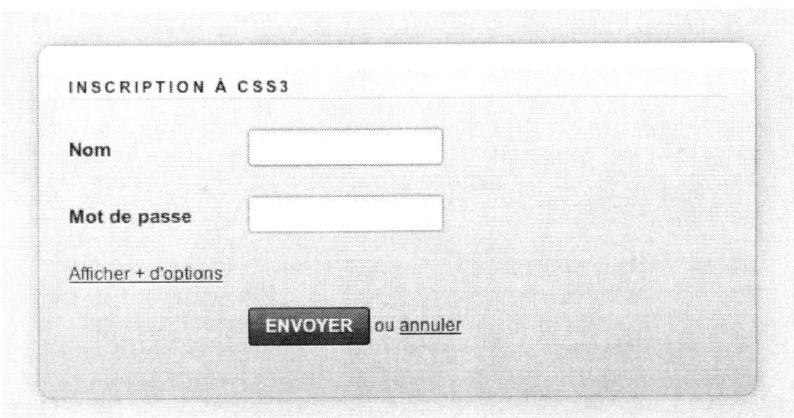

En cliquant sur le lien **Afficher + d'options** :

Quand vous renseignez le formulaire et que vous cliquez sur le bouton **ENVOYER**, un message de confirmation apparaît.

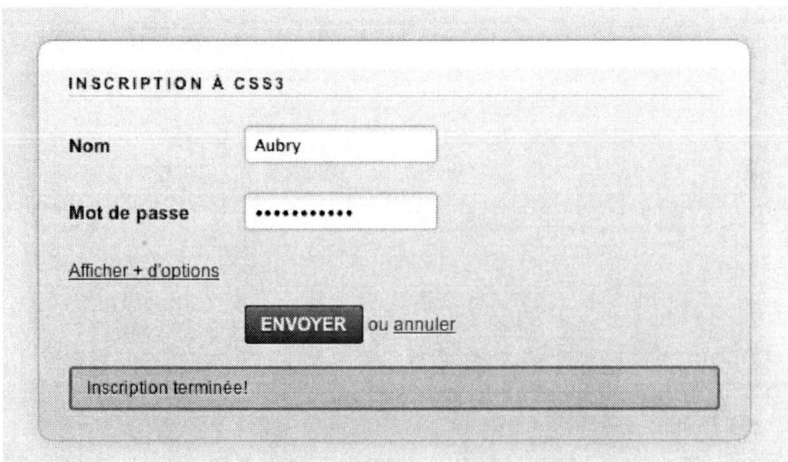

2. La structure initiale du formulaire

La structure reste très classique pour les deux champs **Nom** et **Mot de passe** :

```
<form id="start" action="/">
    <h1>Inscription &agrave; CSS3</h1>
    <p>
        <label for="name">Nom</label>
        <input id="name" type="text" />
    </p>
    <p>
        <label for="password">Mot de passe</label>
        <input id="password" type="password" />
    </p>
</form>
```

3. Les options supplémentaires

Les options supplémentaires, **Code postal**, **Ville** et **Pays**, sont placées dans un boîte `<div id="options">` pour pouvoir gérer l'interactivité, juste après les champs précédents.

C'est dans cette boîte `<div>` que nous trouvons le lien **Afficher + d'options**, dans un paragraphe `<p>` utilisant une classe nommée `show`. Nous trouvons aussi le lien **Masquer les options** dans un paragraphe `<p>` utilisant une classe nommée `hide`.

```
<div id="options">
    <p class="show">
        <a href="#options">Afficher + d'options</a>
    </p>
    <p class="hide">
        <a href="#start">Masquer les options</a>
    </p>
    <p>
        <label for="zipcode">Code Postal</label>
        <input id="zipcode" type="text" />
    </p>
    <p>
        <label for="town">Ville</label>
        <input id="town" type="text" />
    </p>
    <p>
        <label for="country">Pays</label>
        <select id="country">
            <option>France</option>
            <option>Allemagne</option>
            <option>Angleterre</option>
            <option>Espagne</option>
```

```
            <option>Italie</option>
            <option>Pays-Bas</option>
            <option>Russie</option>
            <option>Suède</option>
        </select>
    </p>
</div>
```

4. Le bouton d'envoi

Le bouton d'envoi (type="submit") est inséré dans un paragraphe <p> en commentaire pour pouvoir afficher le message de confirmation avec des CSS. Les deux éléments interactifs **ENVOYER** et **annuler** sont insérés dans des liens.

```
<!--p>
    <input type="submit" value="ENVOYER" /> ou <a
href="#form">annuler</a>
</p-->
<p>
    <a class="submit" href="#finish">ENVOYER</a> ou <a
href="#start">annuler</a>
</p>
```

5. Le message de confirmation

Une fois le formulaire renseigné et envoyé, un message de confirmation apparaît. Ce message est placé dans une boîte <div id="finish">.

```
<div id="finish">
    <p>
        Inscription termin&eacute;e!
    </p>
</div>
```

6. Les styles généraux

Dans un premier temps, le concepteur initialise un grand nombre d'éléments HTML dont il n'est pas nécessaire d'avoir ici la longue liste. Reportez-vous à l'URL indiquée précédemment.

7. La mise en forme du formulaire

Le formulaire (`form`) est mis en forme avec notamment des dégradés, des coins arrondis et une ombre portée, adaptés aux principaux navigateurs.

```
Form{
    background:#f7f7f7;
    background:-moz-linear-gradient(90deg, #ccc, #fff); /* Firefox */
    background:-webkit-gradient(linear, left top, left bottom,
from(#fff), to(#ccc)); /* Webkit */
    border:1px solid #aaa;
    -moz-border-radius:10px;
    -webkit-border-radius:10px;
    -moz-box-shadow:0 0 15px #aaa;
    -webkit-box-shadow:0 0 15px #aaa;
    margin:60px auto 0;
    padding:20px;
    width:440px;
}
```

Le titre dans le formulaire est un `h1` :

```
h1{
    border-bottom:1px solid #ccc;
    font-size:11px;
    font-weight:bold;
    letter-spacing:2px;
    margin-bottom:20px;
    text-transform:uppercase;
}
```

Les paragraphes ont des marges inférieures à `0`. Notez l'utilisation de la pseudo-classe `:last-child` pour cibler le dernier paragraphe du formulaire.

```
form p{
    margin-bottom:20px;
}
form p:last-child{
    margin-bottom:0;
}
```

8. Les étiquettes

Les étiquettes (`label`) ont entre autres comme propriété un curseur en forme de pointeur.

```
Label{
    cursor:pointer;
    display:block;
    float:left;
    font-size:13px;
    font-weight:bold;
    line-height:28px;
    margin-bottom:5px;
    width:120px;
}
```

Les étiquettes changent d'aspect au survol (`hover`) de la souris, le caractère » apparaît et le texte change de couleur.

Une étiquette non survolée :

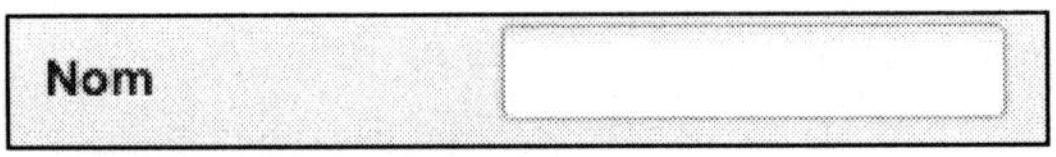

Cette même étiquette survolée :

Le sélecteur `form p:hover label` cible dans un formulaire (`form`) un paragraphe (`p`) survolé (`:hover`) contenant une étiquette (`label`) :

```
form p:hover label{
    color:#0459b7;
}
```

Avec la pseudo-classe `:after`, le style génère le contenu (`content`) : » (`" » "`).

```
form p:hover label:after{
    content:" »";
}
```

9. Les champs de saisie

Les champs de saisie de texte (`input[type=text]`) et de mot de passe (`input[type=password]`) sont formatés avec notamment des arrière-plans colorés et transparents, des dégradés et des coins arrondis.

```
input[type=text],
input[type=password]{
    background: rgba(255, 255, 255, 0.9);
```

```
    background:-moz-linear-gradient(90deg, #fff, #eee); /* Firefox */
    background:-webkit-gradient(linear, left top, left bottom,
from(#eee), to(#fff), color-stop(0.2, #fff)); /* Webkit */
    border:1px solid #aaa;
    -moz-border-radius:3px;
    -webkit-border-radius:3px;
    -moz-box-shadow:0 0 3px #aaa;
    -webkit-box-shadow:0 0 3px #aaa;
    padding:5px;
}
```

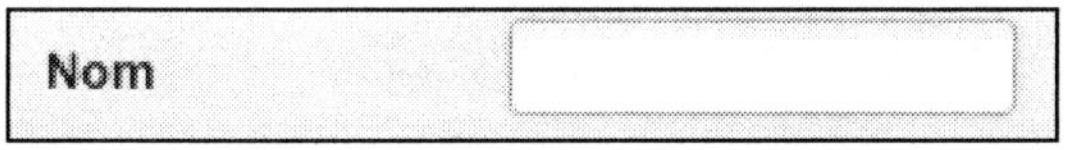

Quand un de ces champs est actif, quand il a le `focus`, la mise en forme change : bordure bleue et ombre portée.

```
input[type=text]:focus,
input[type=password]:focus{
    border-color:#093c75;
    -moz-box-shadow:0 0 3px #0459b7;
    -webkit-box-shadow:0 0 3px #0459b7;
    outline:none;
}
```

10. La liste déroulante

La liste déroulante **Pays** affiche une ombre portée et une bordure au survol.

```
select{
    cursor:pointer;
    padding:3px;
    -moz-box-shadow:0 0 3px #aaa;
    -webkit-box-shadow:0 0 3px #aaa;
}
select:active,
select:focus{
    border:1px solid #093c75;
    -moz-box-shadow:0 0 3px #0459b7;
    -webkit-box-shadow:0 0 3px #0459b7;
    outline:none;
}
```

11. Le bouton d'envoi

Le bouton d'envoi du formulaire (`input[type=submit]`) et le lien associé (`a.submit`) possèdent entre autres comme propriétés CSS3 un dégradé de fond, des coins arrondis, une ombre portée sur la boîte et sur le texte.

```
input[type=submit],
a.submit{
    background:#ddd;
    background:-moz-linear-gradient(90deg, #0459b7, #08adff);
/* Firefox */
    background:-webkit-gradient(linear, left top, left bottom,
from(#08adff), to(#0459b7)); /* Webkit */
    border:1px solid #093c75;
    -moz-border-radius:3px;
    -webkit-border-radius:3px;
    -moz-box-shadow:0 1px 0 #fff;
    -webkit-box-shadow:0 1px 0 #fff;
    color:#fff;
    cursor:pointer;
    font-family:Arial,sans-serif;
    font-size:12px;
    font-weight:bold;
    margin-left:120px;
    padding:5px 10px;
    text-decoration:none;
    text-shadow:0 1px 1px #333;
    text-transform:uppercase;
}
```

Au survol (`:hover`) ces éléments interactifs ont leur propre mise en forme.

```
input[type=submit]:hover,
a.submit:hover{
    background:#eee;
    background:-moz-linear-gradient(90deg, #067cd3, #0bcdff);
    background:-webkit-gradient(linear, left top, left bottom,
from(#0bcdff), to(#067cd3));
    border-color:#093c75;
    text-decoration:none;
}
```

Enfin, ces éléments sont aussi mis en forme de manière spécifique quand ils sont cliqués (pseudo-classe `:active`) et quand ils sont actifs (pseudo-classe `:focus`).

```
input[type=submit]:active,
input[type=submit]:focus,
a.submit:active,
a.submit:focus{
    background:#ccc;
    background:-moz-linear-gradient(90deg, #0bcdff, #067cd3);
    background:-webkit-gradient(linear, left top, left bottom,
from(#067cd3), to(#0bcdff));
    border-color:#093c75;
    outline:none;
}
```

12. La gestion des options

Les options du formulaire sont placées dans une boîte `<div id="content">`.

```
#options{
    margin-bottom:20px;
}
```

13. L'affichage initial

À l'affichage initial du formulaire, le lien **Afficher + d'options** est affiché.

```
#options .show{
    display:block;
}
```

Il utilise la classe `.show`.

```
<p class="show">
    <a href="#options">Afficher + d'options</a>
</p>
```

À l'affichage initial du formulaire, les options qui sont placées dans des paragraphes (`<p>`) sont masquées grâce à la propriété `display` à `none`.

```
#options p{
    display:none;
}
```

De même que les éléments utilisant la classe `.hide`.

```
#options .hide{
    display:none;
}
```

Ce qui est le cas du paragraphe contenant le lien **Masquer les options**.

```
<p class="hide">
    <a href="#start">Masquer les options</a>
</p>
```

14. Afficher les options

Le lien **Afficher + d'options** est inséré dans un paragraphe `<p>` utilisant la classe `show`.

```
<p class="show">
    <a href="#options">Afficher + d'options</a>
</p>
```

Quand l'utilisateur clique sur **Afficher + d'options**, les éléments ciblés sont ceux indiqués dans le `href` du lien : `href="#options"`. Avec l'utilisation de la pseudo-classe `:target`, les paragraphes `p` de `#options` sont ciblés et affichés :

```
#options:target p{
    display:block;
}
```

Et les éléments de `#options` ayant la classe `.show` sont masqués ; c'est le cas du lien **Afficher + d'options** :

```
#options:target .show{
    display:none;
}
```

Le lien **Masquer les options** et les champs supplémentaires apparaissent.

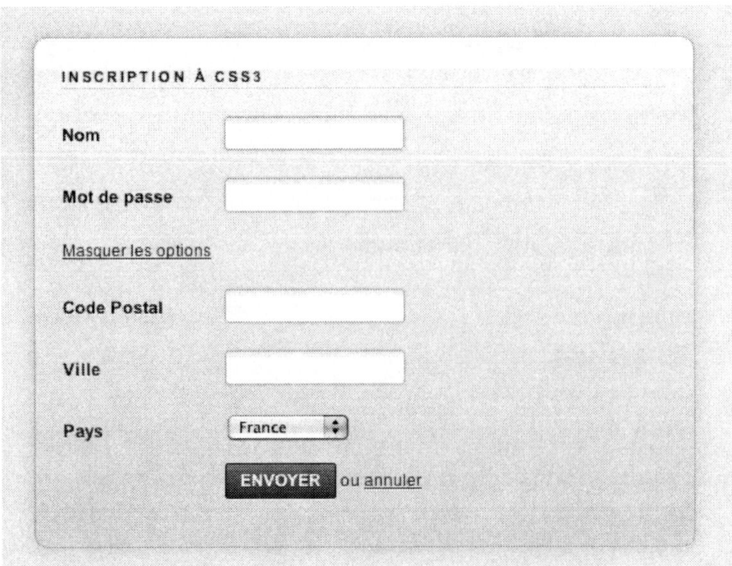

15. Masquer les options

Le lien **Masquer les options** est affiché et inséré dans un paragraphe <p> utilisant la classe .hide.

```
<p class="hide">
    <a href="#start">Masquer les options</a>
</p>
```

Quand l'utilisateur clique sur ce lien, la cible est la valeur du href, soit #start qui est l'identifiant du formulaire :

```
<form id="start" action="/">
    ...
</form>
```

Cela permet d'afficher le formulaire à son état initial.

16. Le message de confirmation

Une fois les champs renseignés, un message de confirmation apparaît. Ce message de confirmation est inséré dans un paragraphe <p>, dans une boîte <div id="finish">.

```
<div id="finish">
    <p>
        Inscription termin&eacute;e!
    </p>
</div>
```

Au démarrage, cette boîte <div id="finish"> n'est pas affichée (display: none). Elle est mise en forme avec un arrière-plan coloré et transparent (rgba()) et des coins arrondis.

```
#finish{
    background:rgba(65, 166, 42, 0.2);
    border:2px solid #41a62a;
    -moz-border-radius:3px;
    -webkit-border-radius:3px;
    display:none;
    padding:5px 10px;
}
```

Quand l'utilisateur clique sur le bouton d'envoi, la pseudo-classe `:target` permet de cibler cette boîte `<div id="finish">` et elle est affichée.

```
#finish:target {
    display:block;
}
```

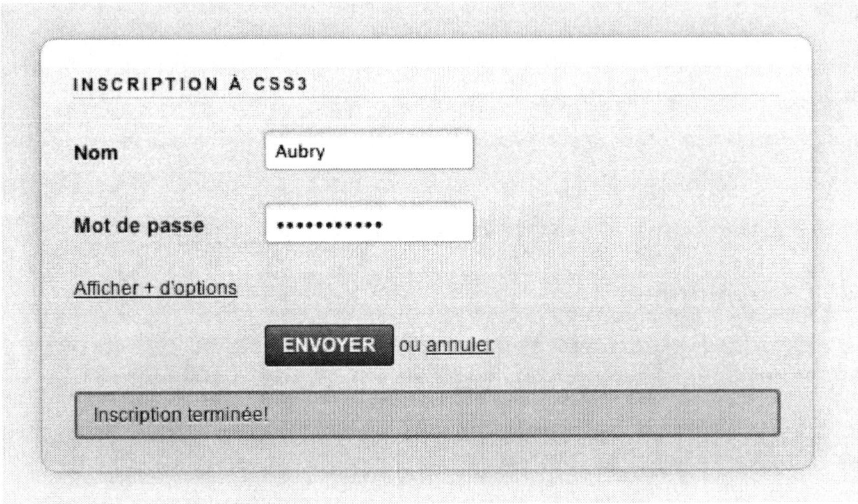

M. Un dernier exemple élaboré de formulaire

1. L'objectif

Nous allons détailler la création d'un formulaire en HTML5/CSS3 créé par Inayaili de León sur le site : http://24ways.org/2009/have-a-field-day-with-html5-forms/

Voilà le résultat final :

2. La structure du formulaire

Dans ce formulaire, il y a trois grandes parties : **Your details**, **Delivery address** et **Card details**. Pour bien commencer sur une structure logique et sémantique, nous allons utiliser les éléments `<fieldset>` et `<legend>` pour chacune de ces parties.

```
<!DOCTYPE HTML>
<html lang="fr">
<head>
    <title>Formulaire d'Inayaili de León</title>
    <meta charset="UTF-8" />
</head>
<body>
<form id=payment method=# action="#>
    <fieldset>
        <legend>Your details</legend>
    </fieldset>
    <fieldset>
        <legend>Delivery address</legend>
    </fieldset>
    <fieldset>
        <legend>Card details</legend>
    </fieldset>
    <fieldset>
        <button type=submit>Buy it!</button>
    </fieldset>
</form>
</body>
</html>
```

Vous remarquerez que la conceptrice a choisi d'utiliser une notation sans guillemets pour les valeurs des attributs.

3. Les objets HTML5

L'HTML5 nous permet d'utiliser de nouveaux attributs pour les champs de texte, pour avoir un contenu donné : `email`, `number`, `tel`.

De plus, nous utilisons les nouveaux attributs pour placer le point d'insertion dans le premier champ (`autofocus`), pour indiquer un exemple de saisie valide (`placeholder`) et pour avoir des champs obligatoires (`required`).

La conceptrice a placé tous les objets du formulaire dans des `<ol>` et `<li>`. Cela peut être effectivement une bonne idée, un formulaire est bien constitué d'une liste d'objets.

Voici le code HTML de la partie **Your details**.

```
<fieldset>
    <legend>Your details</legend>
    <ol>
        <li>
            <label for=name>Name</label>
            <input id=name name=name type=text
placeholder="First and last name" required autofocus>
        </li>
        <li>
            <label for=email>Email</label>
            <input id=email name=email type=email
placeholder="example@domain.com" required>
        </li>
        <li>
            <label for=phone>Phone</label>
            <input id=phone name=phone type=tel
placeholder="Eg. +447500000000" required>
        </li>
    </ol>
</fieldset>
```

Voici le rendu brut de cette partie :

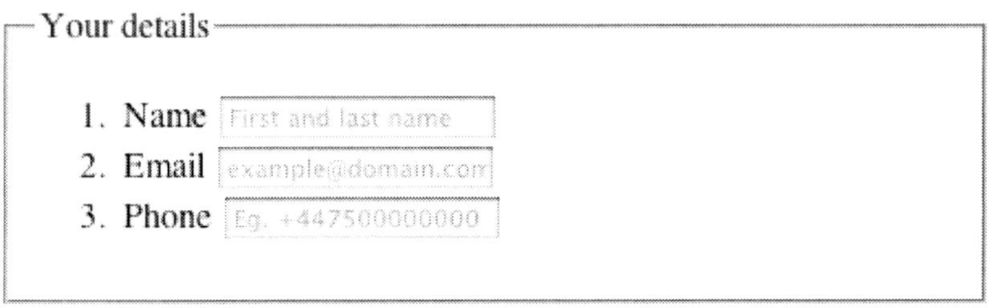

Le premier champ de saisie, **Name**, concerne le nom de l'utilisateur. En dehors des attributs « classiques », ce champ possède trois nouveaux attributs HTML5 :

- `placeholder="First and last name"` : permet d'avoir un exemple de saisie dans le champ.
- `required` : permet de rendre obligatoire ce champ, il ne devra pas être vide.
- `autofocus` : permet d'avoir le point d'insertion qui clignote dans ce champ.

Le deuxième champ de saisie, **Email**, est de type e-mail : `type=email`. Cela permet d'ajouter un contrôle de saisie. Ce champ devra comporter du texte, puis une arobase et du texte pour être valide. Ce champ possède aussi les attributs `placeholder` et `required`.

Le troisième champ de saisie, **Phone**, est de type téléphone : `type=tel`. Rappelons qu'il n'y a pas de contrôle de validité pour les numéros de téléphone. Ce champ possède aussi les attributs `placeholder` et `required`.

Dans la partie **Card details**, nous avons deux champs de type `number` pour la saisie du numéro de la carte de crédit et du numéro de sécurité.

```
<li>
    <label for=cardnumber>Card number</label>
    <input id=cardnumber name=cardnumber type=number required>
</li>
<li>
    <label for=secure>Security code</label>
    <input id=secure name=secure type=number required>
</li>
```

À vous d'utiliser une expression régulière avec l'attribut `pattern`, si vous souhaitez imposer une saisie précise.

4. Le code complet du formulaire

Voilà le code complet du formulaire :

```
<form id=payment method=# action=#>
<fieldset>
    <legend>Your details</legend>
    <ol>
        <li>
            <label for=name>Name</label>
            <input id=name name=name type=text
placeholder="First and last name" required autofocus>
        </li>
        <li>
            <label for=email>Email</label>
            <input id=email name=email type=email
placeholder="example@domain.com" required>
        </li>
        <li>
            <label for=phone>Phone</label>
            <input id=phone name=phone type=tel
placeholder="Eg. +447500000000" required>
        </li>
    </ol>
</fieldset>
<fieldset>
    <legend>Delivery address</legend>
    <ol>
        <li>
```

```
                <label for=address>Address</label>
                <textarea id=address name=address rows=5 required></textarea>
            </li>
            <li>
                <label for=postcode>Post code</label>
                <input id=postcode name=postcode type=text required>
            </li>
            <li>
                <label for=country>Country</label>
                <input id=country name=country type=text required>
            </li>
        </ol>
</fieldset>
<fieldset>
        <legend>Card details</legend>
        <ol>
            <li>
                <fieldset>
                    <legend>Card type</legend>
                    <ol>
                        <li>
                            <input id=visa name=cardtype type=radio>
                            <label for=visa>VISA</label>
                        </li>
                        <li>
                            <input id=amex name=cardtype type=radio>
                            <label for=amex>AmEx</label>
                        </li>
                        <li>
                            <input id=mastercard name=cardtype type=radio>
                            <label for=mastercard>Mastercard</label>
                        </li>
                    </ol>
                </fieldset>
            </li>
            <li>
                <label for=cardnumber>Card number</label>
                <input id=cardnumber name=cardnumber type=number required>
            </li>
            <li>
                <label for=secure>Security code</label>
                <input id=secure name=secure type=number required>
            </li>
            <li>
                <label for=namecard>Name on card</label>
```

```
            <input id=namecard name=namecard type=text
placeholder="Exact name as on the card" required>
        </li>
    </ol>
</fieldset>
<fieldset>
    <button type=submit>Buy it!</button>
</fieldset>
</form>
```

5. L'affichage brut

Voilà le rendu brut du formulaire :

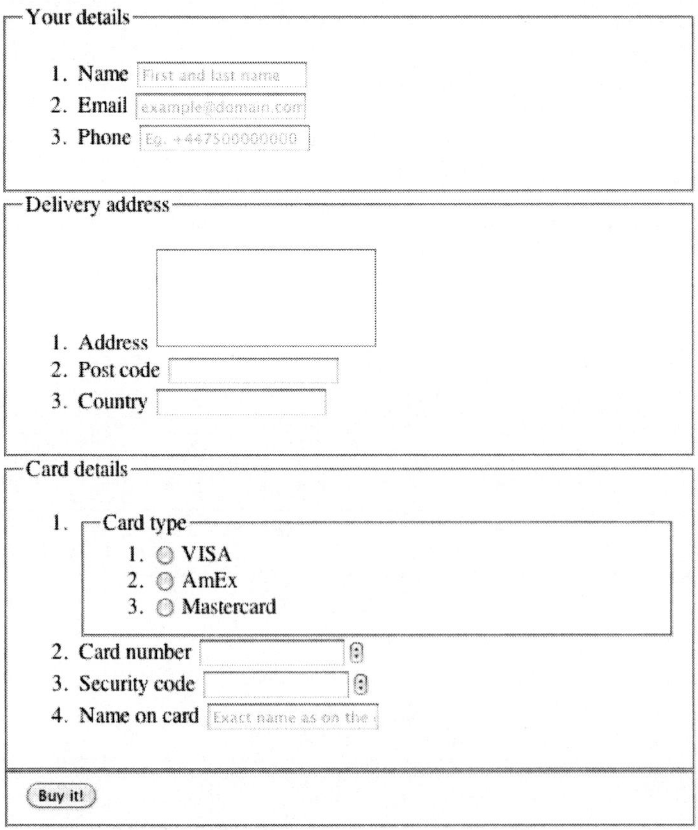

6. La mise en forme générale

Dans un premier temps, la conceptrice met en forme les éléments utilisés dans la page avec des marges et un remplissage à 0.

```
html, body, h1, form, fieldset, legend, ol, li {
    margin: 0;
    padding: 0;
}
```

Puis le texte est mis en forme, ainsi que le corps de la page :

```
body {
    background: #ffffff;
    color: #111111;
    font-family: Georgia, "Times New Roman", Times, serif;
    padding: 20px;
}
```

7. La mise en forme du formulaire

Le formulaire est mis en forme avec une couleur d'arrière-plan, des coins arrondis, un remplissage et une largeur fixe.

```
form#payment {
    background: #9cbc2c;
    -moz-border-radius: 5px;
    -webkit-border-radius: 5px;
    border-radius: 5px;
    padding: 20px;
    width: 400px;
}
```

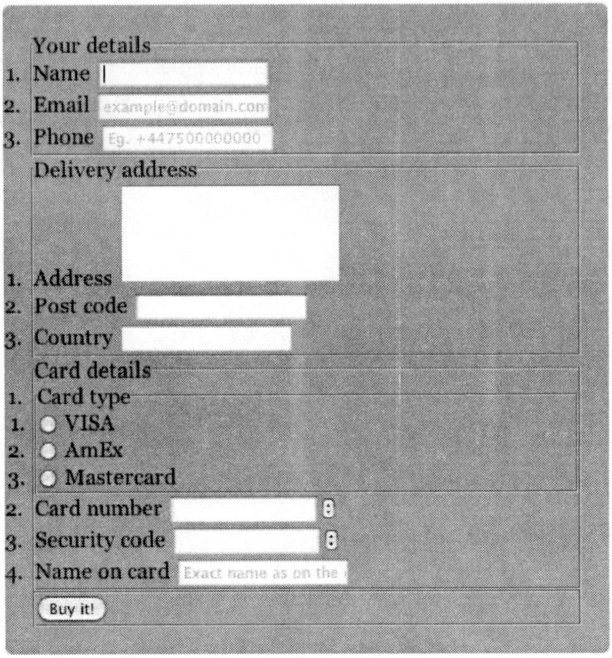

8. La mise en forme des différentes parties

Chaque partie du formulaire utilise les éléments `<fieldset>` et `<legend>`. Ils sont formatés sans bordure et avec une marge inférieure. Notez l'utilisation de la pseudo-classe `:last-of-type` pour cibler le dernier `<fieldset>`.

```
form#payment fieldset {
    border: none;
    margin-bottom: 10px;
}
form#payment fieldset:last-of-type {
    margin-bottom: 0;
}
```

L'élément `<legend>` des éléments `<fieldset>` est aussi formaté, avec notamment un texte ombré :

```
form#payment legend {
    color: #384313;
    font-size: 16px;
    font-weight: bold;
    padding-bottom: 10px;
    text-shadow: 0 1px 1px #c0d576;
}
```

Dans chaque partie du formulaire, chaque titre (`<legend>`) est précédé du mot **Step**, suivi d'un nombre incrémenté. Avec le pseudo-élément `:before` et les propriétés `content` et `counter-increment`, nous allons automatiser cette numérotation.

```
    form#payment > fieldset > legend:before {
        content: "Step " counter(fieldsets) ": ";
    counter-increment: fieldsets;
    }
```

Dernière étape, pour l'encadré du type de carte de crédit, la conceptrice souhaite donner un aspect de type `<label>` et non `<legend>`.

```
form#payment fieldset fieldset legend {
    color: #111111;
    font-size: 13px;
    font-weight: normal;
    padding-bottom: 0;
}
```

Voilà l'affichage du formulaire :

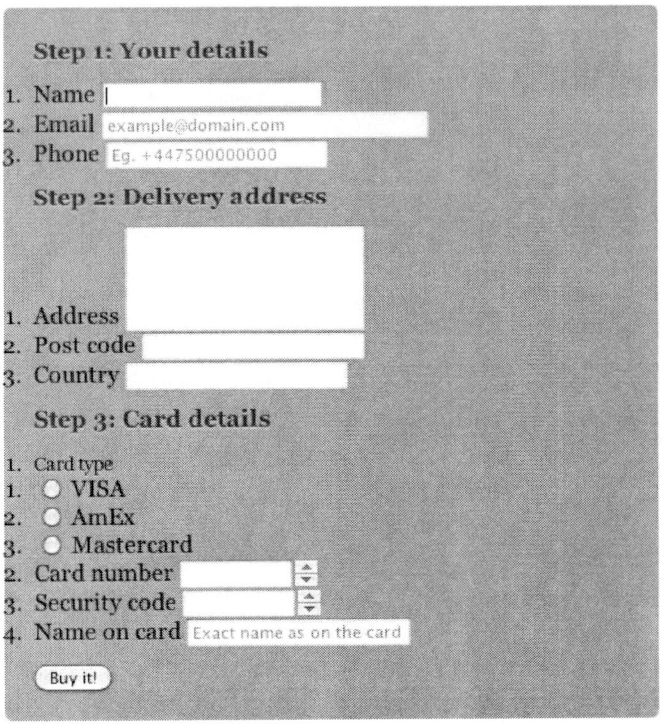

9. La mise en forme des items de liste

Tous les objets du formulaire sont placés dans des items (`<li>`) de liste (`<ol>`). Ils sont formatés avec des coins arrondis et une légère transparence (`rgba()`).

```
form#payment ol li {
    background: #b9cf6a;
    background: rgba(255,255,255,.3);
    border-color: #e3ebc3;
    border-color: rgba(255,255,255,.6);
    border-style: solid;
    border-width: 2px;
    -moz-border-radius: 5px;
    -webkit-border-radius: 5px;
    border-radius: 5px;
    line-height: 30px;
    list-style: none;
    padding: 5px 10px;
    margin-bottom: 2px;
}
form#payment ol ol li {
    background: none;
    border: none;
    float: left;
}
```

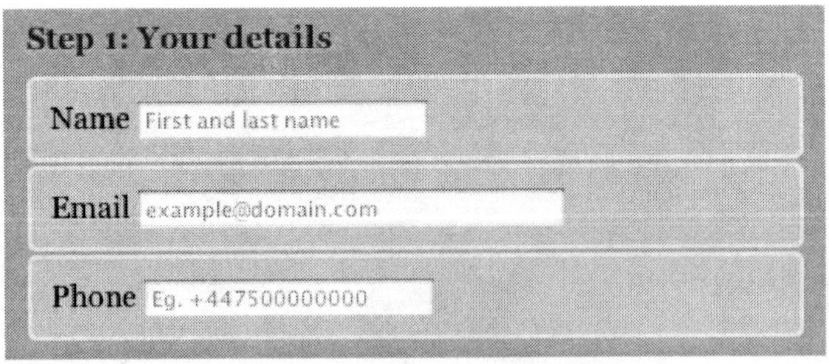

10. La mise en forme des étiquettes

Les étiquettes des champs (`<label>`) sont mises en forme, et notamment celles des cartes de crédit (`label[for=amex]`) auront une image d'illustration et un curseur en forme de pointeur (`cursor: pointer`) au survol de la souris (`:hover`).

```
form#payment label {
    float: left;
    font-size: 13px;
    width: 110px;
```

```
}
form#payment fieldset fieldset label {
    background:none no-repeat left 50%;
    line-height: 20px;
    padding: 0 0 0 30px;
    width: auto;
}
form#payment label[for=visa] {
    background-image: url(visa.gif);
}
form#payment label[for=amex] {
    background-image: url(amex.gif);
}
form#payment label[for=mastercard] {
    background-image: url(mastercard.gif);
}
form#payment fieldset fieldset label:hover {
    cursor: pointer;
}
```

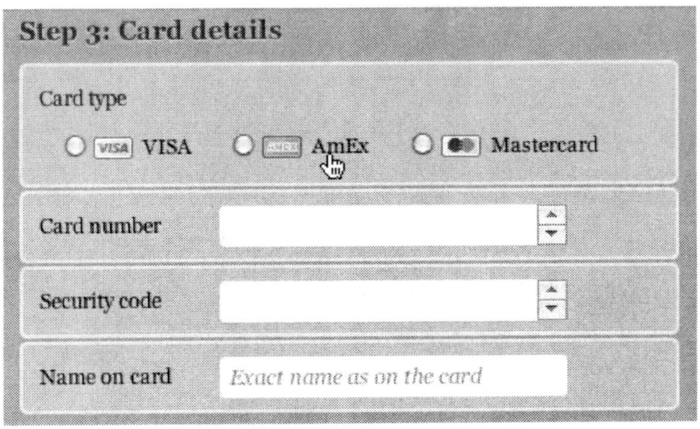

11. Les champs de type <input>

Tous les champs de type `<input>` seront identiques, sauf les boutons radio et le bouton de validation. Pour ce faire, notez l'utilisation de la nouvelle pseudo-classe `:not()` : `input:not([type=radio])`.

```
form#payment input:not([type=radio]),
form#payment textarea {
    background: #ffffff;
    border: none;
    -moz-border-radius: 3px;
```

```
    -webkit-border-radius: 3px;
    -khtml-border-radius: 3px;
    border-radius: 3px;
    font: italic 13px Georgia, "Times New Roman", Times, serif;
    outline: none;
    padding: 5px;
    width: 200px;
}
form#payment input:not([type=submit]):focus,
form#payment textarea:focus {
    background: #eaeaea;
}
form#payment input[type=radio] {
float: left;
    margin-right: 5px;
}
```

12. Le bouton d'envoi du formulaire

Le bouton d'envoi du formulaire a son propre style.

```
form#payment button {
    background: #384313;
    border: none;
    -moz-border-radius: 20px;
    -webkit-border-radius: 20px;
    -khtml-border-radius: 20px;
    border-radius: 20px;
    color: #ffffff;
    display: block;
    font: 18px Georgia, "Times New Roman", Times, serif;
    letter-spacing: 1px;
    margin: auto;
    padding: 7px 25px;
    text-shadow: 0 1px 1px #000000;
    text-transform: uppercase;
}
form#payment button:hover {
    background: #1e2506;
    cursor: pointer;
}
```

N. Créer des boutons avec des symboles

1. L'objectif

Pour vos formulaires, vous aurez peut-être besoin d'avoir des boutons avec des symboles ou des pictogrammes. Nous allons voir comment en créer très facilement avec les pseudo-classes `:before` et `:after`. Ces exemples sont adaptés de ce site :
http://www.paulund.co.uk/css-buttons-with-icons-but-no-images

2. Le formulaire

Nous allons créer un formulaire très classique avec deux boutons, l'un pour valider le formulaire, l'autre pour l'annuler. Cependant, nous n'allons pas utiliser des boutons, mais des liens. En effet, la technique utilisée, les pseudo-éléments, ne s'applique pas aux boutons.

Voici le formulaire initial :

```
<form id="inscription" method="#" action="#">
    <p>
        <label for="nom">Votre nom : </label>
        <input type="nom" name="nom" id="nom" />
    </p>
    <p>
        <label for="prenom">Votre prénom : </label>
        <input type="prenom" name="prenom" id="prenom" />
    </p>
    <p>
        <a href="#">Validez<a/>
        <a href="#">Annulez<a/>
    </p>
</form>
```

Voilà son affichage brut :

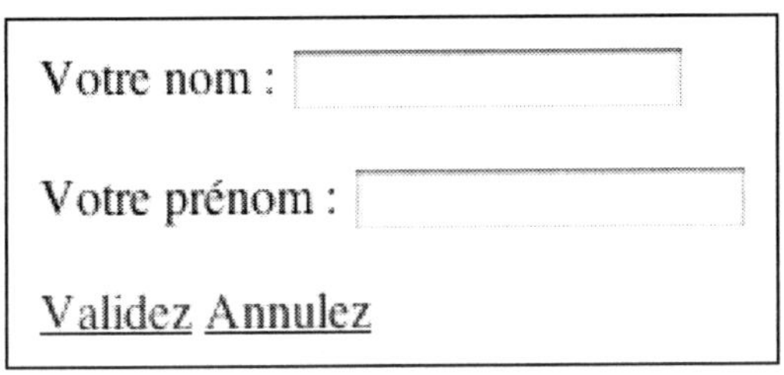

3. Créer la classe des boutons

Le principe est de créer une classe pour tous les boutons que vous souhaitez utiliser dans vos formulaires. Cette classe permet l'affichage des boutons avec tous les éléments de mise en forme communs. Les propriétés CSS sont utilisables car les liens sont affichés en bloc en ligne : `display: inline-block`.

Voici la classe pour la mise en forme des boutons avec un léger dégradé et des coins arrondis.

```
.bouton {
    /* La boîte */
    display: inline-block;
    border: 1px solid #000;
    padding: .2em .5em;
    margin: 0 4em 0 0;
    /* Le dégradé */
    background: -moz-linear-gradient(top, #fff 0%, #eee 100%);
    background: -webkit-linear-gradient(top, #fff 0%, #eee 100%);
    background: -o-linear-gradient(top, #fff 0%,#ccc 100%);
    background: linear-gradient(top, #fff 0%,#ccc 100%);
    /* Coins arrondis */
    -moz-border-radius: .3em;
    -webkit-border-radius: .3em;
    border-radius: .3em;
    /* Le texte */
    font-weight: bold;
    font-size: 1em;
    text-decoration: none;
    color: black;
}
```

Voilà l'affichage du formulaire formaté :

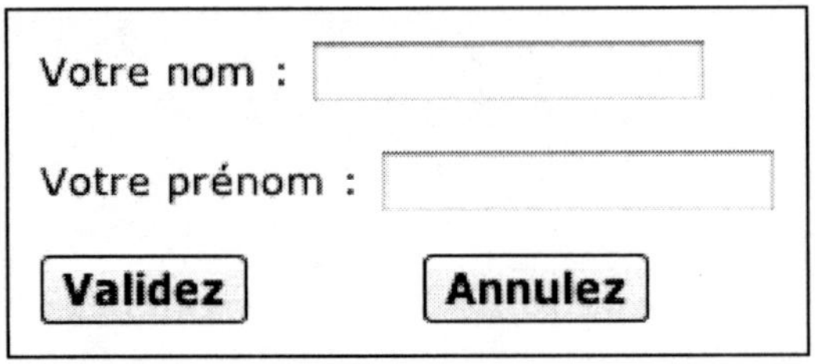

4. Le pseudo-élément ::before

Le pseudo-élément `::before` (vous notez la nouvelle syntaxe des pseudo-éléments avec les deux caractères :) permet d'ajouter du texte avant l'affichage de l'élément auquel il est associé. Le pseudo-élément `::after` fait la même chose, mais après.

Notez bien que vous pouvez utiliser la syntaxe `:before` et `:after` si vous avez des problèmes de reconnaissance avec votre navigateur.

Nous appliquons le pseudo-élément `::before` à la classe générique des boutons `.bouton`, pour une mise en forme simple.

```
.bouton:before {
    font-size: 1em;
    padding: 0 .5em 0 0;
}
```

5. Le contenu du pseudo-élément ::before

Maintenant, il faut indiquer le contenu à ajouter avant le libellé du bouton, le texte du lien `a`. Nous devons spécifier à quel élément doit s'ajouter ce contenu, puisque chaque bouton aura son propre contenu.

Nous allons créer pour cet exemple deux sélecteurs spécifiques `.validation:before` et `.annulation:before`, avec une classe dédiée à chaque bouton.

Deuxième paramètre, c'est le pictogramme à afficher. La norme Unicode UTF-8 nous propose des centaines de symboles et de pictogrammes. Voici deux URL à consulter :
http://www.unicode-table.com/en/ et http://www.utf8-chartable.de/

Notez bien que vous pouvez aussi utiliser des entités de caractères HTML classiques :
http://www.w3.org/TR/html4/sgml/entities.html

Pour la validation du formulaire, nous souhaitons avoir le symbole de l'« encoche de validation », elle est affichée avec le code : `\2714`.

Pour l'annulation du formulaire, nous souhaitons avoir le symbole de la « croix de suppression », elle est affichée avec le code : `\2717`.

Voici les deux styles :

```
.validation:before {
    content: "\2714";
}
.annulation:before {
    content: "\2717";
}
```

6. Appliquer les classes

Dernière étape, nous allons appliquer les classes créées aux éléments `a` des liens du formulaire. Les deux liens utilisent la classe générique des boutons `bouton` et chacun utilise sa classe dédiée à l'ajout de contenu : `validation` et `annulation`.

```
<a href="#" class="bouton validation">Validez<a/>
<a href="#" class="bouton annulation">Annulez<a/>
```

7. L'affichage du formulaire

Voici le rendu du formulaire :

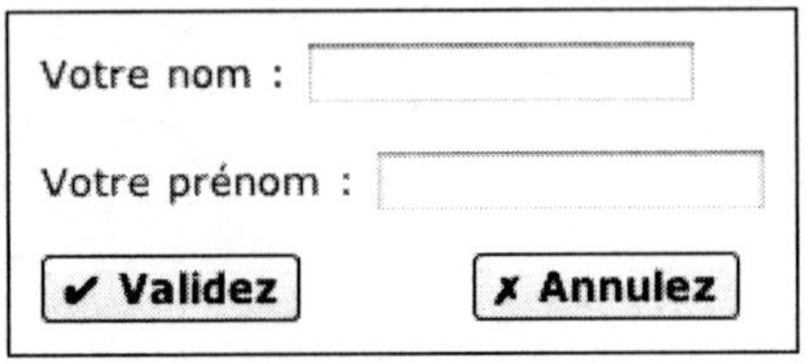

8. D'autres exemples similaires

Vous trouverez d'autres variantes de cette technique à cette URL :
http://www.red-team-design.com/just-another-awesome-css3-buttons

O. Les générateurs de boutons en ligne

1. L'objectif

Les CSS3 nous permettent de réelles avancées dans la création des boutons, ce qui fait que nous n'avons absolument plus besoin de créer des boutons avec des logiciels de dessin. Les boutons en image n'ont que des inconvénients : ils augmentent fortement le poids des fichiers, les mises à jour du design sont plus longues, c'est un frein au référencement naturel et à l'accessibilité.

Pour pouvoir créer rapidement des boutons au design actuel, le Web regorge de générateurs en ligne. Je vous en propose quelques-uns.

2. CSS3 Button

Ce site (http://css3button.net/) vous propose une interface agréable où vous pouvez travailler :

- l'arrière-plan en dégradé,
- les bordures et les coins arrondis,
- le remplissage,
- les ombres portées et internes,
- la couleur du texte,
- les ombres sur le texte.

L'aperçu se met à jour. Vous récupérez ensuite le code dans la zone **CSS CODE**.

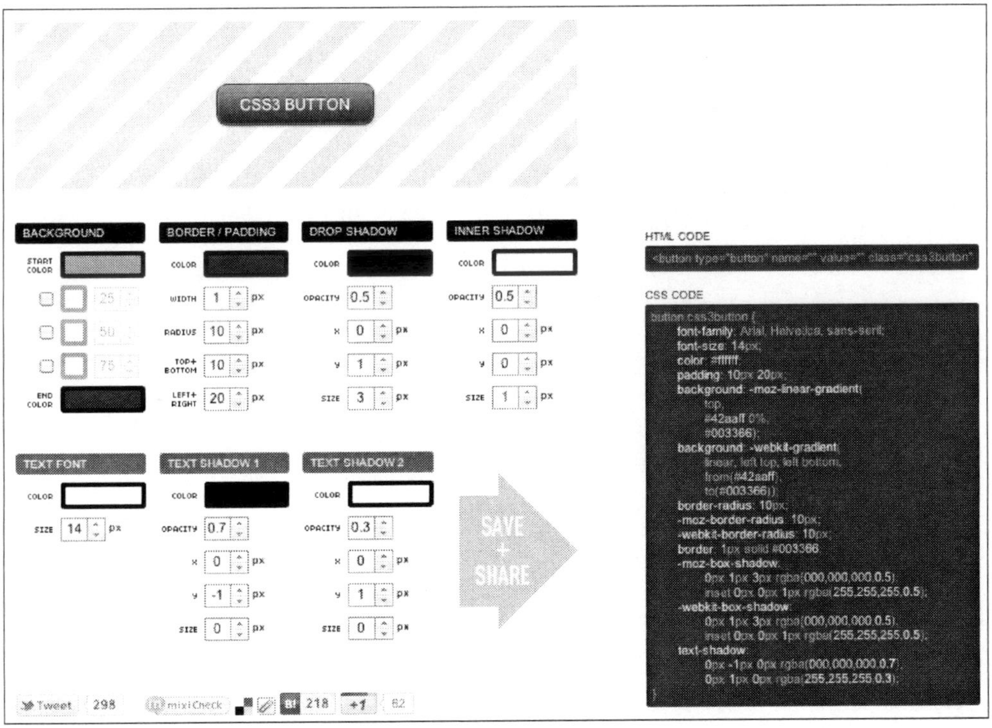

3. CSS3 Button Generator

Ce site (http://css3buttongenerator.com/) propose une interface avec des accordéons pour choisir les propriétés CSS à travailler :

- le texte et les ombres,
- le remplissage et l'ombre,
- les bordures et les coins arrondis,
- l'arrière-plan en dégradé,
- l'arrière-plan en dégradé sur le `:hover`.

Comme toujours, vous avez l'aperçu en direct et le code CSS généré.

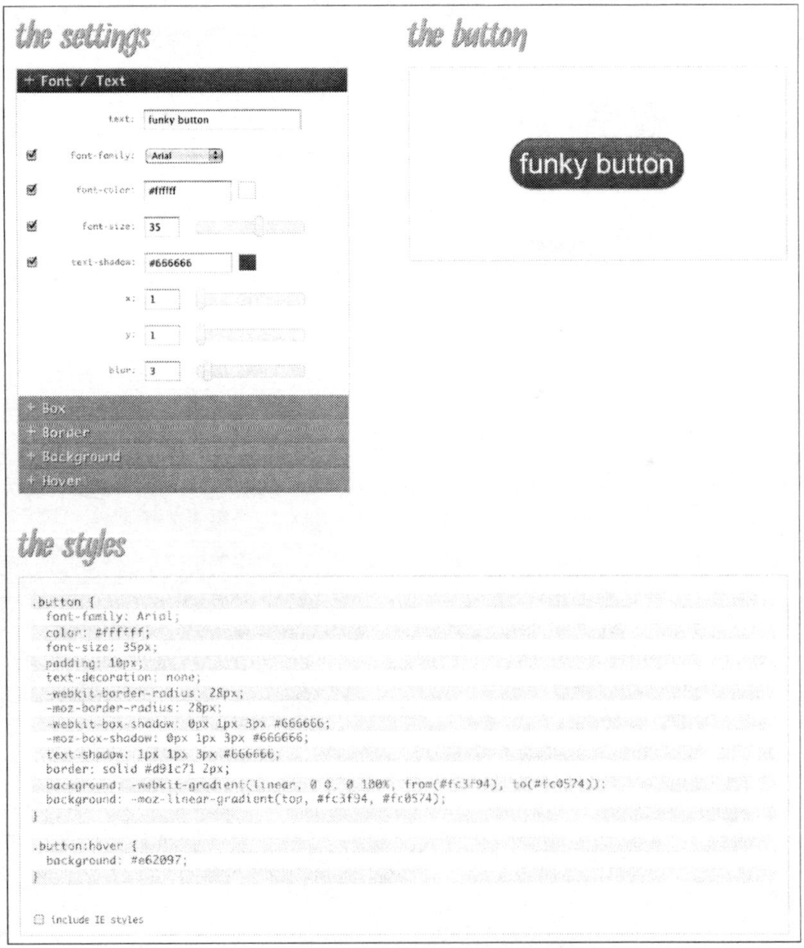

4. CSS Drive Button Generator

Ce site (http://www.cssdrive.com/css3button/) vous propose une construction très complète des boutons. Vous pouvez travailler :

- tous les paramètres du texte,
- la boîte du bouton : arrière-plan en dégradé, largeur, remplissage...
- les bordures, les coins arrondis et l'ombre portée,
- et cerise sur le gâteau, les transformations, les transitions et les styles pour le `:hover`.

Comme toujours, vous avez l'aperçu en direct et le code CSS généré.

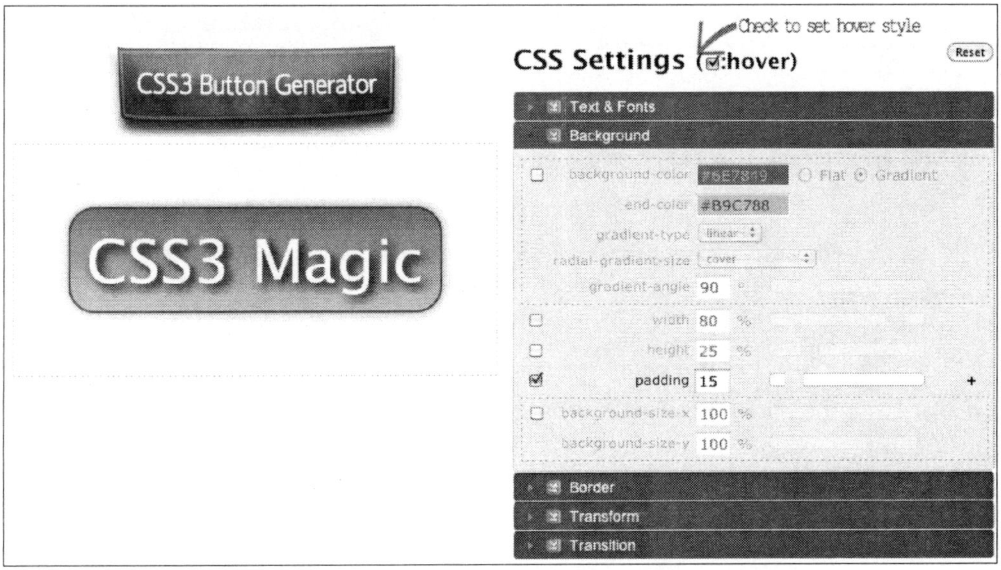

5. CSS3 Button Creator

Ce site (http://www.cssbuttongenerator.com/) propose une interface novatrice et très interactive, donnant l'impression d'être dans une véritable application. Vous pouvez travailler toutes les propriétés disponibles, accessibles avec des accordéons sur la gauche.

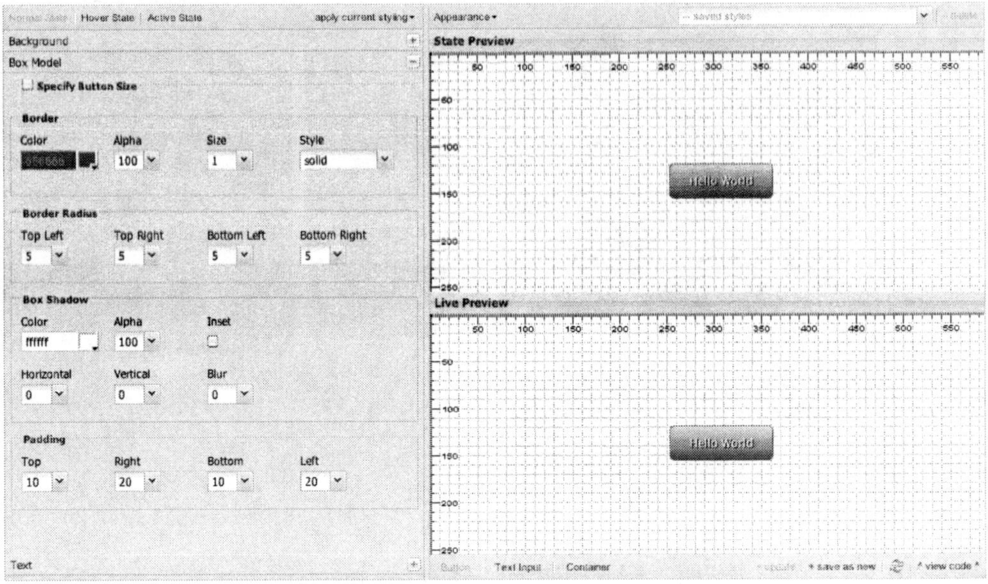

Chapitre 10 : Les transformations CSS3

A. L'état des lieux et l'objectif ... 312
B. La transformation ... 313
C. Le déplacement ... 314
D. La mise à l'échelle ... 315
E. La rotation ... 316
F. La déformation ... 317
G. Appliquer toutes les transformations ... 319
H. Les générateurs en ligne ... 319
I. Exemple d'un menu ... 321
J. Exemple d'une galerie de Polaroid ... 322
K. Exemple de relief sur une image ... 326

A. L'état des lieux et l'objectif

Le module des transformations a été initialement développé par les développeurs du moteur de rendu WebKit (Safari et Chrome).

Actuellement (septembre 2013), le module des transformations est encore en niveau brouillon (**Working Draft**) et est daté du 11 septembre 2012 : http://www.w3.org/TR/css3-transforms/. Auparavant il y avait deux modules, un pour la 2D et un autre pour la 3D. Ces deux modules ont fusionné en un seul.

Les transformations permettent de modifier avec des propriétés CSS l'affichage d'éléments HTML d'une page.

Une fois affiché de manière « classique », un élément HTML pourra « subir » des transformations de rotation, de déplacement, de déformation, de mise à l'échelle et de perspective.

De nouveau, les préfixes propriétaires des navigateurs sont indispensables.

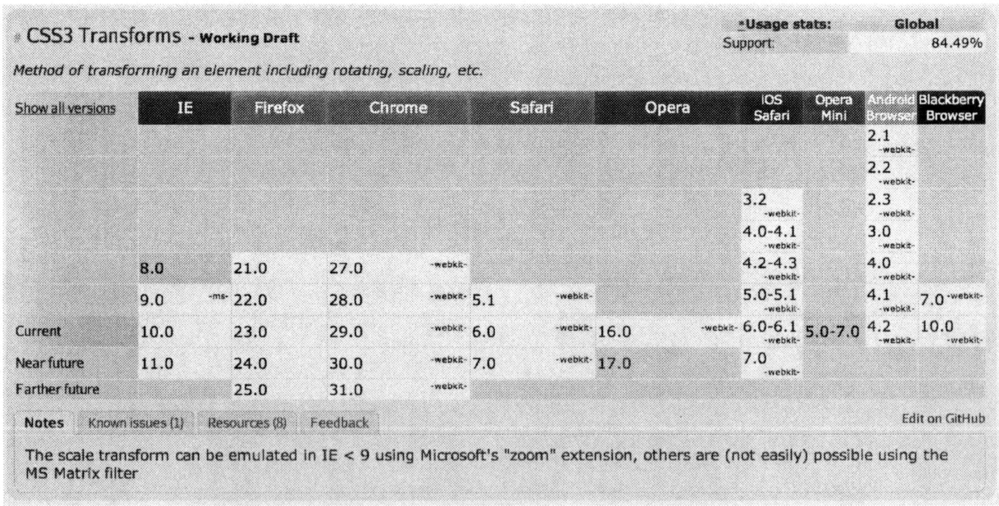
CSS3 Transforms - Working Draft

*Usage stats: Global
Support: 84.49%

Method of transforming an element including rotating, scaling, etc.

Show all versions	IE	Firefox	Chrome	Safari	Opera	iOS Safari	Opera Mini	Android Browser	Blackberry Browser
								2.1 -webkit-	
								2.2 -webkit-	
						3.2 -webkit-		2.3 -webkit-	
						4.0-4.1 -webkit-		3.0 -webkit-	
	8.0	21.0	27.0 -webkit-			4.2-4.3 -webkit-		4.0 -webkit-	
	9.0 -ms-	22.0	28.0 -webkit-	5.1 -webkit-		5.0-5.1 -webkit-		4.1 -webkit-	7.0 -webkit-
Current	10.0	23.0	29.0 -webkit-	6.0 -webkit-	16.0 -webkit-	6.0-6.1 -webkit-	5.0-7.0	4.2 -webkit-	10.0 -webkit-
Near future	11.0	24.0	30.0 -webkit-	7.0 -webkit-	17.0	7.0 -webkit-			
Farther future		25.0	31.0 -webkit-						

Notes | Known issues (1) | Resources (8) | Feedback | Edit on GitHub

The scale transform can be emulated in IE < 9 using Microsoft's "zoom" extension, others are (not easily) possible using the MS Matrix filter

B. La transformation

1. La propriété

Pour effectuer une transformation, vous devrez utiliser la propriété `transform`. Cette propriété utilise ensuite des fonctions pour appliquer telle ou telle transformation.

2. Le point de référence

Par défaut, toutes les transformations ont comme point de référence le centre de l'élément. Ce point de référence sert de départ pour les calculs des transformations.

Nous pouvons changer ce point de référence avec la propriété `transform-origin`. La valeur spécifiée indique alors le point de référence.

Les valeurs acceptées sont :

- des pourcentages. Par défaut la valeur est de `50% 50%`, soit au milieu de l'élément.
- des mots-clés : `left`, `center`, `right`, `top`, `center`, `bottom`.
- des valeurs exprimées en pixels.

Voilà ce que donnerait une rotation avec le point de référence par défaut, au centre de l'élément :

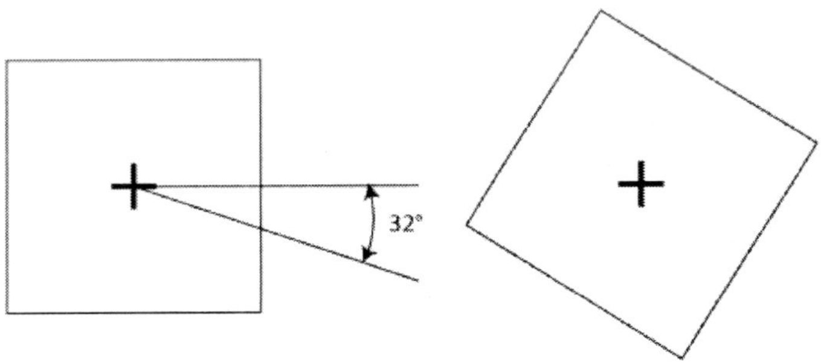

Voilà un exemple de la modification du point d'origine au coin haut gauche de l'élément, suivie d'une rotation :

```
.rotation {
    -moz-transform-origin: left top;
    -webkit-transform-origin: left top;
    -o-transform-origin: left top;
    transform-origin: left top;
    -moz-transform: rotate(32deg);
    -webkit-transform: rotate(32deg);
    -o-transform: rotate(32deg);
    transform: rotate(32deg);
}
```

Voilà la modification apportée par la modification du point de référence :

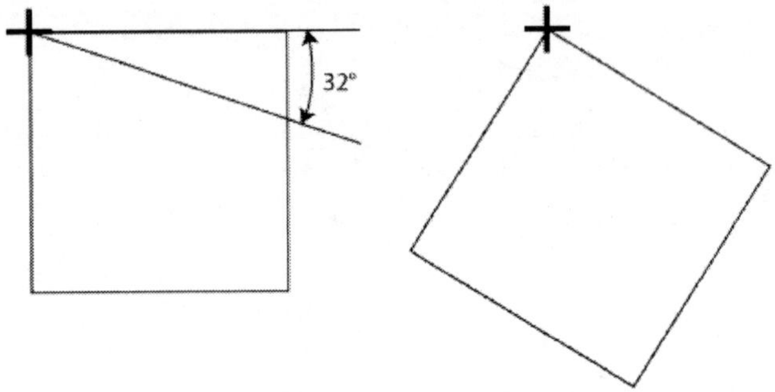

C. Le déplacement

1. Sur les deux axes

La fonction `translate` permet d'effectuer un déplacement, une translation, sur une distance spécifiée, par rapport à sa position d'origine et selon le point de référence.

Cet exemple déplace l'image de 250 pixels horizontalement et 50 pixels verticalement :

```
.deplacement {
    -moz-transform: translate(250px,50px);
    -webkit-transform: translate(250px,50px);
    -o-transform: translate(250px,50px);
    transform: translate(250px,50px);
}
```

Cette classe s'applique sur une image :

```
<p><img src="lion.jpg" alt="Lion" class="deplacement" /></p>
```

Voilà la transformation effectuée :

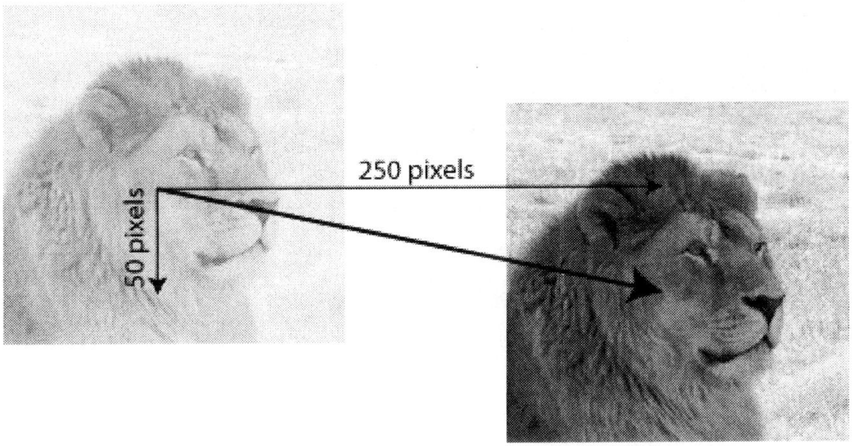

2. Sur un seul axe

Vous pouvez aussi utiliser les deux fonctions de déplacement sur un seul axe :

- `translateX` : pour un déplacement sur l'axe horizontal,
- `translateY` : pour un déplacement sur l'axe vertical.

Exemple d'un déplacement horizontal de 20 pixels :

```
.deplacement {
    -moz-transform: translateX(20px);
    -webkit-transform: translateX(20px);
    -o-transform: translateX(20px);
    transform: translateX(20px);
}
```

D. La mise à l'échelle

1. La mise à l'échelle proportionnelle

La fonction `scale` permet une mise à l'échelle d'un élément sur une échelle de `0` à `1`, `1` étant la taille initiale.

Voilà un exemple d'une classe qui effectue une mise à l'échelle proportionnelle à 50 % de la taille originale.

```
.echelle {
    -moz-transform: scale(.5);
    -webkit-transform: scale(.5);
```

```
    -o-transform: scale(.5);
    transform: scale(.5);
}
```

2. La mise à l'échelle non proportionnelle

Si vous spécifiez deux valeurs, la première est la mise à l'échelle horizontale, la deuxième, la mise à l'échelle verticale.

Dans cet exemple, la mise à l'échelle horizontale est de 50 %, la mise à l'échelle verticale est de 20 %.

```
.echelle {
    -moz-transform: scale(.5,.2);
    -webkit-transform: scale(.5,.2);
    -o-transform: scale(.5,.2);
    transform: scale(.5,.2);
}
```

3. La mise à l'échelle dans une seule direction

Vous pouvez utiliser les fonctions :

- `scaleX` : pour la mise à l'échelle horizontale,
- `scaleY` : pour la mise à l'échelle verticale.

Dans cet exemple, la mise à l'échelle est uniquement horizontale :

```
.echelle {
    -moz-transform: scaleX(.5);
    -webkit-transform: scaleX(.5);
    -o-transform: scaleX(.5);
    transform: scaleX(.5);
}
```

E. La rotation

La fonction `rotate` permet d'effectuer une rotation de l'élément. L'unité peut s'exprimer en degrés : `deg` ou en radians : `rad`.

Voilà un exemple d'une rotation de 23 degrés :

```
.rotation {
    -moz-transform: rotate(23deg);
    -webkit-transform: rotate(23deg);
    -o-transform: rotate(23deg);
    transform: rotate(23deg);
}
```

Voilà la transformation effectuée :

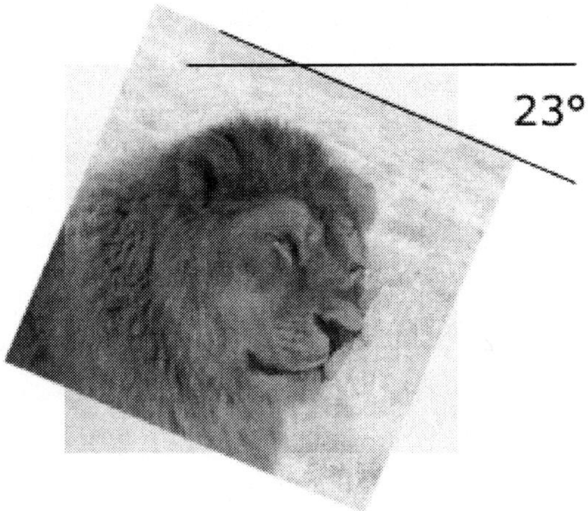

F. La déformation

1. La déformation sur les deux axes

La fonction `skew` permet d'effectuer une déformation de l'élément sur les deux axes. L'unité peut s'exprimer en degrés : `deg` ou en radians : `rad`.

Voilà un exemple avec une déformation horizontale de 20 degrés et une déformation verticale de 5 degrés :

```
.deformation {
    -moz-transform: skew(20deg,-5deg);
    -webkit-transform: skew(20deg,-5deg);
    -o-transform: skew(20deg,-5deg);
    transform: skew(20deg,-5deg);
}
```

Voilà la transformation effectuée :

2. La déformation sur un seul axe

Vous pouvez utiliser les fonctions :

- `skewX` : pour la déformation horizontale,
- `skewY` : pour la déformation verticale.

Dans cet exemple, la déformation est uniquement horizontale :

```
.deformation {
    -moz-transform: skewX(-20deg);
    -webkit-transform: skewX(-20deg);
    -o-transform: skewX(-20deg);
    transform: skewX(-20deg);
}
```

Voilà l'affichage :

G. Appliquer toutes les transformations

Vous pouvez cumuler toutes les transformations que vous voulez, il suffit d'indiquer les fonctions que vous souhaitez utiliser.

Voici un exemple avec toutes les transformations :

```
.tranformation {
    -moz-transform: scale(.7) rotate(3deg) translateX(5px) skewX(-5deg);
    -webkit-transform: scale(.7) rotate(3deg) translateX(5px) skewX(-5deg);
    -o-transform: scale(.7) rotate(3deg) translateX(5px) skewX(-5deg);
    transform: scale(.7) rotate(3deg) translateX(5px) skewX(-5deg);
}
```

Voilà le rendu à l'écran :

H. Les générateurs en ligne

De nombreux générateurs en ligne sont là pour vous aider dans la rédaction de vos codes CSS3 valides pour les navigateurs courants.

1. CSS 3.0 Maker

CSS 3.0 Maker (http://www.css3maker.com/css3-transform.html) vous permet d'utiliser les quatre transformations vues :

2. CSS3 Generator

CSS3 Generator (http://css3generator.com/), avec l'option **Transform**, vous donne accès aux transformations.

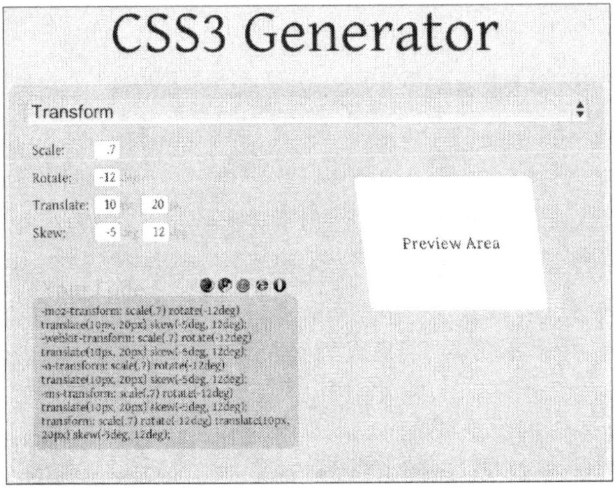

3. WestCIV

WestCIV (http://www.westciv.com/tools/transforms/index.html) vous propose l'accès à toutes les transformations que nous avons vues.

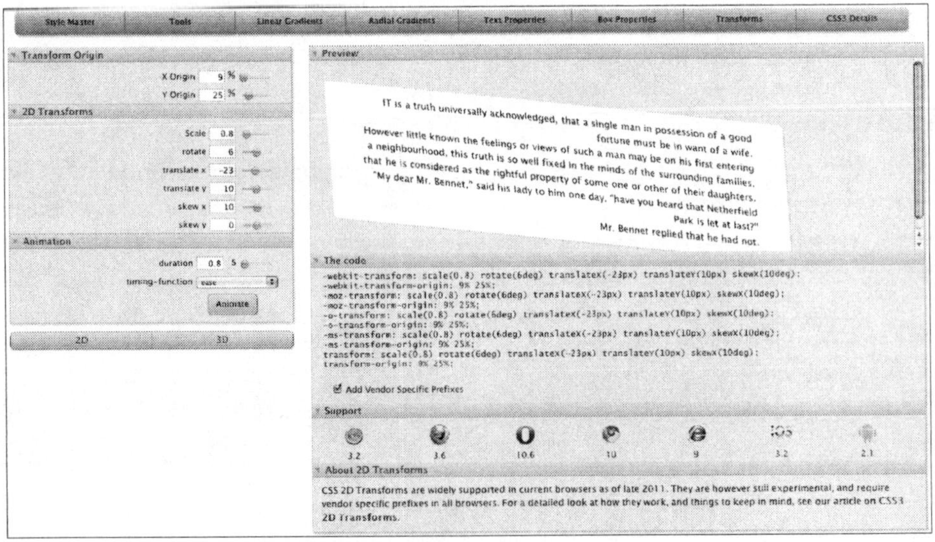

I. Exemple d'un menu

1. L'objectif

Nous allons créer un menu simple constitué d'icônes. Au survol de ces liens, les images sont légèrement agrandies, effectuent une petite rotation et ont une légère déformation horizontale.

2. La structure du menu

Le menu est une très classique liste `ul` :

```
<ul id="navigation">
    <li><a href="#"><img src="twitter.png" alt="twitter" />
</a></li>
    <li><a href="#"><img src="facebook.jpg" alt="facebook" />
</a></li>
    <li><a href="#"><img src="flickr.png" alt="flickr" />
</a></li>
</ul>
```

3. La mise en forme

Les items `li` sont mis en forme tout aussi « classiquement » :

```
#navigation li {
    list-style: none;
    display: inline-block;
    margin-right: 20px;
}
```

Chaque image (`img`) est transformée au survol du lien (`a:hover`). Nous appliquons une mise à l'échelle (`scale`), une rotation (`rotation`) et un déplacement (`translate`).

```
#navigation li a:hover img {
    -moz-transform: scale(1.1) rotate(3deg) translateX(2px);
    -webkit-transform: scale(1.1) rotate(3deg) translateX(2px);
    -o-transform: scale(1.1) rotate(3deg) translateX(2px);
    transform: scale(1.1) rotate(3deg) translateX(2px);
}
```

4. L'affichage

Voilà l'affichage avec les images non survolées :

Voilà l'affichage avec les images survolées :

J. Exemple d'une galerie de Polaroid

1. L'objectif

Nous allons réaliser une galerie photo « vintage », façon Polaroid, avec des clichés déposés sur « une table ». Au survol de la souris, le cliché passe au-dessus des autres, son fond est plus blanc et l'ombre est plus marquée.

Cet exemple est très largement inspiré de celui de ce site :
http://line25.com/tutorials/how-to-create-a-pure-css-polaroid-photo-gallery

2. La structure de la galerie

Nous allons créer une structure en HTML5, avec les éléments `section`, `figure` et `figcaption`. L'élément `section` a un identifiant et chaque élément `figure` possède une classe.

```
<section id="galerie">
    <figure class="pic-1">
        <img src="photo1.jpg" alt="hippopotame" />
        <figcaption>Hippopotame</figcaption>
    </figure>
    <figure class="pic-2">
        <img src="photo2.jpg" alt="hippopotame" />
        <figcaption>Tigre</figcaption>
```

```
    </figure>
    <figure class="pic-3">
        <img src="photo3.jpg" alt="hippopotame" />
        <figcaption>Zèbre</figcaption>
    </figure>
    <figure class="pic-1">
        <img src="photo4.jpg" alt="hippopotame" />
        <figcaption>Suricate</figcaption>
    </figure>
</section>
```

3. La mise en forme de la galerie

La galerie à une largeur fixée et est centrée dans la page.

```
body {
    font: .8em Verdana, Arial, Helvetica, Geneva, sans-serif;
}
#galerie {
    width: 700px;
    margin: 60px auto;
}
```

Les éléments `figure` flottent sur leur gauche (`float: left`), ont des marges différenciées pour s'espacer (`margin: 0 10px 0`). Le remplissage bas est plus important, afin d'afficher la légende (`padding: 10px 25px 10px`). Le fond est grisé (`background: #eee`). Ils ont des bordures (`border: 1px solid #fff`) et une ombre portée (`box-shadow: 0px 2px 15px #333`).

```
#galerie figure {
    float: left;
    margin: 0 10px 10px 0;
    padding: 10px 10px 25px 10px;
    background: #eee;
    border: 1px solid #fff;
    -moz-box-shadow: 0px 2px 15px #333;
    -webkit-box-shadow: 0px 2px 15px #333;
    -o-box-shadow: 0px 2px 15px #333;
    box-shadow: 0px 2px 15px #333;
}
```

Le texte de la légende est centré.

```
#galerie figcaption {
    text-align: center;
}
```

4. La mise en forme des photos

Chaque photo est dans un élément `figure` qui possède une classe dédiée. Pour chaque classe, nous indiquons un ordre de superposition (`z-index: 1`). Chaque photo subit une transformation avec une valeur de rotation spécifique (`transform: rotate(-10deg)`).

```
#galerie figure.pic-1 {
    z-index: 1;
    -webkit-transform: rotate(-10deg);
    -moz-transform: rotate(-10deg);
    -o-transform: rotate(-10deg);
    transform: rotate(-10deg);
}
#galerie figure.pic-2 {
    z-index: 2;
    -webkit-transform: rotate(3deg);
    -moz-transform: rotate(3deg);
    -o-transform: rotate(3deg);
    transform: rotate(3deg);
}
#galerie figure.pic-3 {
    z-index: 3;
    -webkit-transform: rotate(5deg);
    -moz-transform: rotate(5deg);
    -o-transform: rotate(5deg);
    transform: rotate(5deg);
}
#galerie figure.pic 4 {
    z-index: 4;
    -webkit-transform: rotate(-10deg);
    -moz-transform: rotate(-10deg);
    -o-transform: rotate(-10deg);
    transform: rotate(-10deg);
}
```

5. La transformation

Nous détectons le survol de la souris (`:hover`) sur les éléments `figure`. Nous modifions la propriété `z-index` pour qu'elle soit supérieure à celle existante, pour faire passer l'image au-dessus des autres. Nous appliquons une ombre plus sombre (`box-shadow: 3px 5px 15px #000`) et une couleur d'arrière-plan blanche.

```
#galerie figure:hover {
    z-index: 10;
    -moz-box-shadow: 3px 5px 15px #000;
    -webkit-box-shadow: 3px 5px 15px #000;
    -o-box-shadow: 3px 5px 15px #000;
    box-shadow: 3px 5px 15px #000;
    background-color: #fff;
}
```

6. L'affichage

À l'affichage de la page, toutes les photos appliquent leur transformation (rotation).

Au survol de la souris, la photo passe au premier plan, son fond est blanc et l'ombre plus marquée.

K. Exemple de relief sur une image

1. L'objectif

L'objectif est de simuler une ombre sous une photo aux coins légèrement courbés. La technique est « toute simple » (faut-il encore y penser !). Nous allons utiliser une ombre et appliquer une rotation à cette ombre. Voilà le site qui propose cette technique :
http://nimbupani.com/drop-shadows-with-css3.html

2. La photo

L'image de la photo est insérée dans une boîte <div> identifiée :

```
<div id="photo">
    <img src="pano-ballade.jpg" alt="Panorama" />
</div>
```

Une petite mise en forme toute simple pour la forme... Mais surtout, il faut que la boîte <div> soit positionnée.

```
#photo {
    position: relative;
    margin: 20px auto;
    width: 500px;
    height: 140px;
    padding: 10px;
    border: 1px solid #ccc;
    background-color: #eee;
}
```

Voilà l'affichage initial :

3. Les ombres sous la photo

Pour « ajouter » une ombre sous la photo, nous allons utiliser les deux pseudo-classes :before et :after. Elles permettent d'ajouter du contenu avant et après l'élément auquel elles sont associées. Sauf que nous n'allons rien ajouter ! Mais pour les navigateurs l'élément existe, même s'il n'y a rien à afficher !

Ces éléments seront positionnés en position absolue par rapport à leur élément parent, la boîte <div> contenant la photo.

Nous indiquerons une largeur (width) et une hauteur (height) données pour avoir une ombre proportionnée à la photo.

Nous allons ajouter une ombre à ces éléments vides et leur appliquer une rotation.

Ajoutons un contenu « vide » avant notre boîte :

```
#photo:before {
    /* Le contenu vide */
    content: "";
}
```

Nous positionnons cet élément par rapport à son parent qui est la boîte `<div>` positionnée. C'est vous qui décidez de la position (`left` et `bottom`) de cet élément, ce qui va donner la position de l'ombre.

```
#photo:before {
    /* Le contenu vide */
    content: "";
    /* Positionnement */
    position: absolute;
    z-index: -1;
    left: 10px;
    bottom: 15px;
}
```

Ensuite, déterminez la taille de l'ombre

```
#photo:before {
    /* Le contenu vide */
    content: "";
    /* Positionnement */
    position: absolute;
    z-index: -1;
    left: 10px;
    bottom: 15px;
    /* La boîte*/
    width: 50%;
    height: 20%;
}
```

Enfin, paramétrez l'ombre et appliquez-lui une rotation. Là encore, c'est vous qui choisissez tous les paramètres.

```
#photo:before {
    /* Le contenu vide */
    content: "";
    /* Positionnement */
    position: absolute;
    z-index: -1;
    left: 10px;
    bottom: 15px;
    /* La boîte */
    width: 50%;
    height: 20%;
```

```
    /* L'ombre */
    -webkit-box-shadow: 0 15px 10px rgba(0,0,0, .7);
    -moz-box-shadow: 0 15px 10px rgba(0, 0, 0, 0.7);
    box-shadow: 0 15px 10px rgba(0, 0, 0, 0.7);
    /* La rotation */
    -webkit-transform: rotate(-3deg);
    -moz-transform: rotate(-3deg);
    -o-transform: rotate(-3deg);
    transform: rotate(-3deg);
}
```

Voilà l'aperçu :

Ensuite, partez sur le même principe pour ajouter une deuxième ombre à droite, avec des paramètres différents si vous le souhaitez, avec la pseudo-classe `:after`.

```
#photo:after {
    /* Le contenu vide */
    content: "";
    /* Positionnement */
    position: absolute;
    z-index: -2;
    right: 10px;
    bottom: 17px;
    /* La boîte */
    width: 30%;
    height: 20%;
    /* L'ombre */
    -webkit-box-shadow: 0 15px 10px rgba(0,0,0, .8);
    -moz-box-shadow: 0 15px 10px rgba(0, 0, 0, 0.8);
    box-shadow: 0 15px 10px rgba(0, 0, 0, 0.8);
    /* La rotation */
    -webkit-transform: rotate(1deg);
```

```
    -moz-transform: rotate(1deg);
    -o-transform: rotate(1deg);
    transform: rotate(1deg);
}
```

Voilà l'affichage avec les deux ombres différentes :

Chapitre 11 : Les transitions CSS3

A. L'état des lieux et l'objectif 332
B. Mettre en place les transitions 332
C. Effectuer une transition de déplacement 334
D. Les autres propriétés des transitions 336
E. Les générateurs en ligne 340
F. Exemple d'un menu interactif 342
G. Exemple d'un diaporama interactif 345
H. Exemple de menu à tiroirs 349
I. Exemple d'accordéon 355

A. L'état des lieux et l'objectif

C'est un peu le « Graal » des intégrateurs Web : créer des « effets » de transition à l'aide des CSS, sans une once de JavaScript et sans faire appel à un développeur Web. Eh bien les CSS3 le permettent, avec le module **Transition**, toujours en Working Draft au 12 février 2013 : http://www.w3.org/TR/css3-transitions/

Cela va vous permettre de passer d'une valeur CSS à une autre avec une transition spécifiée si un événement est détecté au niveau d'un élément. Lorsque la transition est terminée, l'élément reprend ses paramètres CSS initiaux.

De nouveau, les préfixes propriétaires des navigateurs sont requis.

B. Mettre en place les transitions

1. Les transitions

Pour déclencher une transition, il faut qu'un événement soit détecté avec par exemple une pseudo-classe : `:hover`, `:active` ou `:focus`.

Vous devez indiquer quelles propriétés vous souhaitez utiliser avec la propriété `transition-property`.

Vous indiquez ensuite la durée de cette transition avec la propriété `transition-duration`.

2. Les propriétés CSS

Voici la liste des propriétés CSS accessibles avec le module **Transition** :

Nom de la propriété	Type
background-color	color
background-image	only gradients
background-position	percentage, length
border-bottom-color	color
border-bottom-width	length
border-color	color
border-left-color	color
border-left-width	length
border-right-color	color
border-right-width	length

Nom de la propriété	Type
border-spacing	length
border-top-color	color
border-top-width	length
border-width	length
bottom	length, percentage
color	color
crop	rectangle
font-size	length, percentage
font-weight	number
grid-*	various
height	length, percentage
left	length, percentage
letter-spacing	length
line-height	number, length, percentage
margin-bottom	length
margin-left	length
margin-right	length
margin-top	length
max-height	length, percentage
max-width	length, percentage
min-height	length, percentage
min-width	length, percentage
opacity	number
outline-color	color
outline-offset	integer
outline-width	length
padding-bottom	length
padding-left	length
padding-right	length

Nom de la propriété	Type
padding-top	length
right	length, percentage
text-indent	length, percentage
text-shadow	shadow
top	length, percentage
vertical-align	keywords, length, percentage
visibility	visibility
width	length, percentage
word-spacing	length, percentage
z-index	integer
zoom	number

La propriété `transition-property` accepte aussi deux mots-clés prédéfinis :

- `transition-property: none` indique qu'aucune propriété n'est impliquée dans les transitions.
- `transition-property: all` indique que toutes les propriétés sont susceptibles d'être utilisées dans les transitions.

C. Effectuer une transition de déplacement

1. L'objectif

Nous allons mettre en place une transition très simple : une image se déplaçant horizontalement.

2. Le code nécessaire

Nous avons une image placée dans une boîte `<div>` :

```
<div id="deplacement"><img src="lion.jpg" alt="Lion" /></div>
```

Nous créons un sélecteur d'identification pour cette boîte `<div>`. Nous positionnons cet élément :

```
#deplacement {
    position: absolute;
    left: 20px;
    top: 20px;
}
```

3. Les propriétés de la transition

Avec la propriété `transition-property`, nous indiquons quelle est la propriété CSS à modifier : `transition-property: left;`.

Avec la propriété `transition-duration`, nous indiquons la durée de cette transition : `transition-duration: 2s;`. Les unités à utiliser sont la seconde : `s` et la milliseconde : `ms`.

Nous avons donc ce sélecteur :

```
#deplacement {
    position: absolute;
    left: 20px;
    top: 20px;
    -moz-transition-property: left;
    -moz-transition-duration: 2s;
    -webkit-transition-property: left;
    -webkit-transition-duration: 2s;
    -o-transition-property: left;
    -o-transition-duration: 2s;
    transition-property: left;
    transition-duration: 2s;
}
```

Maintenant, dernière étape, indiquons la nouvelle valeur de la propriété `left` et l'événement qui va déclencher cette transition.

Dans notre exemple, c'est au survol (`:hover`) de la souris que va se déclencher la transition. Le déplacement va se faire jusqu'à la position horizontale de 40 pixels.

```
#deplacement:hover {
    left: 40px;
}
```

4. Le rendu

Voilà le rendu à l'affichage, l'image se déplace de 40 pixels horizontalement.

D. Les autres propriétés des transitions

1. La cinétique

La propriété `transition-timing-function` permet de déterminer la cinétique de la transition. Elle admet six valeurs sous la forme de mots-clés :

- `ease` : la transition est lente au début, puis accélère vers la fin (c'est la valeur par défaut).
- `linear` : la transition se fait à vitesse constante.
- `ease-in` : la transition se fait lentement au début, puis accélère vers la fin.
- `ease-out` : la transition se fait rapidement au début, puis ralentit vers la fin.
- `ease-in-out` : la transition se fait lentement au début, puis accélère, puis ralentit vers la fin.
- `cubic-bezier` : cela permet de paramétrer vous-même la courbe de Bézier pour la cinétique.

Voilà les courbes de Bézier utilisées pour ces effets de cinétique :

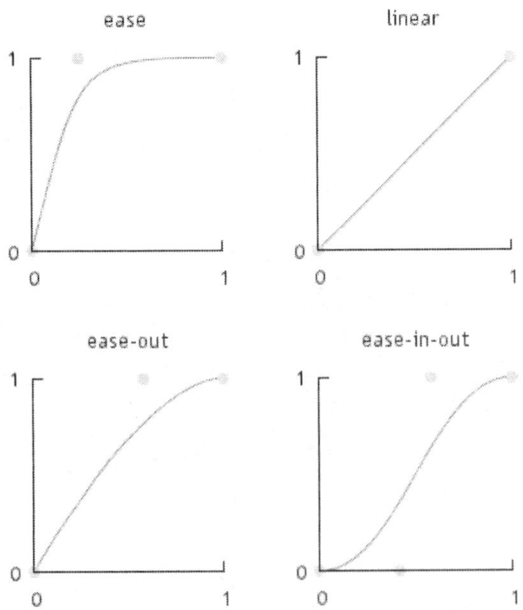

Source du schéma : http://www.felix-girault.fr/blog/css/les-transitions-css3/

Voici la syntaxe à utiliser :

```
#deplacement {
    position: absolute;
    left: 20px;
    top: 20px;
    -moz-transition-property: left;
    -moz-transition-duration: 2s;
    -moz-transition-timing-function: ease-in;
    -webkit-transition-property: left;
    -webkit-transition-duration: 2s;
    -webkit-transition-timing-function: ease-in;
    -o-transition-property: left;
    -o-transition-duration: 2s;
    -o-transition-timing-function: ease-in;
    transition-property: left;
    transition-duration: 2s;
    transition-timing-function: ease-in;
}
```

2. Le démarrage de la transition

La propriété `transition-delay` permet de déterminer quand démarre la transition, combien de temps après la détection de l'événement.

Cette syntaxe fait démarrer la transition 2 secondes après la détection de l'événement : `transition-delay: 2s;`.

Voilà la syntaxe complète :

```
#deplacement {
    position: absolute;
    left: 20px;
    top: 20px;
    -moz-transition-property: left;
    -moz-transition-duration: 2s;
    -moz-transition-timing-function: ease-in;
    -moz-transition-delay: 2s;
    -webkit-transition-property: left;
    -webkit-transition-duration: 2s;
    -webkit-transition-timing-function: ease-in;
    -webkit-transition-delay: 2s;
    -o-transition-property: left;
    -o-transition-duration: 2s;
    -o-transition-timing-function: ease-in;
    -o-transition-delay: 2s;
    transition-property: left;
    transition-duration: 2s;
```

```
    transition-timing-function: ease-in;
    transition-delay: 2s;
}
```

3. La syntaxe courte

Vous pouvez utiliser la syntaxe courte `transition` en spécifiant ensuite les fonctions séparées par un simple espace, **dans cet ordre** :

- `transition-property`
- `transition-duration`
- `transition-timing-function`
- `transition-delay`

Voilà un exemple de syntaxe courte :

```
#deplacement {
    position: absolute;
    left: 20px;
    top: 20px;
    -moz-transition: left 2s ease-in 2s;
    -webkit-transition: left 2s ease-in 2s;
    -o-transition: left 2s ease-in 2s;
    transition: left 2s ease-in 2s;
}
```

4. Les transitions multiples

Notez que vous pouvez effectuer plusieurs transitions. Il vous suffit de séparer chaque transition par une virgule et d'indiquer un délai pour que chaque transition débute en temps voulu.

Nous allons créer une transition multiple avec trois propriétés modifiées :

- la largeur `width`, qui dure 3 secondes.
- la hauteur `height`, qui dure 2 secondes et débute 3 secondes plus tard.
- l'opacité `opacity`, qui dure 4 secondes et débute 6 secondes plus tard.

Nous allons travailler sur une boîte `<div>` contenant un simple paragraphe de texte.

Voilà les styles CSS :

```
p.texte {
    color: white;
    font-weight: bold;
    text-align: center;
    line-height: 30px;
}
#multiple {
    position: absolute;
    left: 20px;
    top: 20px;
    width: 200px;
    height: 60px;
    background-color: darkblue;
    -moz-transition: width 3s linear, height 2s linear 3s,
opacity 4s linear 6s;
    -webkit-transition: width 3s linear, height 2s linear 3s,
opacity 4s linear 6s;
    -o-transition: width 3s linear, height 2s linear 3s,
opacity 4s linear 6s;
    transition: width 3s linear, height 2s linear 3s, opacity
4s linear 6s;
}
#multiple:hover {
    width: 400px;
    height:  120px;
    opacity: .3;
}
```

Voici le code de la boîte `<div>` :

```
<div id="multiple">
    <p class="texte">Aenean eu leo quam.</p>
</div>
```

Voilà le rendu à l'écran :

Le pointeur n'est pas au-dessus de la boîte `<div>`, l'événement n'est pas détecté, il ne se passe rien :

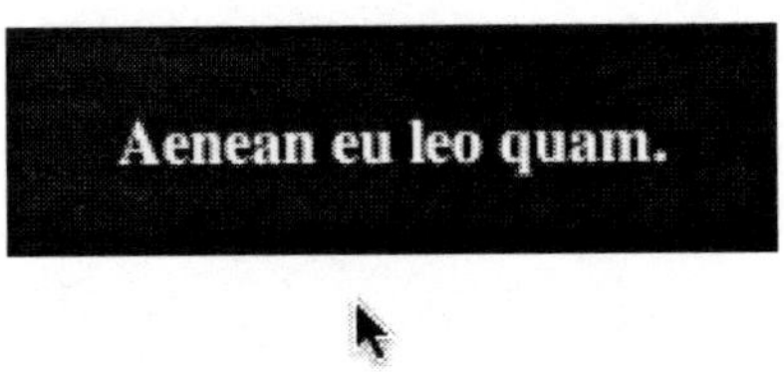

Le pointeur est au-dessus (`:hover`) de la boîte `<div>`, la largeur (`property`) est modifiée pendant 3 secondes (`duration`) :

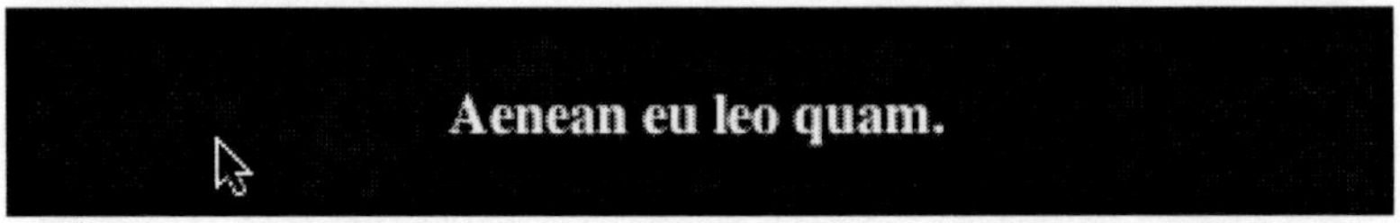

Puis 3 secondes plus tard (`delay`), la hauteur de la boîte (`property`) s'agrandit pendant 2 secondes (`duration`) :

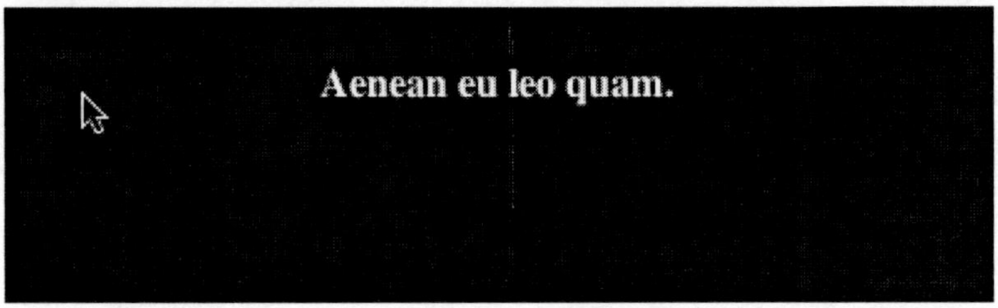

Pour terminer, 6 secondes plus tard (`delay`), l'opacité de la boîte (`property`) est réduite pendant 4 secondes (`duration`) :

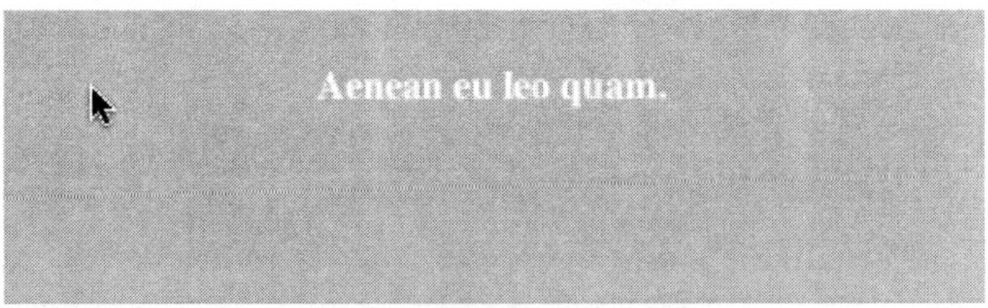

E. Les générateurs en ligne

1. CSS3 Generator

En choisissant **Transition** dans la liste déroulante, **CSS3 Generator** (http://css3generator.com/) vous permet de travailler sur cinq propriétés (**Property**). Vous pouvez spécifier la durée (**Duration**) et la cinétique (**Function**).

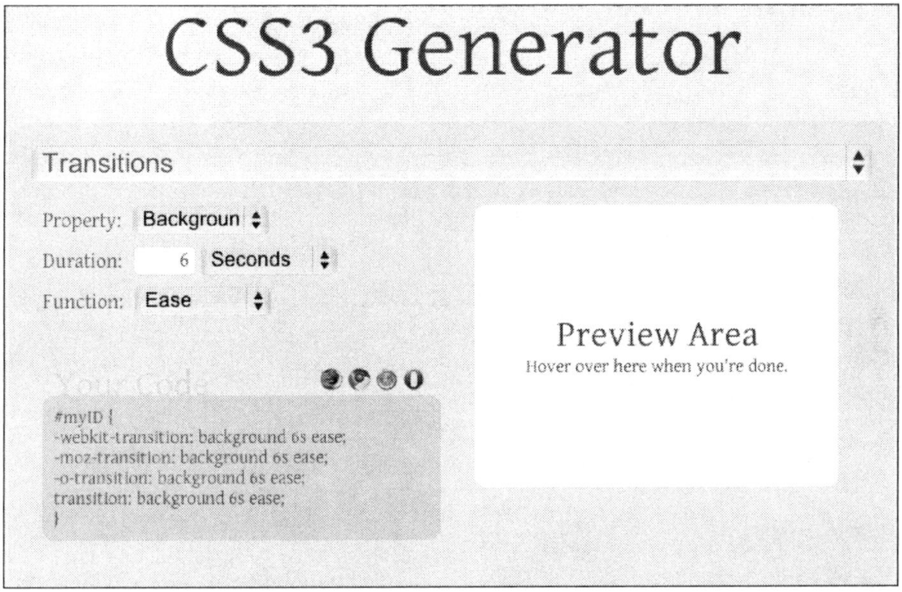

2. CSS 3.0 Maker

Avec **CSS 3.0 Maker** (http://www.css3maker.com/css3-transition.html), le travail des transitions ne se fait que sur quelques propriétés. Vous pouvez définir l'événement (**Select Action**) la durée (**Transition Duration**) et la cinétique (**Transition Timing**).

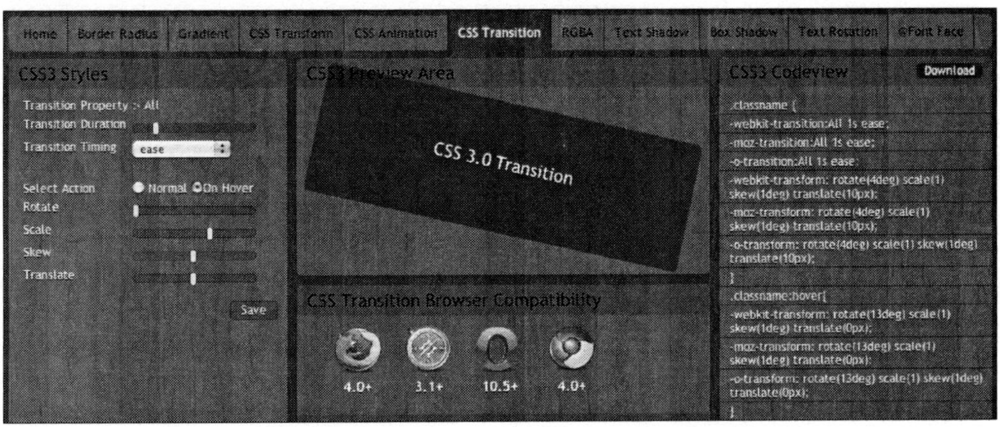

3. Créer vos courbes de Bézier

Nous l'avons vu, la propriété `transition-timing-function` permet de créer ses propres courbes de Bézier avec le mot-clé `cubic-bezier`. Pour vous aider à créer visuellement vos courbes de Bézier, voici un site vraiment génial : http://cubic-bezier.com/

Vous avez sur la gauche un graphique Bézier dans lequel vous pouvez manipuler les deux points directeurs. La « formule » `cubic-bezier` se crée dynamiquement en haut de l'écran. Vous avez aussi un comparateur de cinétique et des courbes prédéfinies.

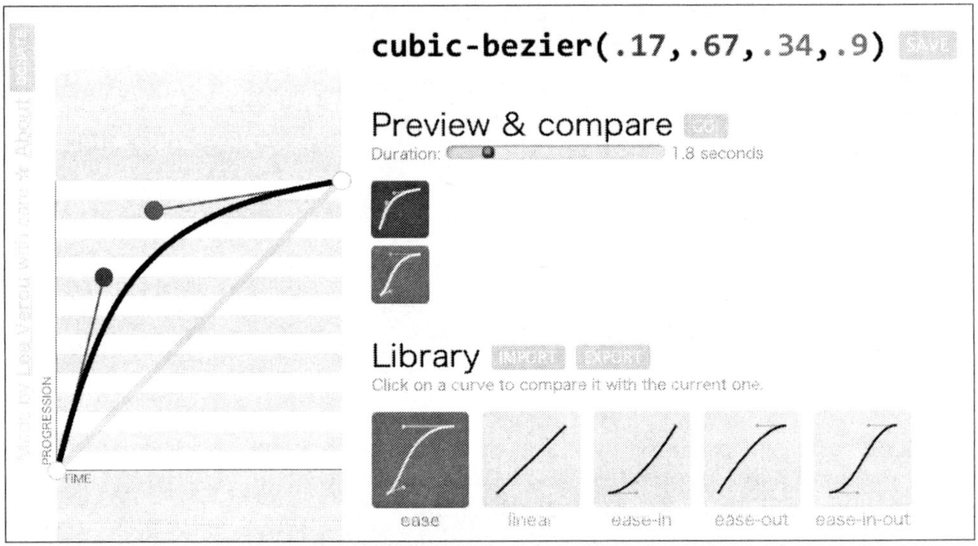

F. Exemple d'un menu interactif

1. L'objectif

Nous allons créer un menu tout simple, avec deux transitions qui vont intervenir au survol de la souris sur les liens :

- la couleur d'arrière-plan va passer progressivement du jaune au bleu.
- la couleur du texte va passer progressivement du noir au blanc.

2. La mise en forme du menu

Créez un menu dans une liste `<ul>`.

```
<ul id="navigation">
    <li><a href="#">Accueil</a></li>
    <li><a href="#">Références</a></li>
    <li><a href="#">Contactez-moi</a></li>
</ul>
```

Créez les styles CSS pour mettre en forme ce menu :

```
#navigation li {
    list-style: none;
}
#navigation a {
    display: block;
    float: left;
    width: 100px;
    padding: 3px;
    margin-right: 20px;
    border: 1px solid #333;
    background-color: lightyellow;
    text-align: center;
    color: black;
}
```

La couleur d'arrière-plan des liens a est jaune clair : `background-color: lightyellow`.

La couleur du texte des liens a est noire : `color: black`.

Voilà l'affichage :

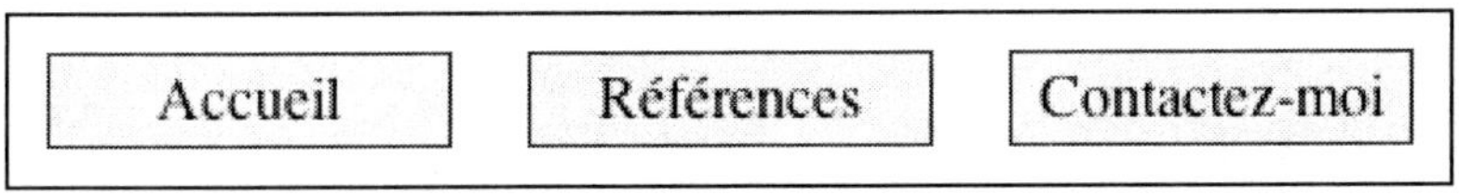

3. Les transitions

Dans le style des liens `#navigation a`, indiquez les deux transitions voulues, séparées par une virgule.

```
#navigation a {
    display: block;
    float: left;
    width: 100px;
    padding: 3px;
    margin-right: 20px;
    border: 1px solid #333;
    background-color: lightyellow;
```

```
    text-align: center;
    color: black;
    text-decoration: none;
    /* Les transitions */
    -moz-transition: background-color 1s linear,
                     color 1s linear;
    -webkit-transition: background-color 1s linear,
                     color 1s linear;
    -o-transition: background-color 1s linear,
                color 1s linear;
    transition: background-color 1s linear,
                color 1s linear;
}
```

Puis saisissez l'événement de survol (`;hover`) sur les liens `a` :

```
#navigation a:hover {
    background-color: darkblue;
    color: white;
}
```

La couleur d'arrière-plan des liens a passe au bleu foncé : `background-color: darkblue`.

La couleur du texte des liens a passe en blanc : `color: white`.

4. L'affichage

Quand le pointeur de la souris n'est pas sur un lien, l'événement de survol `:hover` n'est pas détecté, il ne se passe rien.

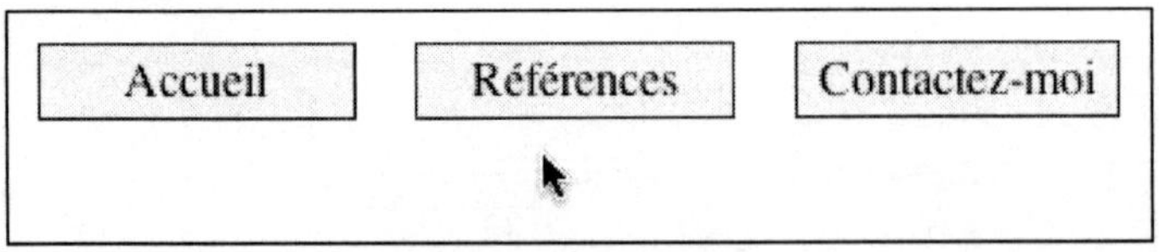

Au survol du pointeur, l'arrière-plan de la boîte du lien passe au bleu foncé, puis le texte du lien passe en blanc.

G. Exemple d'un diaporama interactif

1. L'objectif

Nous allons créer un diaporama très simple, juste pour utiliser des transformations et des transitions. Les images apparaissent avec une transformation de mise à l'échelle pour les afficher avec une taille réduite. Au survol de la souris, l'image est agrandie et déplacée vers la gauche avec une transition.

2. La structure du diaporama

Nous allons utiliser une structure pure HTML5, avec les éléments `section`, `figure` et `figcaption`:

```
<section id="diaporama">
    <figure>
        <img src="photo1.jpg" />
        <figcaption>Hippopotame</figcaption>
    </figure>
    <figure>
        <img src="photo2.jpg" />
        <figcaption>Tigre</figcaption>
    </figure>
    <figure>
        <img src="photo3.jpg" />
        <figcaption>Zèbre</figcaption>
    </figure>
    <figure>
        <img src="photo4.jpg" />
        <figcaption>Suricate</figcaption>
    </figure>
</section>
```

La mise en forme du diaporama le centre dans la page :

```
#diaporama {
    position: relative;
    margin: 0 auto;
    width: 100px;
}
```

Les éléments `figure` sont mis en forme avec des marges hautes et basses et sont en mode positionné :

```
#diaporama figure {
    position: relative;
    top : 0;
    left: 0;
    margin: 30px 0;
}
```

3. Les transformations

Les images sources ont comme dimension 300x200 pixels. Nous allons utiliser la propriété de transformation pour les mettre à une échelle de 25 %, pour les afficher en taille réduite. Nous allons le faire dans le sélecteur `figure` :

```
#diaporama figure {
    position: relative;
    margin: 30px 0;
    top : 0;
    left: 0;
    /* La transformation : mise à l'échelle à 25% */
    -moz-transform: scale(.25);
    -webkit-transform: scale(.25);
    -o-transform: scale(.25);
    transform: scale(.25);
    /* Pour un affichage à l'échelle */
    width: 75px;
    height: 50px;
}
```

Vous notez qu'il faut préciser la taille d'affichage obtenue après la mise à l'échelle, avec les propriétés `width` et `height`.

Le texte des légendes (`figcaption`) sera aussi réduit à 25 % par la transformation. Pour éviter d'avoir un texte illisible, nous imposons une taille importante :

```
#diaporama figcaption {
    font: 3em Verdana;
}
```

Voici l'affichage :

4. Les transitions

Nous voulons avoir deux transitions : une mise à l'échelle et un déplacement horizontal. Ces transitions s'appliquent sur toutes les propriétés (`all`), durent 1 seconde (`1s`) et sont à vitesse constante (`linear`).

```
#diaporama figure {
    position: relative;
    margin: 30px 0;
    top : 0;
    left: 0;
    /* La transformation : mise à l'échelle à 25% */
    -moz-transform: scale(.25);
    -webkit-transform: scale(.25);
    -o-transform: scale(.25);
    transform: scale(.25);
    /* Pour un affichage à l'échelle */
    width: 75px;
    height: 50px;
    /* Les transitions */
```

```
    -moz-transition: all 1s linear;
    -webkit-transition: all 1s linear;
    -o-transition: all 1s linear;
    transition: all 1s linear;
}
```

Ces transitions sont effectives au survol (`:hover`) des éléments `figure`. La mise à l'échelle est de 1 pour afficher la taille originale des images (`scale(1)`), le déplacement reste horizontal (`top: 0`) et se fait sur 150 pixels sur la droite (`left: 150px`).

```
#diaporama figure:hover {
    -moz-transform: scale(1);
    -webkit-transform: scale(1);
    -o-transform: scale(1);
    transform: scale(1);
    top: 0;
    left: 150px;
}
```

5. L'affichage

À l'affichage, le pointeur de la souris hors des images, il ne se passe rien, les images ont déjà leur mise à l'échelle :

Au survol d'une image, la mise à l'échelle et le déplacement s'effectuent :

Notez bien que pour cet exemple très simple, il faut garder le pointeur sur l'image !

H. Exemple de menu à tiroirs

1. L'objectif

Nous allons créer un menu « à tiroirs ». Les « tiroirs » sont des boîtes `<div>` qui vont apparaître progressivement au survol d'un item du menu.

Cet exemple est inspiré du site **CSS3CREATE** :
http://www.css3create.com/Menu-avec-slider-effet-transition

2. La structure du menu

Le menu est inséré dans un élément `section` identifié, dans une liste `ul`. Chaque libellé du menu est dans un lien `a`, dans un item `li` de la liste.

```
<section id="menu">
<ul>
    <li>
        <a href="#" class="lien">Pomme</a>
    </li>
    <li>
        <a href="#" class="lien">Poires</a>
    </li>
    <li>
        <a href="#" class="lien">Bananes</a>
    </li>
    <li>
        <a href="#" class="lien">Fraises</a>
    </li>
</ul>
</section>
```

Les boîtes `<div>` des tiroirs sont placées dans l'élément `li`. Les boîtes `<div>` contiennent dans cet exemple un élément d'en-tête `h3` et un paragraphe `p`.

```
<section id="menu">
<ul>
    <li>
        <a href="#" class="lien">Pomme</a>
        <div>
            <h3>Les pommes</h3>
            <p>Nullam id dolor id nibh ultricies vehicula ut id
elit. Vivamus sagittis lacus vel augue laoreet rutrum faucibus
dolor auctor.</p>
        </div>
    </li>
    <li>
        <a href="#" class="lien">Poires</a>
        <div>
            <h3>Les poires</h3>
            <p>Lorem ipsum dolor sit amet, consectetur
adipiscing elit. Maecenas faucibus mollis interdum. Maecenas
sed diam eget risus varius blandit sit amet non magna.</p>
        </div>
    </li>
    <li>
        <a href="#" class="lien">Bananes</a>
```

```
        <div>
            <h3>Les bananes</h3>
            <p>Sed posuere consectetur est at lobortis. Donec
ullamcorper nulla non metus auctor fringilla.</p>
        </div>
    </li>
    <li>
        <a href="#" class="lien">Fraises</a>
        <div>
            <h3>Les fraises</h3>
            <p>Donec id elit non mi porta gravida at eget
metus. Morbi leo risus, porta ac consectetur ac, vestibulum at eros.</p>
        </div>
    </li>
</ul>
</section>
```

3. La mise en forme du menu

Le menu est mis en forme à l'aide de CSS très classiques. Libre à vous de faire « plus joli » !

```
body {
    font: .8em Verdana, Arial, Helvetica, sans-serif;
}
#menu {
    width: 100px;
    padding: 20px;
    border: 1px solid #333;
    background-color: #ccc;
}
#menu ul {
    position: relative;
    margin: 0;
    padding: 0;
    list-style: none;
}
#menu ul li {
    width: 70px;
    height: 20px;
    margin: 0 0 30px 0;
}
#menu ul li:last-child {
    margin: 0;
}
#menu ul li a.lien {
    position: absolute;
```

```
    z-index: 100;
    display: block;
    text-decoration: none;
    color: black;
}
```

4. La mise en forme des tiroirs

Les boîtes `<div>` des tiroirs sont positionnées (`position: absolute`) et placées à 0 (`left: 0` et `top: 0`). Les tiroirs ne sont pas visibles à l'affichage (`overflow: hidden`) et leur opacité est à 0 (`opacity: 0`). Enfin, les tiroirs ont une largeur initiale égale à la largeur de la liste `ul` (`width: 100px`), pour éviter qu'ils soient « activables » dès l'affichage de la page, en « débordant » sur la droite du menu.

```
#menu ul li div {
    position: absolute;
    z-index: 50;
    left: 0;
    top: 0;
    width: 100px;
    height: 120px;
    border: 1px solid #fff;
    opacity: 0;
    background-color: black;
    padding: 15px;
    overflow: hidden;
    color: white;
    text-align: right;
}
```

Pour éviter un effet d'accordéon désagréable pour les paragraphes `p` des tiroirs, nous leur imposons dès le départ une largeur fixe.

```
#menu ul li div p {
    width: 300px;
}
```

5. L'affichage initial

Voilà l'affichage du menu à l'état initial :

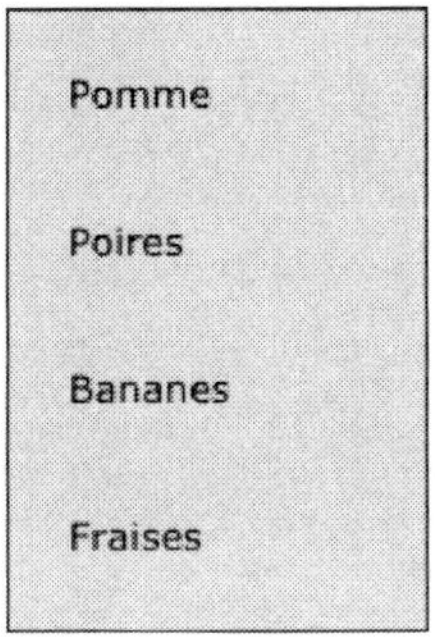

6. Les transitions

Nous souhaitons qu'au survol d'un lien, le tiroir apparaisse progressivement, qu'il passe de transparent à opaque et qu'il se déplace vers la droite.

Dans le sélecteur de la boîte `<div>`, ajoutons la propriété `transition` sur toutes les propriétés CSS possibles (`all`), avec une durée de 1 seconde (`1s`), avec une cinétique en accélération (`ease-in`).

```
#menu ul li div {
    position: absolute;
    z-index: 50;
    left: 0;
    top: 0;
    width: 300px;
    height: 120px;
    border: 1px solid #fff;
    opacity: 0;
    background-color: black;
    padding: 15px;
    overflow: hidden;
    color: white;
    text-align: right;
    /* Les transitions */
    -moz-transition: all 1s ease-in;
    -webkit-transition: all 1s ease-in;
    -o-transition: all 1s ease-in;
    transition: all 1s ease-in;
}
```

Ces transitions sont déclenchées au survol (`:hover`) des items `li` du menu et s'appliquent aux boîtes `<div>` (`div`). La position des boîtes est déplacée de 90 pixels sur la droite et l'opacité passe à 1.

```
#menu ul li:hover div{
    left: 90px;
    opacity: 1;
}
```

7. L'affichage

À l'état initial, la souris en dehors d'un lien du menu, le menu est affiché simplement.

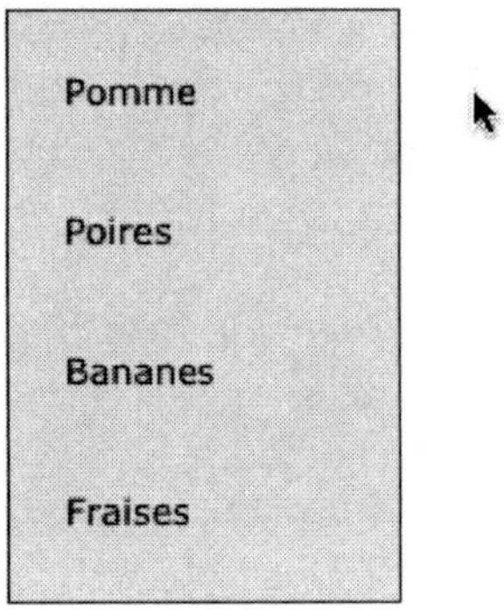

Au survol d'un lien, le tiroir apparaît progressivement et se déplace vers la droite avec sa largeur spécifiée :

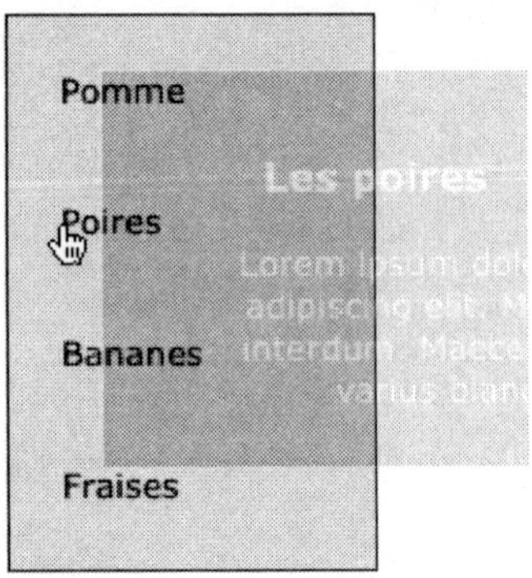

À la fin de la durée spécifiée, le tiroir est affiché complètement :

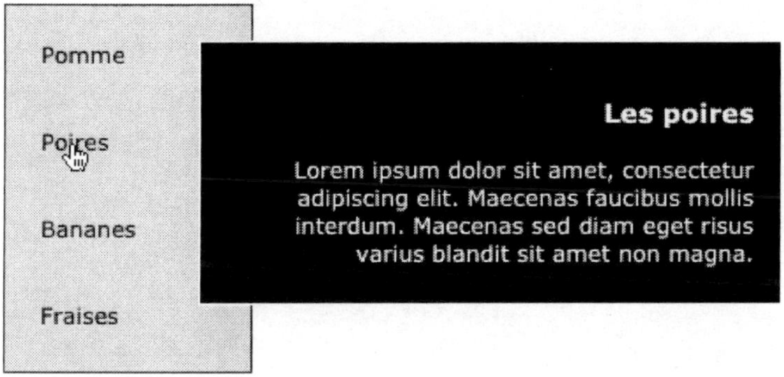

Quand la souris se retire, le tiroir reprend ses paramètres initiaux et n'est donc plus affiché.

8. Des menus « flashy »

Voici deux URL où vous trouverez des exemples de menus très « flashys » que vous pourrez adapter à vos besoins :

- http://tympanus.net/Tutorials/BlurMenu/index.html
- http://tympanus.net/Tutorials/CreativeCSS3AnimationMenus/index6.html

I. Exemple d'accordéon

1. L'objectif

Nous allons construire un « composant d'interface » de type accordéon. Cela permet d'afficher du texte en quantité dans des zones d'affichage que l'utilisateur fait apparaître en cliquant sur le titre de la zone. C'est un composant très classique (`accordion`) que l'on trouve dans de nombreux frameworks JavaScript.

Cet exemple est très largement inspiré de celui de ce site :
http://www.paulrhayes.com/2009-06/accordion-using-only-css/

2. La structure de l'accordéon

L'accordéon est inséré dans une boîte `<div>` identifiée. Chaque zone de l'accordéon est aussi insérée dans une boîte `<div>` identifiée et utilise une classe commune. Le titre de chaque zone est un en-tête `h3`. Le texte est inséré dans un paragraphe `p` utilisant une classe commune et placé dans une boîte `<div>`.

```
<div id="accordion">
    <div id="un" class="section">
        <h3><a href="#un">Commodo augue</a></h3>
```

```
        <div>
            <p class="texte">Commodo augue...</p>
        </div>
    </div>
    <div id="deux" class="section">
        <h3><a href="#deux">Volutpat facilisi</a></h3>
        <div>
            <p class="texte">Volutpat facilisi...</p>
        </div>
    </div>
    <div id="trois" class="section">
            <h3><a href="#trois">Facilisi dolor</a></h3>
            <div>
                <p class="texte">Facilisi dolor...</p>
            </div>
    </div>
</div>
```

3. La mise en forme de l'accordéon

La mise en forme de l'accordéon utilise des styles très classiques qui ne présentent aucune difficulté.

```
Body {
    font: .8em Verdana, Arial, Helvetica, Geneva, sans-serif;
}
#accordion {
    width: 500px;
    margin: 0 auto;
    padding: 5px;
    border: 1px solid #333;
    background-color: lightsteelblue;
}
h3 {
    margin: 0;
    padding: 5px;
    background-color: #eee;;
}
h3 a {
    text-decoration: none;
    color: grey
}
#accordion .section {
    background-color: white;
    border-bottom: 1px solid #333;
}
```

```
p.texte {
    margin: 0;
    padding: 3px;
}
```

4. La mise en forme des zones d'affichage de l'accordéon

Chaque zone d'affichage est une boîte `div` qui suit immédiatement un en-tête `h3` dans l'accordéon (`#accordion`).

Initalement, la hauteur est fixée à 0 (`height: 0`), pour que la boîte ne soit pas visible. De plus, pour éviter tout problème d'affichage, le débordement est masqué (`overflow: hidden`).

Nous y appliquons une transition sur la hauteur (`transition: height 0.3s ease-in`).

```
#accordion h3 + div {
    height: 0;
    overflow: hidden;
    -webkit-transition: height 0.3s ease-in;
    -moz-transition: height 0.3s ease-in;
    -o-transition: height 0.3s ease-in;
    transition: height 0.3s ease-in;
}
```

Cette transition est déclenchée sur l'utilisation du lien de l'en-tête `h3`. Nous utilisons donc la pseudo-classe `:target`. La transition doit s'appliquer sur la boîte `div` suivant immédiatement le `h3`. La transition applique une hauteur de 100 pixels à la boîte (`height: 100px`) et affiche la barre de défilement si nécessaire (`overflow: auto`).

```
#accordion :target h3 + div {
    height: 100px;
    overflow: auto;
}
```

5. L'affichage

À l'affichage, l'accordéon est fermé.

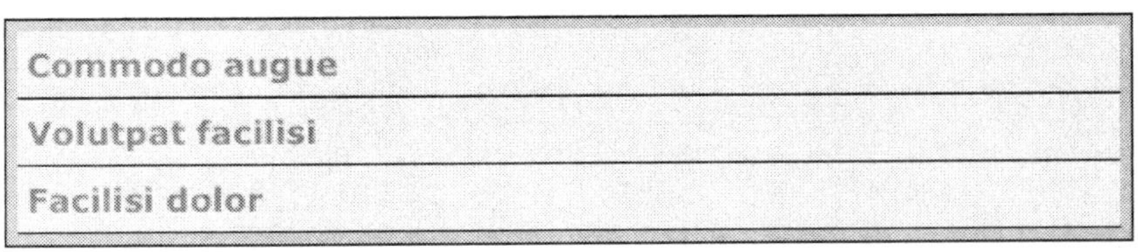

En cliquant sur un en-tête, vous affichez son contenu :

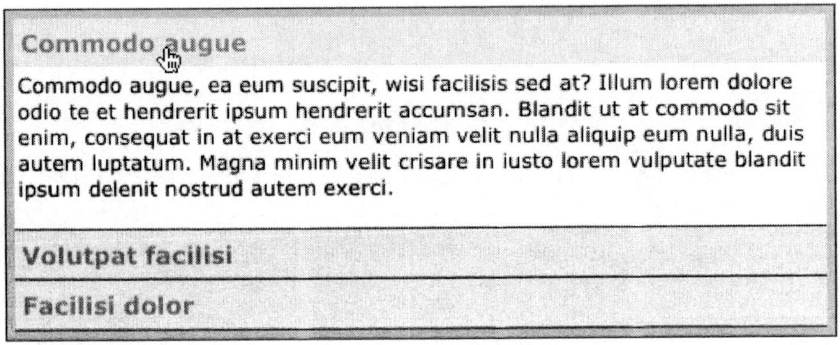

Si le contenu est plus important que ce que peut contenir la boîte <div>, la barre de défilement apparaît automatiquement.

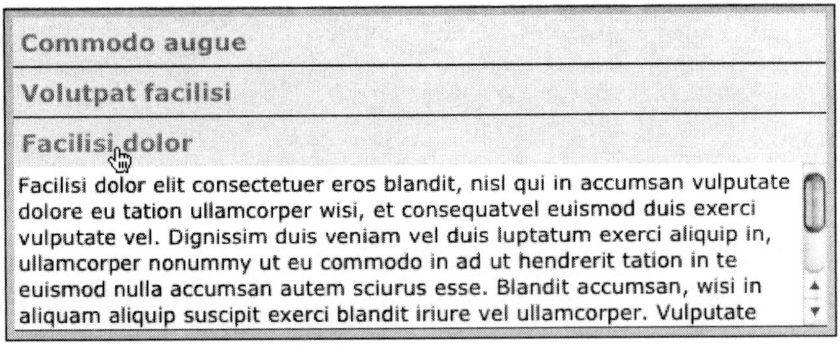

Chapitre 12 : Les animations CSS3

A. L'état des lieux et l'objectif 360
B. La construction d'une animation 361
C. Un simple déplacement 362
D. Une rotation et une transparence 364
E. Un formulaire qui clignote 366
F. Une fenêtre modale 368

A. L'état des lieux et l'objectif

Le module des animations a pour objectif de créer des animations dans vos pages Web sans JavaScript ni aucun framework de type jQuery, MooTools ou Dojo.

Ce court module **Animation** est toujours en Working Draft au 19 février 2013 : http://www.w3.org/TR/css3-animations/

Le site **Can I use** (http://caniuse.com/) nous indique que ce module est assez bien reconnu, mais qu'il faut utiliser les préfixes des navigateurs.

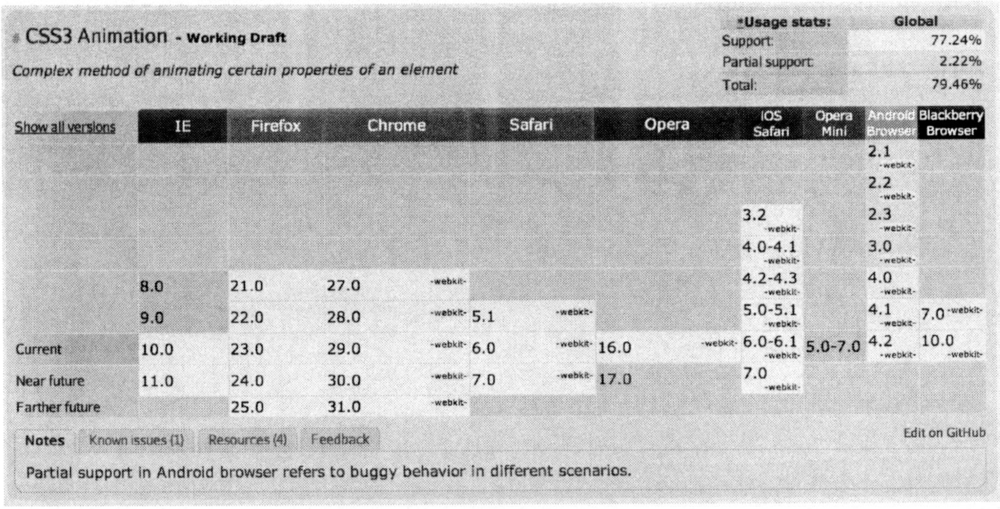

CSS3 Animation - Working Draft

Complex method of animating certain properties of an element

*Usage stats:	Global
Support:	77.24%
Partial support:	2.22%
Total:	79.46%

Show all versions	IE	Firefox	Chrome	Safari	Opera	iOS Safari	Opera Mini	Android Browser	Blackberry Browser
								2.1 -webkit-	
								2.2 -webkit-	
						3.2 -webkit-		2.3 -webkit-	
						4.0-4.1 -webkit-		3.0 -webkit-	
	8.0	21.0	27.0 -webkit-			4.2-4.3 -webkit-		4.0 -webkit-	
	9.0	22.0	28.0 -webkit-	5.1 -webkit-		5.0-5.1 -webkit-		4.1 -webkit-	7.0 -webkit-
Current	10.0	23.0	29.0 -webkit-	6.0 -webkit-	16.0 -webkit-	6.0-6.1 -webkit-	5.0-7.0	4.2 -webkit-	10.0 -webkit-
Near future	11.0	24.0	30.0 -webkit-	7.0 -webkit-	17.0	7.0 -webkit-			
Farther future		25.0	31.0 -webkit-						

Notes | Known issues (1) | Resources (4) | Feedback | Edit on GitHub

Partial support in Android browser refers to buggy behavior in different scenarios.

Les possibilités de ce module sont très importantes et son objectif pourrait être tout simplement de faire concurrence à la technologie Adobe Flash ! Sans entrer dans un débat technologique hors propos par rapport à ce livre, n'oubliez pas que pour des raisons techniques, Apple n'autorise pas les animations Flash dans ses iPhone et iPad.

La solution sera donc les animations en CSS3 !

Ce module offre de très grandes possibilités de création, dès qu'il sera mieux reconnu par les navigateurs ; vous trouverez dans les mois à venir de très nombreux exemples sur le Web.

B. La construction d'une animation

Les animations se déroulent dans le temps. Le temps est géré par les « images-clés », les **keyframes** en anglais. Une image-clé, une keyframe est une étape dans une animation où l'élément animé opère un changement.

C'est la règle `@keyframes` qui gère les étapes de votre animation. Chaque animation doit avoir une règle `@keyframes` nommée.

Vous devrez déterminer les différentes étapes de votre animation et y indiquer les changements à apporter aux différentes propriétés. Chaque étape pourra être identifiée avec une valeur de pourcentage, 100 % étant la durée totale de l'animation.

Vous allez pouvoir indiquer combien de temps doit **durer** l'animation avec la propriété `animation-duration`.

La **cinétique** de l'animation est gérée par la propriété `animation-timing-function`. Vous pourrez avoir des accélérations et des ralentissements à l'identique de ce que nous avons vu pour les transitions.

Ensuite, vous pourrez indiquer combien de fois doit se répéter cette animation. C'est la notion d'**itération**. C'est la propriété `animation-iteration-count` qui va permettre de l'indiquer.

La propriété `animation-delay` indique si l'animation doit commencer avec un **délai** et non pas immédiatement.

La propriété `animation-direction` vous permet d'indiquer si l'animation doit se jouer dans le sens inverse.

La propriété `animation-play-state` indique si l'animation est jouée ou si elle est interrompue.

Vous pouvez utiliser la syntaxe courte `animation` en indiquant dans l'ordre :

- `animation-name`
- `animation-duration`
- `animation-timing-function`
- `animation-delay`
- `animation-iteration-count`
- `animation-direction`.

Notez bien qu'il faut évidemment utiliser les préfixes propriétaires des navigateurs.

C. Un simple déplacement

1. L'objectif

Nous voulons déplacer, sans fin, une boîte `<div>` de gauche à droite, puis de droite à gauche.

2. La structure

Créez une boîte `<div>` identifiée `#boite`.

```
<div id="boite"><p> </p></div>
```

Avec une mise en forme très simple :

```
#boite {
    background-color: red;
    position: relative;
    width: 100px;
    height: 100px;
}
```

3. L'animation

La boîte rouge doit aller à une position fixée à la moitié de la durée totale, puis revenir à sa position initiale à la fin de l'animation. Nous aurons donc trois keyframes : à 0 %, 50 % et 100 %. À chaque étape nous indiquerons la position à atteindre avec la propriété `left`. L'animation est nommée `redBox`.

```
@-webkit-keyframes redBox {
    0% {
        left: 10px;
    }
    50% {
        left: 400px;
    }
    100% {
        left: 10px;
    }
}
@-moz-keyframes redBox {
    0% {
        left: 10px;
    }
    50% {
        left: 400px;
    }
    100% {
```

```
        left: 10px;
    }
}
@keyframes 'redBox' {
    0% {
        left: 10px;
    }
    50% {
        left: 400px;
    }
    100% {
        left: 10px;
    }
}
```

Dans les propriétés CSS de la boîte `<div>`, nous indiquons les propriétés nécessaires :

- le nom de l'animation, `animation-name`.
- la durée de l'animation, `animation-duration`.
- les itérations de l'animation, `animation-name`.

```
#boite {
    background-color: red;
    position: relative;
    width: 100px;
    height: 100px;
    -webkit-animation-name: redBox;
    -webkit-animation-duration: 5s;
    -webkit-animation-iteration-count: infinite;
    -moz-animation-name: redBox;
    -moz-animation-duration: 5s;
    -moz-animation-iteration-count: infinite;
    animation-name: redBox;
    animation-duration: 5s;
    animation-iteration-count: infinite;
}
```

Ou en utilisant la syntaxe courte :

```
#boite {
    background-color: red;
    position: relative;
    width: 100px;
    height: 100px;
    -webkit-animation: redBox 5s infinite;
    -moz-animation: redBox 5s infinite;
    animation: redBox 5s infinite;
}
```

4. L'affichage

Voilà le résultat à l'écran.

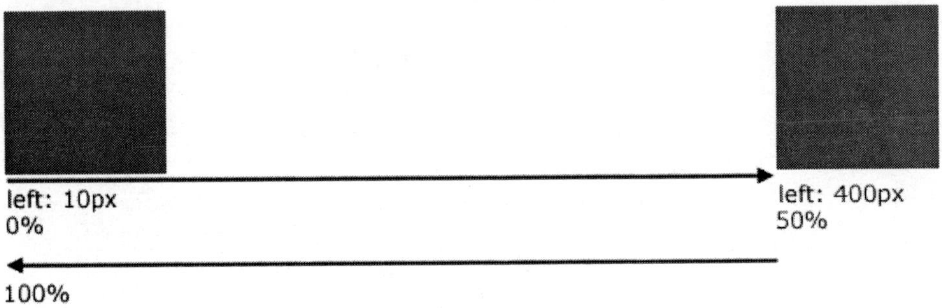

D. Une rotation et une transparence

1. L'objectif

Nous allons créer une animation dans laquelle une image tourne sur elle-même et devient transparente.

2. La structure

Créez une boîte `<div>` identifiée.

```
<div id="image"><img src="lion.jpg" alt="" /></div>
```

Appliquez-lui une position absolue.

```
#image {
    position: absolute;
    left: 400px;
    top:  300px;
}
```

3. L'animation

L'image doit devenir transparente : nous allons utiliser la propriété `opacity`.

L'image doit tourner sur elle-même : nous allons utiliser la propriété `transform`:

```
@-webkit-keyframes tourne {
        0% {
        opacity: 1;
        -webkit-transform: rotate(0deg);
    }
    100% {
        opacity: 0;
        -webkit-transform: rotate(360deg);
    }
}
@-moz-keyframes tourne {
    0% {
        opacity: 1;
        -moz-transform: rotate(0deg);
    }
    100% {
        opacity: 0;
        -moz-transform: rotate(360deg);
    }
}
@keyframes tourne {
    0% {
        opacity: 1;
        transform: rotate(0deg);
    }
    100% {
        opacity: 0;
        transform: rotate(360deg);
    }
}
```

Dans le sélecteur de la boîte, nous appliquons cette animation :

```
#image {
    position: absolute;
    left: 400px;
    top:  300px;
    -webkit-animation: tourne 5s infinite;
    -moz-animation: tourne 5s infinite;
    animation: tourne 5s infinite;
}
```

4. L'affichage

Voilà le résultat attendu :

E. Un formulaire qui clignote

1. L'objectif

Nous souhaitons mettre en évidence un formulaire dans une page Web en faisant clignoter son contour. Ce n'est pas très « design », mais c'est pour l'exemple !

2. La structure du formulaire

Créez un formulaire tout ce qu'il y a de plus classique :

```
<form id="inscription" method="#" action="#">
    <p>
        <label for="nom">Votre nom : </label>
        <input type="text" id="nom" />
    </p>
    <p>
        <label for="email">Votre eMail : </label>
        <input type="email" id="email" />
    </p>
    <p>
        <input type="submit" id="envoi" value="Envoyer" />
    </p>
</form>
```

3. La mise en forme

Le formulaire est mis en forme avec des CSS3 classiques :

```
#inscription {
    width: 300px;
    padding: 10px;
    border: 1px solid #333;
    border-radius: 10px;
}
```

4. L'animation

Pour faire clignoter son contour, nous allons ajouter une ombre au formulaire qui passera du rouge au jaune !

Nous créons une animation nommée `ombre`. La première étape à 0 % propose une ombre de 15 pixels rouge, et à 100 %, une ombre jaune.

```
@-webkit-keyframes ombre {
    0% {
        box-shadow: 0 0 15px red;
    }
    100% {
        box-shadow: 0 0 15px yellow;
    }
}
@-moz-keyframes ombre {
    0% {
        box-shadow: 0 0 15px red;
    }
    100% {
        box-shadow: 0 0 15px yellow;
    }
}
@keyframes ombre {
    0% {
        box-shadow: 0 0 15px red;
    }
    100% {
        box-shadow: 0 0 15px yellow;
    }
}
```

Nous appliquons cette animation au formulaire. L'animation utilise une cinétique `ease-in` (accélération en fin), elle est sans fin (`infinite`), elle alterne le sens de l'animation (`alternate`) et dure 500 millisecondes (`500ms`).

```
#inscription {
    width: 300px;
    padding: 10px;
    border: 1px solid #333;
    border-radius: 10px;
    /* Animation */
    -webkit-animation: ombre ease-in infinite alternate 500ms;
    -moz-animation: ombre ease-in infinite alternate 500ms;
    animation: ombre ease-in infinite alternate 500ms;
}
```

5. L'affichage

Voici le résultat obtenu : imaginez que cela « clignote » et que cela « pique les yeux » !

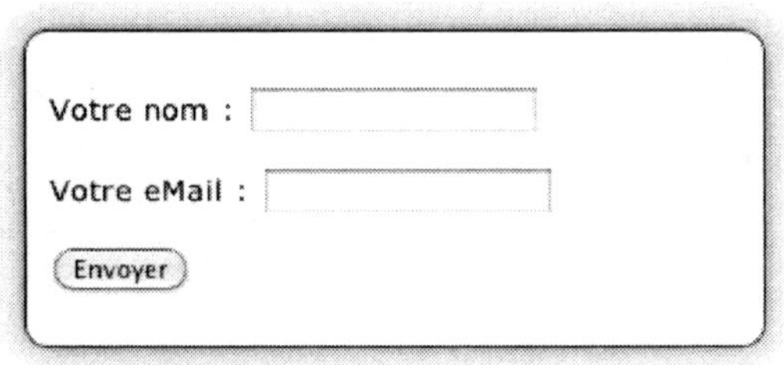

F. Une fenêtre modale

1. L'objectif

Nous allons créer une fenêtre modale. Une fenêtre modale est une fenêtre qui apparaît dans la page Web, au-dessus du contenu courant, que l'on peut fermer par un clic de souris.

Cet exemple est tiré du site de Paul Rhayes : http://www.paulrhayes.com/2011-03/css-modal/

2. Le bouton

La fenêtre modale va apparaître au clic d'un bouton. Dans un premier temps, dans la page HTML, créez un lien a pour le bouton. Ce lien utilise une classe nommée `openModal`.

```
<p><a href="#example" class="openModal">Ouvrir la fenêtre modale</a></p>
```

La mise en forme est libre. Voilà le style proposé :

```
a.openModal {
    margin: 1em auto;
    display: block;
    width: 200px;
    background: #ccc;
    text-align: center;
    text-decoration: none;
    color: black;
    padding: 10px;
    -moz-border-radius: 7px;
    border-radius: 7px;
    background: -moz-linear-gradient(#fff, #ddd);
    background: -webkit-gradient(linear, right top, right
bottom, from(rgb(255,255,255)), to(rgb(230,230,230)));
    text-shadow: 0 1px 0 #fff;
    border: 1px solid rgba(0,0,0,0.1);
    -webkit-box-shadow: 0 1px 1px rgba(0,0,0,0.3);
    -moz-box-shadow: 0 1px 1px rgba(0,0,0,0.3);
    box-shadow: 0 1px 1px rgba(0,0,0,0.3);
}
```

Voilà l'affichage du bouton :

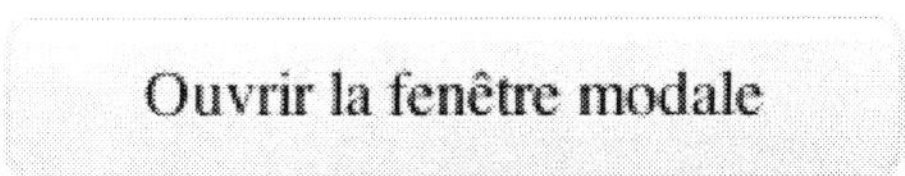

3. La fenêtre modale

La fenêtre modale est un élément `aside` qui possède comme identifiant `example` et qui utilise la classe `modal`. L'identifiant est important, car nous utiliserons la pseudo-classe `target` sur cet identifiant.

Le titre du contenu est un élément `h2` et le texte du contenu un élément `p`. Le bouton de fermeture est un lien qui possède lui aussi un identifiant `close` et un `title` dont le libellé est `close`.

```
<aside id="example" class="modal">
    <div>
        <h2>Modal box</h2>
        <p>Integer posuere...</p>
        <a href="#close" title="Close">Fermer</a>
    </div>
</aside>
```

Voici la mise en forme en CSS proposée par l'auteur. Vous notez comme propriétés CSS3 : des coins arrondis (`border-radius`), une ombre portée (`box-shadow`), un dégradé (`linear-gradient`) et une ombre portée sur le texte (`text-shadow`).

```
.modal > div {
    width: 500px;
    background: #fff;
    position: relative;
    margin: 10% auto;
    /* Prettify */
    padding: 30px;
    -moz-border-radius: 7px;
    border-radius: 7px;
    -webkit-box-shadow: 0 3px 20px rgba(0,0,0,0.9);
    -moz-box-shadow: 0 3px 20px rgba(0,0,0,0.9);
    box-shadow: 0 3px 20px rgba(0,0,0,0.9);
    background: -moz-linear-gradient(#fff, #ccc);
    background: -webkit-gradient(linear, right bottom, right
top, color-stop(1, rgb(255,255,255)), color-stop(0.57,
rgb(230,230,230)));
    text-shadow: 0 1px 0 #fff;
}
```

Voici l'affichage qu'aura la fenêtre ainsi mise en forme :

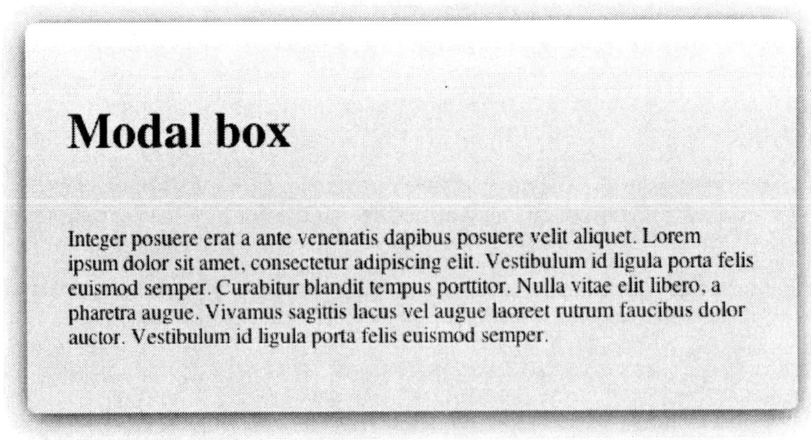

4. Le bouton de fermeture

Le bouton de fermeture est un lien a qui est inséré dans la boîte `<div>` de la fenêtre modale :

```
<a href="#close" title="Close">Fermer</a>
```

Mais nous ne souhaitons pas afficher le libellé du lien, **Fermer** dans cet exemple. Pour cela l'auteur applique une transparence à la couleur du texte du lien qui est positionné en position absolue, en haut à droite de son élément parent, la fenêtre modale :

```
.modal a[href="#close"] {
    position: absolute;
    right: 0;
    top: 0;
    color: transparent;
}
```

À la place du texte, nous souhaitons afficher une croix. L'auteur utilise la pseudo-classe `:after` et la propriété `content` pour affiche un **X**. Ce sélecteur est affiché en position absolue, en haut à droite de la fenêtre. Le rond est créé avec des coins arrondis. Voilà le style proposé par l'auteur :

```
.modal a[href="#close"]:after {
    content: 'X';
    display: block;
    /* Position */
    position: absolute;
    right: -10px;
    top: -10px;
    width: 1.5em;
    padding: 1px 1px 1px 2px;
    /* Style */
    text-decoration: none;
    text-shadow: none;
    text-align: center;
    font-weight: bold;
    background: #000;
    color: #fff;
    border: 3px solid #fff;
    -moz-border-radius: 20px;
    border-radius: 20px;
    -webkit-box-shadow: 0 1px 3px rgba(0,0,0,0.5);
    -moz-box-shadow: 0 1px 3px rgba(0,0,0,0.5);
    box-shadow: 0 1px 3px rgba(0,0,0,0.5);
}
```

Voilà le bouton qui sera affiché :

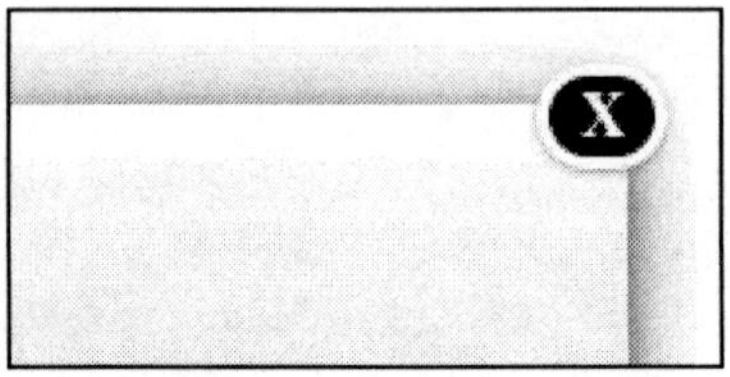

L'auteur propose aussi une mise en forme du bouton de fermeture de la fenêtre au survol (`:hover`) et à l'activation (`:focus`), avec une transformation sur la mise à l'échelle (`scale`). Le bouton est légèrement agrandi et est surligné.

```
.modal a[href="#close"]:focus:after,
.modal a[href="#close"]:hover:after {
    -webkit-transform: scale(1.1,1.1);
    -moz-transform: scale(1.1,1.1);
    transform: scale(1.1,1.1);
}
.modal a[href="#close"]:focus:after {
    outline: 1px solid #000;
}
```

5. Masquer le corps de la page

Une autre fonctionnalité de cette fenêtre modale est le « masque » qui apparaît au-dessus de la fenêtre du navigateur, au-dessus du corps (`body`) de la page Web. C'est l'élément `aside` qui joue ce rôle. Cet élément utilise la classe `modal`.

```
<aside id="example" class="modal">
    ...
</aside>
```

Le style de la classe `modal` prévoit un positionnement (`position: fixed`), un arrière-plan noir semi-transparent (`background: rgba(0,0,0,0.5)`) et au chargement de la page, l'opacité (`opacity`) est à `0`, le « masque » n'est donc pas visible. Enfin, à l'utilisation de la fenêtre modale, ce « masque » doit apparaître progressivement ; cela se fait avec la propriété `transition` sur l'opacité (`opacity`).

```
.modal {
    /* Overlay page content */
    position: fixed;
    top: 0;
    left: 0;
    right: 0;
    bottom: 0;
    background: rgba(0,0,0,0.5);
    z-index: 10000;
    /* Hide for now */
    opacity: 0;
    pointer-events: none;
    /* Utilisation de la transformation de transparence à
l'ouverture */
    -webkit-transition: opacity 500ms ease-in;
    -moz-transition: opacity 500ms ease-in;
    transition: opacity 500ms ease-in;
}
```

6. L'animation à l'ouverture

Quand l'utilisateur clique sur le bouton, la fenêtre modale s'ouvre avec une animation : elle apparaît progressivement et le masque sombre apparaît lui aussi progressivement.

L'animation va donc utiliser un effet de mise à l'échelle 3D qui ne fonctionne qu'avec le moteur de rendu WebKit (Safari et Chrome). Mozilla Firefox ignorera cet effet en affichant directement la fenêtre modale, sans l'effet de mise à l'échelle. En plus, la propriété d'ombre portée est utilisée. L'auteur a prévu quatre étapes pour cette animation.

Voici le code CSS de cette animation, nommée `bounce` :

```
@-webkit-keyframes bounce {
    0% {
        -webkit-transform: scale3d(0.1,0.1,1);
        -webkit-box-shadow: 0 3px 20px rgba(0,0,0,0.9);
        -moz-box-shadow: 0 3px 20px rgba(0,0,0,0.9);
        transform: scale3d(0.1,0.1,1);
        box-shadow: 0 3px 20px rgba(0,0,0,0.9);
    }
    55% {
        -webkit-transform: scale3d(1.08,1.08,1);
        -webkit-box-shadow: 0 10px 20px rgba(0,0,0,0);
```

```
        -moz-box-shadow: 0 10px 20px rgba(0,0,0,0);
        transform: scale3d(1.08,1.08,1);
        box-shadow: 0 10px 20px rgba(0,0,0,0);
    }
    75% {
        -webkit-transform: scale3d(0.95,0.95,1);
        -webkit-box-shadow: 0 0 20px rgba(0,0,0,0.9);
        -moz-box-shadow: 0 0 20px rgba(0,0,0,0.9);
        transform: scale3d(0.95,0.95,1);
        box-shadow: 0 0 20px rgba(0,0,0,0.9);
    }
    100% {
        -webkit-transform: scale3d(1,1,1);
        -webkit-box-shadow: 0 3px 20px rgba(0,0,0,0.9);
        -moz-box-shadow: 0 3px 20px rgba(0,0,0,0.9);
        transform: scale3d(1,1,1);
        box-shadow: 0 3px 20px rgba(0,0,0,0.9);
    }
}
```

7. Déclencher l'animation d'ouverture

Cette animation doit s'appliquer à l'utilisation du masque (`.modal:target`) sur la fenêtre modale qui est incluse comme premier élément enfant (`.modal:target > div`).

```
.modal:target > div {
    -webkit-animation-name: bounce;
    -moz-animation-name: bounce;
    animation-name: bounce;
}
```

8. Appliquer le masque

Le masque d'opacité est appliqué sur le masque :

```
.modal:target {
    opacity: 1;
    pointer-events: auto;
}
```

9. L'animation de fermeture

L'animation de fermeture permet une mise à l'échelle de la fenêtre modale, pour l'afficher à une proportion de `0.1`.

```
@-webkit-keyframes minimise {
    0% {
        -webkit-transform: scale3d(1,1,1);
        transform: scale3d(1,1,1);
    }
    100% {
        -webkit-transform: scale3d(0.1,0.1,1);
        transform: scale3d(0.1,0.1,1);
    }
}
```

10. Déclencher l'animation de fermeture

Cette animation doit s'appliquer à l'utilisation du masque sur la fenêtre modale qui est incluse comme premier élément enfant (`.modal > div`).

```
.modal > div {
    ...
    /* Application de l'animation de fermeture */
    -webkit-animation: minimise 500ms linear;
    -moz-animation: minimise 500ms linear;
    animation: minimise 500ms linear;
    ...
}
```

11. Le code complet

Voici le code complet de cette page :

```
<!DOCTYPE HTML>
<html lang="fr">
<head>
<title>Titre du document</title>
<meta charset="UTF-8" />
<style>
/* Le conteneur qui cache le body */
.modal {
    /* Overlay page content */
    position: fixed;
    top: 0;
    left: 0;
    right: 0;
    bottom: 0;
```

```
    background: rgba(0,0,0,0.5);
    z-index: 10000;
    /* Utilisation de la transformation de transparence à l'ouverture */
    -webkit-transition: opacity 500ms ease-in;
    -moz-transition: opacity 500ms ease-in;
    transition: opacity 500ms ease-in;
    /* Hide for now */
    opacity: 0;
    pointer-events: none;
}

/* La boîte div du contenu de la fenêtre modale */
.modal > div {
    width: 500px;
    background: #fff;
    position: relative;
    margin: 10% auto;
    /* Application de l'animation de fermeture */
    -webkit-animation: minimise 500ms linear;
    -moz-animation: minimise 500ms linear;
    animation: minimise 500ms linear;
    /* Prettify */
    padding: 30px;
    -moz-border-radius: 7px;
    border-radius: 7px;
    -webkit-box-shadow: 0 3px 20px rgba(0,0,0,0.9);
    -moz-box-shadow: 0 3px 20px rgba(0,0,0,0.9);
    box-shadow: 0 3px 20px rgba(0,0,0,0.9);
    background: -moz-linear-gradient(#fff, #ccc);
    background: -webkit-gradient(linear, right bottom, right
top, color-stop(1, rgb(255,255,255)), color-stop(0.57,
rgb(230,230,230)));
    text-shadow: 0 1px 0 #fff;
}

/* Le bouton d'ouverture */
a.openModal {
    margin: 1em auto;
    display: block;
    width: 200px;
    background: #ccc;
    text-align: center;
    text-decoration: none;
    color: black;
    padding: 10px;
```

```
    -moz-border-radius: 7px;
    border-radius: 7px;
    background: -moz-linear-gradient(#fff, #ddd);
    background: -webkit-gradient(linear, right top, right bottom,
from(rgb(255,255,255)), to(rgb(230,230,230)));
    text-shadow: 0 1px 0 #fff;
    border: 1px solid rgba(0,0,0,0.1);
    -webkit-box-shadow: 0 1px 1px rgba(0,0,0,0.3);
    -moz-box-shadow: 0 1px 1px rgba(0,0,0,0.3);
    box-shadow: 0 1px 1px rgba(0,0,0,0.3);
}

/* Le lien-bouton de fermeture */
.modal a[href="#close"] {
    position: absolute;
    right: 0;
    top: 0;
    color: transparent;
}

/* Le lien-bouton de fermeture */
.modal a[href="#close"]:after {
    content: 'X';
    display: block;
    /* Position */
    position: absolute;
    right: -10px;
    top: -10px;
    width: 1.5em;
    padding: 1px 1px 1px 2px;
    /* Style */
    text-decoration: none;
    text-shadow: none;
    text-align: center;
    font-weight: bold;
    background: #000;
    color: #fff;
    border: 3px solid #fff;
    -moz-border-radius: 20px;
    border-radius: 20px;
    -webkit-box-shadow: 0 1px 3px rgba(0,0,0,0.5);
    -moz-box-shadow: 0 1px 3px rgba(0,0,0,0.5);
    box-shadow: 0 1px 3px rgba(0,0,0,0.5);
}
```

```
/* Le lien-bouton de fermeture au survol et au focus */
.modal a[href="#close"]:focus:after,
.modal a[href="#close"]:hover:after {
    -webkit-transform: scale(1.1,1.1);
    -moz-transform: scale(1.1,1.1);
    transform: scale(1.1,1.1);
}
.modal a[href="#close"]:focus:after {
    outline: 1px solid #000;
}

/* Afficher le masque */
.modal:target {
    opacity: 1;
    pointer-events: auto;
}

/* Application de l'animation d'ouverture */
.modal:target > div {
    -webkit-animation-name: bounce;
    -moz-animation-name: bounce;
    animation-name: bounce;
}

/* L'animation d'ouverture */
@-webkit-keyframes bounce {
    0% {
        -webkit-transform: scale3d(0.1,0.1,1);
        -webkit-box-shadow: 0 3px 20px rgba(0,0,0,0.9);
        -moz-box-shadow: 0 3px 20px rgba(0,0,0,0.9);
        transform: scale3d(0.1,0.1,1);
        box-shadow: 0 3px 20px rgba(0,0,0,0.9);
    }
    55% {
        -webkit-transform: scale3d(1.08,1.08,1);
        -webkit-box-shadow: 0 10px 20px rgba(0,0,0,0);
        -moz-box-shadow: 0 10px 20px rgba(0,0,0,0);
        transform: scale3d(1.08,1.08,1);
        box-shadow: 0 10px 20px rgba(0,0,0,0);
    }
    75% {
        -webkit-transform: scale3d(0.95,0.95,1);
        -webkit-box-shadow: 0 0 20px rgba(0,0,0,0.9);
        -moz-box-shadow: 0 0 20px rgba(0,0,0,0.9);
        transform: scale3d(0.95,0.95,1);
```

```
        box-shadow: 0 0 20px rgba(0,0,0,0.9);
    }
    100% {
        -webkit-transform: scale3d(1,1,1);
        -webkit-box-shadow: 0 3px 20px rgba(0,0,0,0.9);
        -moz-box-shadow: 0 3px 20px rgba(0,0,0,0.9);
        transform: scale3d(1,1,1);
        box-shadow: 0 3px 20px rgba(0,0,0,0.9);
    }
}

/* L'animation de fermeture */
@-webkit-keyframes minimise {
    0% {
        -webkit-transform: scale3d(1,1,1);
        transform: scale3d(1,1,1);
    }
    100% {
        -webkit-transform: scale3d(0.1,0.1,1);
        transform: scale3d(0.1,0.1,1);
    }
}

</style>
</head>
<body>
<p><a href="#example" class="openModal">Ouvrir la fenêtre
modale</a></p>
<aside id="example" class="modal">
    <div>
        <h2>Modal box</h2>
        <p>Integer posuere erat a ante venenatis dapibus
posuere velit aliquet. Lorem ipsum dolor sit amet, consectetur
adipiscing elit. Vestibulum id ligula porta felis euismod
semper. Curabitur blandit tempus porttitor. Nulla vitae elit
libero, a pharetra augue. Vivamus sagittis lacus vel augue
laoreet rutrum faucibus dolor auctor. Vestibulum id ligula
porta felis euismod semper.</p>
        <a href="#close" title="Close">Fermer</a>
    </div>
</aside>
</body>
</html>
```

12. L'affichage de la page

Voici la page à l'état initial :

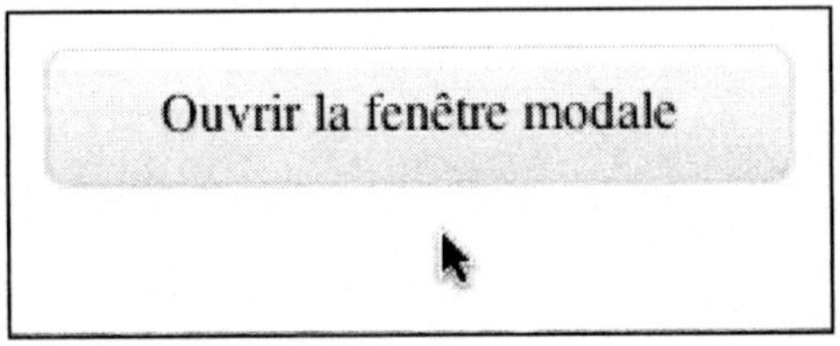

Au clic sur le bouton, le masque et la fenêtre modale apparaissent progressivement et le bouton d'ouverture n'est plus utilisable :

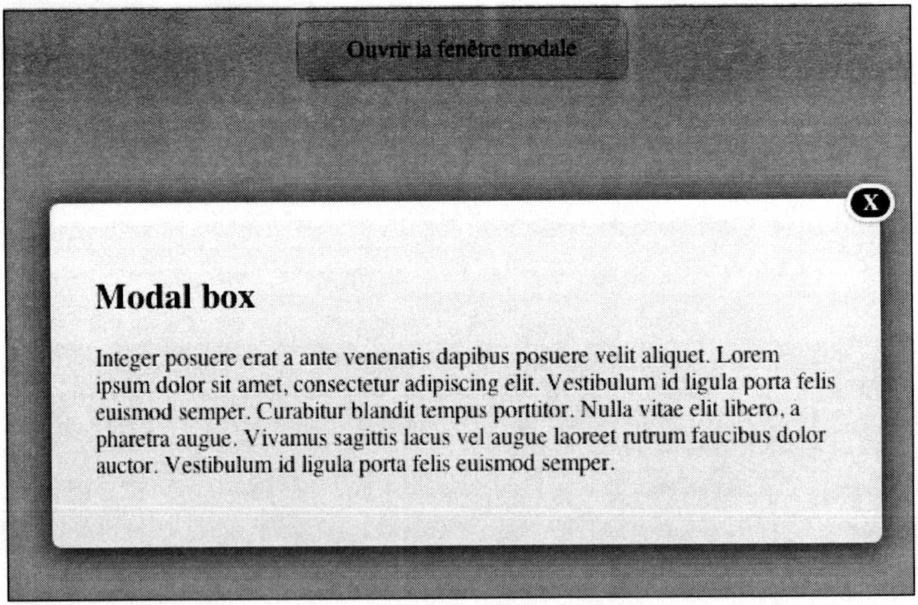

En cliquant sur le bouton de fermeture de la fenêtre modale, l'effet est inverse.

Chapitre 13 : Le multimédia : audio et vidéo

A. L'état des lieux 382
B. Insérer de l'audio 382
C. Insérer de la vidéo 386

A. L'état des lieux

Aujourd'hui (et depuis longtemps déjà), insérer de la vidéo et de l'audio dans les pages Web est très commun, très banal et la plupart des internautes n'y prêtent plus attention. Mais techniquement, ce fut une autre histoire. Vous le savez, les navigateurs Web ne savent interpréter et donc afficher que le texte, les images fixes (aux formats .gif, .jpg et .png), les images animées (au format .gif animé) et le JavaScript. En dehors de cela, les navigateurs sont sourds et muets. Tout ce qui est contenu multimédia et interactif nécessite forcément l'ajout d'un moteur d'interprétation dans les navigateurs, pour qu'ils puissent afficher ce qu'ils ne savent pas faire nativement. Ce sont les fameux **plugins**. Le grand vainqueur fut Flash, technologie propriétaire Adobe qui permet d'insérer des animations interactives, de l'audio et de la vidéo, avec le seul plugin **FlashPlayer**.

L'HTML5 a plus que bousculé tout cela en introduisant les éléments `audio` et `video`. Ces deux nouveaux éléments permettent « presque » d'insérer nativement du multimédia sans l'apport de plugins propriétaires.

Faire abstraction d'un plugin est toujours appréciable. Les plugins sont toujours sources de problèmes : code d'insertion HTML lourd, stabilité, failles de sécurité, avoir la bonne version, installation bloquée...

Mais la révolution de l'HTML5 ne va pas détruire tout l'existant en une nuit ! Il reste beaucoup de problèmes à l'utilisation du multimédia en HTML5 : problèmes des formats audio et vidéo, problèmes de la protection des sources (DRM), problèmes de compatibilité avec tous les navigateurs, interaction utilisateur...

B. Insérer de l'audio

1. L'élément audio

Pour insérer un fichier audio (un son simple, une musique, une interview, un podcast...), rien de plus simple : l'élément `audio` est fait pour.

Son attribut indispensable est `src`, pour préciser le chemin d'accès au fichier source audio.

Voilà la syntaxe basique :

```
<audio src="musique.ogg"></audio>
```

2. Les contrôles audio

Maintenant, il faut donner à l'utilisateur le contrôle du fichier audio : il faut qu'il puisse démarrer, faire une pause et arrêter l'audio.

Dans l'élément `audio`, il suffit d'utiliser l'attribut booléen `controls` pour afficher la barre de contrôle native du navigateur.

```
<audio src="musique.ogg" controls></audio>
```

3. L'apparence du lecteur audio

Comme toujours, l'apparence du lecteur audio est laissée libre aux navigateurs.

Voilà le lecteur d'Opera 12 :

Voilà le lecteur de Chrome 29 :

Voilà le lecteur d'Internet Explorer 10 :

Voilà le lecteur avec Safari 6 :

Voilà le lecteur avec Firefox 23 :

4. Les attributs pour l'audio

Dans l'élément `audio`, vous pouvez ajouter d'autres attributs :

- `autoplay` : cet attribut booléen lance la lecture du fichier audio, dès que celui-ci est disponible au chargement de la page. À mon humble avis, cela n'est pas très judicieux de l'utiliser, laissez plutôt l'utilisateur décider s'il veut écouter ou pas votre fichier audio.
- `loop` : cet attribut booléen permet de jouer le son en boucle. Là encore, ce n'est pas très ergonomique.
- `preload` : précise au navigateur qu'il doit charger le fichier audio au chargement de la page, afin qu'il soit disponible au plus vite pour l'utilisateur. L'attribut `preload` est ignoré si `autoplay` est présent. L'attribut `preload` accepte comme valeur `auto` (équivalent à utiliser l'attribut en tant que booléen, c'est-à-dire sans préciser de valeur), `none` : pas de préchargement et `metadata` pour précharger des métadonnées attachées au fichier. Attention, si vous avez plusieurs fichiers audio à précharger, vous risquez de pénaliser la bande passante !

Voilà une syntaxe complète (et anti-ergonomique !) :

```
<audio src="musique.ogg" controls preload autoplay loop></audio>
```

5. Les formats audio

Dans l'exemple syntaxique précédent, j'ai indiqué arbitrairement un fichier audio au format .ogg. Mais il existe beaucoup de format audio, et c'est là que cela se complique ! Le W3C ne précise en aucune manière quel est le format à utiliser pour insérer un fichier audio dans une page Web ! C'est donc un peu la « guerre » des formats audio entre les navigateurs.

Voilà l'état des lieux à la rédaction de ce livre (septembre 2013) pour les principaux navigateurs dans leur dernière version, pour la reconnaissance des différents formats. Dans ce tableau, je n'ai choisi que les formats audio adaptés au Web (.ogg, .mp3 et .acc), j'ai volontairement laissé de côté d'autres formats (.aiff, .wav, .au...) pas adaptés au Web. Notez que le format WebM peut lire de l'audio et de la vidéo (cf. section Insérer de la vidéo - Les formats vidéo).

	ogg	**mp3**	**acc**
Internet Explorer	Non	Oui	Non
Chrome	Oui	Oui	Oui
Firefox	Oui	Non	Non
Safari	Non	Oui	Oui
Opera	Oui	Non	Non

Vous le constatez, la situation est donc « simple » : il n'y a pas un format audio qui soit « universellement » reconnu par les cinq principaux navigateurs du marché !

La solution à cette problématique est quand même facile à trouver : il suffit d'indiquer plusieurs fichiers audio sources qui soient reconnus par les principaux navigateurs. Avec les formats .mp3 et .ogg vous couvrez les cinq principaux navigateurs du marché.

Pour indiquer plusieurs fichiers audio sources, il faut utiliser l'élément `source` avec son attribut `src`, dans l'élément `audio`.

Voilà la syntaxe à utiliser :

```
<audio>
    <source src="musique.mp3">
    <source src="musique.ogg">
</audio>
```

Les navigateurs ouvrent et affichent le premier fichier audio qu'ils savent reconnaître.

Pour l'élément `source`, vous pouvez ajouter l'attribut `type` qui permet de préciser le type de fichier source et avoir ainsi une meilleure prise en charge des fichiers audio par les navigateurs :

```
<audio>
    <source src="musique.ogg" type="audio/ogg"/>
    <source src="musique.mp3" type="audio/mpeg"/>
    <source src="musique.acc" type="audio/acc"/>
</audio>
```

Vous pouvez aussi préciser le codec utilisé dans l'attribut `type` :

```
<audio>
    <source src="musique.ogg" type="audio/ogg ; codecs='vorbis '"/>
</audio>
```

6. Créez vos contrôles

Nous venons de voir que chaque navigateur Web utilise sa propre interface pour afficher les boutons de contrôle de l'audio. Vous pouvez créer vous-même une interface en utilisant l'API Audio avec du JavaScript.

Voilà la syntaxe à utiliser :

```
<p>Melody GARDOT - Our love is easy</p>
<audio id="muzik" src="Our-Love-Is-Easy.mp3"></audio>
<div>
<button onclick="document.getElementById('muzik').play()">Jouer</button>
<button onclick="document.getElementById('muzik').pause()">Pause</button>
<button onclick="document.getElementById('muzik').volume+=0.1">Augmenter
le volume</button>
<button onclick="document.getElementById('muzik').volume-=0.1">Diminuer le
volume</button>
</div>
```

Bien sûr, il n'y a pas la présence de l'attribut `controls`, puisque nous voulons créer nos propres boutons. L'élément `audio` est identifié de manière unique avec l'attribut `id="muzik"`. Nous créons des boutons (`button`) qui agissent sur l'élément `muzik`, en utilisant les méthodes `play()` et `pause()`, et la propriété `volume`.

Il n'y a aucune mise en forme CSS, à vous de faire « beau ». Voilà l'affichage :

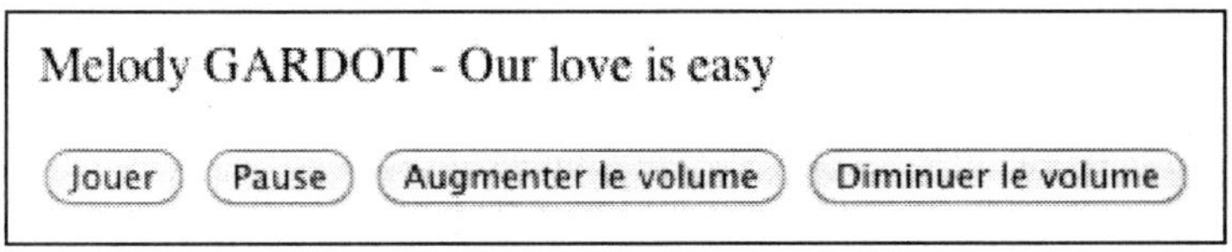

Si vous souhaitez aller plus loin dans l'API Audio, consulter la page dédiée sur le site du W3C : http://www.w3.org/wiki/HTML/Elements/audio

Une page similaire est consacrée à la vidéo : http://www.w3.org/wiki/HTML/Elements/video

7. Les anciens navigateurs

Même si nous partons du principe que vous utilisez de l'HTML5 en connaissance de cause en ce qui concerne la compatibilité des navigateurs, nous allons indiquer un message pour les « anciens » navigateur non compatibles avec l'HTML5. Ce message sera affiché par les anciens navigateurs qui ignoreront tous les l'éléments HTML5 et ce message sera ignoré par les navigateurs compatibles.

```
<audio controls preload>
    <source src="musique.mp3" type="audio/mpeg">
    <source src="musique.ogg" type="audio/ogg">
    Votre navigateur est trop ancien pour reconnaître l'HTML5
</audio>
```

Vous pourriez aussi placer ici une version Flash de votre fichier audio.

C. Insérer de la vidéo

1. L'élément video

Tout aussi simple que pour ajouter de l'audio, pour insérer une vidéo utilisez l'élément `video` avec l'attribut `src`.

Voilà la syntaxe basique :

```
<video src="video.mp4"></video>
```

2. Les attributs pour la vidéo

Nous retrouvons les attributs vus précédemment pour l'audio, avec les mêmes fonctionnalités : `controls`, `preload`, `loop` et `autoplay`.

```
<video src="video.mp4" controls preload></video>
```

Vous pouvez utiliser les attributs `height` et `width` pour spécifier la hauteur et la largeur de la vidéo. Cela permet d'éviter que ce soit le navigateur qui détermine lui-même ces paramètres et vous aurez un gain de temps dans le chargement de la page, comme pour l'insertion des images.

```
<video src="video.mp4" controls preload width="720"
height="576></video>
```

Vous avez à votre disposition l'attribut `poster` qui permet d'afficher une image de votre choix à la place de la première image de la vidéo en attente de démarrage. Très pratique pour créer un « générique » statique bien sûr !

```
<video src="video.mp4" controls preload width="720"
height="576 poster="image.jpg"></video>
```

3. L'apparence du lecteur vidéo

Comme toujours, l'apparence du lecteur vidéo est laissée libre aux navigateurs.

Voilà le lecteur d'Opera 12 :

Voilà le lecteur de Chrome 29 :

Voilà le lecteur de Safari 6 :

Voilà le lecteur de Firefox 23 :

Voilà le lecteur d'Internet Explorer 10 :

4. Les formats vidéo

Pour insérer de la vidéo dans une page Web, vous avez besoin de trois « couches », trois « enveloppes ». La première est le **format**, c'est juste un « conteneur », une boîte qui va contenir la vidéo et l'audio. Les formats sont reconnus à leur extension : .avi, .mov, .mp4, .mkv... La deuxième est le **codec audio**, qui permet de compresser le son : MP3, OGG, AAC... La dernière est le **codec vidéo**, qui permet de compresser les images : H.264, le plus puissant mais qui pose encore des problèmes de droit et de diffusion, Ogg Theora, très utilisé dans le monde Linux, WebM, proposé par Google.

Là encore, c'est la « guerre » des formats ! Le constat est le même que pour l'audio et les conséquences identiques ! Voilà le tableau récapitulatif des formats et des navigateurs dans leurs dernières versions (septembre 2013) :

	H.264 (.mp4)	ogg Theora (.ogv)	WebM (.webm)
Internet Explorer	Oui	Non	Non
Chrome	Oui	Oui	Oui
Firefox	Non	Oui	Non
Safari	Oui	Non	Non
Opera	Non	Oui	Oui

Comme pour l'audio, c'est à vous de créer autant de fichiers vidéo que nécessaire pour avoir un maximum de compatibilité avec les navigateurs les plus courants. Utilisez à nouveau l'élément `source` avec son attribut indispensable `src`.

Voilà la syntaxe basique :

```
<video>
    <source src="video.mp4">
    <source src="video.ogg">
    <source src="video.webm">
</video>
```

Vous pouvez aussi spécifier les formats et les codecs utilisés dans les vidéos pour mieux indiquer les paramètres techniques aux navigateurs :

```
<source src="video.ogg" type="video/ogg ;
codecs='theora,vorbis'">
```

5. Convertir les vidéos

Pour avoir une compatibilité avec un maximum de navigateurs, il vous faut de nombreux fichiers vidéo avec divers formats. Vous pouvez utiliser le logiciel minimaliste mais efficace, gratuit et multiplate-forme **Miro Video Converter** (http://www.mirovideoconverter.com/). Il permet de convertir les vidéos aux formats : .mp4, .webm, .ogv, mais aussi pour iPhone, Android.

Chapitre 14 : Le canevas de dessin

A. La création bitmap en JavaScript 392
B. Les techniques proposées..392
C. Dessiner un rectangle 392
D. Dessiner un cercle..396
E. Dessiner des tracés..397
F. Dessiner des contours..397
G. Ajouter du texte 398
H. Ajouter un dégradé 399
I. Les transformations 400
J. La manipulation des objets..400

A. La création bitmap en JavaScript

L'HTML5 introduit un nouvel élément pour le dessin au format bitmap, l'élément `canvas`. Cet élément permet de définir une zone d'affichage dans laquelle vous allez pouvoir « dessiner », créer des animations ou créer des applications interactives. Dans une certaine mesure, cela va permettre aux développeurs Web de ne plus utiliser la technologie Adobe Flash. Vous n'aurez plus besoin de plugin.

L'utilisation de l'élément `canvas` est faite avant tout pour les développeurs JavaScript. En effet, tout ce que vous allez pouvoir faire dans l'élément `canvas` se fait avec du JavaScript. Le propos de ce livre est le design Web et non la programmation JavaScript, nous allons donc voir uniquement les rudiments.

Dernier élément : n'oubliez pas que tout ce qui est créé par programmation sera toujours plus léger que ce qui est créé en dessin « pur » et exporté aux formats .png, .jpg ou .gif. Mais un des objectifs essentiel du canevas est que son contenu peut être modifié par l'utilisateur !

B. Les techniques proposées

Avec JavaScript, vous disposez d'une batterie d'outils et de techniques :

- des outils de dessin : ovale, rectangle, ligne, arc, courbe de Bézier...
- des effets : contour, remplissage, dégradé, transparence, ombre portée...
- des transformations : rotation, déplacement, zoom...
- une gestion de la typographie : incorporation de police...
- une gestion des images : import et export.

C. Dessiner un rectangle

1. Le canevas

C'est l'élément `<canvas>` qui permet de définir la zone de dessin dans la page Web. Vous lui attribuez un `id` unique et des dimensions :

```
<canvas id="rectangle" width="300" height="150"></canvas>
```

Le canevas n'a pas de contour par défaut, il est donc invisible ! Dans le `<head>`, dans un élément `<style>`, utilisez la propriété CSS `border` pour matérialiser son contour :

```
#rectangle {
    border: solid 1px #000;
}
```

Notez que vous pouvez bien sûr utiliser les propriétés `width` et `height` dans le style CSS.

Voilà son affichage, vide pour le moment :

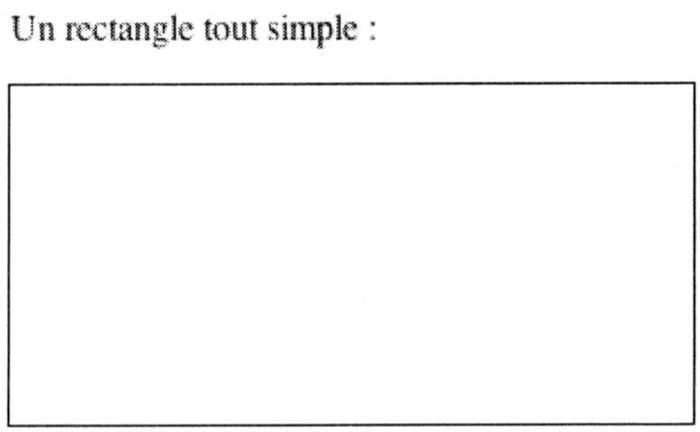

2. Le rectangle

Nous allons maintenant créer un rectangle en JavaScript. Placez le code dans un élément `<script>`, juste avant le `</body>`.

```
<script>
    var monCanevas=document.getElementById("rectangle");
    var monDessin=monCanevas.getContext("2d");
    monDessin.rect(10,10,200,100);
    monDessin.fill();
</script>
```

La première ligne déclare une variable `var` nommée `monCanevas` qui définit un nouvel objet canevas dans l'élément canevas du document en cours, identifié par son `id` unique `rectangle` (`document.getElementById("rectangle")`).

La deuxième ligne crée une nouvelle variable objet nommée `monDessin`. Cet objet est défini dans le canevas créé précédemment et l'utilise dans un contexte de dessin en deux dimensions (`monCanevas.getContext("2d")`).

La troisième ligne permet d'utiliser la méthode `rect` pour définir un rectangle dans l'objet `monDessin`. Le rectangle est défini en utilisant les coordonnées x (horizontal) et y (vertical), 10 pixels et 10 pixels, depuis l'angle haut gauche du canevas, avec une largeur de 200 pixels et une hauteur de 100 pixels (`monDessin.rect(10,10,200,100)`).

La quatrième ligne demande à créer, à afficher le rectangle défini : `monDessin.fill()`.

Nous aurions pu aussi utiliser la méthode `fillRect()` qui permet de définir et de tracer en même temps le rectangle :

```
<script>
    var monDessin=document.getElementById("rectangle").getContext("2d");
    monDessin.fillRect(10,10,200,100);
</script>
```

3. Le code complet et l'affichage

Voici le code complet de cette page :

```
<!DOCTYPE HTML>
<html lang="fr">
<head>
    <title>Titre de la page</title>
    <meta charset="UTF-8" />
    <style>
    #rectangle {
        border: solid 1px #000;
    }
    </style>
</head>
<body>
<p>Un rectangle tout simple :</p>
<canvas id="rectangle" width="300" height="150"></canvas>
<script>
    var monCanevas=document.getElementById("rectangle");
    var monDessin=monCanevas.getContext("2d");
    monDessin.rect(10,10,200,100);
    monDessin.fill();
</script>
</body>
</html>
```

Voilà l'affichage :

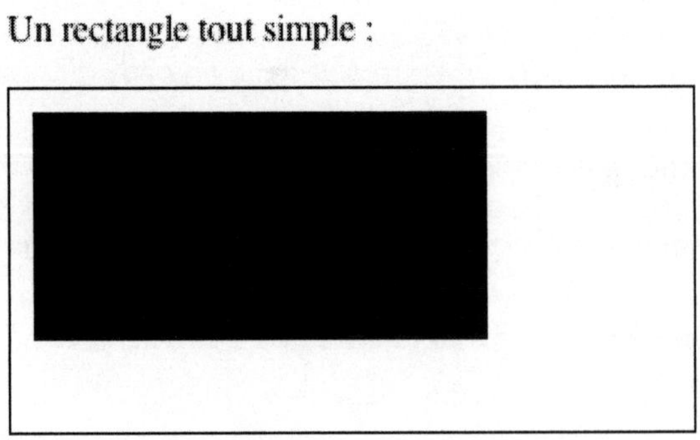

4. Ajouter une couleur de remplissage

Nous allons ajouter un remplissage coloré en gris clair avec la méthode `fillStyle` à notre objet de dessin. La couleur peut être définie en hexadécimal, en RGB ou de manière nominale :

```
var monCanevas=document.getElementById("rectangle");
var monDessin=monCanevas.getContext("2d");
monDessin.fillStyle="rgb(210,210,210)";
monDessin.rect(10,10,200,100);
monDessin.fill();
```

Voici le résultat :

5. Ajouter une ombre portée

Nous allons ajouter une ombre portée à notre rectangle. Nous allons utiliser les propriétés :

- `shadowBlur` pour définir le flou de l'ombre portée.
- `shadowColor` pour définir sa couleur.
- `shadowOffsetX` pour définir le décalage horizontal (si vous ne définissez rien, l'ombre est répartie tout autour du dessin).
- `shadowOffsetY` pour définir le décalage vertical (si vous ne définissez rien, l'ombre est répartie tout autour du dessin).

```
var monCanevas=document.getElementById("rectangle");
var monDessin=monCanevas.getContext("2d");
monDessin.fillStyle="rgb(210,210,210)";
monDessin.rect(10,10,200,100);
monDessin.shadowBlur=50;
monDessin.shadowColor="black";
monDessin.shadowOffsetX=10;
monDessin.shadowOffsetY=20;
monDessin.fill();
```

Voici le résultat :

D. Dessiner un cercle

Pour dessiner une forme ovale, utilisez la méthode `arc()`.
Voici sa syntaxe : `arc(x,y,raduis,startAngle,endAngle,antiClockwise)`.

Ses arguments :

- `x` : coordonnée horizontale calée sur le centre de la forme ovale.
- `y` : coordonnée verticale calée sur le centre de la forme ovale.
- `radius` : rayon de la forme ovale.
- `startAngle` : point de départ de l'arc en radians
- `endAngle` : point d'arrivée de l'arc en radians.
- `antiClockwise` : valeur booléenne qui indique que l'arc est dessiné dans le sens horaire (valeur `true`) ou anti-horaire (valeur `false`).

Voilà le code :

```
<script>
    var monCanevas=document.getElementById("ovales");
    var monDessin=monCanevas.getContext("2d");
    monDessin.fillStyle="rgb(210,210,210)";
    monDessin.arc(100,100,80,0,2*Math.PI,true);
    monDessin.fill();
</script>
```

Voilà l'affichage :

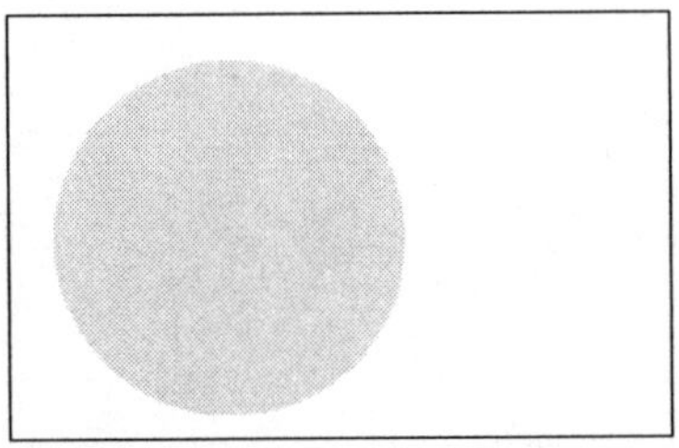

E. Dessiner des tracés

Pour dessiner des tracés, il faut utiliser la méthode `moveTo(x,y)` qui détermine le point de départ du tracé. Puis chaque segment suivant utilise la méthode `lineTo(x,y)`.

Puis vous pouvez utiliser les propriétés `lineWidth` et `strokeStyle`, pour déterminer l'épaisseur et la couleur de la ligne du tracé.

Terminez par dessiner le tracé avec la méthode `stroke()`.

Voici un exemple :

```
<script>
    var monCanevas=document.getElementById("traces");
    var monDessin=monCanevas.getContext("2d");
    monDessin.moveTo(50, 100);
    monDessin.lineTo(200, 20);
    monDessin.lineTo(250, 140);
    monDessin.lineWidth=3;
    monDessin.strokeStyle="darkgreen";
    monDessin.stroke();
</script>
```

Voici le résultat à l'affichage :

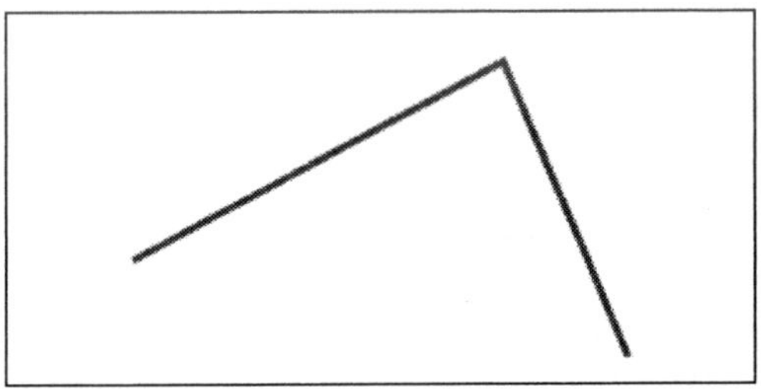

Dans les techniques de dessin, `stroke` indique le contour et `fill` le remplissage.

F. Dessiner des contours

La propriété `strokeStyle` permet de définir la couleur du contour. La méthode `strokeRect()` permet de dessiner le contour d'un rectangle et la méthode `stroke()` permet de dessiner un contour (pour le cercle dans l'exemple suivant).

```
<canvas id="contours" width="300" height="150"></canvas>
<script>
    var monCanevas=document.getElementById("contours");
    var monDessin=monCanevas.getContext("2d");
    monDessin.strokeStyle="#306";
    monDessin.strokeRect(10,10,200,100);
```

```
    monDessin.arc(220,90,40,0,2*Math.PI,true);
    monDessin.stroke();
</script>
```

Voici le résultat à l'affichage :

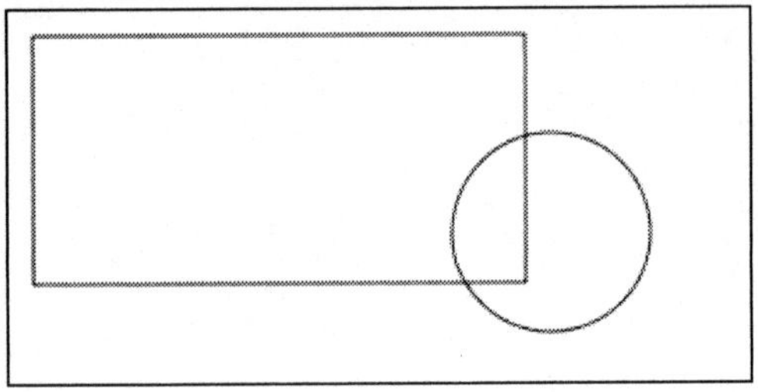

G. Ajouter du texte

Vous pouvez ajouter du texte au canevas avec la méthode `fillText()` pour avoir un texte en remplissage et `strokeText()` pour avoir le contour du texte.

- la propriété `textBaseline` permet de définir le type de ligne de base voulu.
- la propriété `textAlign` permet de définir l'alignement du texte.
- la propriété `font` permet de définir la police de caractères à utiliser.

Voici un exemple de code :

```
<!DOCTYPE HTML>
<html lang="fr">
<head>
    <title>Des dégradés avec <canvas></title>
    <meta charset="UTF-8" />
    <style>
    #texte {
        border: solid 1px #000;
    }
    </style>
</head>
<body>
<canvas id="texte" width="300" height="150"></canvas>
<script>
    var monCanevas=document.getElementById("texte");
    var monTexte=monCanevas.getContext("2d");
    monTexte.textBaseline="alphabetic";
    monTexte.textAlign="center";
    monTexte.font="3em Nueva";
    monTexte.fillStyle="darkblue";
```

```
    monTexte.fillText("Canvas",150,80);
</script>
</body>
</html>
```

Voilà l'affichage :

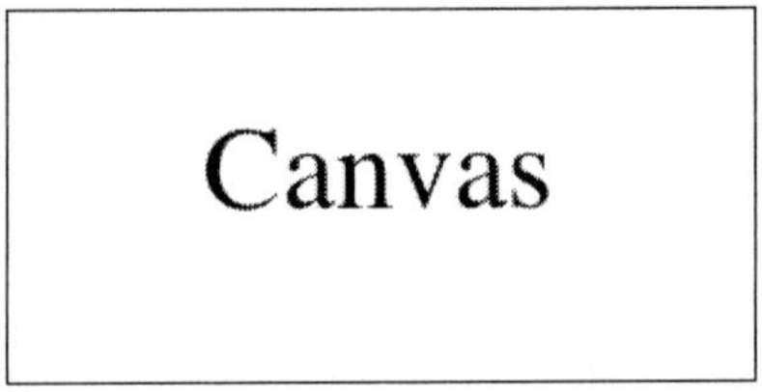

H. Ajouter un dégradé

Vous pouvez ajouter des dégradés linéaires ou radiaux à vos objets dessinés.

Dans un premier temps, vous devez créer un objet dégradé linéaire (nommé ici `dgdl`) dans votre objet de dessin. Les paramètres de cet objet sont les coordonnées de début et de fin du dégradé. Dans cet exemple, mon dégradé linéaire possède des coordonnées « calées » par rapport au rectangle dessiné, pour qu'il soit vertical :

```
var dgdl = monDessin.createLinearGradient(10, 85, 200, 85);
```

Ensuite, avec la méthode `addColorStop()` appliquée au dégradé, vous déterminez l'emplacement de départ de la première couleur, sur une échelle qui va de 0 (début du dégradé) à 1 (fin du dégradé) et la teinte de la couleur de départ. `dgdl.addColorStop(0, "lightblue");`. Dans mon exemple, la première couleur débute au début du dégradé (`0`) et est bleu clair (`lightblue`) ; même principe avec la couleur au milieu (`0.5`) et de fin (`1`).

Voici le code :

```
<script>
    var monCanevas=document.getElementById("rectangle");
    var monDessin=monCanevas.getContext("2d");
    var dgdl = monDessin.createLinearGradient(10, 85, 200, 85);
    dgdl.addColorStop(0, "lightblue");
    dgdl.addColorStop(0.5, "#fff");
    dgdl.addColorStop(1, "darkblue");
    monDessin.fillStyle=dgdl;
    monDessin.rect(10,10,200,100);
    monDessin.fill();
</script>
```

Voici l'affichage obtenu :

I. Les transformations

L'élément `canvas` permet de « transformer » les objets dessinés avec les méthodes `translate()` (pour déplacer un objet), `rotate(radius)` (pour effectuer une rotation sur un objet), et `scale()` (pour redimensionner un objet).

J. La manipulation des objets

Vous pouvez donner aux visiteurs de l'interactivité avec vos objets dessinés, jusqu'à créer des jeux. Mais là nous quittons notre domaine d'application, le design Web, pour aller du côté des développeurs purs JavaScript. C'est une autre histoire !

Chapitre 15 : Le design Web adaptatif

A. L'état des lieux et l'objectif 402
B. Les requêtes de média 402
C. La taille des écrans 407
D. Les grilles fluides 417
E. Des images adaptatives 429
F. Créer du design adaptatif 433
G. Le site Food Sense 435

A. L'état des lieux et l'objectif

Aujourd'hui, une entreprise qui veut avoir un site Web « digne de ce nom » se doit de proposer un contenu qui puisse s'afficher correctement sur tous les médias actuels : sur un écran d'ordinateur (du 13" au 32" !), sur une tablette tactile et sur un smartphone.

La difficulté est bien sûr de proposer un contenu visible et lisible sur ces trois types d'écrans. L'objectif est d'offrir une expérience, une interface Web, un design Web qui s'adapte automatiquement aux différentes résolutions d'écran que pourront utiliser les visiteurs.

Le terme anglais pour désigner cette architecture Web est le **Responsive Web Design**, que l'on peut traduire dans la langue de Molière par **Design Web adaptatif**. Vous trouverez aussi **Design Web réactif**.

Pour arriver à nos fins, nous allons utiliser trois techniques :

- une **grille fluide**, pour permettre une réorganisation de la structure des pages adaptées à la résolution de l'écran.
- des **images flexibles**, pour que leur taille s'adapte à celle de l'écran de diffusion.
- des **requêtes de médias** qui vont nous permettre de connaître le média et les dimensions utilisées par le visiteur.

B. Les requêtes de média

1. L'objectif

Pour créer un design Web adaptatif, il faut connaître la résolution de l'écran utilisé, pour proposer des styles qui soient adaptés à cette résolution. C'est l'objectif du module **Media Queries** qui est en **Recommendation** au 19 juin 2012 :
http://www.w3.org/TR/css3-mediaqueries/

Avec des requêtes de média, vous allez créer des feuilles de style qui sont adaptées aux différentes tailles d'écran. La détection va se faire automatiquement et le navigateur va utiliser les styles adaptés.

2. Avec l'HTML 4 et les CSS 2.1

Avec l'HTML 4 et les CSS 2.1, nous pouvons utiliser une feuille de style particulière en fonction du média utilisé. Il suffit d'utiliser l'attribut `media` dans l'élément `link`.

Exemple :

```
<link rel="stylesheet" media="screen" href="stylesEcran.css"
type="text/css" />
<link rel="stylesheet" media="print"
href="stylesImpression.css" type="text/css" />
```

Nous pouvons utiliser :

- `screen` : pour les écrans.
- `handheld` : pour les périphériques mobiles ou de petite taille.
- `print` : pour l'impression.
- `aural` (CSS 2.0) / `speech` (CSS 2.1) : pour la synthèse vocale.
- `braille` : pour les pages en braille.
- `embossed` : pour les imprimantes en braille.
- `projection` : pour l'utilisation de projecteurs.
- `tty` : pour l'utilisation de terminaux.
- `tv` : pour une diffusion sur téléviseur.
- `all` : pour tous les types de médias.

Mais pour la diffusion sur smartphones, l'attribut `handheld` n'est pas reconnu par la plupart des navigateurs. C'est donc aujourd'hui inutilisable et de plus c'est inadapté aux tablettes tactiles.

Notez que cette syntaxe HTML 4 / CSS 2.1 peut être utilisée avec une règle @ :

```
@media screen {
    ...
}
@media print {
    ...
}
```

3. Les critères des requêtes de média CSS3

Le module **Media Queries** nous propose de cibler finement les médias de diffusion, avec des critères précis et la possibilité de combiner ces critères. La valeur renvoyée d'une requête de média est de type booléen : la valeur est vraie ou elle est fausse. Nous allons donc pouvoir choisir une feuille de style en fonction des réponses aux requêtes de média.

Voici les critères que nous allons pouvoir utiliser dans les requêtes de média :

- La **largeur d'affichage** : `width`. Nous pouvons tester la largeur de la zone d'affichage du navigateur. Exemple : `width: 780px`.
- La **hauteur d'affichage** : `height`. Nous pouvons tester la hauteur de la zone d'affichage du navigateur.
- La **largeur physique** : `device-width`. Nous pouvons tester la largeur physique de l'écran de diffusion.
- La **hauteur physique** : `device-height`. Nous pouvons tester la hauteur physique de l'écran de diffusion.

- L'**orientation** de l'écran : `orientation`.
  Exemple : `orientation: portrait` ou `orientation: landscape`. Très pratique pour tester si l'utilisateur utilise sa tablette tactile verticalement (`portrait`) ou horizontalement (`landscape`).
- Le **ratio** : `aspect-ratio`. Pour tester la valeur du ratio largeur/hauteur.
  Exemple : `aspect-ratio: 16/9`.
- Le **ratio physique** : `device-aspect-ratio`. Pour tester la valeur du ratio physique largeur/hauteur de l'écran.
- La **couleur** : `color`. Nous pouvons tester si le support de diffusion utilise de la couleur (valeur par défaut si elle n'est pas utilisée), ou en noir et blanc, ou en niveau de gris.
  Exemple : `min-color: 8`.
- Le **nombre de couleurs** dans la table des couleurs : `color-index`.
- Le **nombre de niveaux de gris** pour les appareils monochromes : `monochrome`.
- La **résolution** de l'écran de sortie : `resolution`. Elle est exprimée en `dpi`.
- Le type de **balayage** pour les écrans de télévision : `scan`.
- Utilisez `grid` pour tester si l'écran de diffusion utilise une grille avec une seule taille de police.

4. La syntaxe des requêtes de média

Prenons tout de suite un exemple concret. Nous voulons cibler les périphériques ayant une largeur exacte de 780 pixels.

Dans une page **HTML**, dans le `<head>`, voilà la requête avec l'élément `link` :

```
<link rel="stylesheet" media="screen and (width:780px)"
href="styles780.css />
```

Dans une page **CSS**, voilà la requête avec la règle `@` :

```
@media screen and (width:780px) {
    ...
}
```

Nous indiquons que le type de média est un écran : `screen`.

Nous indiquons qu'il y a un deuxième critère : `and`.

Nous indiquons que la largeur de ces écrans doit être égale à 780 pixels : `width: 780px`.

5. Les valeurs minimales et maximales

Tous les critères que nous venons de voir, sauf `orientation`, `scan` et `grid`, peuvent utiliser les préfixes `min-` et `max-` dans les valeurs des critères.

Par exemple, nous voulons tester les écrans dont la taille est au maximum de 780 pixels.

```
@media screen and (max-width:780px) {
    ...
}
```

C'est très utile, car il est rare de tester une taille fixe pour les écrans d'ordinateur, par exemple.

6. Les opérateurs logiques

Les requêtes de média nous proposent des opérateurs logiques afin de préciser et de combiner les différents critères.

L'opérateur `and` permet d'utiliser la logique **ET**.

Premier exemple, nous voulons cibler les écrans ayant une largeur de 780 pixels de largeur et monochromes :

```
@media screen and (width:780px) and monochrome {
    ...
}
```

Deuxième exemple, nous voulons cibler les écrans ayant une résolution comprise entre un minimum de 1024 pixels et un maximum de 1280 pixels :

```
@media screen and (min-width: 1024px) and (max-width: 1280px) {
    ...
}
```

L'opérateur `not` permet d'utiliser la logique **N'EST PAS**.

Exemple, nous voulons cibler les écrans dont la résolution n'est pas de 780 pixels :

```
@media screen and (not width:780px) {
    ...
}
```

La virgule `,` permet d'utiliser la logique **OU**.

Exemple, nous voulons cibler les écrans de 780 pixels de largeur ou ceux qui sont monochromes :

```
@media screen and (width:780px), monochrome {
    ...
}
```

Le mot-clé `only` permet de préciser que la requête doit s'appliquer **uniquement** sur les critères indiqués. Cela permet de masquer des styles pour les anciens navigateurs.

```
@media only screen and (width:780px) {
    ...
}
```

7. Des requêtes pour différents supports

Voici un site (http://stuffandnonsense.co.uk/blog/about/hardboiled_css3_media_queries) qui propose des requêtes « prêtes à l'emploi » pour différents types d'écran :

```
/* Smartphones (portrait and landscape) ----------- */
@media only screen
and (min-device-width : 320px)
and (max-device-width : 480px) {
/* Styles */
}

/* Smartphones (landscape) ----------- */
@media only screen
and (min-width : 321px) {
/* Styles */
}

/* Smartphones (portrait) ----------- */
@media only screen
and (max-width : 320px) {
/* Styles */
}

/* iPads (portrait and landscape) ----------- */
@media only screen
and (min-device-width : 768px)
and (max-device-width : 1024px) {
/* Styles */
}

/* iPads (landscape) ----------- */
@media only screen
and (min-device-width : 768px)
and (max-device-width : 1024px)
and (orientation : landscape) {
/* Styles */
}

/* iPads (portrait) ----------- */
@media only screen
and (min-device-width : 768px)
and (max-device-width : 1024px)
and (orientation : portrait) {
/* Styles */
}
```

```
/* Desktops and laptops ----------- */
@media only screen
and (min-width : 1224px) {
/* Styles */
}

/* Large screens ----------- */
@media only screen
and (min-width : 1824px) {
/* Styles */
}
/* iPhone 4 ----------- */
@media
only screen and (-webkit-min-device-pixel-ratio : 1.5),
only screen and (min-device-pixel-ratio : 1.5) {
/* Styles */
}
```

C. La taille des écrans

1. La problématique actuelle

Actuellement, chaque type de smartphone et de tablette a ses propres caractéristiques techniques concernant la taille physique des écrans et la surface réellement disponible pour l'affichage d'un site dans un navigateur en version mobile.

Une deuxième problématique vient de ce qui est réellement affiché, en fonction des caractéristiques de l'écran. À la sortie de l'iPhone d'Apple en 2007, la taille de son écran est fixée à 320x480 pixels. Mais Mobile Safari affiche les sites avec une largeur de 980 pixels sur les 320 pixels de large de l'écran, ce qui implique une forte diminution de l'affichage du site.

2. La taille du viewport

Avec l'iPhone, Apple a introduit un nouvel attribut pour l'élément `meta: viewport`. Cet attribut va nous permettre de contrôler le ratio largeur du site (980 pixels) / largeur affichée (320 pixels) appliqué par Safari version mobile.

Si nous souhaitons que Safari pour iPhone affiche les sites avec une largeur de 320 pixels (et non plus avec 980 pixels), nous devons utiliser l'attribut `viewport` :

```
<meta name="viewport" content="width=320" />
```

Cet attribut est maintenant adopté par tous les constructeurs de smartphones et de tablettes. C'est devenu un standard de fait.

Prenons un exemple simple et concret pour comprendre l'utilisation de `viewport`. Voici une page simpliste qui n'affiche qu'une boîte <div> de 980 pixels de large. Voici l'affichage sur un iPhone 4 : c'est illisible ! L'affichage des 980 pixels du site sur les 320 pixels de l'écran implique une forte réduction de l'affichage.

Maintenant, utilisons l'attribut `viewport` avec une valeur égale à la largeur d'affichage de Safari pour iPhone :

```
<meta name="viewport" content="width=320" />
```

Voici maintenant l'affichage obtenu : la boîte est entièrement visible et son texte est adapté à la lecture.

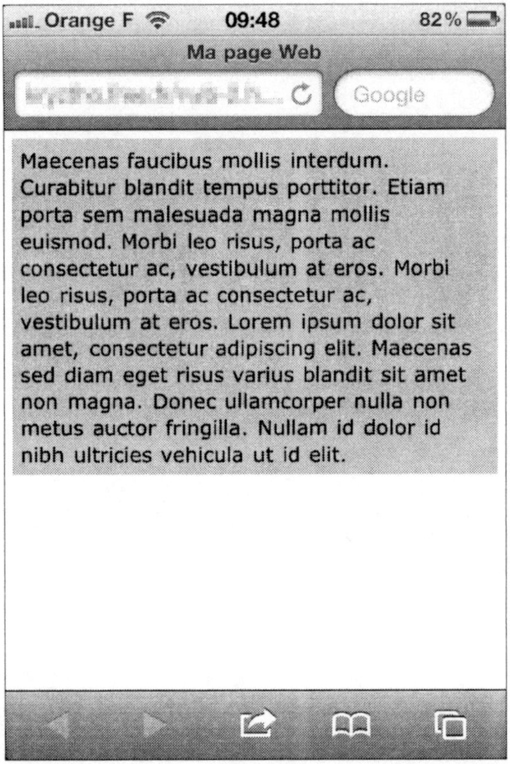

Voilà la même page affichée sur un iPad (la copie d'écran est tronquée vers le bas) :

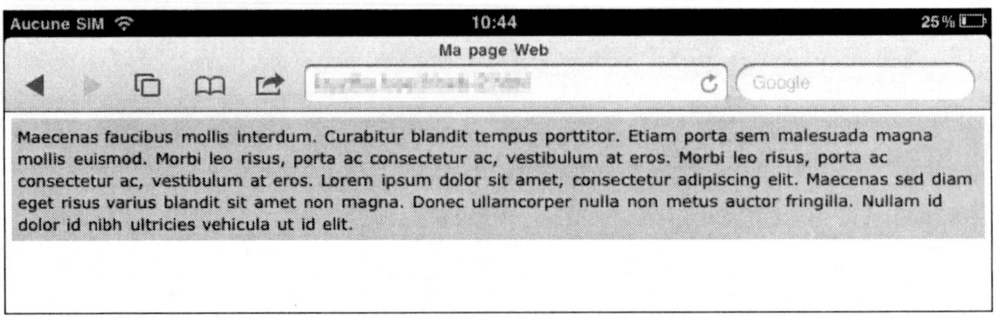

La problématique qui reste est que la taille des écrans n'est absolument pas harmonisée entre les différents smartphones et autres tablettes tactiles. Nous allons avoir la solution en demandant à adapter l'affichage selon les caractéristiques propres à chaque appareil. Nous allons utiliser la valeur `device-width` qui cible la largeur physique de l'écran.

```
<meta name="viewport" content="width=device-width" />
```

L'affichage sera ainsi adapté à chaque surface d'affichage de rendu de chaque navigateur pour appareil mobile.

3. Les zooms à l'écran

Dans le `viewport`, dans l'attribut `content`, vous pouvez ajouter d'autres valeurs concernant le zoom à l'écran. Ces autres valeurs sont séparées de la précédente par une virgule.

La valeur `initial-scale` spécifie le niveau de zoom initial de la page au chargement de celle-ci. Cela permet aux appareils de respecter la largeur spécifiée dans les requêtes de média.

```
<meta name="viewport" content="width=device-width, initial-scale=1.0" />
```

La valeur `user-scalable` permet de définir le niveau de zoom autorisé par l'action de l'utilisateur. Une valeur de 0 interdit l'utilisation du zoom par l'utilisateur. Une valeur de 1 autorise l'utilisation du zoom.

```
<meta name="viewport" content="width=device-width, user-scalable=0" />
```

Les valeurs `minimum-scale` et `maximum-scale` permettent de définir les zooms minimum et maximum autorisés.

```
<meta name="viewport" content="width=device-width, minimum-scale=0.5,
maximum-scale=3.0, initial-scale=1.0, user-scalable=1" />
```

4. Tester l'affichage sur des écrans

À moins d'avoir tous les modèles de tous les constructeurs, il est très difficile de tester les largeurs de tous les smartphones et de toutes les tablettes.

Vous pouvez utiliser un émulateur avec **Opera Mobile Emulator** (http://www.opera.com/developer/tools/mobile/). Vous téléchargez une version mobile d'Opera et vous choisissez l'appareil que vous souhaitez simuler.

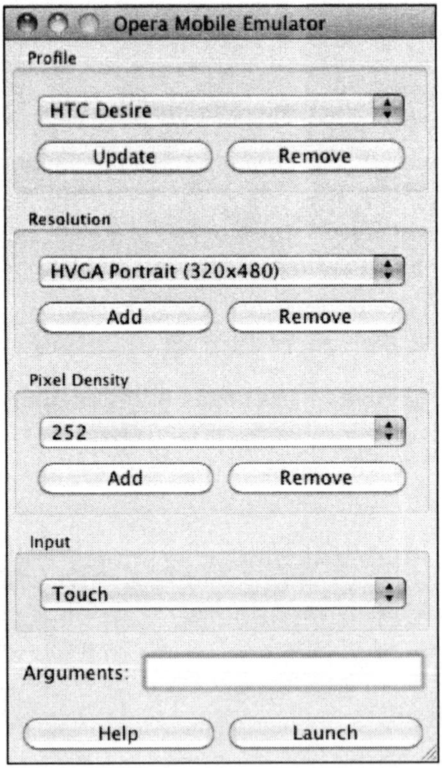

Cliquez sur le bouton **Launch**, puis saisissez l'URL à tester.

Vous pouvez aussi utiliser des services en ligne. Le site bien nommé **Mobile Phone Emulator** (http://www.mobilephoneemulator.com/) vous permet de tester vos pages avec différents appareils.

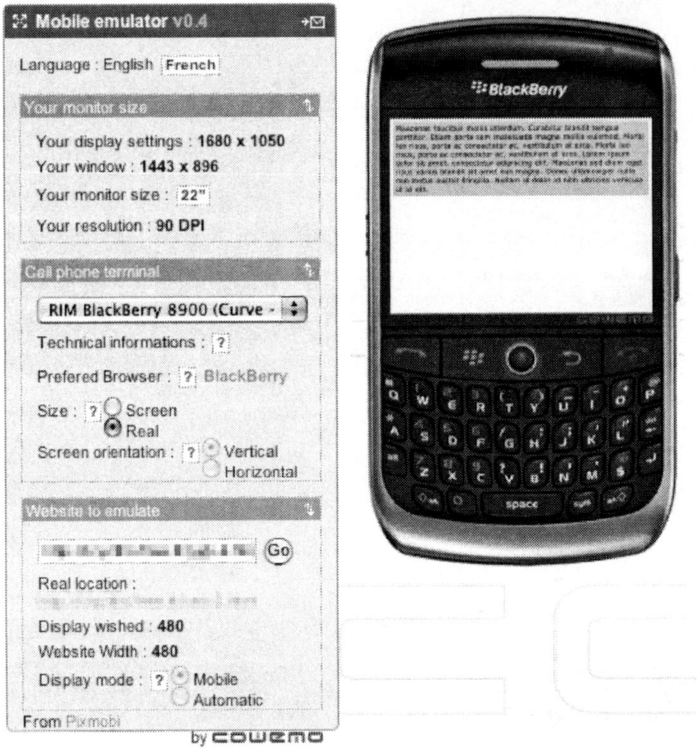

Autre site d'émulation : **Screenfly** (http://quirktools.com/screenfly/). Sur la page d'accueil vous indiquez l'URL à tester, puis à l'aide des boutons-menus du bas, vous choisissez le type d'appareil à tester.

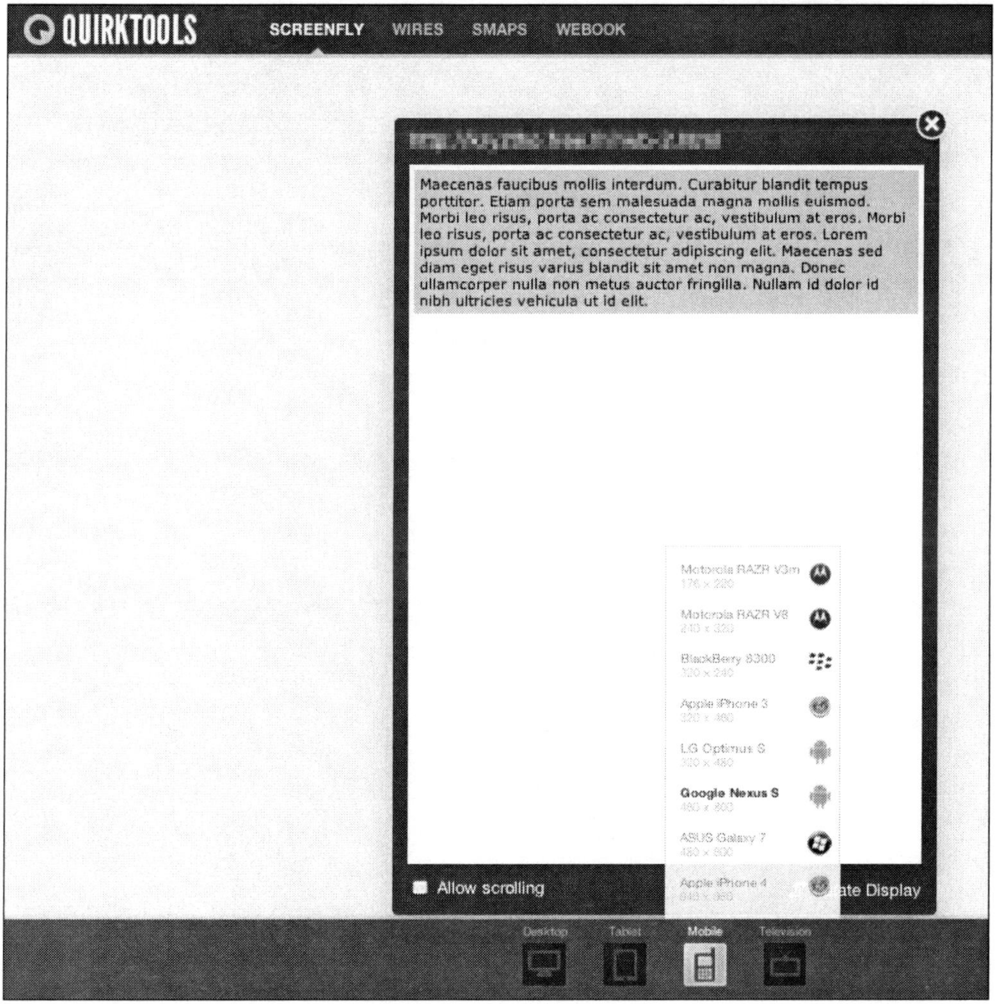

Le site **Responsive Design Testing** (http://mattkersley.com/responsive/) vous permet d'afficher une URL selon différentes tailles prédéfinies.

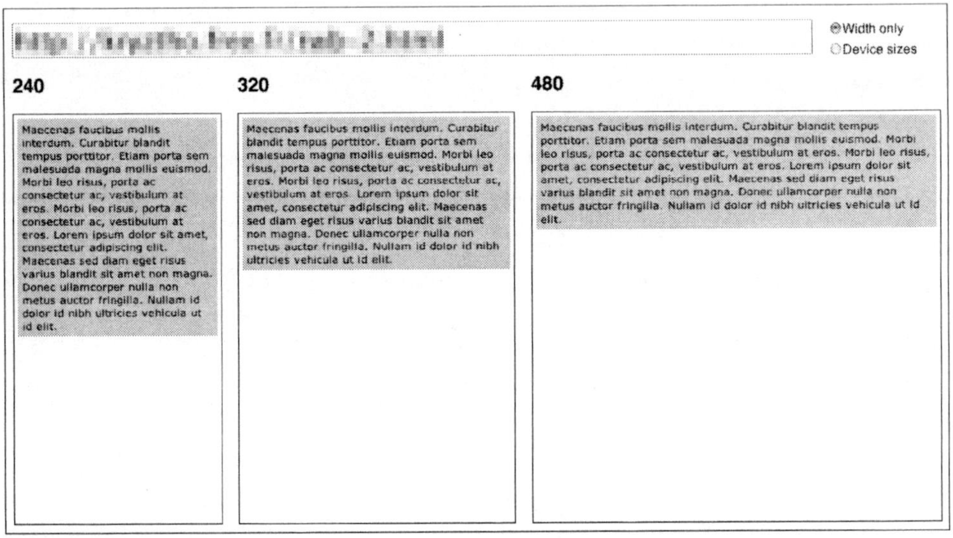

Le site **Responsivepx** (http://responsivepx.com/) permet de définir vous-même la largeur et la hauteur d'écran à simuler.

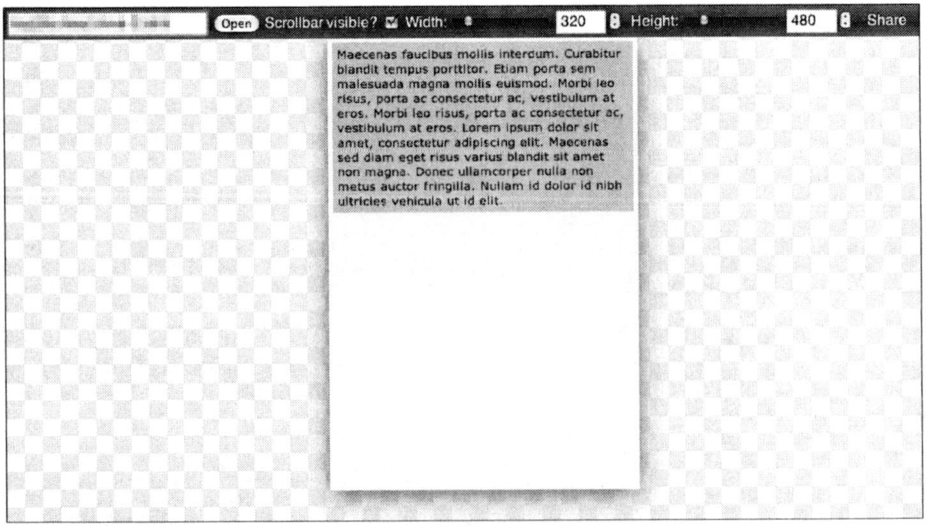

Pour terminer, vous trouverez à l'URL : http://mobiforge.com/testing/story/a-guide-mobile-emulators une importante liste pour émuler toutes sortes de smartphones.

D. Les grilles fluides

1. Les techniques

Les sites Web qui ne se préoccup(ai)ent pas d'avoir un design adaptatif ont pour la plupart une architecture basée sur des dimensions fixes. Telle ou telle boîte `<div>` a dans ses propriétés CSS une largeur indiquée avec une valeur fixe : `width: 730px`. Ce qui fait que cette dimension reste fixe quelle que soit la taille de l'écran sur lequel le site est affiché. Donc, si le site est affiché sur un smartphone ou une tablette, les dimensions sont figées, sont fixées, et le site ne s'adapte pas du tout.

Pour un site en design adaptatif, il faut que les dimensions des conteneurs (`<div>`, `<nav>`, `<header>`...) soient indiquées en taille relative : en pourcentage.

Nous aurons alors une syntaxe de type :

```
header#intro {
    ...
    width: 75%;
    ...
}
```

Cela veut dire que la largeur de l'élément `<header>` ayant l'identifiant `#intro` a comme largeur d'affichage 75 % de la largeur de son élément parent.

Cela implique pour vous, concepteur, de passer en revue tous les éléments de structure (`<div>`, `<nav>`, `<header>`...) qui ont des dimensions fixes et les passer en dimensions relatives en fonction d'une requête de média.

De plus, vous pouvez utiliser le mot-clé `!important` dans vos règles CSS modifiées pour qu'elles passent en priorité, devant toute autre règle déclarée de manière « classique », sans requête de média.

Il peut être aussi intéressant de fixer une largeur maximale pour les éléments de contenu (image, tableau...) avec la propriété `max-width: 100%`, afin qu'ils ne soient pas plus grands que leur parent.

De même, faites attention aux textes plus large que leurs contenants, utilisez la propriété `word-wrap: break-word`.

Enfin, n'utilisez que des tailles de caractères relatives, avec les unités `em` ou `%`.

2. Un exemple simple

Nous allons créer une boîte `<div>` conteneur (`#conteneur`) qui va contenir deux autres boîtes `<div>` (`#gauche` et `#droite`). Le conteneur a une taille flexible, qui est définie à 75 % de son élément parent qui est le `<body>`. La boîte `#gauche` a une largeur flexible de 60 % de son élément parent, `#conteneur`. La boîte `#droite` a une largeur flexible de 40 % de son élément parent, `#conteneur`. La somme des deux largeurs ne doit pas, bien sûr, dépasser 100 %.

Voici la partie HTML :

```
<div id="conteneur">
    <div id="gauche">
        <p>Feugait qui...</p>
    </div>
    <div id="droite">
        <p>Ut illum dolor...</p>
    </div>
</div>
```

Voici la partie CSS :

```
body {
    font: .8em Verdana, Arial, Helvetica, sans-serif;
}
p {
    margin: 5px;
}
#conteneur {
    width: 75%;
    margin: 0 auto;
}
#gauche {
    float: left;
    width: 60%;
    background-color: #cecece;
}
#droite {
    float: left;
    width: 40%;
    background-color: #f8f8f8;
}
```

Le conteneur (`#conteneur`) et les deux boîtes incluses (`#gauche` et `#droite`) auront toujours des largeurs flexibles, proportionnelles à la largeur du `<body>`, déterminée par la largeur de la fenêtre du navigateur.

Voilà l'affichage avec une taille d'écran importante :

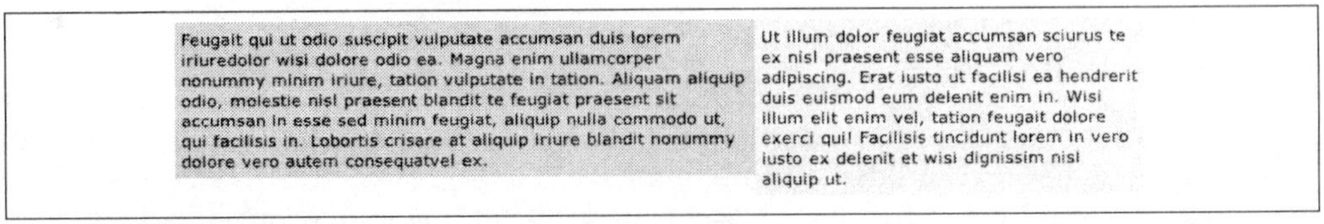

Voilà l'affichage avec une taille d'écran plus petite :

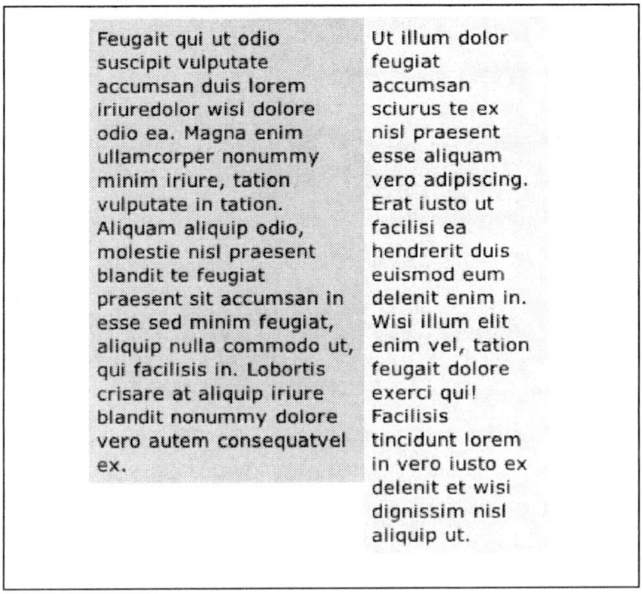

3. Un exemple d'un site simple

Nous allons construire un site en design Web adaptatif. C'est un site tout simple avec un en-tête (`<header>`), une barre de navigation (`<nav>`), une colonne de gauche (`<section>`) avec trois articles (`<article>`), une colonne latérale droite (`<aside>`) avec une image et une liste. Enfin, nous avons un pied de page (`<footer>`).

Voilà le code HTML5 de la page :

```
<!DOCTYPE HTML>
<html lang="fr">
<head>
<title>Ma page d'accueil</title>
<meta charset="UTF-8" />
<link rel="stylesheet" href="rwd-1.css" />
</head>
<body>
<div id="conteneur">
    <header id="haut">
        <h1>Mon site web</h1>
        <h2>Le slogan de mon site Web</h2>
    </header>
    <nav id="navigation">
```

```
        <p><a href="#">Lien 1</a> | <a href="#">Lien 2</a> | <a
href="#">Lien 3</a> | <a href="#">Lien 4</a> |  <a
href="#">Lien 5</a> | <a href="#">Lien 6</a></p>
    </nav>
    <section id="contenu">
        <article>
            <h1>Mon premier article</h1>
            <p>Morbi leo risus...</p>
            <p>Integer posuer...</p>
        </article>
        <article>
            <h1>Mon deuxième article</h1>
            <p>Etiam porta...</p>
            <p>Lorem ipsum...</p>
        </article>
        <article>
            <h1>Mon troisième article</h1>
            <p>Morbi leo...</p>
            <p>Integer posuere...</p>
        </article>
    </section>
    <aside id="sidebar">
        <p><img src="tigre.jpg" alt="Un tigre" /></p>
        <ul>
            <li>Premier</li>
            <li>Deuxième</li>
            <li>Troisième</li>
            <li>Quatrième</li>
        </ul>
    </aside>
    <footer id="piedDePage">
            <p>Conception et réalisation : moi-même. Contactez-moi
: <a href="mailto:moi@chezmoi.org">contact@chezmoi.org</a></p>
    </footer>
</div>
</body>
</html>
```

Voilà les styles CSS3 :

```
/* Style généraux */
body {
    padding: 0;
    background-color: gray;
    font: .8em Verdana, Arial, Helvetica, sans-serif;
}
body, h1, h2, p {
    margin: 0;
}
div#conteneur {
    width: 940px;
    margin: 20px auto 0 auto;
    padding: 10px;
    background-color: white;
    border-radius: 10px;
}

/* L'en-tête*/
header#haut {
    margin: 0 0 10px 0;
    padding: 5px;
    background-color: gray;
    border-radius: 10px;
}
header#haut h1, header#haut h2 {
    color: white;
}

/* La barre de navigation */
nav#navigation {
    margin: 0 0 10px 0;
    padding: 5px;
    background-color: silver;
    border-radius: 10px;
}
nav#navigation p {
    color: white;
}
nav#navigation a {
    text-decoration: none;
    color: white;
}

/* Le contenu principal */
```

```
section#contenu {
    float: left;
    width: 720px;
    padding: 5px;
}
article {
    margin: 0 0 20px 0;
    border-top: 1px dotted #333;
}

/* La colonne latérale */
aside#sidebar {
    float: left;
    width: 190px;
    margin: 0 0 0 10px;
    padding: 5px;
    border-radius: 5px;
    background-color: #E8E8E8;
}
aside#sidebar p {
    text-align: center;
}

/* Le pied de page */
footer#piedDePage {
    padding: 5px;
    border-radius: 5px;
    background-color: #E8E8E8;
    clear: both;
}
footer#piedDePage p {
    text-align: center;
    font-size: .75em;
}
```

Voilà le rendu sur un écran d'ordinateur :

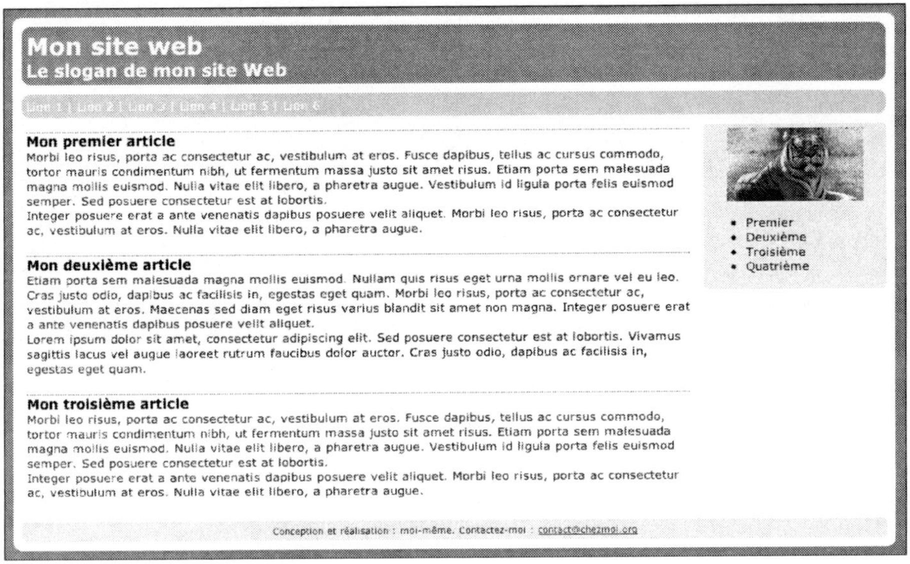

Voilà l'affichage « brut de fonderie » sur un iPhone :

4. Réaliser un design adaptatif simple

Dans un premier temps, nous devons ajouter la ligne pour le `viewport` dans l'en-tête de la page **HTML**, dans le `<head>`.

```
<head>
    ...
<meta name="viewport" content="width=device-width" />
    ...
</head>
```

Dans le fichier **CSS**, nous allons ajouter une requête de média, à la fin de la page. Nous allons cibler la diffusion sur écran avec une taille maximale.

```
@media screen and (max-width: 768px) {
    ...
}
```

Pourquoi avoir choisi la taille maximale de 768 pixels ? Tout simplement parce que c'est la largeur d'un iPad.

Nous souhaitons avoir un arrière-plan de la page blanc et non plus gris comme pour la version écran d'ordinateur.

```
@media screen and (max-width: 768px) {
    body {
        background-color: #fff;
    }
}
```

Nous souhaitons que la boîte `<div id="conteneur">` ne soit plus à une taille fixe, mais avec une taille relative, pour qu'elle occupe toute la place disponible dans son élément parent, le `<body>`.

```
@media screen and (max-width: 768px) {
    body {
        background-color: #fff;
    }
    div#conteneur {
        width: 100%;
        margin: 0;
    }
}
```

La couleur d'arrière-plan du bandeau du haut doit être noire avec une couleur de texte blanche.

```
@media screen and (max-width: 768px) {
    body {
        background-color: #fff;
    }
    div#conteneur {
        width: 100%;
        margin: 0;
    }
    header#haut {
        background-color: #000;
        color: #fff;
    }
}
```

Les deux conteneurs (`<section>` et `<aside>`) ne doivent plus être flottants, pour gagner de la place et avoir ainsi des conteneurs qui se superposent verticalement.

```
@media screen and (max-width: 768px) {
    body {
        background-color: #fff;
    }
    div#conteneur {
        width: 100%;
        margin: 0;
    }
    header#haut {
        background-color: #000;
        color: #fff;
    }
    section#contenu {
        float: none;
        width: auto;
    }
    aside#sidebar {
        float: none;
        width: auto;
        margin: 0 0 10px 0;
    }
}
```

Nous ne souhaitons pas afficher l'image (`<img>`) dans la sidebar, pour là encore gagner de la place et se concentrer sur le contenu.

```
@media screen and (max-width: 768px) {
    body {
        background-color: #fff;
    }
```

```
    div#conteneur {
        width: 100%;
        margin: 0;
    }
    header#haut {
        background-color: #000;
        color: #fff;
    }
    section#contenu {
        float: none;
        width: auto;
    }
    aside#sidebar {
        float: none;
        width: auto;
        margin: 0 0 10px 0;
    }
    aside#sidebar img {
        display: none;
    }
}
```

Enfin, pour terminer, nous adaptons la taille des titres `<h1>` dans les articles.

```
@media screen and (max-width: 768px) {
    body {
        background-color: #fff;
    }
    div#conteneur {
        width: 100%;
        margin: 0;
    }
    header#haut {
        background-color: #000;
        color: #fff;
    }
    section#contenu {
        float: none;
        width: auto;
    }
    aside#sidebar {
        float: none;
        width: auto;
        margin: 0 0 10px 0;
    }
    aside#sidebar img {
```

```
        display: none;
    }
    article h1 {
        font-size: 1.5em;
    }
}
```

Voilà l'affichage sur un iPhone 4 :

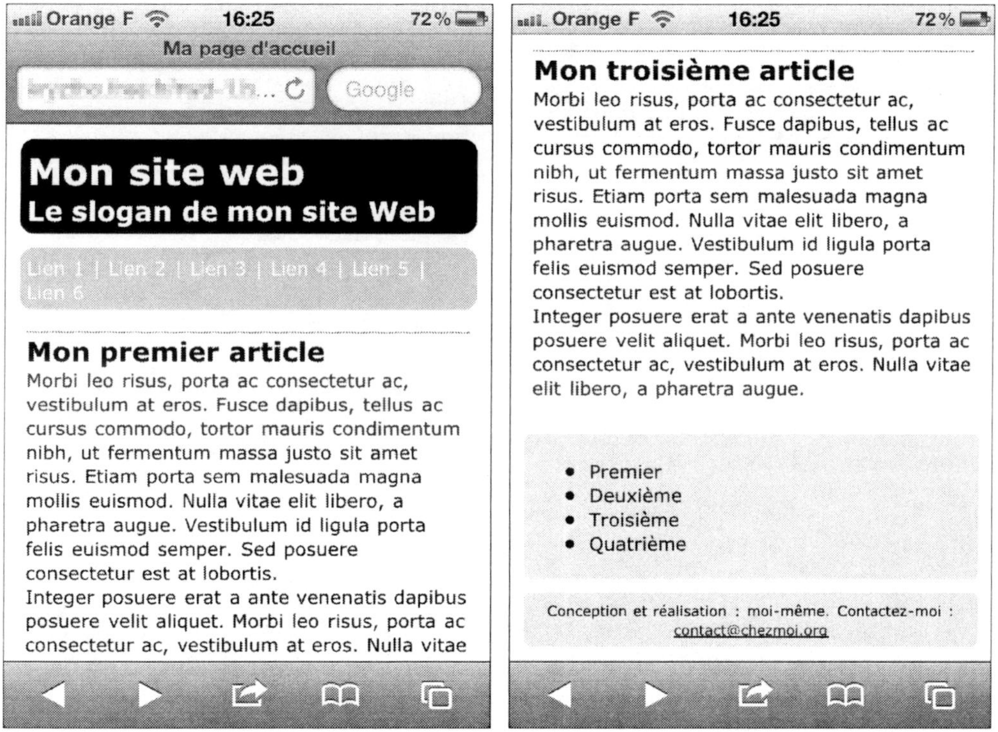

Voilà l'affichage sur un iPad :

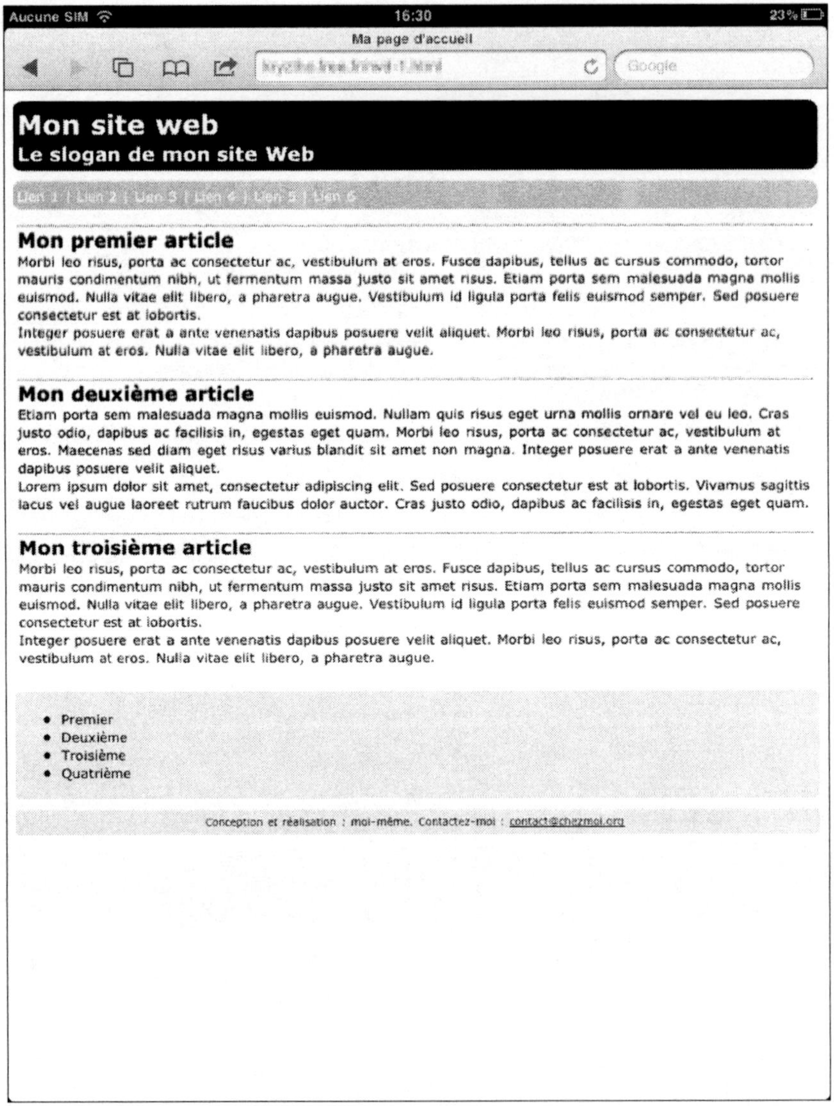

5. Des grilles adaptatives

Voici quelques URL concernant les grilles adaptatives :

- **Skeleton** (http://getskeleton.com/) : A Beautiful Boilerplate for Responsive, Mobile-Friendly Development.
- **Columnal** (http://www.columnal.com/) : A responsive CSS grid system helping desktop and mobile browsers play nicely together.
- **Significantpixels** (http://www.significantpixels.com/2010/12/10/responsive-grid-système/) : Responsive Grid Systems - A Conceptual Framework for Extending Upon the Functionality of 960.gs.
- **Golden Grid System** (http://goldengridsystem.com/) : A folding grid for responsive design.

E. Des images adaptatives

1. Le débordement des images

Les images peuvent aussi poser des problèmes de dimension par rapport à leur parent. Si l'image est plus large que son conteneur, son élément parent, elle déborde !

Voilà un exemple simple d'une boîte `<div id="maBoite">`, contenant du texte et une image.

```
<div id="maBoite">
    <p><img src="zebre.jpg" alt="Un zèbre" /><br />Delenit odio
luptatum illum dignissim...</p>
</div>
```

Les styles sont simplistes :

```
body {
    font: .8em Verdana, Arial, Helvetica, sans-serif;
}
#maBoite {
    float: left;
    width: 300px;
    border: 1px solid #333;
    padding: 5px;
}
p {
    margin: 0;
}
```

Voilà l'affichage obtenu : la photo du zèbre déborde de la boîte, elle est plus large que son élément parent.

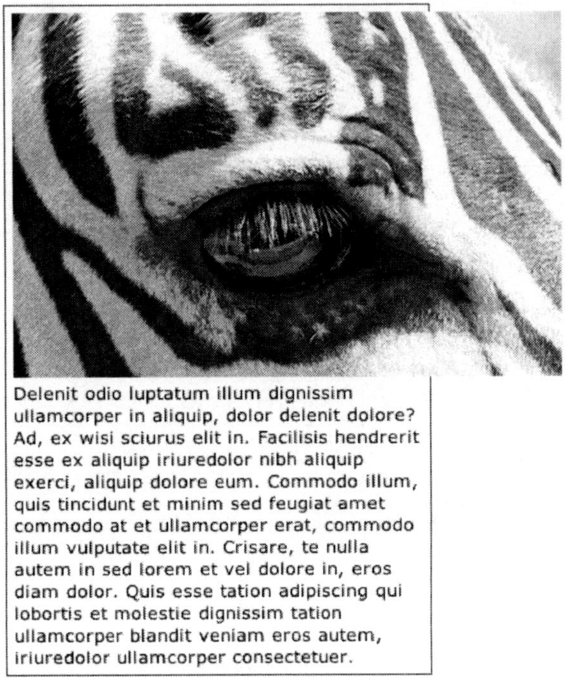

2. Imposer une largeur maximale

La solution pour éviter ce problème et celui de redimensionnements consécutifs aux requêtes de média est d'imposer une largeur maximale par rapport à l'élément conteneur, l'élément parent de l'image. Il faut tout simplement utiliser la propriété `max-width`.

Ajoutons ce style :

```
#maBoite img {
    max-width: 100%;
}
```

Nous demandons à ce que la largeur maximale des images insérées dans la boîte `<div id="maBoite">` soit de 100 %. Les images ne seront donc jamais plus larges que leur élément parent.

Voilà l'affichage obtenu :

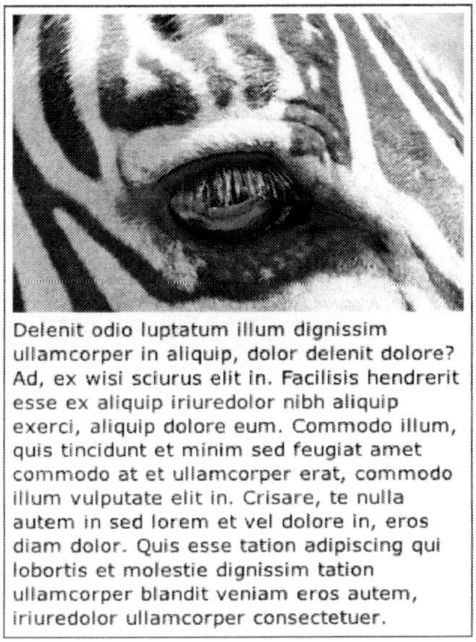

Vous pouvez bien sûr choisir la valeur que vous voulez. Voici un exemple avec une valeur de 50 % :

```
#maBoite img {
    max-width: 50%;
}
```

Voilà le rendu à l'affichage :

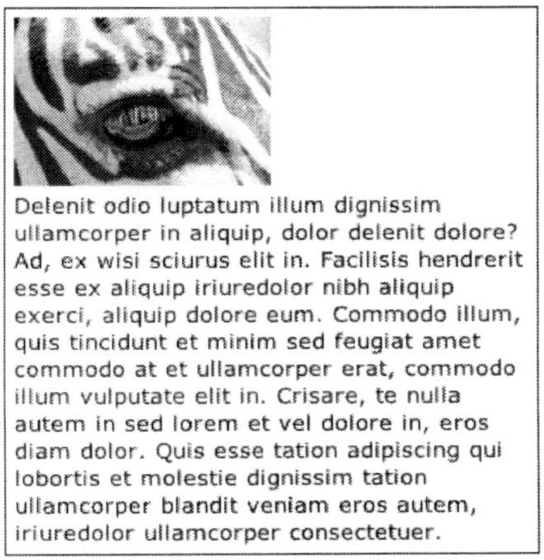

Nous pouvons aussi imaginer que la boîte ait une largeur flexible. Indiquons une largeur de 25 %, par rapport au `<body>` dans cet exemple.

```
#maBoite {
    float: left;
    width: 25%;
    border: 1px solid #333;
    padding: 5px;
}
```

La boîte et l'image ayant des largeurs flexibles, leurs largeurs d'affichage seront proportionnelles (respectivement à 25 % et 50 %) à la largeur du `<body>`, à la largeur de la fenêtre du navigateur.

Voilà l'affichage avec une certaine taille d'écran :

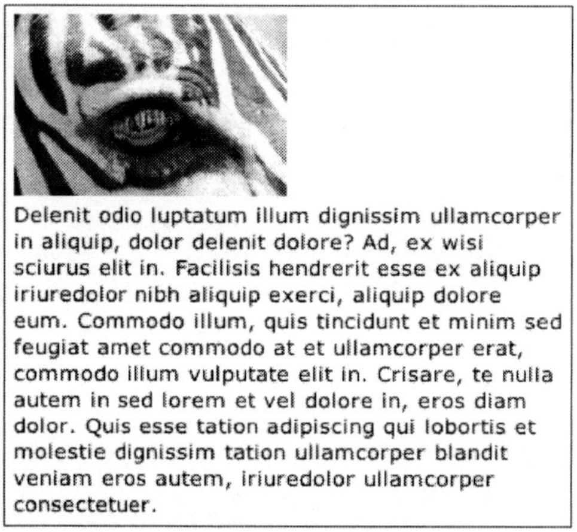

Voici l'affichage avec une taille d'écran plus petite :

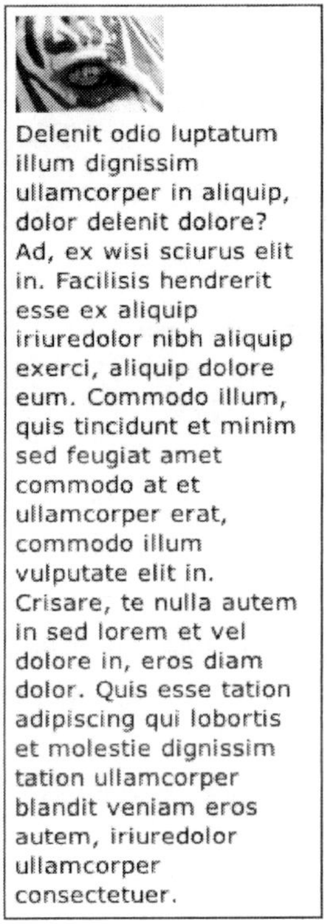

F. Créer du design adaptatif

1. Les deux stratégies

Vous avez un projet de site Web et vous souhaitez que les utilisateurs puissent consulter votre contenu sur n'importe quel appareil : écrans d'ordinateur, tablettes ou smartphones.

Vous avez deux stratégies :

- Vous créez des pages Web spéciales pour chaque type d'appareil.
- Vous faites du design Web adaptatif.

Les adeptes de la première stratégie avancent que le contexte d'utilisation impose des pages Web spécifiques. Ils nous indiquent qu'une personne qui consulte un site Web sur un écran d'ordinateur a besoin d'avoir toutes les informations proposées, sans restriction, car le contexte d'utilisation, un écran d'ordinateur, permet d'afficher tout. Par contre, si un utilisateur consulte un site Web sur un smartphone, le contexte d'utilisation ne lui permet pas d'afficher toutes les informations et le fait même que cette personne utilise un smartphone induit qu'elle n'a pas besoin de tout afficher. Il existe bien d'autres arguments pour ne pas adopter le design Web adaptatif. Je vous renvoie vers ce long et bien argumenté article nommé « 11 reasons why Responsive Design isn't that cool! » que vous pouvez lire à cette URL :
http://www.webdesignshock.com/responsive-design-problems/

Les adeptes de la deuxième solution avancent que l'on ne peut pas savoir à l'avance, en fonction du contexte d'utilisation (ordinateur, tablette ou smartphone), ce que veulent afficher les visiteurs des sites Web. Donc, nous ne pouvons pas « brider » les visiteurs en n'affichant que certaines informations. Et quelles informations faudrait-il afficher et ne pas afficher ? Chaque visiteur peut être unique et les besoins sont à chaque fois différents. S'il est nécessaire de ne pas afficher des informations, nous pouvons toujours utiliser la propriété `display: none`.

2. Concevoir un site adaptatif

Pour concevoir un site adaptatif, vous pouvez vous poser un certain nombre de questions :

- Comment le design du site va-t-il se différencier entre la version ordinateur et smartphone ?
- Où doivent se positionner les principales zones d'affichage ?
- Quel est le contenu qui doit être impérativement affiché et non affiché sur la version smartphone ?
- Même question avec les médias : images, audio, vidéo, PDF...
- Comment les éléments de navigation vont-ils s'afficher ?
- Comment les formulaires vont-ils s'afficher ?
- Est-ce que l'ergonomie va pâtir de ces changements ?
- ...

Ensuite, vous pouvez commencer à créer des maquettes selon les différents supports, pour voir le résultat et le modifier, l'adapter au cas par cas. Rien ne vaut une utilisation directe des maquettes sur les différents supports pour tester la navigation, l'ergonomie, l'utilisabilité du site en préparation.

Il est primordial de partir sur « tous les fronts » en même temps, c'est-à-dire de travailler toutes les maquettes en même temps, celle pour les écrans d'ordinateur, celle pour les tablettes et celle pour les smartphones. Une regrettable erreur serait de partir uniquement sur la maquette « écran d'ordinateur » et de l'adapter pour les autres écrans. Cela ne fonctionnera pas. Il faut avoir une vision globale du projet.

3. D'autres exemples de design adaptatif

Vous trouverez sur le Web de très nombreux sites référençant des sites utilisant les requêtes de média. L'un des plus célèbres est **Media Queries - a collection of sites using media queries**, avec sa très belle URL ; appréciez : http://mediaqueri.es/

G. Le site Food Sense

1. Les affichages

Ce site (http://foodsense.is/) utilise les requêtes de média et s'adapte pour un affichage optimisé selon l'appareil utilisé.

Voilà l'affichage sur écran d'ordinateur :

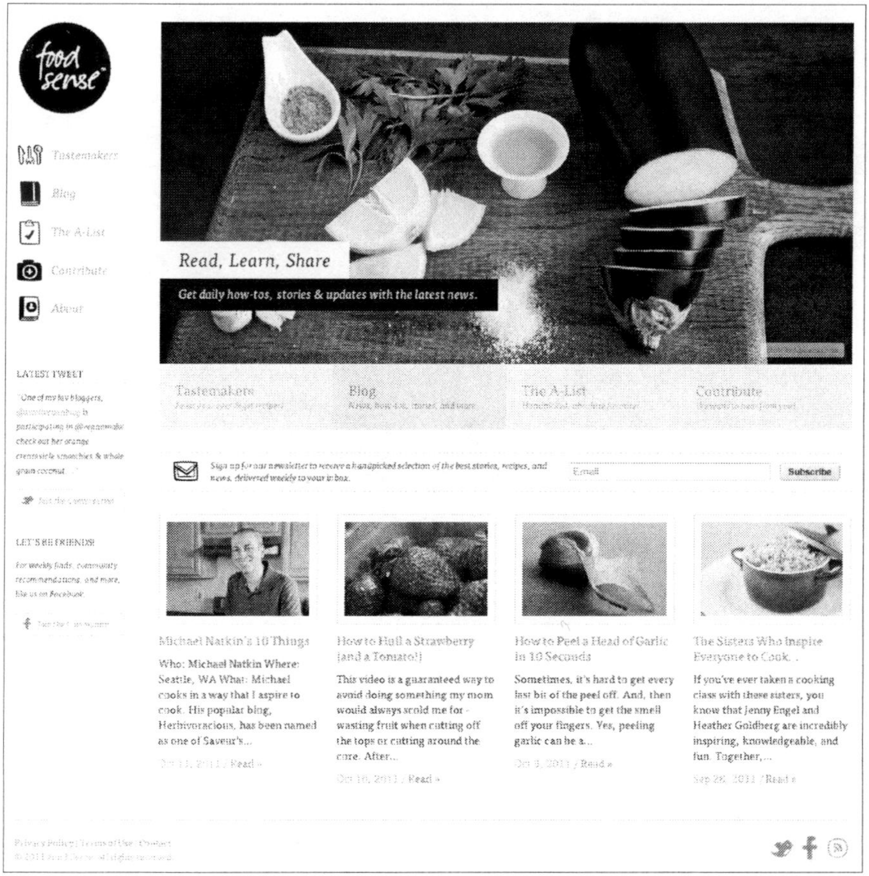

Voilà l'affichage sur un iPad :

Voilà l'affichage sur un iPhone :

2. La structure principale

Voici la structure principale du site développé en HTML5.

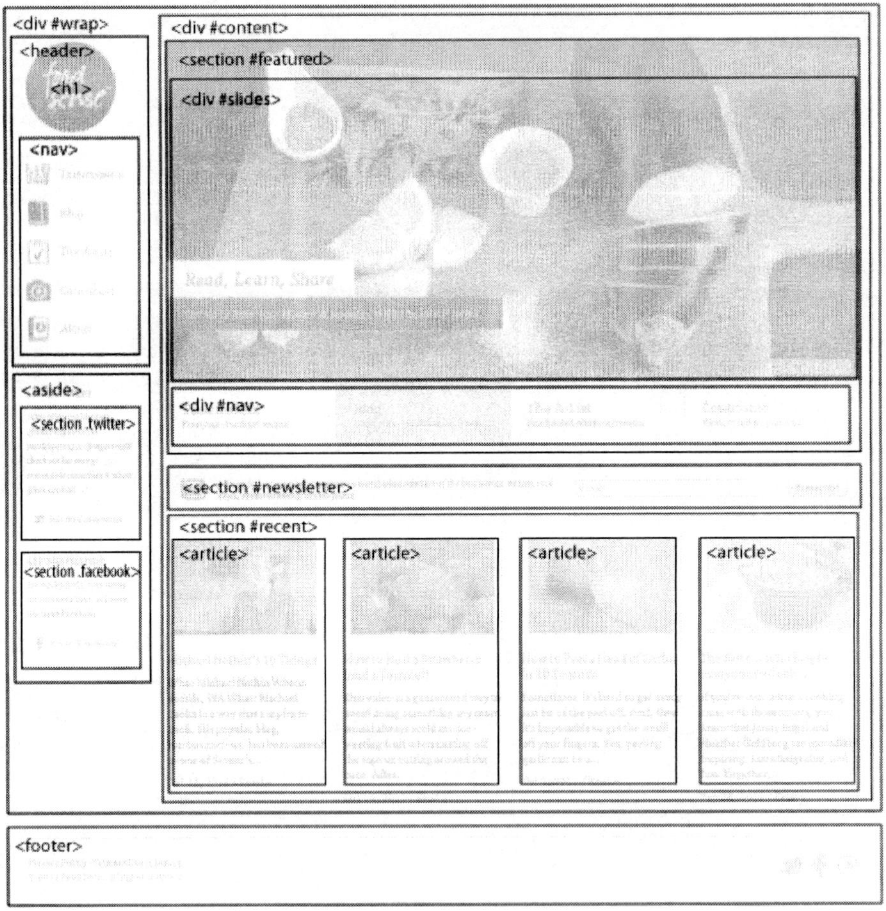

Voici les principaux styles utilisés.

Le conteneur général est une boîte `<div id="wrap">` :

```
#wrap {
    position: relative;
    width: 100%;
    height: 100%;
    margin: 0 auto;
    background: #FFF;
}
```

L'en-tête est un <header>, qui contient un <h1> avec une image en arrière-plan :

```
header[role="masthead"] {
    float: left;
    width: 160px;
    margin-bottom: 25px;
}
h1#branding {
    display: block;
    width: 120px;
    height: 120px;
    text-indent: -999em;
    background: url(../img/food-sense.png) no-repeat 0 0;
    -webkit-transition: all .3s ease;
    -moz-transition: all .3s ease;
    -o-transition: all .3s ease;
    transition: all .3s ease;
}
```

Les liens de navigation sur la gauche sont placés dans un élément <nav> :

```
nav {
    position: absolute;
    top: 158px;
    left: 0;
    width: 160px;
}
```

Les éléments des réseaux sociaux sont placés dans un élément <aside>, dans des éléments <section> :

```
aside[role="social"] {
    position: absolute;
    top: 452px;
    left: 0;
    width: 160px;
}
aside[role="social"] section {
    display: block;
    margin-bottom: 32px;
    padding-right: 20px;
}
```

La zone centrale est une boîte <div id="content"> :

```
#content {
    position: relative;
    float: right;
    width: 712px;
}
```

La zone d'affichage du diaporama est placée dans un élément `<section id="featured">`:

```
#featured {
    position: relative;
    width: 100%;
    height: 510px;
}
```

Le diaporama est inséré dans une boîte `<div id="slides">`:

```
#featured #slides {
    width: 712px;
    height: 446px;
    overflow: hidden;
}
```

La barre de navigation sous le diaporama est une boîte `<div id="nav">`:

```
#featured #nav {
    position: absolute;
    top: 445px;
    width: 712px;
    background: #EFF8F7;
    overflow: hidden;
    -webkit-border-bottom-left-radius: 3px;
    -moz-border-bottom-left-radius: 3px;
    border-bottom-left-radius: 3px;
    -webkit-border-bottom-right-radius: 3px;
    -moz-border-bottom-right-radius: 3px;
    border-bottom-right-radius: 3px;
}
```

La zone de l'abonnement à la newsletter est placée dans un élément `<section id="newsletter">`:

```
#newsletter {
    overflow: hidden;
    clear: both;
    width: 100%;
    min-height: 48px;
    margin-bottom: 29px;
    line-height: 1em;
    border-top: 1px dashed #E5E5E5;
    border-bottom: 1px dashed #E5E5E5;
    background: url(../img/icon-mailinglist-32.png) no-repeat
18px 7px;
}
```

Les quatre articles sont insérés dans des éléments `<article>`, dans un élément `<section id="recent">` :

```
#recent {
    width: 100%;
    clear: both;
    margin-bottom: 18px;
    overflow: hidden;
}
#recent article {
    float: left;
    width: 160px;
    margin: 0 24px 25px 0;
}
```

Pour terminer, le pied de page est un élément `<footer>` :

```
footer[role="siteinfo"] {
    clear: both;
    position: relative;
    min-height: 70px;
    padding-top: 20px;
    border-top: 2px solid #E5E5E5;
    color: #AAA;
}
```

3. Le viewport

Le viewport est très simple :

```
<meta name="viewport" content="width=device-width;
initial-scale=1.0">
```

4. L'affichage pour les grands écrans

Le concepteur a prévu une requête de média pour les très grands écrans, pour une largeur minimale de 1176 pixels :

```
/* WIDE DESKTOP LAYOUT
----------------------------------------------- */
@media only screen and (min-width: 1176px) {
    ...
} /* CLOSE WIDE LAYOUT */
```

La mise en forme spécifique modifie entre autres :

- La largeur fixe du `<body>`.
- La largeur du conteneur principal, `#content`.
- La hauteur de la zone centrale (diaporama et navigation), `#featured`.
- La largeur de la boîte `<div>` du diaporama, `#slides`.
- La largeur de la boîte `<div>` de la navigation sous le diaporama, `#nav`.
- La largeur des articles, `<article>`.

```
/* WIDE DESKTOP LAYOUT
----------------------------------------------- */

@media only screen and (min-width: 1176px) {
body { width: 1080px; }

#content {
    float: right;
    width: 896px;
}
/* FEATURED */
#featured { height: 560px; }
#featured #slides { width: 896px; }
#featured section img { left: 0; }

#featured section.alt h1,
#featured section.alt h2 {
    right: 0;
}
#featured section .credit { right: 10px; }

/* FEATURED NAV */
#featured #nav {
    top: 445px;
    width: 896px;
}
#featured #nav a {
    width: 191px;
    height: 60px;
    padding: 25px 12px 0 20px;
}
#featured #nav h3 { font-size: 1.125em; }
#featured #nav li { text-align: left; }
#featured #nav li p { display: inline; }

/* NEWSLETTER */
```

```
#newsletter input#email { width: 260px; }

/* RECENT */
#recent article { width: 206px; }
#recent article img { width: 185px; }

/* RECIPE GALLERY */
#content.gallery article {
    width: 184px;
    height: 430px;
}
#content.gallery article:nth-child(2n+2) { margin-right: 24px; }
#content.gallery #main article:nth-child(4n+4) { margin-right: 0; }

/* MISC */
.vendors article aside { width: 60%; }
#content aside input[type="search"] { width: auto; }

} /* CLOSE WIDE LAYOUT */
```

5. L'affichage pour les tablettes

Les modifications les plus notables sont le nouveau positionnement de l'en-tête, `<header>`, en haut de la fenêtre et il en est de même pour la barre de navigation, ainsi que la « disparition » de la zone des réseaux sociaux, `<aside>`.

Nous avons bien sûr une requête de média pour la diffusion du site sur des tablettes. Ce sont les écrans dont la taille est comprise entre un minimum de 768 pixels et un maximum de 991 pixels.

```
/* TABLET LAYOUT
----------------------------------------------- */
@media only screen and (min-width: 768px) and (max-width: 991px) {
    ...
} /* CLOSE TABLET LAYOUT */
```

La mise en forme spécifique modifie entre autres :

- La largeur fixe du `<body>`.
- La largeur de l'en-tête, `<header>`, pour son affichage horizontal.
- Un nouveau positionnement de la navigation, `<nav>`, qui passe ainsi d'une position initiale à gauche à une position en haut à droite, avec une présentation horizontale.
- La hauteur de la zone centrale (diaporama et navigation), `#featured`.
- La largeur de la boîte `<div>` du diaporama, `#slides`.
- La largeur de la boîte `<div>` de la navigation sous le diaporama, `#nav`.
- La zone de navigation `<aside>`, initialement sur la gauche, est maintenant masquée (`display: none`).

```
/* TABLET LAYOUT
----------------------------------------------- */

@media only screen and (min-width: 768px) and (max-width: 991px) {

body {
   width: 712px;
   padding: 20px 28px 0;
}

/* HEADER */
header[role="masthead"] {
   width: 712px;
   margin-bottom: 20px;
}

/* NAV */
nav {
   position: absolute;
   top: 70px;
   left: auto;
   right: 0;
   width: 528px;
   margin: 0;
}
nav ul { float: right; }
nav li { display: inline-block; }
nav a { display: inline; padding: 35px 15px 0 15px; }
nav li a { background-position: 50% 0; }
nav li a:hover { background-position: 50% 3px; }

/* FEATURED */
#featured { height: 510px; }
```

```
#featured #slides { width: 712px; }
#featured section img { left: -92px; }

#featured #nav {
    top: 445px;
    width: 712px;
}
#featured #nav a {
    width: 177px;
    height: 25px;
}
#featured #nav h3 {
    margin-bottom: 0;
    font-size: .875em;
}
#featured #nav li { text-align: center; }
#featured #nav li p { display: none; }

/* MISC */
#content header[role="page"] { padding-top: 0; }
aside[role="social"] { display: none; }

} /* CLOSE TABLET LAYOUT */
```

6. L'affichage pour les smartphones

L'affichage pour les smartphones est très « classique » : tout est sur une seule colonne. La barre de navigation n'affiche plus que les libellés des liens et non plus les icônes. Le logo du site est affiché sous cette barre de navigation et il est centré. La zone d'affichage des réseaux sociaux, initialement sur la gauche, n'est pas affichée. De même, la barre de navigation, initialement affichée sous le diaporama, n'est plus affichée.

Le concepteur nous propose deux requêtes spécifiques pour les smartphones.

La première concerne l'affichage en portrait avec une largeur maximale de 767 pixels.

```
/* MOBILE LAYOUT (PORTRAIT/320PX)
----------------------------------------------- */
@media only screen and (max-width: 767px) {
    ...
} /* CLOSE MOBILE LAYOUT */
```

La deuxième concerne l'affichage en paysage avec une largeur minimale de 480 pixels et une largeur maximale de 767 pixels.

```
/* WIDE MOBILE LAYOUT (LANDSCAPE/480PX)
----------------------------------------------- */
@media only screen and (min-width: 480px) and (max-width: 767px) {
    ...
} /* CLOSE WIDE MOBILE LAYOUT */
```

Les modifications sont très nombreuses et occupent environ 150 lignes ! Nous n'allons pas les détailler.

Les principales modifications affectent les largeurs des conteneurs avec un `<body>` fixé à 320 pixels, avec, pour les principaux conteneurs, la propriété `width: 100%`.

```
body {
    width: 320px;
    padding: 0;
}
header[role="masthead"] {
    width: 100%;
    margin: 69px 0 20px;
}
nav {
    top: 0;
    left: 0;
    width: 100%;
    ...
}
#content {
    width: 100%;
}
#featured #slides {
    width: 100%;
    font-size: .75em;
}
```

Les images des liens de la barre de navigation supérieure ne sont plus affichées :

```
nav li#t-tastemakers a, ... {
    background-image: none;
}
```

Le logo (placé dans un <h1>) est centré dans le <header> :

```
header h1#branding {
    margin: 0 auto;
}
```

La barre de navigation #nav, initialement placée sous le diaporama, n'est plus affichée.

```
#featured #nav {
    display: none;
}
```

Pour les images dans les articles, la largeur maximale est fixée à 100 %, pour qu'elles ne soient pas plus grandes que leurs parents.

```
#content article img {
    max-width: 100%;
    height: auto;
}
```

Chapitre 16 : Un design HTML5/CSS3 : The Cat Template

A. La source 452
B. La structure HTML5 453
C. La mise en forme CSS3 459

A. La source

Le modèle du chat, **The cat template**, est disponible à cette URL : http://freehtml5templates.com/cattemplate-html5-and-css3-template/

Vous y trouverez le site en démonstration, ainsi que les sources à télécharger.

B. La structure HTML5

1. Les deux parties

Le site est divisé en deux grandes parties :

- une boîte `<div id="container">`,
- un `<footer>` pour le pied de page.

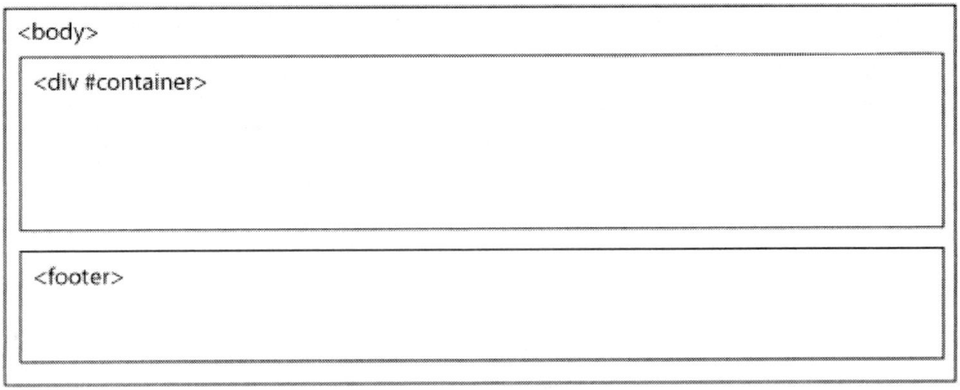

2. Le conteneur principal

La boîte `<div id="container">` contient cinq zones d'affichage :

- un `<header>` pour l'en-tête, avec le logo et la barre de navigation,
- une `<section id="intro">` pour le diaporama,
- une boîte `<div .holder_content1>` pour le message sous le diaporama,
- une boîte `<div .holder_content>` qui affiche les quatre articles en colonne,
- une boîte `<div .holder_content2>` qui affiche l'article seul, en ligne.

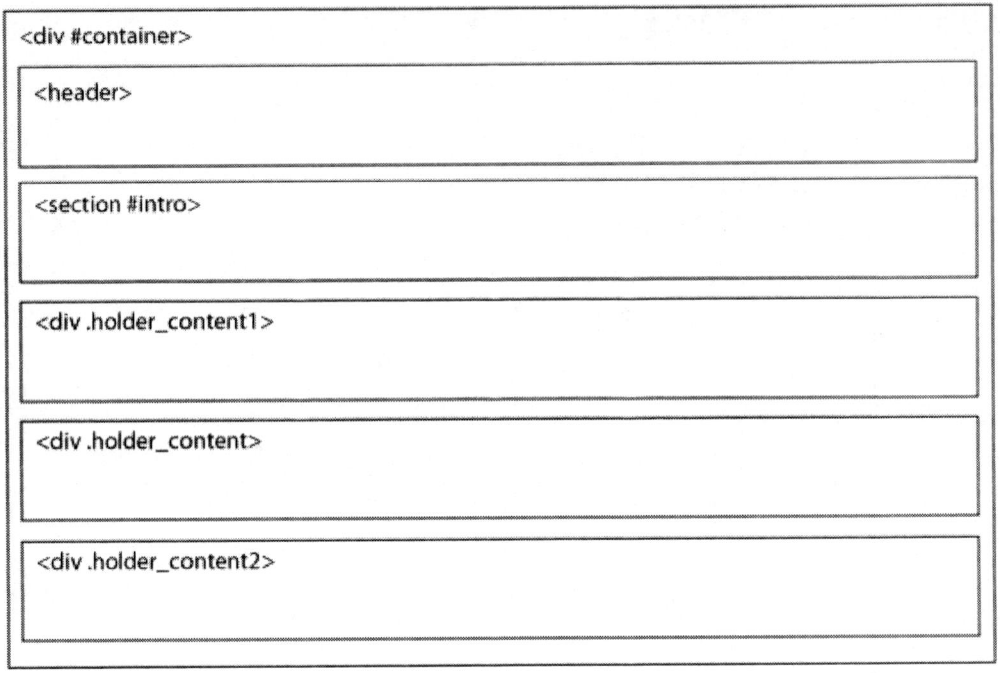

3. L'en-tête

Voici les éléments de l'en-tête :

L'en-tête `<header>` contient :

- un lien `<a id="logo">`, avec une image en arrière-plan,
- un élément `<nav>` pour la barre de navigation, constitué d'une très classique liste `<ul>`.

4. Le diaporama

Voici le diaporama :

Le diaporama est dans un élément `<section>` contenant deux autres boîtes `<div>`, avec les images en dernier enfant.

5. Le message

Voici le message affiché :

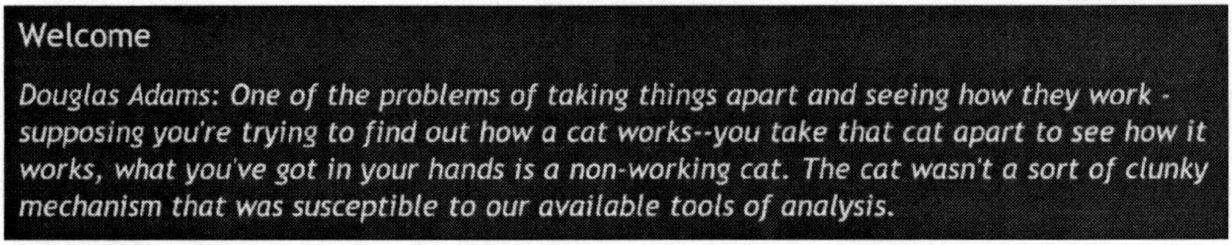

Le message affiché sous le diaporama est placé dans une boîte `<div class="holder_content1">` contenant un élément `<section class="group5">`. Ce dernier contient :

- un titre `<h1>`,
- un élément `<article>` contenant un élément `<h2>` pour le texte.

6. Les quatre articles

Quatre articles sont affichés en colonnes :

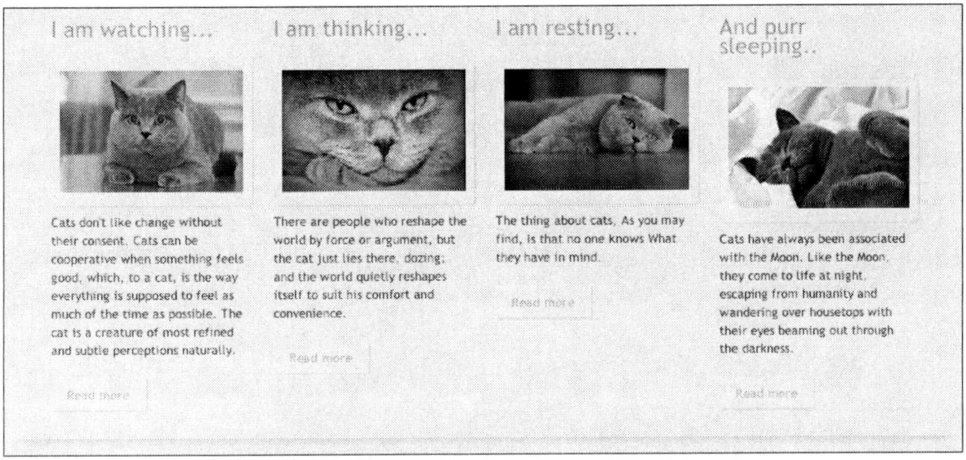

Les quatre articles affichés verticalement sont placés dans une boîte `<div .holder_content>`. Chaque article est inséré dans un élément `<section>` avec une classe spécifique. Chaque `<section>` contient :

- un titre `<h3>`,
- un lien `<a>` avec une image en arrière-plan,
- un paragraphe `<p>` pour le texte,
- un lien `<a>` pour le bouton **Read more**.

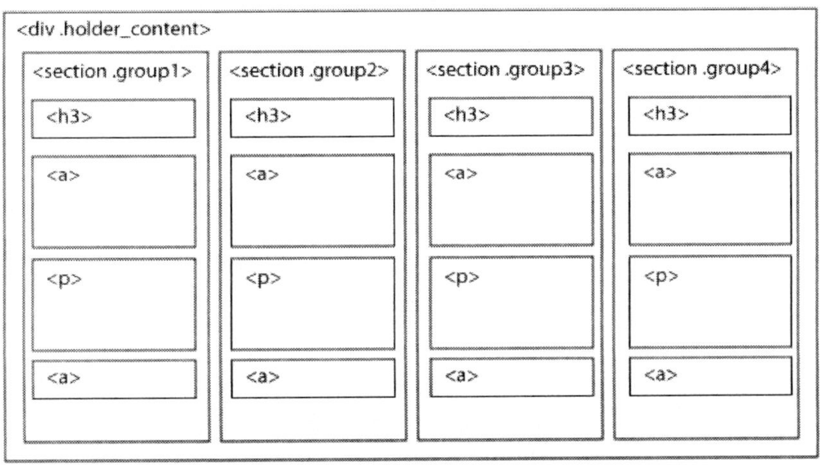

7. L'article seul

L'article seul :

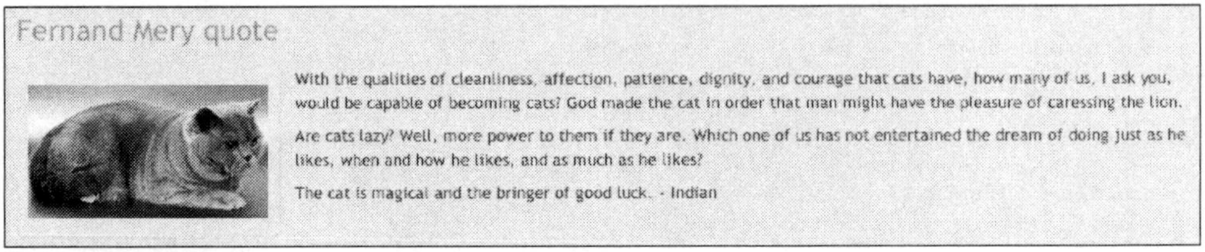

Ensuite, nous avons un article qui est affiché seul. Il est inséré dans une boîte `<div .holder_content2>` qui contient un élément `<section .group6>`. Cette `<section>` contient :

- un titre `<h3>`,
- un lien `<a>` avec une image en arrière-plan,
- des paragraphes `<p>`.

8. Le pied de page

Voici l'affichage du pied de page :

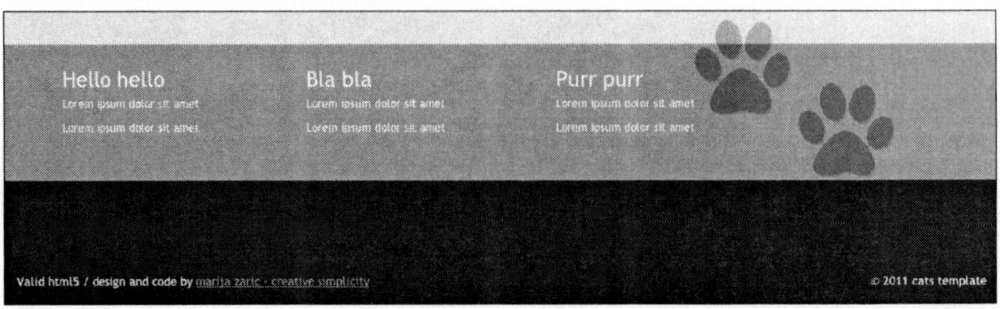

Le pied de page `<footer>` contient une boîte `<div class="container">`. Cette dernière contient :

- trois éléments `<aside class="footer_left">`, pour les trois textes du pied de page,
- une image `<img>`,
- une boîte `<div #FooterThree>` à gauche pour afficher la validation HTML5,
- une boîte `<div #FooterTwo>` à droite pour afficher le copyright.

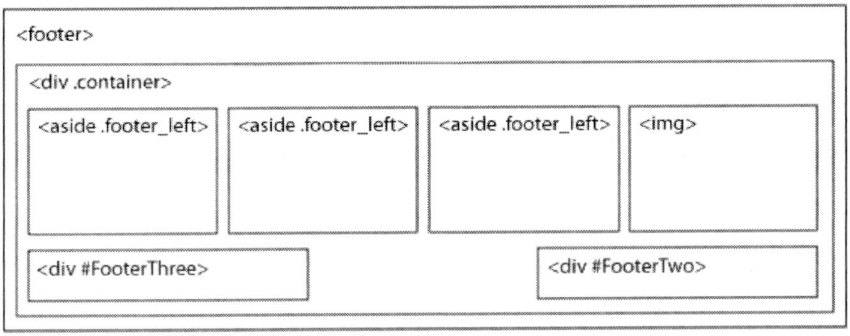

C. La mise en forme CSS3

1. L'objectif

Nous n'allons pas décrire toute la mise en forme CSS, qui reste très classique, mais juste appréhender les styles CSS3 (pour toutes les techniques de mise en page, reportez-vous à mon ouvrage précédent « CSS - Réussir la mise en page de vos sites Web », chez le même éditeur).

2. Le diaporama

Le diaporama est inclus dans un élément `<section id="intro">` et possède des coins arrondis.

Voilà son style CSS :

```
#intro{
    width: 960px;
    position: relative;
    float: left;
    height:300px;
    padding:10px;
    background:#E9EAEB;
    margin-top:52px;
    -moz-border-radius: 5px;
    border-radius: 5px;
}
```

Nous avons bien l'utilisation de coins arrondis de 5 pixels : `border-radius: 5px;`.

3. Les photos des articles

Dans les articles en colonnes, les photos des chats sont avec des coins arrondis et une ombre portée.

Voici le style CSS utilisé :

```
a.photo_hover3{
    position:relative;
    float: left;
    margin:5px 13px 8px 0;
    padding: 8px;
    -moz-border-radius: 5px;
    border-radius: 5px;
    -moz-box-shadow: 2px 2px #D7D7D7;
    -webkit-box-shadow: 2px 2px #D7D7D7;
}
```

Nous avons bien des coins arrondis de 5 pixels : `border-radius: 5px;` et une ombre portée de 2 pixels, gris clair : `box-shadow: 2px 2px #D7D7D7;`.

4. Le survol des photos des articles

Au survol de ces mêmes photos, nous avons un effet de transparence, grâce à l'utilisation de la propriété `opacity` :

```
a.photo_hover3:hover {
    border: 1px solid #E1E1E1;
    background-color:white;
    opacity:0.5;
}
```

5. Les boutons Read more

Les boutons **Read more** sont des liens `<a class="button">`.

Cette classe applique une ombre portée : `box-shadow: 2px 2px #D7D7D7;`.

```
.button {
    width: 80px;
    height:16px;
    position:relative;
    margin-top:12px;
    padding:9px;
    background:#E9EAEB;
    display: inline-block;
    color:#FF9966;
    font-weight:bold;
    cursor: pointer;
    text-align: center;
    font-family:"Trebuchet MS", Arial, Helvetica, sans-serif;
    float:left;
    text-decoration:none;
    -moz-box-shadow: 2px 2px #D7D7D7;
    -webkit-box-shadow: 2px 2px #D7D7D7;
}
```

Chapitre 17 : Un design HTML5/CSS3 : FlipThru

A. La source 464
B. La structure HTML5 465
C. La mise en forme CSS3 468
D. L'accordéon 469

A. La source

Ce modèle est intéressant car en plus de proposer une structure HTML5 efficace, il utilise des CSS3 pour réaliser l'accordéon de la page d'accueil !

Voilà l'URL où vous pourrez récupérer les sources :
http://freehtml5templates.com/flipthru-html5-and-css3-template/

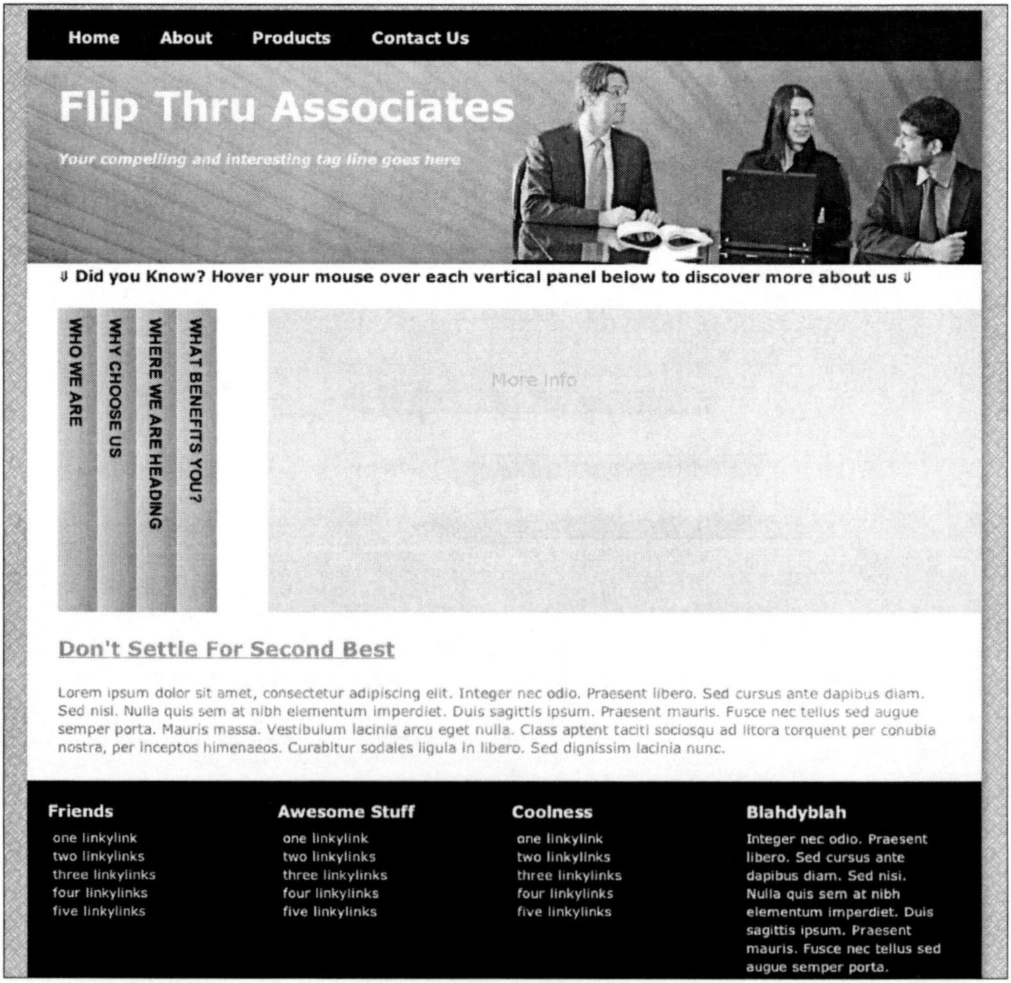

B. La structure HTML5

1. La boîte principale

Ce template utilise très directement et judicieusement les nouveaux éléments HTML5. La mise en page du site est placée dans un conteneur général, une boîte `<div id="wrapper">`. Cette boîte contient :

- une barre de navigation dans un élément `<nav>`,
- un en-tête dans un élément `<header>`,
- le contenu central dans un élément `<section id="main">`,
- et un pied de page, dans un élément `<footer>`.

2. La barre de navigation

La barre de navigation de l'élément `<nav>` est créée dans une très classique liste `<ul>`.

3. L'en-tête

L'en-tête <header> contient un titre <h1> avec un lien <a> pour le titre du site et un titre <h2> pour le slogan.

4. La zone centrale

La zone centrale affiche le sous-titre, l'accordéon et l'article à la une.

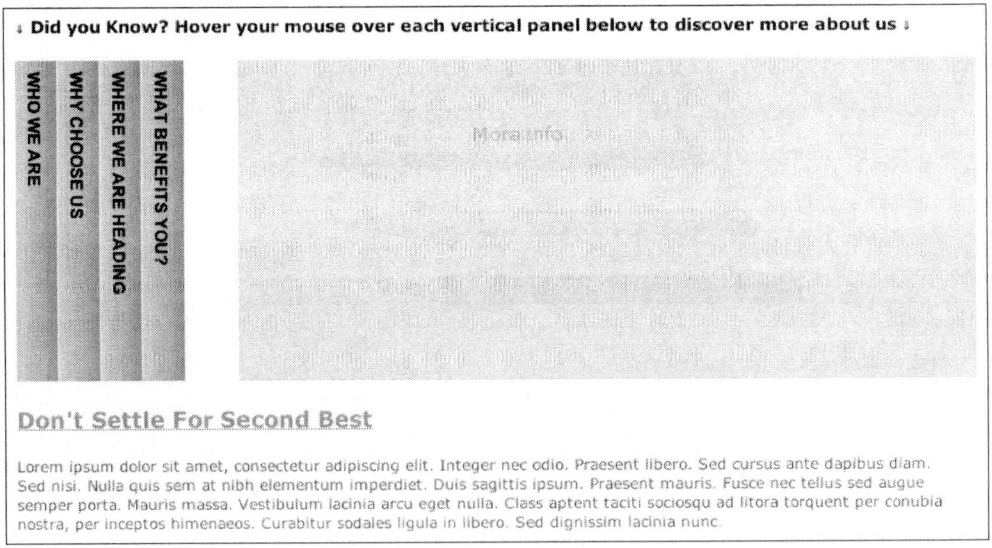

La zone centrale est un élément <section id="main"> contenant une autre <section id="content">. Cette boîte contient un autre élément <section class="accordbk"> pour la gestion de l'accordéon et un élément <article> pour afficher le texte (avec un <h2> et un <p>).

Nous étudierons en détail l'accordéon dans la section L'accordéon.

5. Le pied de page

Voici l'affichage du pied de page :

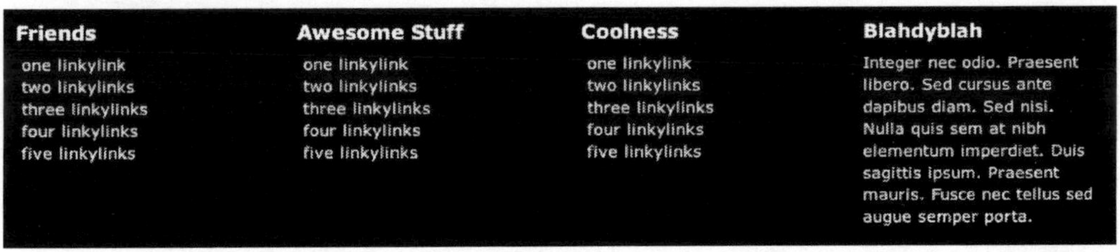

Le pied de page `<footer>` contient deux éléments `<section>` imbriqués pour la mise en page. Les quatre blocs sont des éléments `<aside>` contenant un titre `<h4>` et une liste `<ul>`.

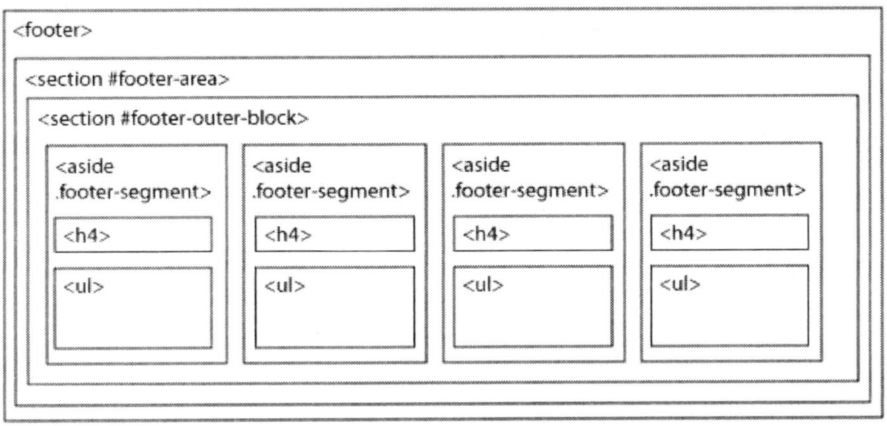

C. La mise en forme CSS3

1. Le conteneur principal

Le conteneur principal est une boîte `<div id="wrapper">` qui possède une ombre portée (`box-shadow: 3px 3px 7px #777`). Voici son style CSS :

```
#wrapper {
    width: 940px;
    margin: 0 auto;
    margin-top: 5px;
    margin-bottom: 5px;
    -webkit-box-shadow: 3px 3px 7px #777;
    -moz-box-shadow: 3px 3px 7px #777;
}
```

2. Les images des articles

Les images des articles de l'accordéon possèdent une ombre portée (`box-shadow: 3px 3px 7px #777`).

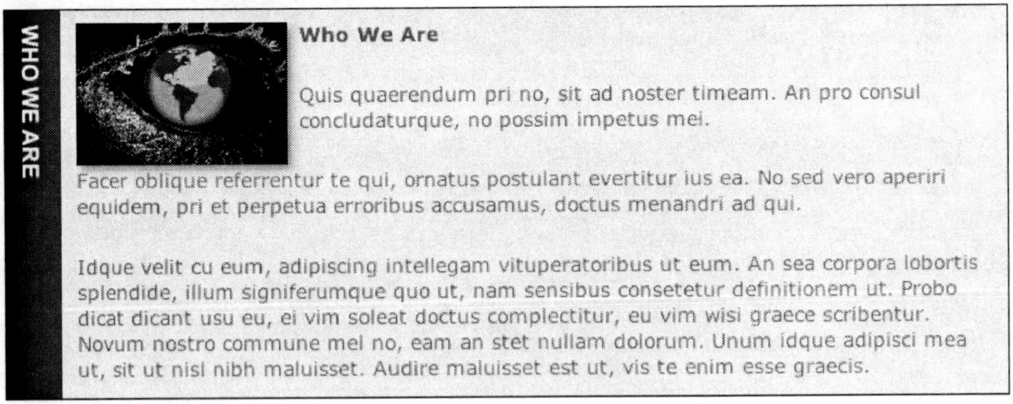


```
article img {
    border: none;
    -webkit-box-shadow: 3px 3px 7px #777;
    -moz-box-shadow: 3px 3px 7px #777;
}
```

D. L'accordéon

1. Le fonctionnement

L'accordéon de la zone centrale fonctionne avec un simple survol de la souris.

À l'état initial, une image d'arrière-plan est affichée :

Au survol de la souris sur un des titres, l'accordéon s'ouvre et l'article correspondant apparaît.

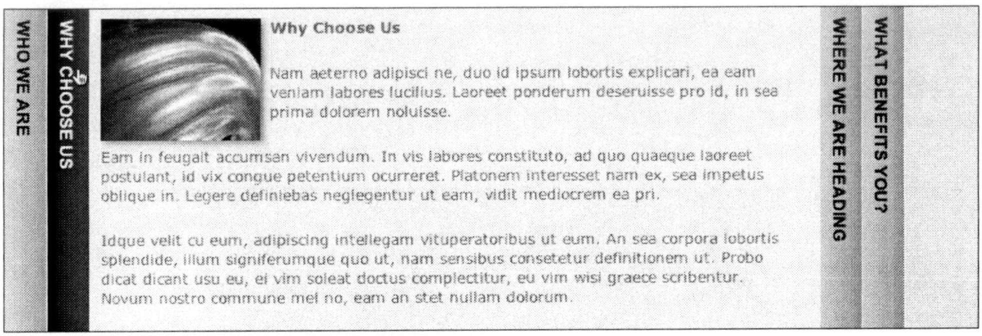

2. La structure

L'accordéon est inséré dans un élément `<section class="accordbk">`, dans un élément `<article .horizontalaccordion>`. Le slogan est inséré dans un élément `<h4>`.

Les articles sont listés dans une liste `<ul>`. Chaque item `<li>` de la liste contient :

- un titre `<h3>`,
- une boîte `<div>` contenant les images et des paragraphes `<p>` pour le texte.

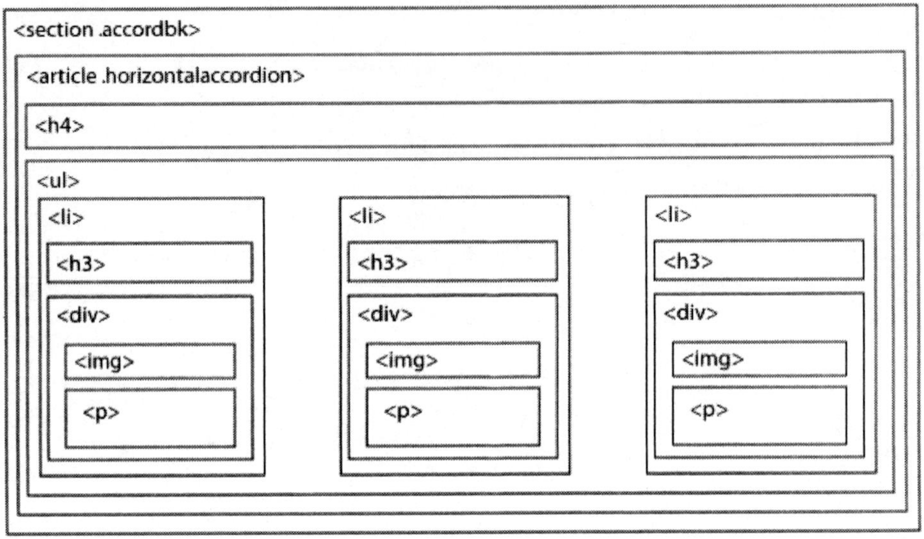

3. Le fond de l'accordéon

L'image d'arrière-plan de l'accordéon avec les flèches est une image d'arrière-plan de l'élément `<section class="accordbk">`:

```
.accordbk {
    background: #fff url(images/accordinfo.gif) bottom right no-repeat;
}
```

4. La liste <ul>

La liste `<ul>` est mise en forme de manière classique : pas de marge (`margin: 0`), ni de remplissage (`padding: 0`), pas de symbole dans l'énumération (`list-style:none`) et une hauteur fixe (`height: 300px`).

```
.horizontalaccordion>ul {
    margin: 0;
    padding: 0;
    list-style:none;
    height: 300px;
}
```

5. Les titres <h3>

Les titres `<h3>` des articles sont affichés verticalement, avec un dégradé en arrière-plan. Ce n'est pas une image, mais bien l'utilisation de CSS3 !

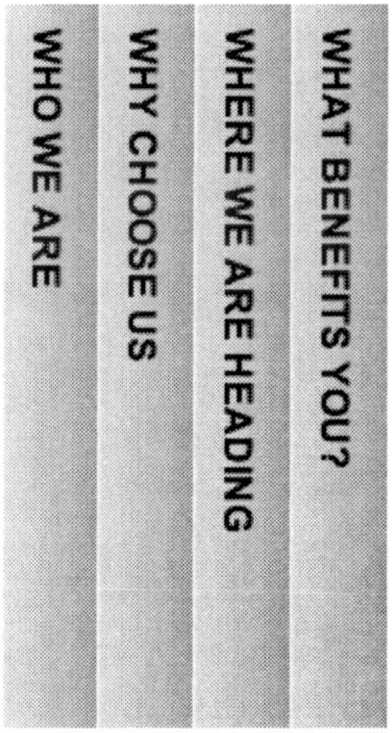

C'est l'utilisation de la propriété CSS3 `transform()` qui applique les fonctions `rotate()` et `translate()` : `transform: rotate(90.0deg) translate(-40px,0px)`. La rotation fait pivoter l'élément de 90° et la translation de 40 pixels le positionne correctement.

De plus, les titres `<h3>` ont un dégradé en arrière-plan : `background: linear-gradient( top, #999999, #cccccc)`.

```
.horizontalaccordion>ul>li>h3 {
    display:block;
    float:left;
    margin: 0;
    padding:10px;
```

```
    height:19px;
    width:280px;
    border-left:#f0f0f0 1px solid;
    font-family: Arial, Helvetica, sans-serif;
    text-decoration:none;
    text-transform:uppercase;
    color: #000;
    background:#cccccc;
    white-space:nowrap;
    -moz-transform: rotate(90.0deg) translate(-40px,0px);
    -moz-transform-origin: 0 100%;
    -o-transform: rotate(90.0deg) translate(-40px,0px);
    -o-transform-origin: 0 100%;
    -webkit-transform: rotate(90.0deg) translate(-40px,0px);
    -webkit-transform-origin: 0 100%;
    transform: rotate(90.0deg) translate(-40px,0px);
    transform-origin: 0 100%;
    filter: progid:DXImageTransform.Microsoft.BasicImage
        rotation=1.0)
        progid:DXImageTransform.Microsoft.gradient
        startColorstr=#ff999999, endColorstr=#ffcccccc);
    -ms-filter: "progid:DXImageTransform.Microsoft.BasicImage
        rotation=1.0)"
     "progid:DXImageTransform.Microsoft.gradient(startColorstr=
#ff999999, endColorstr=#ffcccccc)";
    background: -moz-linear-gradient( top, #999999, #cccccc);
    background: -webkit-gradient(linear, left top, left bottom,
        from(#999999), to(#cccccc));
}
```

6. Les articles

Le contenu des articles est inséré dans une boîte `<div>`. À l'état initial, ces boîtes `<div>` ne sont pas affichées avec l'utilisation de la propriété `display: none`.

Voici le style CSS :

```
.horizontalaccordion>ul>li>div {
    display:none;
    float:left;
    overflow: auto;
    position:relative;
    top:-30px;
    left:50px;
    *top:0px;
    *left:0px;
```

```
    margin:0;
    width:640px;
    height:300px;
}
```

7. Les images des articles

Les images des articles ont une mise en forme CSS sans difficulté de compréhension :

```
.horizontalaccordion>ul>li>div img {
    float: left;
    margin-right: 8px;
}
```

8. Les survols

Les survols sont gérés à trois niveaux.

Le survol d'un élément `<li>` masque les éventuels débordements de contenu (`overflow: hidden`) et fixe la largeur (`width: 720px`).

```
.horizontalaccordion>ul>li:hover {
    overflow: hidden;
    width: 720px;
}
```

Le survol du contenu des articles affiche la boîte `<div>` qui était masquée :

```
.horizontalaccordion:hover>ul>li:hover>div {
    display:block;
}
```

Au survol des titres `<h3>`, le dégradé d'arrière-plan est modifié, il est plus foncé.

Le dégradé au survol :

```
.horizontalaccordion:hover>ul>li:hover>h3 {
    color:#fff;
    background:#000000;
    background: -moz-linear-gradient( top, #454545, #000000);
    background: -webkit-gradient(linear, left top, left bottom,
        from(#454545), to(#000000));
    filter: progid:DXImageTransform.Microsoft.
        BasicImage(rotation=1.0)
    progid:DXImageTransform.Microsoft.gradient(startColorstr=
#ff454545, endColorstr=#ff000000);
    -ms-filter: "progid:DXImageTransform.Microsoft.
        BasicImage(rotation=1.0)"
    "progid:DXImageTransform.Microsoft.
        gradient(startColorstr=#ff454545, endColorstr=#ff000000)";
}
```

9. L'apparition des articles

L'apparition des articles se fait au survol (`:hover`) des titres `<h3>`.

```
.horizontalaccordion>ul>li>h3:hover {
    cursor:pointer;
}
```

Le survol des titres `<h3>` déclenche la transition des éléments `<li>`. La transition s'applique sur la propriété de largeur (`width`), en 0,3 seconde (`0.3s`), avec une accélération (`ease-in-out`) : `transition: width 0.3s ease-in-out.`

```
.horizontalaccordion>ul>li {
    display:block;
    overflow: hidden;
    float:left;
    margin: 0;
    padding: 0;
    list-style:none;
    width:40px;
    height: 300px;
    background:#f0f0f0;
    transition: width 0.3s ease-in-out;
    -moz-transition: width 0.3s ease-in-out;
    -webkit-transition: width 0.3s ease-in-out;
    -o-transition: width 0.3s ease-in-out;
}
```

Chapitre 18 : Un design HTML5/CSS3 : dConstruct 2011

A. La source 478
B. La structure HTML5 479
C. La mise en forme CSS3 482
D. Les effets de survol sur les orateurs 485
E. Le design adaptatif...489

A. La source

Ce site en production (http://2011.dconstruct.org/), en plus d'avoir une structure en HTML5, utilise des transitions intéressantes sur les images des orateurs, des incorporations de polices de caractères et permet un design adaptatif. Parfait !

B. La structure HTML5

1. La structure principale

Dans le <body class="home">, nous trouvons une boîte <div class="wrap"> qui contient :

- une boîte <div class="container">, pour la zone principale du haut.
- un <footer class="footer">, pour le pied de page en bas, à partir de la barre de navigation sur fond noir.

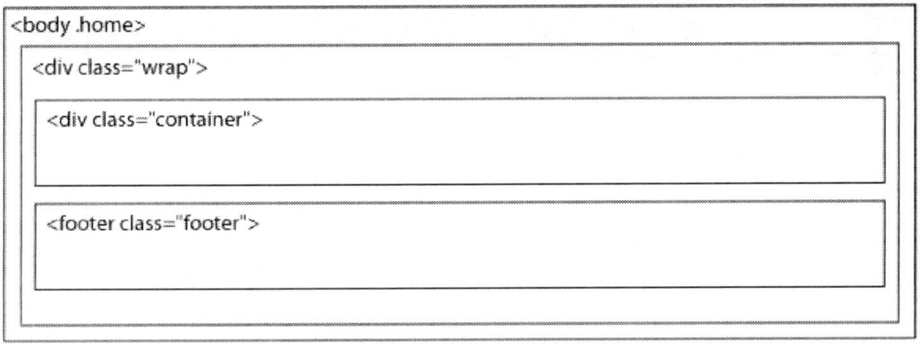

2. L'en-tête

La mise en page commence par l'en-tête :

Dans la boîte <div class="container">, nous trouvons un <header class="mast vevent"> constitué de :

- un titre <h1> pour le nom du site avec une police de caractères incorporée et avec un lien <a>.
- une boîte <div class="date"> pour l'affichage de la date.
- un élément <nav class="main-nav"> pour la barre de navigation principale. Les liens sont listés dans une liste <ol>.

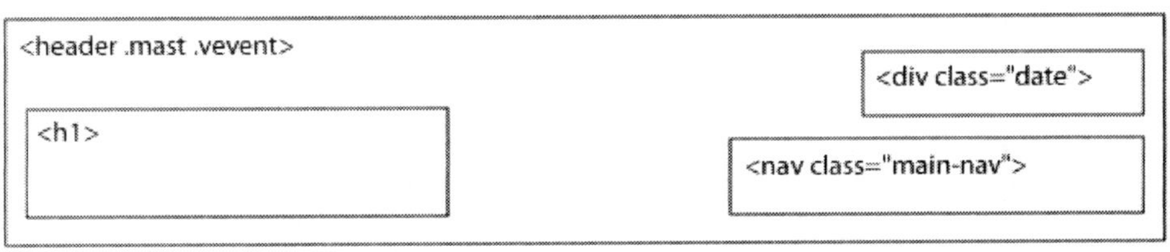

3. Les orateurs

La zone centrale est affichée avec la boîte `<div class="container">`. Dans cette boîte, nous trouvons deux autres boîtes imbriquées : `<div class="page home-page">` et `<div class="main page">`. C'est cette dernière boîte qui affiche les photos des orateurs et le slogan de droite.

La boîte `<div class="main page">` contient :

- un élément `<section class="leader">` contenant :
  - un `<h1>` pour afficher le titre avec une police incorporée,
  - une boîte `<div class="blurb">` pour afficher dans un paragraphe `<p>` le slogan avec une police incorporée.
- un élément `<section class="speaker-lineup">` contenant :
  - autant d'éléments `<a>` que d'orateurs. Chaque lien comporte une image `<img>` et un paragraphe `<p class="details">` pour afficher des informations concernant l'orateur. Ce paragraphe est initialement masqué.

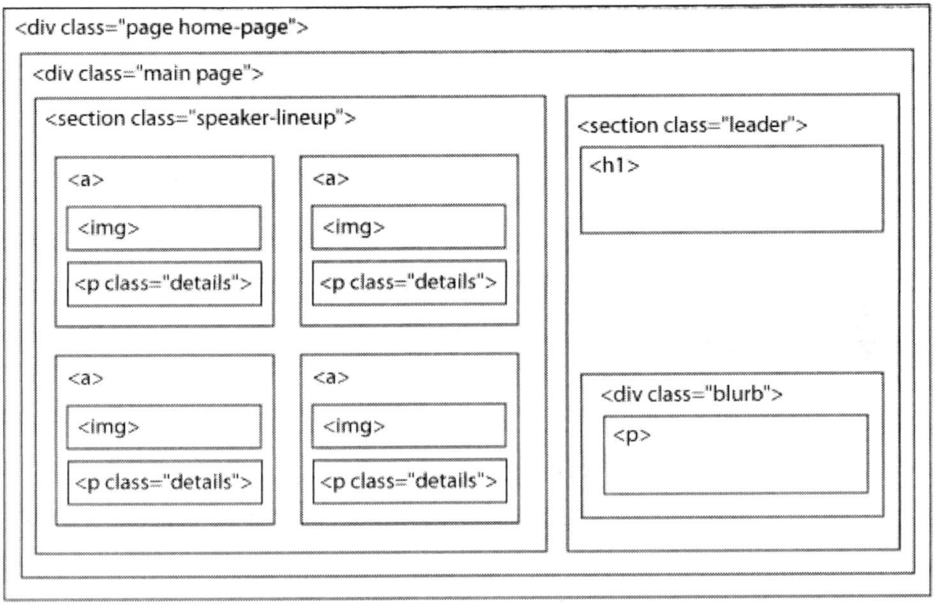

4. Les sponsors

La liste des sponsors est une classique utilisation de boîtes <div> imbriquées.

5. Le pied de page

Le pied de page affiche la barre de navigation secondaire et les informations complémentaires.

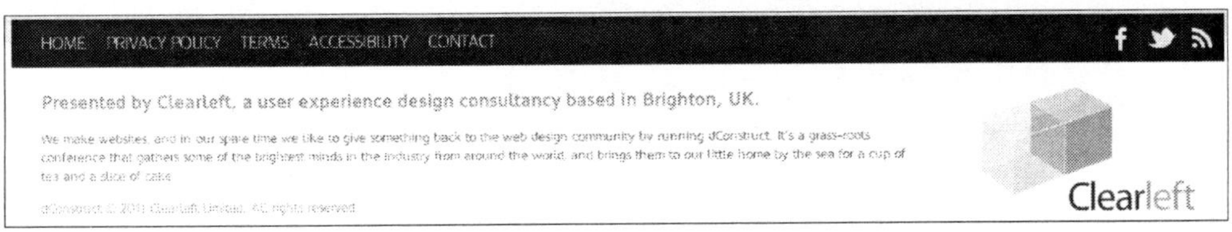

Le pied de page, <footer class="footer">, contient :

- une boîte <div id="container">, contenant un élément <nav class="additional-nav"> pour la barre de navigation. Les deux listes de liens (navigation et réseaux sociaux) sont des listes <ol>.
- une <section class="presented-by"> pour afficher les informations complémentaires.

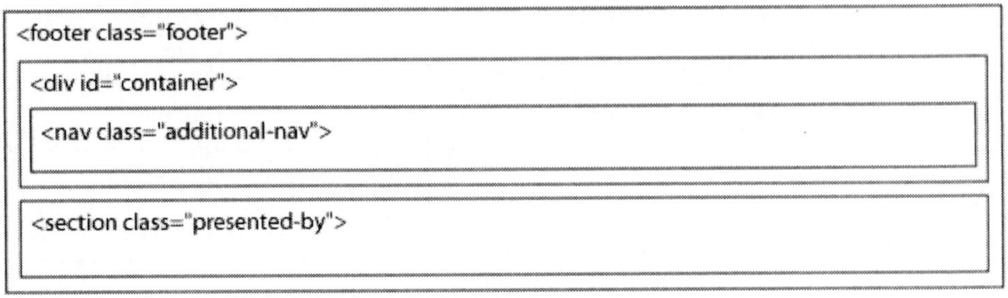

C. La mise en forme CSS3

1. Les polices incorporées

Le site propose plusieurs polices de caractères incorporées, notamment dans les titres et les slogans.

C'est le fichier **7047.css** qui contient les règles d'incorporation des polices. Je ne mets en exemple que l'incorporation de la première police, le principe est le même pour les autres.

Les polices sont disponibles aux formats .eot, .woff, Embedded OpenType et OpenType.

```
@font-face {
    font-family: 'Oblik Bold';
    src: url('http://f.fontdeck.com/f/1/
bkl3bWdnWmMAAW56umtJwvfGtJv9w85rBXJ9bDpI/
766OxxQi2WJAONUOwF4RmBRoZY.eot');
    src: url('http://f.fontdeck.com/f/1/
bkl3bWdnWmMAAW56umtJwvfGtJv9w85rBXJ9bDpI/
766OxxQi2WJAONUOwF4RmBRoZY.eot?') format('embedded-opentype'),
    url('http://f.fontdeck.com/f/1/
bkl3bWdnWmMAAW56umtJwvfGtJv9w85rBXJ9bDpI/
766OxxQi2WJAONUOwF4RmBRoZY.woff') format('woff'),
    url('http://f.fontdeck.com/f/1/
bkl3bWdnWmMAAW56umtJwvfGtJv9w85rBXJ9bDpI/766OxxQi2WJAONUOwF4RmBRoZY.ttf')
format('opentype');
    font-weight: bold;
    font-style: normal;
}
```

Les polices de caractères incorporées sont nommées : Oblik Bold, Oblik Black, Oblik Regular et Oblik Light.

Nous retrouvons les polices dans une trentaine de styles CSS ; en voici quelques-uns.

Pour les titres `<h1>` :

```
h1 {
    font-family: "Oblik Light", "Helvetica Neue", Arial,
Helvetica, sans-serif;
    font-weight: 200;
    font-size: 36px;
    color: #666666;
    clear: both;
    line-height: 0.9em;
}
```

Pour le slogan dans le bloc de droite :

```
.blurb p:first-child {
    font-size: 18px;
    line-height: 1.333em;
    margin-bottom: 2em;
    font-family: "Oblik Light", "Helvetica Neue", Arial,
Helvetica, sans-serif;
    font-weight: 200;
    color: #CCC;
}
```

Dans la barre de navigation principale :

```
.main-nav a {
    display: block;
    text-align: center;
    font-family: "Oblik Bold", "Helvetica Neue", Arial,
Helvetica, sans-serif;
    font-weight: bold;
    color: #555;
    text-shadow: 0 1px 0 rgba(255,255,255,0.75);
    background-image: url("../img/bck/nav.png");
    background-repeat: no-repeat;
    padding-top: 56px;
}
```

Dans la barre de navigation secondaire du pied de page :

```
.footer .additional-nav a {
    font-family: "Oblik Light", "Helvetica Neue", Arial,
Helvetica, sans-serif;
    font-weight: 200;
    padding-bottom: 0.5em;
}
```

2. Les ombres portées sur les textes

Quelques textes utilisent une discrète ombre portée, comme les liens de la barre de navigation principale.

```
.main-nav a {
    display: block;
    text-align: center;
    font-family: "Oblik Bold", "Helvetica Neue", Arial,
Helvetica, sans-serif;
    font-weight: bold;
    color: #555;
    text-shadow: 0 1px 0 rgba(255,255,255,0.75);
    background-image: url("../img/bck/nav.png");
    background-repeat: no-repeat;
    padding-top: 56px;
}
```

3. Les ombres portées sur les conteneurs

La boîte <div class="page home-page"> utilise un style qui applique une ombre portée sur la boîte :

```
.page {
    -webkit-box-shadow: 1px 2px 3px 0px rgba(0,0,0,0.25);
    -moz-box-shadow: 1px 2px 3px 0px rgba(0,0,0,0.25);
    -o-box-shadow: 1px 2px 3px 0px rgba(0,0,0,0.25);
    box-shadow: 1px 2px 3px 0px rgba(0,0,0,0.25);
}
```

D. Les effets de survol sur les orateurs

1. Le fonctionnement

La page d'accueil affiche une photo des orateurs.

Au survol de la souris, un texte descriptif apparaît progressivement de bas en haut :

La description est complètement affichée :

2. La structure

Voici la structure de cet effet.

Tout est placé dans l'élément `<a>` du lien. Dans ce lien, nous trouvons la photo de l'orateur dans un élément `<img>`. Le texte descriptif est inséré dans un élément `<p>` utilisant la classe `details`. Le nom de l'orateur est placé dans un élément `<strong>`.

Vous remarquez bien la « nouveauté » concernant l'imbrication des éléments. En HTML 4, les éléments étaient « rangés » dans deux principales catégories d'affichage : les éléments de type `block`, affichés les uns sous les autres, et les éléments de type `inline` qui s'affichent dans la ligne, les uns à côté des autres. Le principe voulait que l'on n'insère des éléments de type `block` que dans d'autres éléments `block` et que les éléments `inline` ne s'insèrent que dans des éléments `block`. En HTML5, ces notions sont obsolètes. Vous pouvez insérer les éléments les uns dans les autres, comme vous voulez, du moment que vous spécifiez leur affichage avec la propriété `display`.

Dans cet exemple, nous avons un élément `<a>` qui contient un élément `<img>` et un élément `<p>`. Aucun souci, aucun problème de validation.

3. Les styles initiaux

Le nom de l'orateur utilise, entre autres, une police incorporée :

```
.details strong {
    font-family: "Oblik Bold", "Helvetica Neue", Arial,
Helvetica, sans-serif;
    font-weight: bold;
    font-size: 18px;
```

```
    display: block;
    color: #87BA00;
    margin-bottom: 0.2em;
}
```

Le paragraphe complet n'est initialement pas affiché avec l'utilisation de la propriété `display:`

```
.details {
    display: none;
}
```

Les propriétés initiales du paragraphe prévoient un affichage en bloc (`display: block`), avec une position absolue (`position: absolute`). La position verticale est à 101 % (`top: 101%`) de son élément parent, le lien `<a>`. Cela permet qu'il soit placé sous l'image incluse dans le lien. La position gauche est à 0 % (`left: 0`) de son élément parent, le lien `<a>`. Cela permet qu'il soit bien placé à gauche de l'image incluse dans le lien. Enfin, la largeur (`width: 100%`) et la hauteur (`height: 100%`) sont égales à celles de l'élément parent, le lien `<a>`.

```
.details {
    display: block;
    position: absolute;
    top: 101%;
    left: 0;
    width: 100%;
    height: 100%;
    ...
}
```

Les autres propriétés ne concernent que la mise en forme et n'interviennent pas dans la transition.

4. Le survol du lien

C'est au survol (`:hover`) du lien (`a`) que la transition est effectuée sur la classe `.details` des paragraphes. La propriété affectée est la position verticale qui passe à 60 % (`top: 60%`), toujours par rapport à l'élément parent `<a>`.

```
a:hover .details {
    top: 60%;
}
```

La transition est spécifiée dans le sélecteur concerné : `.details`. La transition sur la nouvelle position verticale dure 0,3 seconde (`transition: 0.3s`) :

```
.details {
    display: block;
    position: absolute;
    top: 101%;
    left: 0;
    width: 100%;
    height: 100%;
```

```
    ...
    -webkit-transition: 0.3s;
    -moz-transition: 0.3s;
    transition: 0.3s;
}
```

E. Le design adaptatif

Le design de ce site prévoit une adaptation en fonction de la taille des écrans utilisés pour la diffusion.

Une règle s'applique aux écrans ayant une largeur minimale de 79 em, soit : 70 x 16 pixels = 1120 pixels.

```
@media all and (min-width: 70em) {
    ...
}
```

Une autre règle s'applique aux écrans ayant une largeur maximale de 63 em, soit : 63 x 16 pixels = 1008 pixels.

```
@media all and (max-width: 63em) {
    ...
}
```

Une autre règle s'applique aux écrans ayant une largeur maximale de 60 em, soit : 60 x 16 pixels = 960 pixels.

```
@media all and (max-width: 60em) {
    ...
}
```

Une autre règle s'applique aux écrans ayant une largeur maximale de 23,75 em, soit : 23,75 x 16 pixels = 380 pixels.

```
@media all and (max-width: 23.75em) {
    ...
}
```

Une dernière règle s'applique aux écrans ayant une largeur maximale de 30 em, soit : 30 x 16 pixels = 480 pixels.

```
@media all and (max-width: 30em) {
    ...
}
```

1. L'affichage modifié

Voilà l'affichage du site à une largeur de 500 pixels environ.

Les principales modifications s'appliquent surtout à la largeur des éléments.

2. La barre de navigation principale

En ce qui concerne la barre de navigation, elle est initialement, à pleine largeur d'écran, constituée de liens textuels. À une taille plus réduite, les liens s'ornent d'images.

Voilà le style utilisé pour les grandes tailles d'écran ; l'arrière-plan n'est pas affiché (`background: none`) :

```
.main-nav a {
    background: none repeat scroll 0 0 transparent;
    font-size: 18px;
    padding: 0.2em 0;
    text-transform: uppercase;
}
```

Voilà le style qui est utilisé pour les écrans plus petits, avec l'arrière-plan qui est renseigné (`background-image: url("../img/bck/nav.png")`) :

```
.main-nav a {
    display: block;
    text-align: center;
    font-family: "Oblik Bold", "Helvetica Neue", Arial,
Helvetica, sans-serif;
    font-weight: bold;
    color: #555;
    text-shadow: 0 1px 0 rgba(255, 255, 255, 0.75);
    background-image: url("../img/bck/nav.png");
    background-repeat: no-repeat;
    padding-top: 56px;
}
```

3. Le titre et le slogan

Sur un écran de plus petite taille, le titre et le slogan s'affichent au-dessus des images des orateurs.

Voici le style utilisé pour l'affichage sur grand écran, appliqué sur l'élément `<section class="leader">` ; la boîte flotte sur sa droite (`float: right`) :

```
.leader {
    float: right;
    margin-right: 2%;
    padding: 0;
    width: 36.52%;
}
```

Voici le style pour les écrans de plus petite taille. Il n'y a plus de flottement et l'élément `<section class="leader">` apparaît en premier dans son élément parent, la boîte `<div class="main page">` :

```
.leader {
    padding: 0 16px;
}
```

4. Les images des orateurs

En fonction de la largeur de l'écran, les images des orateurs s'organisent pour se placer deux, trois ou quatre par ligne.

C'est la règle pour les écrans ayant une largeur maximale de 30 em qui impose cet affichage.

La modification s'applique sur les éléments `<a>`, avec l'utilisation de la pseudo-classe `:nth-child()`.

```
@media all and (max-width: 30em) {
    .speaker-lineup a:nth-child(1n+0) {
        width: 50%;
    }
    .speaker-lineup a:nth-child(1n+3) {
        width: 33.3333%;
    }
    .speaker-lineup a:nth-child(1n+6) {
        width: 25%;
    }
}
```

Le premier sélecteur, `a:nth-child(1n+0)`, s'applique aux deux premières images :

- 1n+0 : 1x0+0=0, pas d'enfant, pas d'image.
- 1n+0 : 1x1+0=1, premier enfant, première image.
- 1n+0 : 1x2+0=2, deuxième enfant, deuxième image.

Pour les deux premières images, la taille est la moitié de son élément parent : `width: 50%`.

Le deuxième sélecteur, `a:nth-child(1n+3)`, s'applique aux trois images suivantes :

- 1n+3 : 1x0+3=3, troisième enfant, troisième image.
- 1n+3 : 1x1+3=4, quatrième enfant, quatrième image.
- 1n+3 : 1x2+3=5, cinquième enfant, cinquième image.

Pour les trois images suivantes, la taille est le tiers de son élément parent : `width: 33,3333%`.

Le troisième sélecteur, `a:nth-child(1n+6)`, s'applique aux images suivantes :

- 1n+6 : 1x0+6=6, sixième enfant, sixième image.
- 1n+6 : 1x1+6=7, septième enfant, septième image.
- 1n+6 : 1x2+6=8, huitième enfant, huitième image.
- 1n+6 : 1x3+6=9, neuvième enfant, neuvième image.
- ...

Pour les trois images suivantes, la taille est le quart de son élément parent : `width: 25%`.

A

AFFICHAGE
HTML4 57
HTML5 57
Voir aussi ÉLÉMENT HTML

ANIMATION
Construction 361
Déplacement 362
État des lieux 360
Fenêtre modale 368
Formulaire animé 366
Rotation et transparence 364

ARRIÈRE-PLAN
État des lieux 157
Multiple 179
Navigateur 181
Origine des images 182
Rogner 184
Services en ligne 187
Taille 185
Voir aussi COULEUR, DÉGRADÉ, OMBRE PORTÉE

ATTRIBUT
Obsolète 50
role 65
Voir aussi SÉLECTEUR D'ATTRIBUT

AUDIO
Apparence 383
Attributs 383
Contrôles 382, 385
Élément 382
État des lieux 382
Formats 384
Insertion 382
Navigateurs anciens 386

B

BORDURE
Coins arrondis 158
Coins différents 159
Coins identiques 158
Ellipses 160
État des lieux 157
Fantaisiste 163
Services en ligne 161, 165

BOUTON DE FORMULAIRE
Exemples 303
Services en ligne 307, 308, 309, 310

C

CANVAS
Cercle 396
Contour 397
Dégradé 399
Manipulation 400
Ombre portée 395
Rectangle 392
Remplissage 395
Techniques 392
Texte 398
Tracé 397
Transformation 400

COINS ARRONDIS
Voir BORDURE

COULEUR
Arrière-plan 154
RVB transparent 156
Services en ligne 156

Transparence.....157
TSL.....154
TSL transparent.....155

CSS
Apparition.....40
Déclaration.....46
Évolution.....40
Utilisation.....40
Version.....41

CSS3
Avènement.....41
État des lieux.....108
Interprétation des navigateurs.....119
Modules.....108
Préfixe.....110
Propriétés.....150
Propriétés à utiliser.....119
Services en ligne.....119, 121, 123, 124
Spécifications.....109
Tableau.....193
Texte.....205
Voir aussi ANIMATION, COULEUR, DÉBORDEMENT, LARGEUR, TEXTE, TRANSFORMATION, TRANSITION

CSS4
Arrivée.....41

D

DÉBORDEMENT
overflow-x.....152
overflow-y.....152

DÉGRADÉ
Arrière-plan.....172
État des lieux.....172
Firefox.....173
Services en ligne.....176
W3C.....176
WebKit.....175

DESIGN WEB ADAPTATIF
Création.....433, 434
État des lieux.....402
Exemple du site dConstruct 2011.....478
Exemple du site Flip Thru.....464
Exemple du site The Cat Template.....452
Exemples.....435
Stratégies.....433
Voir aussi GRILLES FLUIDES, IMAGE ADAPTATIVE, REQUÊTE DE MÉDIA

DOCTYPE
HTML et XHTML.....44
HTML5.....44

DOCUMENT HTML
HTML5.....44
XHTML.....44

E

ÉLÉMENT HTML
<bdi>.....54
<details> et <summary>.....52
<figcaption>.....55
<figure>.....55
<hgroup>.....50
<mark>.....51
<meter>.....52
<progress>.....54
<ruby>.....55
<time>.....51
<wbr>.....53
Modèle de contenu.....56

Nouveau 50
Structure 60, 62
Syntaxe 46
Voir aussi ÉLÉMENT OBSOLÈTE, ÉLÉMENT REDÉFINI, STRUCTURE, SYNTAXE DES ÉLÉMENTS

ÉLÉMENT OBSOLÈTE

Accessibilité 49
Définition 49
Inutilisé 50
Obsolète 49

ÉLÉMENT REDÉFINI

Syntaxe 50

ENCODAGE DES CARACTÈRES

HTML et XHTML 45
HTML5 45

EXPRESSION RÉGULIÈRE

Casse des lettres 247
Chiffres autorisés 247
Condition OU 247
Intervalle de lettres 246
Lettres autorisées 245
Lettres autres que 246
Mots autorisés 247
Nombre limité de caractères 248
Paramètres spéciaux 249
Saisies multiples 249

F

FORMULAIRE

:checked 253
:disabled 253
:enable 253
:focus 257
:indeterminate 256
:invalid 259
:valid 262
<form> 234
Activer un champ 250
Affichage 234
Aide à la saisie 250
Aide utilisateur 250
Champ non valide 259
Champ obligatoire 243
Champ optionnel 256
Champ requis 256
Champ valide 262
Choix de couleurs 241
Clés publiques 242
Date et heure 238
Désactiver la validation 243
E-mail 235
Envois 234
Exemple de mise en forme élaborée 271, 290
Exemple de mise en forme simple 264
Interactif 279
Message d'erreur 260
Nouveaux champs 234
Pseudo-classes 253
Recherche 240
Redimensionner un champ 251
Réglette 240
Remplissage automatique 251
Saisie autorisée 244
Saisie suggérée 241
Téléphone 236
URL 237
Valeur hors limite 263
Valeur numérique 239
Validation 242, 257
Validation côté-client 242
Voir aussi EXPRESSION RÉGULIÈRE

G

GRILLES FLUIDES
Exemple....................417, 419
Grilles adaptatives....................429
Réalisation....................424
Techniques....................417

H

HTML
Évolution....................26

HTML5
Anciens navigateurs....................36
Avènement....................30
Évolution....................40
Recommandation....................34
Utilisation....................34
Voir aussi AUDIO, CANVAS, MODÈLE HTML5, TEXTE, VIDÉO

I

IMAGE ADAPTATIVE
Débordement....................429
Largeur maximale....................430

J

JOOMLA!
Contenu central....................103
Navigation....................102
Pied de page....................105
Template Protostar....................100
Templates HTML5....................100

L

LARGEUR
Width....................150

M

MÉDIA
Voir REQUÊTE DE MÉDIA

MISE EN PAGE
Structure et exemples....................68, 70

MODÈLE HTML5
ArchiteXture....................70
DaFrontPage....................76
Joomla!....................100
Learning Center....................84
WordPress....................91
Voir aussi WORDPRESS

O

OMBRE DU TEXTE
Voir POLICE DE CARACTÈRES

OMBRE PORTÉE
Services en ligne 170

P

POLICE DE CARACTÈRES
@font-face 213
Ajustement de la taille 230
Autres propriétés 231
Cascade 221
Choisir 219
Compatibilité des navigateurs 211
Convertir 219
Embarquer les polices 211
État des lieux 228
Graisse 229
Largeur 229
Nom des polices 214
Ombre portée 223
Police locale 214
Services en ligne 215, 216, 224
Sources multiples 214
Styles 215
Taille 221
Unité rem 222
Utilisation 211

PRÉFIXE
CSS3 110
Internet Explorer 115
JavaScript 116
Navigateur 111
Services en ligne 112
Spécifications 110

PSEUDO-CLASSE DE STRUCTURE
:empty 146
:first-child 137
:last-child 135
:not 146
:nth-child 142
:nth-last-child 142
:nth-of-type 144
:only-child 144
:only-of-type 145
:root 135

R

REQUÊTE DE MÉDIA
Critères 403
HTML 4 et CSS 2.1 402
Media Queries 402
Opérateurs logiques 405
Problématique 407
Supports 406
Syntaxe 404
Taille des écrans 407
Tests 412
Valeurs minimales et maximales 404
Viewport 408
Zoom 411

S

SÉLECTEUR
Adjacent 130
CSS 2 128

CSS 3 129
Groupe 129
Pseudo-classe 128
Pseudo-élément 129
Voir aussi PSEUDO-CLASSE D'ANCRE, PSEUDO-CLASSE DE STRUCTURE

SÉLECTEUR D'ATTRIBUT
Lien mail 131
Téléchargement 132
Voir aussi ATTRIBUT

STRUCTURE
<article> 63
<aside> 63
<div> 60, 64
<footer> 62
<header> 62
<main> 63
<nav> 62
<section> 63
Exemples 66
HTML 4 60
HTML5 62
Mise en page 68, 70
Nouveau élément 62
Sémantique 61

SYNTAXE DES ÉLÉMENTS
Attribut booléen 47
Balise d'ouverture 47
Balise optionnelle 47
Casse 47
Guillemets 46
HTML, HEAD et BODY 48
Recommandation 49

T

TABLEAU
Exemple en CSS3 193

TEMPLATE
Voir MODÈLE HTML5

TEXTE
<a> 204
<b> 202
<cite> 203
<dl> 204
<em> 203
<hr> 204
<i> 203
<ol> 204
<small> 203
<strong> 203
Césure 209
Colonnes 205
Éléments obsolètes 202
Éléments redéfinis 202
HTML5 202
Nouveautés CSS3 205
Police de caractères 211
Voir aussi POLICE DE CARACTÈRES

TRANSFORMATION
Appliquer 319
Déformation 317
Déplacement 314
État des lieux 312
Exemple d'un menu 321
Exemple d'une galerie 322
Exemple de relief 326
Mise à l'échelle 315
Point de référence 313
Propriété 313
Rotation 316

Services en ligne 319

TRANSITION
Cinétique 336
Démarrage 337
Déplacement 334
État des lieux 332
Exemple d'accordéon 355
Exemple d'un diaporama interactif 345
Exemple d'un menu à tiroirs 349
Exemple d'un menu interactif 342
Multiple 338
Propriétés 332
Service en ligne 340
Syntaxe courte 338

TYPOGRAPHIE
Voir POLICE DE CARACTÈRES

V

VALIDATION
Voir FORMULAIRE

VIDÉO
Apparence 387
Attributs 386
Convertir 389
Élément 386
État des lieux 382
Formats 388
Insertion 386

W

W3C
Recommandation 30

WORDPRESS
Articles seuls 98
En-tête 93
Liste des articles 95
Pied de page 97
Thème Twentythirteen 92